教育部人文社会科学研究项目：
“边疆民族地区多元文化视野下的英语教学创新研究”
（编号：15XJA740001）

中学英语教学的十大问题探究

——以问题为中心的教师培训

侯云洁◎著

云南出版集团
云南人民出版社

图书在版编目（CIP）数据

中学英语教学的十大问题探究：以问题为中心的教师培训 / 侯云洁著. —昆明：云南人民出版社，2016.5（2017.12 重印）
ISBN 978-7-222-14760-7

Ⅰ.①中… Ⅱ.①侯… Ⅲ.①英语课-教学研究-初中 Ⅳ.①G633.412

中国版本图书馆 CIP 数据核字（2016）第 114612 号

出 品 人：赵石定
责任编辑：冯　琰
责任校对：阮南捷
装帧设计：唐敬乾
责任印制：陆卫华

中学英语教学的十大问题探究
——以问题为中心的教师培训
侯云洁　著

出　版　云南出版集团　云南人民出版社
发　行　云南人民出版社
社　址　昆明市环城西路 609 号
邮　编　650034
网　址　www.ynpph.com.cn
E-mail　ynrms@sina.com
开　本　787mm×1092mm　1/16
印　张　24
字　数　440 千
印　数　1001-2000
版　次　2016 年 5 月第 1 版第 1 次印刷　2017 年 12 月第 2 次印刷
印　刷　昆明龙昇印务有限公司
书　号　ISBN　978-7-222-14760-7
定　价　39.00 元

云南人民出版社微信公众号

如需购买图书、反馈意见，请与我社联系
总编室：0871-64109126　发行部：0871-64108507　审校部：0871-64164626　印制部：0871-64191534

前　言

2007年从澳洲访学归来，带着对“中西方教育传统差异与新课程改革实施问题”课题的探索成果，基于大量的阅读、学习和课堂观摩，深刻理解了借用西方很多教育理念的新课程改革，也深深明白了我国课程改革实施的艰难。怀着一直以来对基础教育独有的热情和执着，开始了笔者对新课程改革实施的本土探索。

2008年是笔者开始进入中学的第一年，学会观察和思考新课程改革理念如何能“春风细雨”般渗透在课堂教学中，通过大量的观课、评课，有了自己初步系统的课改方法。

2009年借助担任英语学科省级骨干教师培训和市级骨干教师培训首席专家的机缘，得以更加紧密地接触全省一线教师，了解他们的疾苦和困境，感受到了课程改革为何举步维艰，主客观因素交织在一起，如教师对课改理念的负面态度、课堂上教学活动的传统、学校专业发展的不利环境、教师本身的专业功底薄弱都限制了新课程改革的推进和实施。把这些困难罗列起来其实就是英语教学各块技能训练的理念和方法问题，于是开始了笔者漫长的一个个中学教学问题的探索。

2010年以来，教育部、财政部开始实施中西部教师培训计划，即“国培计划”农村中小学骨干教师培训，笔者在担任云南师范大学英语学科首席专家的平台上，开始了对农村英语教师每一个教学问题的阐释和演绎，在分析每一个问题的基础上，亲自示范和学员演示结合，理论学习和课堂观摩结合，课堂学习和课后阅读结合，培训最终收获到学员的热情反馈和极大好评。在学员的鼓舞下，笔者的探索领域不断拓展，城市、县城、农村地区的教学情况呈现出各种区域差异，而解决不同地区教学问题的方法也随之不同，视野的打开为此书的完成提供了阅读和写作的动力，终于在历经六年之后得以最后完稿。

此书正是伴随着笔者对中学英语教学的探索而产生的，探索中发现十个中学英语教学的问题比较突出，这十个问题成为此书的十个章节：新课程改革的困境、提高词汇教学的效率、改革语法教学的理念和模式、听说教学如何让学生开口、中学英语阅读教学的误区、写作教学的难题和对策、教学过程的有效性、跨文化意识培养、中学生的情感管理与学习兴趣提升、教师专业发展的有效途径。每一个章节就是英语教师培训中要解决的一个核心问题，对这些问题的梳理，教师可以获得教学理论和方法的更新。最后一个章节论述了教师专业发展存在的问题和发展途径，这是针对教师的终身学习并最后获得教师应有的幸福感而写，因为在互联网信息时代或者大数据时代，知识更新迅速，没有哪一种方法是最好的、一成不变的，正如美国语言教学专家库玛在《超越教学法》一书中所说，“后方法时代”考虑的是实践性、特殊性和可能性，即没有最好的方法，只有最适合的方法。本书也将会随着时代发展而不断更新。

本书适用于中学英语教师培训、师范生英语学科教学论学习。教师教育者使用此书可以针对课堂教学问题采取书中的方法进行培训；一线教师阅读此书可以了解中学英语教学的问题，对号入座，提升自己的教学理念和方法。

相信生命的意义在于探索，而教师的天职在于不断探索教育，但“路漫漫其修远兮”，还需持之以恒。这本浅薄的书只是对基础教育英语教学最初的探索，期望在后续的基础教育实践研究中会产生更多的探索成果。

侯云洁

目　　录

第一章　新课程改革的困境

☞问题一：新课程标准并未得到有效实施，原因和可能的对策是什么？

新课程标准实施了十余年，教师对新课程标准应该是耳熟能详，也应该能把新课程改革（以下简称“新课改”）的理念，比如任务活动教学、合作、探究和自主学习等自觉应用在英语教学中。但当我们进入到农村英语课堂时，屡屡看到的现象却是传统的英语教学：上课开始，教师教授单词，带着学生读完所有生词，这一环节大概延续15分钟，接着介绍本课句型，主要也是带读方式，还没等学生充分练习，就开始讲解句子语法和结构，接着就是跟着教材做一些练习。这样的教学方法仍然是传统的翻译教学法。就算是稍微活跃一点的课堂，机械朗读、讲解语法、照课本完成练习的教学步骤基本构成了农村英语课堂的几大环节，课堂上教师更是基本上使用汉语授课。新课改中提倡的综合语言应用能力、语境创设、听说和读写并重的综合语言能力培养没有得到体现，教学中的学法指导、情感态度价值观以及跨文化意识的渗透几乎是缺失的。大多数学生记忆单词困难，听的能力较差，说的能力表现为哑巴英语。至于考试，语法和写作成绩就更不理想了。学生对于学习英语的兴趣低下成了困扰农村英语教师的第一大问题。以知识讲解为主的传统课堂并没有使学生对英语考试感到轻松和理想，反而厌学英语。那么到底农村英语教师对于新课程标准是如何理解的？为什么十余年的课程改革不能深入到农村呢？为什么新课改“穿新鞋，走老路”的现象成为农村乃至全国很多地区英语教学的普遍现象？

1. 问题的调查

笔者从2010年到2014年五年主持国培的工作中，对学员做了有关课改认识的调查，其中选取了2012~2014年三年的调查数据状况，通过对三年数据的分析，我们可以了解新课改在农村实施出现困境的原因，以及获得今后教师培训关于新课改知识的培训重点和难点。

1.1 2012年关于课改认识的调查

笔者对2012年受训的50名教师进行了开放式问卷调查，关于新课程标准的问题是："请您说出对新课程标准的理解。在教学中是否实施新课改的理念？举例说明。"笔者得到的结果是这样的：几乎没有学员能对新课程标准的核心内容进行描述，还有少部分教师（2人，占4%）不知道课改具体是什么，从来手中也没有新《英语课程标准》这样的大纲来指导教学。学员认为新课改与现实存在矛盾，学员提出的这些矛盾可以分为4个类型：（1）新课改与应试教育之间存在矛盾（20人，占40%）；（2）农村学生基础薄弱与课改内容存在矛盾（22人，占44%）；（3）农村学生英语学习动机与课改之间存在矛盾（2人，占4%）；（4）教师自身专业素质与课改实施存在矛盾（4人，占8%）。

1.1.1 新课改与应试教育之间存在矛盾

提到新课改，笔者在多年的教师培训中，听到了同样的声音：应试如果不改，并且作为评价教师的唯一手段，新课改的理念就不能实施。以下20位教师持有同样的观点。

案例1：我认为新课改所坚持的高效、以生为本、能力培养与现实教学中以"分数""升学"为目的的教学任务的矛盾不易调和。我所尝试的课改即我校提倡的"先学后教，当堂训练"和"兵教兵，分组教学"两种。

案例2：教和考脱节，弱化了语言的功能。

案例3：矛盾是中考试题与课标要求之间的。例如：在课改中要求加强口语训练，但中考又不考。我基本是按课标上课，如：课堂上多用课堂用语，加强听、说、读、写。

案例4：课程改革与现实的考试、测试要求有些差异，例如：在课改要求中，语音口语对学生是要求学习的，但又不考试。

案例5：新课程改革重训练，轻语法，而学生测试又重语法。我在平时的教学中还是结合实际进行教学。尝试的内容是让学生多读多练。

案例6：教材上的听力内容及题型与考试是脱节的。不完全按课标上。

(1) 学生使用英语的环境不多，主要是应付升学考试，只注重分数；(2) 我在平时是按课程标准进行教学的，我尝试在课堂上尽量实现全英语教学。

案例7：新课程提倡学生综合素质的培养，我们教学要的是质量，因此，我们都忙于做题、讲题。

案例8：学的时候比较轻松，注重口语与交际英语的运用，但考试又很难，似乎所学知识与考查内容脱节。

案例9：我们平时的教学是以考试为中心，这与新课程的要求有矛盾，基本没按课程标准教学。

案例10：我们提倡素质教育，却在用应试教育的方式考核学生，穿新鞋，走老路。

案例11：我觉得怎么改都脱离不了应试教育。

案例12：考试评价体系（注重过程还是结果?）评价老师；不全按照课标教学，以学生为主体，教师为主导，课堂多放手于学生，培养学生的主动性及创造性。

案例13：在学生应试与素质教育之间有矛盾。我通常让学生学、老师解答学生的问题，老师、学生一起总结。

案例14：新课程改革是注重听、说、读，但现实是中考制度的指挥棒没变，很多时间还是要讲语法、背单词。

案例15：新课程改革要培养学生听、说能力，注重知识的习得。而现实却要考一份份的试题，更重视语法知识的学习。在平时教学中不是很按课标来教学。

案例16：在平时的教学中未按课程标准教学。

案例17：新课程改革提倡素质教育，但在现实中更注重教学成绩。在平时的教学中有些还是按课程标准教学的。

案例18：我认为新课程改革与现实的矛盾是新课程改革强调素质教育，现实中还是用分数在评价老师和学生。

案例19：新课程是在全面推进素质教育的改革中实施进行的，而现实中的应试教育又摆脱不了。

案例20：我们学校基本按新课程标准去上，“三三六”模式，不过主要强调应试。

其实新课程标准并没有与应试有矛盾，如果按照标准培养学生的综合语言应用能力，反而会大大促进学生的应试能力。但为什么一深入基层一线，大多数的教师不仅持反对意见，而且在实际教学中完全在用传统的教法上课？这背后的原因可以从两个方面来看。从教育上级部门的培训来看，显然培训的效果是不理想的。只仅仅通过几次培训，或是一两天对课程标准的学习，根本无法理解课程标准的实质、精神，尤其是操作层面的教学策略的理解和应用。从教师方面来说，大部分的农村英语教师并没有正规地接受过英语学科教学论的系统培训，对英语学科教学原理的学习基本上是空白或者知之甚少，英语课程标准的理念和要求是基于学科原理和二语习得以及语言学研究的，由于缺乏对其背后原理的理解，所以课程标准不能执行，就算是基本执行，也是“穿新鞋，走老路”。再加之，中小学教师对理论的理解方式一定要基于实践，离开了理论与实践紧密结合的学习方式，就会导致教师无论被培训过多少次，培训后的课改实施方面仍然存在着诸多问题。

1.1.2 农村学生基础薄弱与课改内容存在矛盾的问题

调查中，教师反应课改实施之所以困难，主要是农村学生的基础薄弱，从内容和形式上都不能适应农村中学生。

案例1：教学内容太多，学生基础较差。

案例2：新课标改革与现实的矛盾主要是新课改的一些理念难于在课堂上实施，同时又担心是否会影响到最终的教学成绩。

案例3：新课标改革与现实的矛盾就是区域性的矛盾，在发达城市的学校里，新课改相对容易开展，但是在我们落后的农村学校，学生起步晚，特别是英语，所以要开展一系列与新课改相适应的活动很难。在平时的教学中，我尝试很多，但没什么效果，还把自己的计划弄得一团糟。

案例4：有，因为当地学生情况较多，有外籍学生，也有少数民族学生，还有重点班、平行班。平行班有的学生语文都有问题，更不用说英语。

案例5：新课改有些内容与学生的实际不相符，所以在有些地方不能实施。

案例6：新课程部分内容不符合学生实际，有的地方不能按课程标准实施教学。

案例7：课程内容太多，时间有限，学生（大多数）掌握不了。平时教学中不一定按课标教学，会根据所教学生的具体情况自己做些删减或增加所教内容。

案例8：新课程改革与农村教学实际情况难适应。

案例9：新课程改革与现实差异很大，在平时的教学中都不能按课程标准教学。

案例10：新课程内容多而课时安排少。我上课是按照课程标准教学，我上课时把一个主题的内容渗透在一起上，但是有时候难以完成教学任务。

案例11：学生的自主能力和教师的课堂期望有差距；课堂秩序的维持很难。尝试内容是单词学习——由学生自己拼读音标，理解记忆；句子理解。

案例12：我觉得新课程改革与现实的矛盾是：改革的初衷是好的，但与学生的实际相差太远，农村中学的学生与城市的学生有差别。在教学中按课程标准教学，尝试运用多媒体辅助教学。

案例13：课改要求学生的整体素质得到提高，但现实是学生基础差，学校硬件设施达不到要求，无法提高学生整体素质。

案例14：教学内容太多，边疆地区少数民族学生多，大部分学生小学基本没有学过英语，上起来比较难。

案例15：学生层次低，无法达到要求；有时按照课程要求，有时不；我一般根据学生层次和接受能力教学。

案例16：边疆少数民族地区很难跟上改革的步伐。

案例17：城乡差距大，很多新课程改革内容不适合农村学生；尝试以学生为主体，以学生为中心。

案例18：矛盾是教学内容与创设的教学环境，在现实生活中不能有机结合。大班教学，没有机会进行小组讨论。

案例19：按新课程改革的要求，有时难以完成教学任务，并达到预期教学效果。

案例20：有矛盾。很少按课程标准教学，在单科教学中尝试听、说、读、写四个环节同时进行。

案例21：新课标改革与现实之间存在差异，没能很好地顾及农村边远山区学校的课程实际和学生水平。

案例22：新课程改革注重的是课堂活跃、学生参与的方式，但当时还行，过了一段时间又忘记了。我在平时的教学中按课程标准教学的时候很少：一是硬件设施不行，二是学生难以适应。

教材内容多，难度层次跨越大，对于没有小学英语基础的农村中学生来说，是会导致教师为了完成讲课内容赶课而非从兴趣开始，讲语法知识点而非足够的交际训练，练考试而非语言综合应用能力的培养。再加上教师的教法理念不更新，教学技能不提高，新课改和新教材所提倡的理念和教法就无法得到实施。

1.1.3 农村学生英语学习动机与课改之间存在矛盾

有一部分教师强调了学生学习环境和学习动机低下的问题。

案例1：学生们认为到社会上用不到英语，所以影响他们的积极性（动机）。

案例2：矛盾是现实中就业问题影响学生上课的积极性（动机）。

农村的社会经济状况、社区的学习环境、家庭教育方法、家长教育背景等都不利于学生学习动机的培养，唯一只有靠教师的课堂教学，但如果教师教学方法不得当，就更使得学生厌学，所以课改提倡的许多有利于提高学生学习动机兴趣的活动放到农村学习环境，如果在技巧上缺乏逐步培养渗透的话，再加上学生学习动机不支持，就很难得到实施。

1.1.4 教师自身专业素质与课改实施存在矛盾

教师自身对教材的理解，本身的专业知识和功底存在问题，所以对于新课改与应试之间找不到平衡点，也是当前农村英语教学中的重大急需解决的问题。

案例1：新课本要求的口语材料和图片材料很多，但学生看不懂，没有实际例子。也有一些按新课改的内容，例如：听说内容，自己举例子，表演，让学生模仿，下一节让学生表演。

案例2：现在学生学英语强调做题，没有强调学生的听、说、读、写能力。我让学生看报纸，拓展课外知识。

案例3：课程改革与现实的考试、测试要求有些差异，例如：在课改要求中，语音口语对学生是要求学习的，但又不考试，所以考试中就不怎么强调。

案例4. 学的时候感觉轻松、注重口语教学，但考试不考，最后又回到应试中。

新课改对于师生的评价标准尚未达到标准中所提倡的形成性评价，分数仍然是衡量师生的唯一标准，教师普遍认为如果强调学习兴趣和课堂活动多样性，就会没有时间强化考试，导致考试成绩不理想，尤其与强化考试的班级比较起来，始终效果不理想。这说明我们的英语教学存在着新课改与传统应试教法之间的平衡问题。而教师的专有素质，尤其是对教材理念的理解和实施不到位，以及对语言学习规律不甚了解，更是导致教师无法有效地实施新课改理念。如何找到传统与课改之间的平衡点，是今后课改学习以及探索的重点。

1.2 2013 年关于课改认识的调查

2013 年笔者对 85 名参加“国培计划”的教师做了一个问卷调查，其中再次包括考察他们对新《英语课程标准》的认识及看法。收回的问卷中，每个教师对新课标都有自己的理解。有的教师关注的是语言知识与技能方面的标准，有的教师较关注课程的基本理念，有的教师则把课程标准错误地理解为教材，还有的教师甚至对新《英语课程标准》没有研读过或不理解。在他们的回答中，几乎没有人提到课程标准的情感态度和跨文化交际意识维度，即使有少部分教师提到，也只是略知一二，而并没有深入地理解。他们对新《英语课程标准》的认识可分为以下六类：不了解新《英语课程标准》（10 人，占 12%）；等同于语言知识与技能（25 人，占 29%）；片面理解课程标准（24 人，占 28%）；了解课程基本理念（11 人，占 13%）；略知各分级标准（8 人，占 9%）；误解为教材（7 人，占 8%）。

1.2.1 不了解新《英语新课程标准》

案例1：对于新《英语课程标准》，我很抱歉，我没有认真研读过，所以就没有自己的看法。

案例2：不知道是出于什么原因，我们没有新《英语课程标准》，所以也不知道有哪些标准，只是研究中考题，把握考点。

案例3：新《英语课程标准》更全面地概括了初中阶段所学知识。

案例 4：我觉得新《英语课程标准》是符合地区英语教学的一种实践。

这些回答表明了教师长期在学校只强调考试成绩，已经淡漠了新课改，教学变成一种墨守成规、努力提高考试成绩的一种日常工作，少了平时的探索和研究，也不曾对照过课程标准来进行教学。课改对于许多学校和教师来说渐行渐远。

1.2.2 等同于语言知识与技能

案例 1：新《英语课程标准》对学生各学段的听、说、读、写要求都进行了具体而详细的目标要求，对学生的教学起了明确的指导作用。

案例 2：我们用的是仁爱版的课本。新《英语课程标准》对英语教师的要求是听、说、读、写能力，对学生要求严格。我认为特别是对七年级的学生一开始更须注重听、说的能力。其次，作为教师应该有驾驭教材的能力。

案例 3：新《英语课程标准》对英语教学目标、教学设计及课堂操作、教学任务等起到指南针的作用。比如对英语学习各年级段所要达到的目标要求作了明确规定，听、说、读、写等技能要求做了层次性的发展限定性要求。对语法项目作了掌握、理解、运用、认识等不同要求。各部分知识的重难点作了标识。

案例 4：新《英语课程标准》对学生在初中阶段的各项技能，听、说、读、写作了明确的要求，也对教师在教学中的教学内容和教学任务作了指导。我认为作为一名中学教师应该认真研读、深刻反思，通过研读把握住英语教学的方向，引导我们的教学。

这些回答表明了教师对新课改的认识较表浅，并没有意识到课改核心的改变，一是知识教学的改变，知识不再是传授，而是学生通过各种学习活动逐渐建构的。所以强调学生的学习过程。二是学习方式的改革，学生不再只是个体学习，而是合作学习、探究学习、体验学习、自主学习等各种方式的综合统一。教师只注意到了课标对语言能力的要求，却没有注意到语言学习过程的改变。

1.2.3 片面了解课程标准

案例 1：新课程标准对英语词汇要求太高，学生难记住。

案例 2：英语新课标需要学生牢记的词汇量过多，学习信心会减少。英语新课标提倡教师少说、学生多做，但是没有具体的方法，在农村地区还是只能多依靠教师教。

案例 3：新《英语课程标准》知识涵盖面比较广，它对词汇、知识面、学生能力方面都有了新的要求，是更适合现在中学学习的一个新标准。

案例 4：新《英语课程标准》就是给出了一些教学内容的教学方向。比如听力要上到哪些程度。我的看法并不太认同，因为老早就有“因材施教”的教学理念，所以课程标准我只是作为一个参考方向，而非教学指导理念。

如果教师没有对课改理念的全面认识，仅仅告知“所以然”，就会降低教师对课程标准的认同度和实施效果。因此，教师对课改的学习应该不仅仅学习文本，而是学习其背后的理论，以及在教学中的表现。

1.2.4 了解课程基本理念

案例 1：新课程标准是在社会不断发展和进步的形势下提出的教育新理念。它强调我们的教学要有创新，要以学生为主体、教师为主导，注重培养学生的创新思维和学习能力。我认为是一个很新颖的理念，但是新课程标准的要求与应试教育体制需要融合。

案例 2：英语教学要发展学生的综合运用语言的能力。以学生为主体，为学生的可持续发展奠定基础，培养学生的国际视野，每一位学生都应得到教师的关注。

案例 3：以学生为中心，一切为了学生；重视学生综合素质的培养。

有 11 位教师真正提到了课改的理念，在 85 人中毕竟还是少数，当与这些教师交谈时，他们对于如何做、怎样做才能既提升了教师的兴趣、培养了学生综合语言能力以及学习能力，又能兼顾到考试成绩也是非常困惑。

1.2.5 略知各分级标准

案例1：新《英语课程标准》有课程目标、分级目标、实施建议三大模块。新的课程目标提出了新的基本理念，教学过程中要面向全体学生，注重语言学习的实践性和应用性，丰富课堂教学资源，拓展学习英语的渠道。

案例2：语言技能、语言知识、情感态度、学习策略、文化意识。新课标比较贴近学生生活，有利于学生参与、合作，有趣味性和真实性，也大大有利于口语交际和表达。

案例3：有语言技能、语言知识、情感态度和学习策略方面及文化意识方面的标准。

相对农村学生来说，课程标准是相对远的教育，极少有学生能达到标准的要求。

案例4：新课程标准要求学生达到5级标准。1级对英语有感知，2级乐于参与，3级简单描述一件事物，4级扩展描述事物，5级与他人合作。

对于课程标准的分级标准能够有所了解，说明教师对课改的认识是不错的，只是学生学习兴趣与考试成绩的平衡问题仍然是困扰很多教师的一大难题。

1.2.6 误解为教材

案例1：新《英语课程标准》编排以轻松的版面出现，让学生有种生活化的感觉。因此，学习过程中很感兴趣。比如，课本中出现的一些图画就像学生自己画的漫画一样，学生感觉很亲切。

案例2：英语新课程标准目标明确，训练的重点句型不多，但每个单元都有重点的句型。教起来教师容易把握方向和重点，但就是词汇量太大，当然有重点词汇和一般词汇，而考试时所有词汇都在考查之列。

案例3：新《英语课程标准》分为A、B两大部分。A部分是本单元主要内容，B部分是练习和巩固。我认为A部分内容还可以，但B部分有点杂乱无章。

案例4：我们县没用人教版的*Go for it*，用仁爱版。

把课程标准理解为教材，这与教师长期处于一种追求应试成绩的教学文化氛围有关，课程标准已经不是教师们关注的，考试成绩才是教师追求的目标。

1.3 2014 年关于课改的调查

在参与调查的 85 人中 15 人是不了解、不清楚课程改革和课程标准的，其余教师都有一定的认识，有的比较全面地写出课改和课标的要求或是与过去相比的变化。比起上一届的教师来说，对新课程改革和课程标准理解的人数更多。这说明，一方面，从参训学员的年龄来说，更年轻化了，而这些新生代对新课程改革更加接受和理解；另一方面，随着课改的深入推进，越来越多的教师理解了课改，并身体力行地实践。同时从问卷中我们也可以看出，教师存在多种困惑，需要更多专家的指导。

以下就是教师对新课程标准的理解，都比较片面，但都能对新课标有一个基本认识。

案例 1：注重听、说、读、写的培养，更能让师生产生互动。(16 人)

案例 2：以学生为主、教师引导、师生互动。(16 人)

案例 3：注重听、说，讲究实用性。(9 人)

案例 4：实践、参与、合作与交流的学习方式和任务型的教学途径，评价。(8 人)

案例 5：知识、技能、情感，目标教学。(8 人)

案例 6：关注学生情感，素质教育，尊重个体差异。(7 人)

案例 7：掌握学习方法、自主学习能力。(4 人)

案例 8：注重学习过程与感受。(3 人)

案例 9：逐步淡化语法点。(3 人)

案例 10：强调交际、紧贴生活。(3 人)

案例 11：合作讨论，高效课堂。(2)

案例 12：上课形式的改变 。(2 人)

案例 13：新课程提出有效教学，重新定位了师生角色，对教师的要求更高了，但有效 。(2 人)

案例 14：教学应根据地区差异而要求不同，在基础差的地区，英语教学有困难。(2 人)

案例 15：注重文化意识，英语的应用。(2 人)

案例 16：新理念、新版本、新内容。(2 人)

案例17：能紧跟经济时代的发展，更兼顾学生个体的差异，更能有效地为英语教师和教研教改做有力的指导。(1人)

案例18：规定了考试考查范围。(1人)

案例19：知识与技能并重的教学。(1人)

案例20：学生观、学习观、知识观、发展观和课程观的改变。(1人)

案例21：实施过程中操作难度大。(1人)

案例22：编排有序，合理利用学生口语和技能训练。(1人)

案例23：对教学方法的改革，教学方案的实施更完善。(1人)

案例24：具有较强的指导性。(1人)

案例25：强调标准及专业性。(1人)

案例26：减轻学生负担，让学生在“乐中学，学中乐”。(1人)

案例27：成为合格公民。(1人)

案例28：能顾及大部分学生。(1人)

案例29：课改无实效性，不注重教师与学生实际，后期内容过多。(5人)

结　论

从以上三年的调查结果看，其实课程改革已经一步步深入人心，农村教师对新课改和课程标准的认识逐步提高。2012年的调查显示，教师对新课改还觉得抵触，认为与应试教育存在不可调和的矛盾。2013年的调查表明，教师对新课改的认识有多种类型，但对其的抵触减少了。2014年的调查进一步说明教师对新课改和课程标准的认识提升了。虽然调查对象不是同样的人群，但所来自的地区状况较为相似，这不仅仅是因为教师培训有了一定的效果，也表明课改是不可逆转的趋势，已经逐步被基层农村教师所接受。但是，在培训中，当对教师进一步访谈时，以及在教学展示中，教师都表现出传统的一面，所以认识和行为没有达到统一，这是新课改知识培训的难点。真正改变教师对课改理念的理解以及课标达到有效实施还有一段很长的路。

2. 问题的分析

2.1 新课改的实践研究

十年的课改实践是风雨飘摇的十年，大量的研究文献主要是从课改的问题、产生问题的原因、解决方向和路径上提出了一些理论性的指导。

2.1.1 新课改的问题

从新课程改革的理论基础和方式上，王中华（2013）等认为新课程改革推进中未处理好传统教育与教育改革的关系，过于依赖行政主导，把教师、学生、家长乃至社会各界人士均排斥在课程改革的决定之外。喻平（2012）认为，首先，课程改革的理论基础缺乏协调性。课程理论的第一层次是哲学基础，是马克思的认识论和全面发展学说；第二层次是社会学基础，即中国传统文化和中国特色社会主义理论；第三层次是心理学基础，包括人本主义和认知主义，以及教学论基础，包含人本主义、认知主义与建构主义的结合；最后一个层次才是课程设计、教材编制、课程实施和课程评价。因此，产生于西方的建构主义、人本主义等理论的上层指导思想应该是中国的哲学和社会学理论，它们之间应该存在一个相融和协调的过程。其次，各种理论的实践也缺乏教学实践和教学经验的积淀，理论的理想化色彩和实践基础的薄弱，导致广大教师对新课程倡导的教学难以适应和操作。

从课程改革的目标方面来说，课程改革的预期目标偏离、架空、替换、减损走样（张增田等，2012）。从课程改革的特点来看，它具有复杂性特点，改革进程中有不确定性、非决定性和随机性，课改政策本身、改革的主体与方式、改革的实施与执行、改革所需经费的投入及文化保障以及改革所涉及的利益相关者的利益调整与再分配等诸多因素都是新课改所面临的现实问题。李锋（2012）认为我国课程标准与教学实施存在不一致的现象，主要是教学目标、教学活动和教学评价与课程标准偏离，而导致的原因主要是课程标准本身特征不完善、学校教学环境以及大规模外部统考等因素。

2.1.2 新课改问题的原因

程方平（2011）指出课程改革的束缚因素：前期实验和准备工作不充分，教师培训和专业能力提高相对滞后，提出的一些理念和要求过于理想，一些新编教材比较草率，缺少相关的教育讨论致使师生对课改的理念和思路不甚明了，教育管理和考试评价未能与之充分协同配合，对相关问题的反馈和解决道路不畅，教育行政部门的意志与教育基层学校的积极性未能充分吻合，学习者的思想和学习方式仍受到各种束缚，等等。李志厚（2011）提出课改的几个阻碍问题：课改政策的成熟度、主要影响因素和决策重点，课改的实践基础和理论基础，课程在内容、活动和条件方面的设计，课程实施中的课程标准与教材，教师的实施能力、角色和支持性，改革成效评价标准和评价维度的科学性与可行性，改革投入的人力、物力和财力与现实成效的比较等。

从国外的课程改革来看，郝德永（2012）提出改革总是有两种对立的学术势力与政治势力，决定了更多的课程改革运动是在“残缺不全”的理论与政策指导下所进行的“支离破碎”的改革，以致课程改革实践普遍陷入难以摆脱的过度性、钟摆性、失衡性困境。所以基于国外课程改革教训，我国的课改也需要改革者解决课程改革的理论基础、政策立场、实践范式的合理性与可行性。

2.1.3 新课改适应度调查

杨莉娟等（2012）对我国教师适应课改情况作了调查，结果表明教师对课改适应存在差异，而教师主体因素、课程自身的适切性以及教师获得的内外环境的支持等对教师适应性都产生了显著影响。基于调查结果，提出了理性把握现状、人文关怀、提升学校文化适应性、关注农村教师群体、加强课程配套措施保障等解决策略和建议。王嘉毅（2012）等对西北农村地区新课程改革的适应性调查中提出影响课改实施成效的原因：教师缺乏专业引领、评价改革滞后、教师培训不到位、课程资源匮乏、上级部门不够重视、研究性学习和综合实践活动的实施存在一定难度、现行教材与教辅等问题。从课改的价值观来说，容中逵（2011）批判说课改具有西方价值观印痕和泛人本化取向，未结合国情和人的社会性，而一味强调学生向“完人”的发展趋向，这是脱离现实，违背马克思关于“人是其现实性上一切社会关系的总和”这一基本观点与事实的。向东春（2012）对湖南省的农村教师作了教师教学能力的现状调查，主要从教学知识的理解力与更新力、教学方法的选取与运用情况、课堂教学资源管理情况方面进行调查研究，提出丰富农村教师的知识结构、提升教师的教学方法执行力、提升教师的教学资源管理技巧和教师的信息技术素养的建议。

2.1.4 新课改问题的解决方向

对于课改的研究方向来说，裴娣娜（2011）提出课程目标价值取向、课程结构与形式、课程内容选择、课程实施及策略、课程发展的技术支撑等以及课程改革方法论将是中国基础教育发展研究关注的主要问题。郝德永（2013）指出十余年的课改，引来了各种纷争和冲突，但并不意味着失败，必须认识到新一轮的课程改革的复杂性、过程性、实践性，客观诊断课程改革所暴露出的种种问题与不良现象，解决困惑，调适任务，以摆脱课改的困境。立足于新课改的十年成果，关于课改的理论基础、教材编写、课程政策设计、校本课程开发、综合实践活动课程、教与学的研究、教师专业发展、中国本土教学思想与当代教学改革结合等问题成为当代课改持续探索的问题。邢红军（2011）提出，中国基础教育课程改革应该从教学走向、国情反思、理论基础、课程目标、能力培养和教学评价等方面进行探索和改革，才能走上正轨。

就课改问题的解决方向来说，李伟、李润洲（2010）指出新课程改革需要重塑教师文化，以及培育教师的教育信念、洞悉教师的教学惯习，生成教师的新形象。李伟胜（2011）提出学校教育改革需要深入到文化层面，才有可能超越表面化、低效率的状态，鼓励教师自主更新教师文化是改革的有效路径。刘永和（2011）提出课程改革一定基于文化背景，课程改革一定与社会经济发展同行，因而课程改革一定是一个长期的渐进的过程，课改本身也要进行改革。袁丹（2012）等指出现代教育实践中人文品性的丧失和功利性的弥漫，只有使人文品性回归，才能真正培养和发展学生。上官子木（2011）指出传统知识观是限制基础教育教学内容、教学训练方式、学业评价方式和教育目标的关键因素，也是造成学生知识结构和能力方面缺陷的原因。张琼（2011）认为当前的教育应该培养学生运用知识解决实际问题的能力，为促进学生能灵活运用知识解决问题，知识学习过程应该与实际生活情景密切沟通，以达到知识学习与知识运用能力的双向建构。为此，教学目标的定位、教学内容呈现方式、教学过程与方法的组织等，均要做出相应的变革和调整。迟燕杰认为我国基础教育课程改革中出现的理论建设问题主要是知识论基础不够明晰，过度注重知识的实用价值，而不是内在价值，需要平衡理性主义和经验主义知识论，从“知识符合论”向建构主义知识观转变。陈志刚（2013）提出了凯洛夫教学模式对课改的影响，以及知识教学方式的改革没有真正做到，是凯洛夫教学模式遗留的主要原因。卡森认为教学是一种解释性活动，课程研究是一种再概念化的认知活动，课程改革需要行动研究，而行动研究是一种双重序列活动，专家和教师的合作才能真正探索课程的改革。

综合以上学者们对课改的研究成果，笔者认为教师的培训要解决教师理念提升的问题，新课程标准的理解和应用是第一关。过去的教师培训中对新课程标准也都做了具体的内容安排，但理解标准中的理念及对其的认可是很容易做到的。但一回到教学岗位上，就会提出理念的不适用。对课改内容的培训并没有起到实际的效果。原因至少有三个：第一，教师来自的地区学生基础薄弱，学习环境和学习动机都较差，教育难度大，教师很难实施先进的教学理念；第二，教师把理论化为实践的操作能力还比较欠缺，一方面是由于教师的英语专业素质无法成功地用英语组织课堂、熏陶和引导学生，一方面是教师缺少理论素养和研究能力诊断课堂，针对实际教学情况来实施教学理念；第三，农村学校缺乏集体学习和教研的专业发展环境，更没有教师个体的教学反思来不断改进教学，所以每当教师试着把学到的理念和方法应用到教学中，由于没有研究具体的教学情境，就把所学的方法照搬到自己的教学情境中，势必会遭遇到挫折，再加上新理念的实施需要一个过程逐步改变学生，新方法的应用对于考试成绩的提高需要时间才能看到学生的改变，由于教师对改变产生的困难和结果缺乏预见和等待，通常很快就放弃教学改革尝试，回到老路子上。

因此，新课程标准的培训必须结合农村教师的实际，以农村成功教学案例为基础，把课改的理念具体地体现在针对学生薄弱基础的课堂教学中，教师才能真正认同和实施。除此之外，教师还要真正地到课堂去实践，才能体验到理念与实践结合的操作技术。所以对于教师培训的第一个问题“对新课程的理解和实施”可以采用的模式有两种：一种是理论前置模式，是演绎思维方式。具体可以采用的模式是“理论—观摩—实践”，一环扣一环，如果教师返岗后的具体改革实践能得到现场的指导，也就是实施“理论—观摩—实践—再实践”四环节，才能帮助农村教师有效实施课改的问题。二是理论后置模式，是归纳的思维方式。结合教师的直接感性思维较强的特点，采用的模式是“展示（教师自己展现，学员讨论提出问题）—观摩（到优质学校观摩，找到解决问题思路）—实践（在实际教学中尝试解决问题的思路方法）—理论（揭示问题解决的理论原则）。也可以采用此种模式：“观摩（对照自己，发现问题）—实践（验证解决问题思路）—理论（升华对问题的理解和解决原则策略）。其实，教师在培训中是不可能对教学理念充分实践的，只有回到岗位上进一步实践验证和探索，才能真正理解和掌握课改的理念。从这个角度来说，教师的返岗实践和指导成为保证培训效果的重要环节。

2.2 课改的理论

课改理念的理解离不开对这些理念产生源头的理解，只知道其表面观点，并不能促使教师深刻理解和接受课改。因此，课程改革的几大教育理论应该是教师培训必学内容之一。设计为教师培训主题一《新课程改革的理论、标准和实施》。涉及的理论是：人本主义理论、建构主义理论、社会互动理论、多元智能理论、终身教育理论。

2.2.1 人本主义理论

人本主义理论来源于人本主义心理学，与行为主义和精神分析理论不同的是，人本主义心理学将人的思想、情感和情绪置于人的整个心理发展的前沿地位。强调人的尊严、价值、自我实现和创造力。它的理论基础是存在主义哲学，强调自由、个人决定生命的价值和人生的意义。尤其是存在主义哲学提出的人存在的意义、人的唯一性是人本主义心理学观点的来源。人本主义心理学的代表人物有马斯洛和罗杰斯等。

马斯洛是美国的社会心理学家，强调人的内心世界的重要性，并提出人的需求是有层次的，分别从低级到高级，比如生理需求、安全感需求属于低层次需求，归属感、自尊的需求是较高层次的需求，而认知需求、审美需求、创造的需求是最高层次的需求。人只有满足了一定层次的需求，才能获得内心的满足。马斯洛的需求层次和自我实现理论是人本主义理论的基础，自我实现也是个人人格成长、实现生命价值的必经过程。用马斯洛的自我实现理论指导教育教学主要在五个方面：

自我同一性原则。帮助学生认识自我、发现自我，最后还能与社会和自然和谐统一。尤其是人们在实现自我的漫长旅程中，自我的认识也在不断地提升，如果家庭、学校和教师在尊重、理解和鼓励的基础上，学生可以不断思考、体验，发现并克服自身的弱点，趋向完善，实现自我。

启发性原则。个体的自我实现是分阶段和层次的，并且是基于学生的认知与生活体验的，教师在教学中的启发能够培养学生的逻辑思维、理性认识，通过良好的沟通交流还可以同时培养学生的人格和其他非智力因素，为学生自我实现向创造的高层次过渡。

美育原则。学生的认知和审美需要是从小培养的，音乐、体育和美术能力的培养不仅有利于学生创造力的开发，还能学会审美，丰富学生的内在精神生活。

超越性原则。培养批判精神，学会超越自我，自觉审视现实世界，以客观的态度看待问题，是最终获得精神自由的前提。

价值原则。在教学中善于从文本和客观现象挖掘和分析事物的内在价值，使学生能够获得生存的意义以及丰富的内心世界。

罗杰斯也是人本主义的重要代表之一，尤其在心理治疗方面是杰出的人物，他提出个人中心治疗和同理心治疗。他认为，个体进行着不断成长的过程，不断趋向完美，这个过程也是个体获得自主、摆脱外部力量控制的过程。在这一过程中，外在因素，比如环境、教师、家长发挥了重要的作用。个体在形成和发展自我意识中不断自我肯定和完善。人的自我统一就是“躯体、心智、情感、精神、心力融汇一体”的人，即完人（whole person）。教育教学中所倡导的“自主学习”和“以学生为中心”的学习观与教学观，就是通过自我发现、逐步形成知情统一，最后懂得如何能够适应变化和知道如何学习。在此过程中，师生之间的真诚和尊重、教师的关注和接纳，使师生双方能产生移情性理解，即站在对方角度设身处地地理解对方情感，教育教学中就能达成完人教育。

基于马斯洛和罗杰斯，人本主义理论的主要观点是：相信个体的潜能，认为人都有自我实现的需要和趋向，通过环境的激发，个体可以逐步发挥潜能；注重个体的需要，满足个体需要和实现内心成长是学习的根本目的，也就是把人的情感、情绪和内心需要放在教学的首位；注重知情统一，认知与情感紧密相连，互为基础，互相促进。

人本主义的另一个重要代表是心理学家埃里克森（E. Erikson）。埃里克森通常被认为是属于弗洛伊德精神分析流派，但由于他的贡献是人格发展理论，强调人格发展的社会性和后天性，所以也是人本主义的理论基础之一。埃里克森认为人的情感发展要经历八个阶段，分别是：（1）信任与不信任（0～1岁）。这个阶段父母抚养期间的关怀与否、抚养方式对孩子早期人格中对他人信任度的形成有重大的影响。（2）自主行动与羞怯怀疑（1～3岁）。这个期间是孩子主动了解世界的时期，给予孩子一定的自主权探索，能形成孩子早期自主能力。（3）主动性与愧疚感（3～6岁）。这个阶段，如果持续给予孩子空间自我探索和行动是形成孩子今后在学习生活中主动性的关键。（4）勤奋进取与自贬自卑（6岁至青春期）。这个阶段属于孩子小学期间，是能否形成良好习惯、求知欲和自信心，决定孩子勤奋进取的品质的关键期。（5）自我统一与角色混乱（青年期）。这个时期的孩子是形成自我身份的关键期，孩子心理的半成熟状态，渴求成为独立的自己，内心焦灼，教师和家长的过度监控会造成孩子的逆反，自我寻求中所带来的角色混乱影响到这个时期孩子的心理状态，非常敏感、多疑，有时极端和叛逆。所以教师应充分理解青春期孩子的特征，尊重、理解和移情性的交流是教师和家长应有的态度。（6）友爱亲密与孤僻疏离（成年期）。孩子到17、18岁时，有了与朋友建立亲密关系的需求，所以谈恋爱和交友是必然的心理状态，否则将是孤独抑郁，不能合群，不能与人和睦相处。（7）保持活力与颓废退滞（中年期）。中年时期对孩子的抚育是个体情感、人格和心理成熟与完善的时期，因为亲身体验了孩子的成长过程，也就增加了个体对人性、人生、社会的理解。相反，没有家庭的孤独会造成人的颓废和目标游离，使个体成长经历部分缺失。当然也有的人会通过自身反馈社会，投入社会的公益事业来弥补这部分缺失。（8）人生完美感与悲观绝望（老年期）。当人生逐渐走向死亡时，回忆会带来人生的完美感或者悲观情绪。埃里克森的人格发展理论为人本主义的教育教学提供了依据，教育者可以根据学生的心理情感发展阶段，了解学生不同阶段的情感需要，给予足够的尊重与理解，采取相应的教育教学方法，真正使学生身心统一、健康，学会学习和与人相处，各学科的学习也才能得到相应的发展。

新课程标准中提出：注重素质教育，体现语言学习对学生发展的价值，以及面向全体学生，关注语言学习者不同特点和个体差异，这些就是基于人本主义心理学理论的。因此，人本主义理论的学习应该是教师培训中的必要内容，尤其是“语言学习对学生发展的价值”因何而提出，如何在教学中体现这个价值，需要教师通过具体的教学案例来说明。比如通过学习“职业”为话题的这一单元，让学生了解不同职业的乐趣和对社会的贡献，促进学生对自己未来的思考。总之，每一个单元主题都有情感价值观可以挖掘，并且渗透在教学中，只有了解了人本主义的理论，教师才能深层次地认同这样的目标，自觉自然地在教学中设计活动，帮助学生体验成功，发现自我，实现个人价值。再比如说，关注学习者个体差异，如果能充分理解学生，尊重他们，帮助学生设定适合自己的目标，就能充分面向全体学生，实施素质教育。

通过以上理论的讲解，再配合以案例，教师才能坚信关注学习差异，设计活动课堂的价值和意义。

2.2.2 建构主义理论（Constructivist Theory）

建构主义是认知心理学的一个分支，是研究个体认知发展规律的理论。起源于心理学家勒温提出的场论，他认为人们生活在不同空间，对重要要素的表象进行组织时，就会有自己不同的方式。凯利的《个人建构心理学》奠定了认知心理学的基础。凯利认为人像科学家一样，能够不断提出并检验自己对世界的假设，如果我们不理解某些事发生在自己身上的原因，我们就会感到不安。为了满足我们的需要，获得一种预期感，我们会用模板一样的东西匹配所发生的事件，以获得解释和预测。如果不能匹配就必须进行调整，以获得下次适合及匹配。凯利还提出 11 项推论：

基本假设：每个人的加工过程通过他参与事件的方式受到心理指导。

建构推论：每个人都通过解释自己的反应来参与事件。

个体推论：人与人的不同之处在于他们对事件的建构不同。

组织推论：每个人都有自己独特的建构系统，为了便于参与事件，各种建构之间存在着一种顺应关系。

两级推论：每个人的建构都只适用于有限范围内的事件。

选择推论：每个人都为自己在双级建构中选择一端，这样他为自己系统的扩大和确定提供更大的可能性。

范围推论：每一种建构都只适用于有限范围内的事件。

经验推论：一个人的建构系统在他成功地解释了自己对事件的反应后会有所变化。

调节推论：一个人的建构系统的改变受到建构在变异存在的方便性范围之内的弥漫的限制。

破裂推论：一个人可以成功地应用几个看起来彼此不相容的建构系统。

通用推论：在一定范围内，一个人使用某种与他人相似经验的建构，那么他的心理过程与这个人也相似。

社会性推论：在一定范围内，一个人要解释他人建构过程，他就应该在那个人生活的社会情境中扮演一定的角色。

以上建构、个体和组织推论解释了学习者在学习过程中的表现差异，通用理论和社会性理论解释了教师接近学习者和理解学习者为什么有助于促进学习者的原因。

在建构主义理论中，图式是重要的概念，它是一个人经历、经验、知识结构反映在头脑中的一系列组织，形成了具有个体特点的认知结构。这解释了个体因为图式不同，对事物理解的建构就不同。皮亚杰作为认知心理学的重要代表人物，建构主义的另一个重要代表，基于此，提出了顺应、同化和平衡理论。顺应是指外部环境发生变化，信息输入后，原来的认知结构不能产生同化，这就必须重组和改造原有图式，这个过程就是顺应，并且由此而改变了原有的认知结构。同化是指学习者个体对信息产生刺激反应后，利用图式进行输入的过滤或改变过程。最后把信息纳入头脑中原有的图式之内，使其成为自身的一部分，这就是同化。平衡是指学习者个体在同化和顺应中不断被打破平衡，又自我调节重新获得平衡，从而从同化到顺应到同化，不断转换、重组和更新。学习者的认知结构也就不断发生改变和发展。

建构主义心理学理论对于教育的影响就是提倡个体从自身经验背景出发，并对客观事物的主观理解和意义进行自主建构，重视学习过程，反对现成知识的简单传授。

受建构主义心理学的影响，美国的教育心理学家布鲁纳提出了“发现法”，这也是新课程标准提出探究学习的来源，主张在教师的指导下，学习者个体通过自己体验、探究来学习知识，建构对知识的理解、掌握、应用和迁移。教学只有关注到学生的个体经验和知识背景差异，才能做到关注全体，有效教学。因此，建构主义成为理解新课程改革的另一个核心理论基础。

2.2.3 社会互动理论（Social Interaction Theory）

苏联心理学家维果茨基的社会互动理论强调了社会、历史和文化对认知发展的重要性，弥补了皮亚杰等为主的建构主义理论偏重于强调自然发展和个人经验，忽视人为干预和社会环境的作用。维果茨基认为高级心理机能亦即随意的心理过程，并不是人自身所固有的，而是在与周围人的交往过程中产生与发展起来的，是受人类的文化历史制约的。高级的心理机能来源于外部动作的内化，这种内化不仅通过教学，也通过日常生活、游戏和劳动等来实现。另一方面，内在的智力动作也外化为实际动作，使主观见之于客观。内化和外化的桥梁便是人的活动。即教育中起中介作用的父母、教师、同伴在与学习者交往过程中促进了学习。并提出了著名的“最近发展区”，认为儿童的发展区有两个，一个是现实发展区，一个是潜在发展区，教师通过自身的媒介，提供学习者学习交往的机会，使学习者从现实发展区进入潜在发展区，完成学习的目标和任务。由维果茨基的“最近发展区”产生了“支架式”教学，即根据学生的现有水平、情感认知特点来建构学生自己的理解。

社会互动理论其实是建构主义的一个分支，跟皮亚杰一致，都重视学习者的认知心理特点，但维果茨基的贡献是更加强调人的学习和发展发生在与其他人的交往和互动之中，因此，丰富学习者认知活动规律的特点，把个体认知的发展看作是社会文化、历史产物，也是个体经验的产物。

“社会建构主义”模式其实就平衡了主客观因素对个体认知发展的影响，提倡知识是由个人自己建构的，而不是由他人传递的；但这种建构发生在与他人交往的环境中，是社会互动的结果。

新课程标准中“鼓励学生在教师的指导下，通过体验、实践、参与、探究和合作等方式，发现语言规律，逐步掌握语言知识和技能，不断调整情感态度，形成有效的学习策略，发展自主学习能力”，这一点是依据维果茨基的社会互动理论，倡导合作学习、探究学习。所以，社会建构主义理论是新课改提倡的学习方式变化的理论基础。

2.2.4 多元智能理论（Multiple Intelligences）

多元智能理论是由美国著名的教育心理学家霍华德·加德纳提出的。美国哈佛大学的教育学教授、《纽约时报》称他为美国当今最有影响力的发展心理学家和教育学家。哈佛商学院教授称“加德纳是本时代最明亮的巨星之一，他的突出表现是提出了人类成功的不同智慧”。美国特质教学联盟主席称他为“推动美国教育改革的首席学者”。多元智能理论之所以重要，是因为加德纳不仅解释了学生智能差异的原因，还解放了不同特长的孩子，让智能不同的孩子可以追求适合自己的发展路径，而不必受学校统一要求的束缚。

在人类理解智能问题上，经历了大半个世纪的探索。20 世纪初，法国心理学家比奈首先创造了智力测验，用来测量人的智力的高低。之后，德国心理学家施太伦提出了“智商”的概念：智商即智力商数，它是用数值来表示智力水平的重要概念。1935 年，亚历山大第一次提出“非智力因素”这个概念。所谓“非智力因素”是指记忆力、注意力、观察力、想象力、思维力等智力因素之外的一切心理因素，主要包括动机、兴趣、情感、意志、性格等，这些非智力因素都是直接影响和制约智力因素发展的意向性因素。但是，这一理论提出后，并未得到人们的关注。

1967年，美国在哈佛大学教育研究生院创立“零点项目”，由美国著名哲学家戈尔曼主持。“零点项目”的主要任务是研究在学校中加强艺术教育，开发人脑的形象思维问题。在从这以后的20年间，美国对该项目的投入达上亿美元，参与研究的科学家、教育家超过百人，他们先后在100多所学校做实验，有的人从幼儿园开始连续进行20多年的跟踪对比研究，出版了几十本专著，发表了上千篇论文。

加德纳也是美国“零点项目”的受益者，他重新整理研究了项目的结果，再加上他对脑损伤病人的治疗和研究，20世纪80年代提出了多元智能理论，认为人的智能有8种（后来又补充至9种）：

（1）语言智能。这种智能主要是指有效地运用口头语言及文字的能力，即听、说、读、写能力，表现为个人能够顺利而高效地利用语言描述事件、表达思想并与人交流的能力。这种智能在作家、演说家、记者、编辑、节目主持人、播音员、律师等职业上表现更为突出。

（2）逻辑数学智能。从事与数字有关工作的人特别需要这种有效运用数字和推理的智能。他们学习时靠推理来进行思考，喜欢提出问题并执行实验以寻求答案，寻找事物的规律及逻辑顺序，对科学的新发展有兴趣。即使他人的言谈及行为也成了他们寻找逻辑缺陷的好地方，对可被测量、归类、分析的事物比较容易接受。

（3）空间智能。空间智能强调人对色彩、线条、形状、形式、空间及它们之间关系的敏感性很高，感受、辨别、记忆、改变物体的空间关系并借此表达思想和情感的能力比较强，表现为对线条、形状、结构、色彩和空间关系的敏感以及通过平面图形和立体造型将它们表现出来的能力。能准确地感觉视觉空间，并把所知觉到的表现出来。这类人在学习时是用意象及图像来思考的。

空间智能可以划分为形象的空间智能和抽象的空间智能两种能力。形象的空间智能为画家的特长。抽象的空间智能为几何学家的特长。建筑学家形象和抽象的空间智能都擅长。

（4）肢体运作智能。善于运用整个身体来表达想法和感觉，以及运用双手灵巧地生产或改造事物的能力。这类人很难长时间坐着不动，喜欢动手建造东西，喜欢户外活动，与人谈话时常用手势或其他肢体语言。他们学习时是透过身体感觉来思考的。

这种智能主要是指人调节身体运动及用巧妙的双手改变物体的技能。表现为能够较好地控制自己的身体，对事件能够做出恰当的身体反应以及善于利用身体语言来表达自己的思想。运动员、舞蹈家、外科医生、手艺人都有这种智能优势。

（5）音乐智能。这种智能主要是指人敏感地感知音调、旋律、节奏和音色等的能力，表现为个人对音乐节奏、音调、音色和旋律的敏感以及通过作曲、演奏和歌唱等表达音乐的能力。这种智能在作曲家、指挥家、歌唱家、乐师、乐器制作者、音乐评论家等人员那里都有出色的表现。

（6）人际关系智能。这种智能是指能够有效地理解别人及其关系及与人交往的能力，包括四大要素：组织能力，包括群体动员与协调能力；协商能力，指仲裁与排解纷争能力；分析能力，指能够敏锐察知他人的情感动向与想法，易与他人建立密切关系的能力；人际联系，指对他人表现出关心，善解人意，适于团体合作的能力。

（7）内省智能。这种智能主要是指认识到自己的能力，正确把握自己的长处和短处，把握自己的情绪、意向、动机、欲望，对自己的生活有规划，能自尊、自律，会吸收他人的长处。会从各种回馈管道中了解自己的优劣，常静思以规划自己的人生目标，爱独处，以深入自我的方式来思考。喜欢独立工作，有自我选择的空间。这种智能优秀的政治家、哲学家、心理学家、教师等人那里都有出色的表现。

内省智能可以划分为两个层次：事件层次和价值层次。事件层次的内省指向对于事件成败的总结。价值层次的内省将事件的成败和价值观联系起来自审。

（8）自然探索智能。这种智能指能认识植物、动物和其他自然环境（如云和石头）的能力。自然探索智能强的人，在打猎、耕作、生物科学上的表现较为突出。

自然探索智能应当进一步归结为探索智能。包括对社会的探索和对自然的探索两个方面。

（9）存在智能。人们表现出的对生命、死亡和终极现实提出问题，并思考这些问题的倾向性。

根据加德纳的理论，学校在发展学生各方面智能的同时，必须留意每一个学生在某一两方面特别突出的智能；而当学生未能在其他方面追上进度时，不要让学生因此而受到责罚。

以下是测试8种智能的问卷。

表1-1　8种智能测试——第一组

	内　容	3	2	1	0
1	喜欢阅读各个种类的书籍				
2	对一件事情或书籍中的内容可以清晰地表述出来				

续　表

	内　　容	3	2	1	0
3	喜欢模仿他人说话的内容				
4	外出时，对街上的文字充满好奇心				
5	对于生字、词语的学习相当快				
6	喜欢写东西，如日记、作文、诗歌等				
7	看电视喜欢选择谈话类节目				
8	喜欢为他人解说事物的内容，如班级的注意事项等				

表 1－2　8 种智能测试——第二组

	内　　容	3	2	1	0
1	能够记住很多数字				
2	喜欢玩棋类游戏，如象棋、围棋、跳棋等				
3	懂得用推理的方式说明或分析事物				
4	清楚地记得自己有哪些玩具，种类、数量皆能记在脑海里				
5	喜欢动手测量家中物品或摆设，包括重量、长度、体积等				
6	比别人容易找出事情的错误，尤其是逻辑性错误或因果错误				
7	能够很快将组合性玩具如积木、拼图等组合完毕				
8	懂得运用技巧整理玩具，如由大而小、分门别类等				

表 1－3　8 种智能测试——第三组

	内　　容	3	2	1	0
1	喜欢唱歌并能准确地辨别音调的高低、节奏的快慢等				
2	喜欢吹、奏乐器				
3	当听到熟悉的音乐时，会不自觉地手舞足蹈起来				
4	对难度较高的歌曲或乐曲能演唱得很好				
5	听完一首曲子之后，能够很快记住大部分并哼唱出来				
6	在家中做自己的事情时，不自觉地哼唱				

续　表

	内　　容	3	2	1	0
7	喜欢将音乐运用于其他活动中，如演讲、戏剧表演等				
8	对多种音乐形式感兴趣，并愿意学习				

表1－4　8种智能测试——第四组

	内　　容	3	2	1	0
1	喜欢主动帮助他人解决问题				
2	喜欢接近人群，喜欢热闹				
3	喜欢参加团体活动，与他人互动良好				
4	遇到问题较易采取寻求他人协助的方法，而非单独解决				
5	在团队中经常成为受他人欢迎的对象				
6	在别人有争端时，擅长扮演协调者的角色				
7	比较喜欢参加团体性的运动，如羽毛球、篮球等				
8	至少有三位相当好的朋友				

表1－5　8种智能测试——第五组

	内　　容	3	2	1	0
1	比较喜欢一个人工作（学习）或玩耍				
2	较为沉默，但时常会提出很好的建议或见解				
3	不喜欢嘈杂的环境，喜欢静静地一个人想事情				
4	会自己设定一个目标，然后积极地想要完成它				
5	能够不间断地写日记，记下每天发生的事情				
6	能够清楚地指出自己的长处、短处在哪里				
7	懂得反省自己，并告诉自己不再犯同样的错				
8	经常陶醉在自己的兴趣中，不受干扰				

表 1－6　8 种智能测试——第六组

	内　容	3	2	1	0
1	喜欢户外运动				
2	喜欢至少一项运动，并能经常练习				
3	喜欢触摸环境中的物品				
4	很难长时间坐着不动				
5	有冒险精神，凡事都喜欢尝试				
6	擅长动手制作东西，如捏泥人、缝纫、做木工等				
7	有良好的平衡感，四肢灵巧，擅长肢体模仿				
8	充满活力，与人沟通时常加上肢体				

表 1－7　8 种智能测试——第七组

	内　容	3	2	1	0
1	具有方向感，能够很快辨别自己所在的位置				
2	对于色彩具有敏锐的觉察力				
3	喜欢随手涂涂画画				
4	喜欢使用图表、图片表达事物				
5	对于空间摆设、室内设计有独到的见解				
6	喜欢三维空间的游戏，如七巧板、积木等				
7	喜欢使用地图、指南针等				
8	喜欢搜集相片、图画，并能够整理成册				

表 1－8　8 种智能测试——第八组

	内　容	3	2	1	0
1	喜欢与植物花草接触				
2	喜欢搜集石头、叶子、动物标本等自然物品				
3	对自然现象有高度的兴趣，如闪电、日食、星星等				
4	喜欢观察动植物生长过程，并会寻找资料进一步了解与研究				
5	喜欢接触大自然的活动，如爬山、步行、赏鸟等				
6	对于环境的保护相当重视				
7	在家中喜欢修剪花木、悉心照料				

续　表

	内　　容	3	2	1	0
8	能够体察细微的自然物，如树叶的纹路、花瓣的形状等				

表1-9　测试结果

组　别	对应智能	分　数
第一组	语言智能	
第二组	逻辑数学智能	
第三组	音乐智能	
第四组	人际关系智能	
第五组	内省智能	
第六组	肢体运动智能	
第七组	空间智能	
第八组	自然探索智能	

多元智能理论也是新课标支柱理论之一，比如“面向全体学生，关注学习者的不同特点和个性差异”，“英语课程应成为学生在教师指导下构建知识、发展技能、拓展视野、活跃思维、展现个性的过程。由于学生在年龄、性格、认知方式、生活环境等方面存在差异，他们具有不同的学习需求和学习特点。只有最大限度地满足个体需求，才有可能获得最大化的整体教学效益”。因此教师应该了解学生的智能倾向，了解学生的特长优点，或是帮助学生发现自己的优势，在教学中最大限度地鼓励，使其找到方向，发现自我，实现自我，最终实现学生个体发展。

2.2.5 终身教育理论（Lifelong Education Theory）

“终身教育”这一术语自1965年在联合国教科文组织主持召开的成人教育促进国际会议期间，由联合国教科文组织成人教育局局长法国的保罗·朗格朗（Paul Lengrand）正式提出来的。强调所有的人所有的时候都有受教育的机会和权利，强调教育是贯穿人意识的连续不断的过程。

终身教育的概念也在不断发展。国际21世纪教育委员会在其向联合国教科文组织提交的《教育——财富蕴藏其中》的报告中，对终身教育这个概念的内涵作了进一步的揭示，终身教育固然要重视使人适应工作和职业需要的作用，然而，这决不意味着人就是经济发展的工具。除了人的工作和职业需要之外，终身教育还应该重视铸造人格、发展个性，使个人潜在的才干和能力得到充分的发展。

终身教育理念产生的背景是20世纪50年代末60年代初，新时期社会的、职业的、家庭日常生活的急剧变化，导致人们必须更新知识观念，以获得新的适应力。人们的生活水平提高了，对现实生活及自我实现也在不断提高。同时，传统的学校教育也不再满足人们的需要，期望产生一种全新的教育理念。

提倡家庭教育、学校教育和社会教育（成人教育）三者有机结合，个人要承担自己职后的专业发展，或者说，今后任何职业的发展都离不开终身的学习和发展。

对语言教师来说，单纯的语言教学还不是教育应该包含的内容，教育是使学生学会怎样学习，特别是拥有持续的学习习惯和精神，提倡富有个人意义的学习，个人终身学习发展。新课程标准中提出的培养学生的学习能力就是应对国际上终身学习的要求而设计的标准，而教学中强调学法指导，培养自主学习能力相应地成为课堂教学必不可少的目标。

2.3 课程理论

要深入了解新课程改革，就必须学习两个领域的理论。首先是教育理论解释了课改的教育理念和目标为什么进行了革新，其次是课程理论解释了课程内容的编排上为什么进行了教材的改变。

2.3.1 课程的本质

课程理论是理解新课程改革实质的重要理论知识，也是教师教育和培训内容体系中应有的课程内容。首先要了解的是“课程是什么”的问题。从课程产生之初到现在，共有三种课程观：知识观、经验观、活动观。

2.3.1.1 课程是知识

把课程看成是知识，就是视课程为权威，静态和固定的。传统意义上的课程包含课程（教学）计划、教学大纲（课程标准）、教科书等所谓看得见、摸得到的客观存在物；课程体系一般是以科学逻辑组织的，即按照一定的理念，比如教育学、心理学理论作为指导，根据课程对象的年龄、实际情况来编排的；课程所呈现的内容和所表现的文化是社会意志的体现；并且课程是既定的、先验的、静态的，即课程是前人智慧、知识、经验的累积；课程是外在于学习者的，并且基本上是凌驾于学习者之上的——学习者服从课程，在课程面前是接受者的角色，即学习者和教授者是按照课程教材来教授的；课程又是关注并依赖学习者的认知品质和过程的。在课程发展的历史上，传统地把课程看成是静态的知识、教学大纲和教材体系。新课改矛盾的源头就是教师的知识型课程观，导致了教师顽固坚守知识灌输型教学。

2.3.1.2 课程是经验

把课程看作经验，是从学习者角度出发和设计的，重视学习者个人经验，并强调学习者作为学习主体的角色。知识型课程观，重视课程本身的严密、完整、系统、权威，容易忽视学习者的实际学习体验和学习过程。经验型的课程观基于建构主义和社会互动理论，认为个体先前的知识经验是新知识学习内化的前提，并建立生活实际与课程内容紧密关联的教学活动，关注学生的起点和需求，发展学习者个体经验。

2.3.1.3 课程是活动

把课程视为活动，是强调学习者作为课程的主体以及作为主体的能动性；强调以学习者的兴趣、需要、能力、经验为中介的实验课程；同时强调活动的完整性，突出课程的综合性和整体性，反对过于详细的分科；强调活动是人心理发生发展的基础，重视学习活动的水平、结构、方式，特别是学习者与课程各因素的关系。

2.3.2 课程论的流派

2.3.2.1 要素主义课程论

要素主义课程论重视系统知识的传授，重视传统的学科课程。以文化要素为基础，而不是以儿童的生活经验为基础。认为学生自身的生活经验在实践和空间上都是十分有限的，迁就儿童自身经验，既不能了解历史，也不能了解世界。中国基础教育的教材系统其实也是要素主义的体现。

2.3.2.2 结构主义课程论

首先，强调课程内容应当是学科的基本结构。不论我们选教什么学科，务必使学生理解学科的基本结构。所谓结构，就是指各门学科中的基本概念、基本公式、基本原则等理论知识。其次，强调基本结构要与学生的认识发展水平相一致。结构主义的课程思想很明显地体现在我国的教材编写体系中。

2.3.3.3 实用主义课程论

杜威强调“从做中学”，反对教师、教科书、教室为中心的传统教学方法，主张变教师讲、学生听的教学方式为师生共同活动、共同经验的教学方式。

实用主义课程论采用“五步教学法”：学生要有一个真实的经验情境，要有一个对活动本身感兴趣的连续活动；在这个情境内部产生一个真实问题，作为思维的刺激物；要占有知识资料，从事必要的观察，对付这个问题；要负责有条不紊地展开他所想的解决问题的方法；要有机会和需要通过应用检验他的观念，使这个观念意义明确，并且他自己发现它们是否有效。

2.3.2.4 人本主义课程论

课程的目的就在于满足学生个人自由发展和自我实现的需要。课程的组织注重整合，批判传统课程的学科逻辑，认为没有与学生的心理建立联系，同时，从个性的完整出发，主张课程的综合。

课程的实施要求学生与教师之间建立起情感关系的背景中实施课程。教师应该富有想象力地呈现课程和教材，以便形成温暖的、有安全感的，从而能够促进学习的环境，帮助学生取得成功。课程的评价注重过程，是否有助于学生成为更加开放、更加独立的人。

2.3.2.5 实践课程论

课程的研究和编制不应当是按照某些事先决定的行为目标制定一套“方案”，然后再加以评价，而应当是一个持续研究的过程，在这个过程中，要涉及所有相关的因素，课程的研究、编制、评价不是分别和独立的阶段，而是一体的，所有这些都集中在课堂实践当中，教师在其中充当着最为关键的角色。课程的运作方式：实践—准实践—择宜的方式。课程应考虑知识的不确定性，鼓励学生进行个性化的、富于创造性的学习，不用目标束缚学习活动。

新课改采用的是几种课程理论的结合，比如结构主义的元素，把核心的知识点按单元编排在教材中；实用主义的课程论元素，教学的三维目标的设定（知识与技能、过程与方法、情感态度价值观）中突出了过程与方法维度，就是提倡通过活动让学生尝试应用知识，建构自己的知识体系；人本主义的课程论，强调了课改后的课堂应该是和谐的课堂，是师生共建的课堂。正是由于新课程改革采用了多种课程论观点，所以对于教师来说，要真正领会这些变化，是需要认真学习、不断实践，才能真正认同和应用课改所提倡的理念和教法。

3. 问题的解决

3.1 新课改的培训

新课改的培训要取得成效，首先应该始于有关课改理论的心理学基础知识的培训，比如人本主义心理学、认知心理学，培训者不应只是介绍基本常识，要结合青少年的心理认知特点，引导学员最终理解新课改的四个基本理论：人本主义、建构主义、社会文化建构理论和多元智能理论。课程理论可以作为补充，逐步让教师明白今天课程与教材所发生的变化以及变化的原因。完成基础理论的培训学习后，要解决课改培训的三个问题：知识观问题、学习方式问题和学科视野问题。

3.1.1 知识观问题

教师培训中惯用的方法就是讲授课改理念。这么多的教育教学理念容易让教师感觉抓不住核心，围绕知识观问题，可以使教师以此为核心，最终改革教育教学方式。传统的知识观会认为知识是灌输的，由教师讲授的，学生通过听讲和做练习掌握知识。而课改提倡的知识观则是建构主义的知识观，是学生个体把新知识与自己的经历、体验和情感结合，主动学习、逐步建构的过程。以往的培训没有把这一知识观贯穿于培训的模式中，因此，对于培训学员来说，仍然不能深刻体会和应用在教学中。因此，培训者在确定培训主题后，可以把学员当成学习主体，让学员在学习过程中亲自体验建构主义的学习观是如何应用在教学中的。

比如，中学英语的听说课出现两个极端，城市学校采用的模式是让学生熟悉每个单元的主句型后，再进行听力练习，以及口语的进一步练习活动，这种模式会让学生很轻松就能听懂课文，但由于熟悉单词和句型，缺乏听力策略的培养，当实际碰到真实的交际和较难一点的听力内容时就会束手无策。在农村学校里恰恰相反，在没有进行任何句型练习，只是朗读词汇表后就开始讲解句型的语法，进行听力练习，然后对答案，反复跟读磁带。整个教学过程缺少听前、听中和听后的必要活动。

培训中，针对听力教学模式的问题，第一，关于听力的过程包含对单词语音、句子语调的辨认等一系列听力训练的特点是培训的第一部分内容。第二，关于听力过程的三阶段即听前、听中、听后活动的组织是培训的第二部分内容。第三，关于听力策略有哪些、如何应用是培训的第三部分内容。课改提倡学生学习策略的培养，但教师并不了解有哪些学习策略，所以第三部分的培训内容也很重要。针对这三部分内容，如果只是讲解、案例展示，教师学员并没有留下深刻印象，这种培训方法仍然是传统的教学方法，是传统知识观的教学。如果使用建构主义知识观，就可以采用另一种培训方式。

教师培训者如果要培训“如何进行有效的听力教学”的主题，可以使用三阶段的培训方式。第一阶段是让学员体验做学生，而培训者用新教法展示。使用有一定难度的材料，比如，听一段关于环境保护的短文，培训者使用听前的导入（头脑风暴），到听中的提问和一些任务活动来逐步引导学员理解短文，再过渡到听后的口语交流活动。学员在此过程中体验了作为学生的角色，了解建构主义知识观的教学，学习过程中的感受和教学中可能出现的问题。第二阶段回到作为教师设计者的角色，以小组为单位，设计一堂听说课，小组讨论确定方案后，再进行同课异构的说课，通过学员自己的思考、对比和讨论，关于听说课怎么上有了更进一步的认识，这一阶段学会了设计。第三阶段是作为教师实施者亲自上课，每个教师的上台演示是建构主义知识观教学的体验阶段，也是杜威“做中学”的教育理念。

通过以上一系列的学习活动，辅于反思和讨论活动，学员才能真正了解和学会“如何有效上听力课”。

3.1.2 学习方式的改革

新课改提倡合作学习、探究学习、自主学习、体验学习，即以学生为中心的学习，如果培训者仅仅只是讲理论、案例呈现，学员很可能只学会表面，知其好，却不能真正实施和运用。这也是现在的培训存在的问题，培训精神只达其表，而未能深入学员内心。所以提倡合作学习，培训者本身就应用合作学习的模式进行培训，学员必须体验合作学习的组织方式，比如组员的分配、组长的选定、组名的确定、组员任务的确定等。除此之外，在进行分组任务时出现问题如何解决，也需要学员的体验、思考和讨论。

至于探究学习，可以收集学员所有的教学问题，例如“如何进行有效的写作教学”，培训者可以用探究学习的方式来培训。

第一步，把所有写作问题讨论呈现出来，然后就这些问题让学员自己提出解决的办法，在收集了所有解决策略后，培训者宣布让大家体验一堂学员自己作为学生的写作课。

第二步，以健康生活为主题，让学员讨论健康生活的要素是什么，然后进行自由写作五分钟，再进行小组交流。这是写作前活动，是为学员准备关于此主题的所有思想和表达。然后在小组讨论的基础上，培训者引导大家学习篇章的几种结构，并把小组推荐的几个较好的句子展现出来，以进一步启发学员的思维，再开始学员的写作中活动。这时，培训者让学员构思创作 15 分钟。完成后，培训者呈现作文评判标准，让小组组员间互评推荐，又再进行小组间的互评。

第三步，学员经历了过程写作后，反思这种写作教学模式，比较传统的写作教学法，提出两种教学法的优劣。然后以小组为单位设计一堂写作课，各组同课异构说课，推出优选方案，准备真实上课。

第四步，同课异构上课，这一步除了深化学习结果，还可以强化教学技能，学习过程写作教学的技巧。如果培训班级大，就布置课后以小组为单位进行微格教学，如果班级教学，可以每个成员进行上课练习，同样以微格的方式，使学员自己可以回放、反思和研究自己的课堂。

第五步，让学员自己研究资料，提出更多的写作教学模式和教学策略。这一步也可以放在学员体验写作课之前。

在经过此五个环节之后，探究“如何有效进行写作教学”就完成了。学员不仅探索了自己的教学问题，同时也理解了探究学习如何组织。

为了巩固关于探究学习的学习方式，培训者还可以让学员轮流组织不同课题的探究，逐步学会实施探究学习的教学组织模式。

自主学习的学习方式，对于中学教师是一个难点，也是一个系统工程。因为长期受应试教育的影响，以及学生基础薄弱、低动机学习的影响，更直接导致教师包办代替的教学模式。因此，为培养学生自主学习，首先，对于自主学习的心理机制建立，教师应该掌握。主要是了解学生情感心理，也就是通过学习青少年心理学原理和一些基本概念，以学员讨论的案例为基础，学习如何分析学生心理，如何进行沟通。

其次，学习如何培养英语学习入门的方法，了解如何促进学生自学。比如先学会英语的拼读、音标，学习单词记忆的方法，阅读策略和语法学习策略等，只有明晰学习策略，并学习如何教学学习策略的方法，学生的自主学习能力才能培养。培训中培训者的策略教授意识要很强，让学员在体验专业学习进步中来学会学习策略。

最后一种是体验学习方式，它的精髓就是做中学，在整个培训中，学员自己不断探究问题和解决问题就是体验学习，并且自始至终都贯穿其中，所以，新课改核心之二的学习方式改革，是通过培训方式的新课改模式来让学员领会习得的。

3.1.3 英语学科视野问题

英语学科视野问题就是解决教师对“用英语可以做什么?”的认识问题。新课改对于英语学科的改革是加强了综合语言应用能力和英语学科跨文化意识和能力的培养。综合语言应用能力的培养对于中学教师来说，一般都理解为听、说、读、写能力培养。但实际上大部分教师并不知道如何设计语言应用的活动来提高学生的综合语言应用能力。比如学生阅读一些国外产品的说明书，电子游戏的一些常用词，报刊上一些简单新闻的阅读，国外名牌大学的申请资格说明的阅读，向一些国际名人写邮件等。至于口语方面的应用活动，可以设计一些交际难题，比如向外国人描述要寻找的物品和地点，或是表达自己观点立场以获得认同等。这些活动均可由培训者设计，使学员体验英语应用的乐趣和成就感，最终让教师学会如何培养学生语言综合应用能力。即英语学科的工具性特点。

英语学科特有的跨文化意识培养需要通过培训者多了解不同文化，从而跨越中英文化，比如多民族文化，来自哈尼族、傣族、景颇族、阿昌族等少数民族地区的老师，就可以通过对少数民族文化的介绍来扩大跨文化的范围。了解英语学科学习特有的人文性，才能在教学中培养学生的跨文化意识和能力。

由于教师英语学科视野的局限，很多中学教师，尤其是农村中学英语教师的情境创设能力较为缺乏，活动教学组织能力也较为欠缺，这是教师无法突破传统知识型教学的重要原因。

以上三个课改问题的解决不是通过一个专题讲座就可以达成的，而是渗透到其他主题中，作为教师培训的第一个主题，专题讲座主要解决课改的心理学基础、课程论基础，然后再提出英语课改的三个基本核心，即知识观问题、学习方式问题和学科视野问题。在进行其他主题，比如词汇教学、语法教学、听说和读写教学时，循环不断地把此课改的三个核心逐步渗透，十个问题的培训结束后，课改的理念也通过学员对其他问题的自主探索、合作、体验而得到深刻的领会和理解，有效促进了新课改培训的效果。

3.2 英语新课程标准的培训

课程改革物化依据就是课程标准，英语新课程标准的培训要从五维目标开始，即外语教学的知识、技能、情感态度价值观以及学习策略、跨文化交际能力。可以用一个课时的备课来说明这五个维度，培训中可以让小组集体备课，看大家的书写目标是否缺失维度。比如以七年级上册的“Do you like bananas?”的阅读课型为例，2b 部分的阅读课文“Sports Star Eats Well!”目标可以写为：“通过阅读关于运动明星的饮食习惯短文，学习查读技巧，应用所学的生词 star，eat，well，habit，healthy，really，question，want ，be，fat 进行小组或结对谈论，从而了解中西方三餐饮食习惯差异，并完成填写差异表格，引导学生认识到养成良好饮食习惯的必要性。”在这个目标中就既包含了知识、技能，也包含了学习策略、情感态度价值观和跨文化意识。总之，集体备课书写目标是把课改理念和标准应用到实践的重要环节，也是培训中效果较好的体验学习方式。

结　语

本章通过对“国培计划”农村骨干教师的调查数据分析，揭示了新课改实施困境的原因，从内在原因来说，是因为教师的素质和专业发展没有跟上时代发展，从外在原因来说，体现了教师培训缺乏有效性。从学校环境来说，学习型文化的欠缺以及外界专家持续跟踪指导的缺失是阻碍教师适应新课改的关键因素。

培训中为了解决这个问题，教育理论与课程理论可以作为培训内容的理论模块，但要根据培训的时间长度、培训教师的能力水平确定理论的深度，培训方式应该以“体验式”的培训方式进行。英语课程标准的培训，应围绕五个维度的目标（知识、技能、情感态度价值观、学习策略、跨文化意识培养）设计与实施，在集体备课中应用课程标准的理念和各级标准要求。只有在案例的呈现和实际操作中才能真正促进教师培训关于“新课程改革与英语课程标准”的有效性。

参考文献：

［1］陈志刚，张紫屏．课程改革的难题：凯洛夫教学模式的遗留［J］．全球教育展望，2013，（6）：29－38.

［2］程方平．新课程改革须在探索和反思中前行［J］．教书育人，2011，（9）：28－29.

［3］迟燕杰．我国基础教育课程改革的知识论基础之反思［J］．教育科学研究，2011，（5）：22－25.

［4］丛立新．课程论问题［M］．北京：教育科学出版社，2007.

［5］郝德永．国外现代课程改革的理论困惑与实践困境［J］．课程·教材·教法，2012，（11）：119－124.

［6］郝德永．新一轮课程改革：我国基础教育的“长征之旅”［J］．课程·教材·教法，2013，（2）：9－16.

［7］李如密，齐军．中国本土教学思想与当代教学改革［J］．课程·教材·教法，2011，（1）：50－54.

［8］李锋．我国课程标准与教学实施一致性的现状、反思及策略［J］．课程·教材·教法，2012，（8）：9－14.

［9］李伟，李润洲．论教师文化的重塑［J］．教师教育研究，2010，（11）：26－28.

［10］李伟胜．试探教师文化的自主更新之路［J］．教师教育研究，2011，（9）：50－53.

［11］李志厚．论基础教育课程改革的几个基本问题［J］．教育科学，2011，（7）：21－27.

［12］刘启迪．新世纪课程改革十年：趋向与愿景［J］．课程·教材·教法，

2011，(1)：44－49.

［13］刘永和．课程改革本身也需要不断改革［J］．教育科学，2011，(9)：30－32.

［14］高振宇．行动研究与课程改革：加拿大阿尔伯塔大学泰瑞斯卡森教授访谈录［J］．全球教育展望，2011，(6)：3－8.

［15］容中逵．新基础教育课程改革的系统辩正与观点重申［J］．课程·教材·教法，2011，(7)：15－22.

［16］裴娣娜．学校教育创新视野下中国基础教育课程改革的实践探索［J］．课程·教材·教法，2011，(2)：13－19.

［17］上官子木．从知识观看基础教育的得与失［J］．教育科学研究，2011，(11)：20－24.

［18］向东春．新课程背景下农村教师教学能力的现状调查：基于湖南省4个农业县的数据分析［J］．教师教育研究，2012，(3)：17－21.

［19］邢红军．再论中国基础教育课程改革：方向迷失的危险之旅［J］．教育科学研究，2011，(10)：5－22.

［20］王中华，熊梅．新课程改革推进中存在的问题、成因及对策［J］．教育理论与实践，2013，(8)：14－16.

［21］王嘉毅，赵志纯．西北农村地区新课程适应性的纵向研究［J］．课程·教材·教法，2012，(1)：3－11.

［22］袁丹，田慧生．教育实践的人文品性：迷失与回归［J］．中国教育学刊，2012，(8)：36－38.

［23］喻平．课程改革实践检视：课程设计视角［J］．中国教育学刊，2012，(10)：40－44.

［24］杨莉娟，项纯，李铁安．我国教师适应新一轮课程改革现状的调查研究［J］．课程·教材·教法，2012，(2)：32－40.

［25］张增田，雷冬玉，石鸥．课程改革预期目标偏离的政策因素探析［J］．课程·教材·教法，2012，(4)：3－6.

［26］张良，韦冬余．论课程改革之复杂性逻辑：声辩及其构想［J］．全球教育展望，2012，(4)：16－20.

［27］张琼．知识运用与实践能力培养：兼论以实践能力培养为导向的教学改革［J］．全球教育展望，2011，(3)：28－33.

[28] Burger，J. M. 人格心理学（Personality）［M］. 陈会昌等译. 北京：中国轻工业出版社，2008.

[29] Williams，M. & Burden，R. L. Psychology for Language Teachers（语言教师心理学初探）［M］. 北京：外语教学与研究出版社，人民教育出版社，剑桥大学出版社，2000.

[30] 中华人民共和国教育部制定. 英语课程标准［S］. 北京师范大学出版社，2011.

第二章　提高词汇教学的效率

☞问题二：词汇教学作为外语学习的基石，课堂中大量存在着低效和枯燥的词汇教学形式，教师应如何提高词汇教学的效率？

走入课堂，会经常看到教师花在词汇教学的时间很多，采用的方式是机械朗读和拼写单词，一边拼读一边背诵单词的中文意思："desk，desk，d－e－s－k，desk，桌子，桌子"学习的方式很单一、无趣、枯燥，主要是课堂上反复读记单词和课后的抄写单词，完全死记硬背，既没有教会学生自然拼读，了解词汇拼写读音规则，减轻记忆负担，也没有采取语境下的生动多样的词汇教学方式，使学生把单词应用在句型和对话中，更不用说培养学生课外阅读能力与习惯，让学生在阅读中自然习得和记住单词。尤其是在农村课堂教学中对词汇教学的处理一直处于低效，教师教学的手段单一，学生很快失去学习英语的乐趣。在城市学校许多课堂上也有类似的情形，词汇教学因此成为外语教学的最大瓶颈。

1. 问题的调查

在对2014年85名国培学员的调查中，设计了一个开放性问题："您认为词汇应该如何教？列出您所使用的词汇教学方法。"在收回的85份问卷的答案中，笔者发现教师们在词汇教学中所采用的方法不尽相同，但经过对比总结之后，可以把他们的词汇教学方法分为以下六大类：构词、分类法（4人，占5%）；音、形、义顺序教学法（25人，占29%）；传统的带读—跟读—记忆—听写法（15人，占18%）；语境教学法（11人，占13%）；直观实物教学法（15人，占18%）；综合法（13人，占

15%）。其中，有2份问卷在此题上的回答为无效回答。以下是从问卷中抽选出来的比较典型的案例。

1.1 构词、分类法

案例1：词汇教学法：前缀、后缀、合成词。

案例2：前缀和后缀教学法：care → careful → carefully → careless → carelessly

案例3：我认为词汇教学可以归类学习。比如说动物类：tiger，mokey...，人物类：mum，dad，son...，植物类、食品类、水果类、饮料等等。还可以根据学生的生活环境归类，学习用品、生活用品、衣帽鞋袜等进行联想教学。只要对学习有帮助，方法可以多样，形式也可以不同。也可采用字母归类，例如首字母以a开头的词：apple...；首字母以b开头的词：bag，bed...

分类的词汇教学法是很好的，但是如果没有配合多样的教学活动，比如体现单词应用的对话练习、单词游戏活动等等，只是集中强记单词，重复性活动太多，效果也是欠佳的。

1.2 音、形、义顺序教学法

案例1：我一般都是先让学生认读所有的音标，在之后的教学中让学生逐步学着用音标自己拼读单词，我只纠正不准确的发音。对于长单词我会建议学生分音节记。

案例2：在教学实践中我对词汇教学是采用音、形、义相结合的方法。先从音标入手教会学生拼读单词，根据发音记忆单词，最后在课文学习中掌握词汇的意思和用法。

案例3：词汇教学应该教会学生用音标来拼读。我在教学中教学生用字母与音标进行拼读，很多学生当堂就能记住单词。

案例4：拼读教学。先大声读出来，读时应观察各单词中字母及字母组合的读音，由读音想到对应的字母及字母组合。

使用音标和拼读规律记忆单词是提高学生自学能力的重要手段，本身是很好的，但通过访谈了解到大部分教师并未系统地教授，学生们还是一知半解，没有真正学会用拼读法和使用音标自学和记忆单词。

1.3 带读—跟读—记忆—听写法

案例 1：我认为词汇应该这样教：一定要让学生用标准的发音或让学生用标准的磁带来跟读、练习。我平时使用的词汇教学方法是这样的：先让学生自学单词，即用掌握的发音方法练习拼音，然后再播放磁带让学生听音，最后再跟磁带朗读。对录音模糊的词汇让学生看着我的口形练习发音。单词读准之后，再让学生反复重复读、拼读，最后抄写、识记词汇。

案例 2：新单元教学词汇前，复习上单元的单词，复习音标，检查学生，对难以掌握的再次进行校正。分元音、辅音，对典型的进行听力校正。检查学生，预读单词、拼读情况，听录音中的词汇进行校音。老师引导学生大声朗读并重复四遍（每一个单词）。分批带读单词（其他同学跟读），记忆新单词。听写检测。改错、小组内过关检测。

案例 3：我认为词汇应该先教单词表，然后再放到文章中巩固。我通常让学生先看单词表，自己拼读单词，然后再教学生读，放到文章中再复习、巩固。最后通过抄写、听写的方式让学生记住单词，学会用这个词。

案例 4：词汇是最基本且最重要的。在进入八单元学习之前，应该先让学生熟悉词汇。我通常在每节课开始之前都会让学生阅读、记住这些新词汇。由于每个单元的词汇都很多，会在有早读的那天分段听写。听写的方式我认为是读中文写单词会比较有效。

这种教学方法可以说非常普遍地应用在农村中学英语教学中，非常传统，没有语境的情况下集中记忆词汇表，教学效果可想而知是不理想的。

1.4 语境教学法

案例 1：我认为词汇教学应该融于生活来教学，特别是学生特感兴趣的前沿生活来教学。这样的词汇教学能让学生感到学习与生活密不可分，学到也就可以应用上了。

案例 2：词汇教学应该循序渐进，在课堂教学中，放在句子和短文当中，让学生学以致用。①造句；②做值日报告；③写日记。

案例 3：多听、多读、多写。把单词放在一个整体或者环境中背诵。例如：what 这个单词，What is your name?

案例 4：词汇是学习英语的基础和关键，词汇不能脱离了词组和句子来教学。我一般是先教会学生生词，然后补充与该单词有关的词组和例句，然后让他们多读句子，通过对句子的理解加深对词汇的印象。

语境教学是最佳的词汇教学法之一，但采用这种方法并且意识到这种方法的重要性的教师学员毕竟是少数。

1.5 直观实物教学法

案例 1：本人觉得学生最容易的学习英语词汇的方法就是情景教学法。比如说在初一的英语词汇中，会让学生学习 long，short，small，big 这些词汇。当时是冬天，我戴着一条 long scarf，所以就顺手摘下，给学生展示说："This is long..." 然后把围巾对折，讲道："This is short..."

案例 2：①先让学生小组合作拼读，会的教不会的。②制作卡片认读或实物教学。③造句。④利用身体语言。⑤简笔画。

案例 3：我觉得词汇教学应该采取我们出生时学习母语的方式，实物—语言，而非语言—汉语—实物的方式，也就是要减少学习过程中的思维转换过程。比如水果词汇教学，我会准备应季常用水果，既是教具，也是教学后的成果分享。

案例 4：我认为教授词汇可以通过图片、实物、多媒体等来教学。我是这样教学生学习词汇的：先创设一个情境，然后用图片、实物、简笔画等来询问学生是什么，用英语怎么说，然后边读边引出该单词。

直观教学法提高了词汇教学的生动性，也是有效的词汇教学法，但当单词过渡到抽象和较难时，应该配合使用语境教学法。

1.6 综合法

案例 1：利用身体语言；利用简笔画；创设情景；以英译英的方式；图片；对比；小组竞赛；限时记忆；利用实物教学等。

案例 2：学好英语必须要过好词汇关，即学生要能熟习词汇、运用词汇。所以，我认为词汇教学首先要注重加深学生对词汇的印象，为进一步记忆打好基础；其次，要帮助学生掌握词汇的用法。在日常的教学中，我常使用联想记忆法、对比法、口诀记忆法、讲故事记忆法、造句等词汇教学法。

案例 3：我认为词汇是英语教学的基础，应放到初中英语教学的首位。词汇教学应基于语音教学，有趣味性及实效性。我常使用的词汇教学法有：直观教学法、音标拼读法、分组练读法、找规律法、观察法、发散法、归纳法。

案例 4：我认为词汇教学要避免方式单一、枯燥。另外从结果来看，词汇教学应上升为语言实际运用层面。词汇教学如实物词汇教学、音素教学法、联想法、构词读音法（通过平时积累字母组合规律来对生词分解猜读）、简笔画词汇教学。

还有 15% 的教师综合使用各种方法，通过访谈，有的教师能坚持不断花工夫和精力强化词汇教学，但有的教师只是有时候用不同的生动有趣的方法教，有很多时候还是用教词汇表的方法来进行教学。

结　论

词汇是语言的基本组成部分。没有词汇，就没有句子，更不用说一门语言。学生词汇掌握的多少直接影响着他们听、说、读、写技能方面的发展。词汇就好比一棵参天大树的根基，只有根基牢固了，才能支撑得起上面的枝繁叶茂。正如 Wikins 在其著作 *Linguistics in Language Teaching* 中提到的一样："Without grammar very little can be conveyed, without vocabulary nothing can be conveyed." 另外，新《英语课程标准》对学生词汇量的要求还是比较高的，因此，教师在初中英语词汇教学中扮演着相当重要的角色。根据此次对 2014 年参加"国培计划"教师的问卷调查，发现各位教师在进行词汇教学时采用的方法还是不尽相同的。其中，采用传统的音、形、义顺序教学法和带读—跟读—记忆—听写法的教师是最多的，部分人经常使用的是直观教学法和语境教学法，极少数人偏爱构词法。采用各种方法相结合来进行词汇教学的教师人数较少，只有 15 人，但这些方法大多数也只是传统方法的结合，而且大部分是为了体现教学方法多样性而不结合实际，通常把这些方法生搬硬套应用在教学中。可见，农村英语教师在词汇教学方面存在的问题是：

（1）教学方法单一、枯燥。大多数教师在词汇教学时的模式通常都是教师或录音带读，学生跟读、记住单词的拼写形式，然后教师进行单词释义，学生课后记背单词，最后以听写作为单词学习的结束。这种方法纯粹就是为了记单词而记单词。久而久之，这种枯燥的教学方法会使学生感到无趣，甚至厌恶学习，记单词也变得越来越难，最终放弃学习英语。

（2）不考虑单词的实际使用，没有做到联系学生生活。教学生单词的目的就是要在听、说、读、写当中实际使用到这些单词，但部分教师认为只要学生会读单词、听写不出错就算学会单词了，这样培养出来的学生只会读写单词，而不会把词汇用在口头交流、阅读书籍、写作等活动中，这样学到的单词就等于白学。另外，多数教师只教课本上出现的单词，并没有联系学生生活，也没有适度扩展一些学生感兴趣的词，引申出一些课外的相关内容。学生觉得这些东西与自己的世界无关，容易把自己置身事外，因此这样的词汇教学效果是不好的。

（3）没有兼顾学生思维能力的培养。教师的教学不仅要给学生传授知识、训练他们的技能，还应该开发学生的智力，也就是要培养他们的观察、归纳、总结、记忆、思维、想象和创造能力。然而，在词汇教学中，本该由学生自己去归纳和总结的词汇或规律，全由老师为其包办了。表面看来，教师的教做到了面面俱到，但实际上却忽视了学生是学习的主体，他们的思维能力和创新能力就得不到培养。

针对以上这些实际存在的问题，其解决办法只有一条：根据不同的教学内容与实际，采用多样化的教学方法。每一种教学方法都不应该被视为对的或错的方法，而且每一种教学方法都不能说是最好的教学方法，只有最适合的方法。教师在进行词汇教学的时候，应该具体问题具体分析。针对不同的教学内容采用灵活有效的词汇教学方法，让学生对英语词汇学习感兴趣，扩大他们的词汇量。总之，只要是能提高初中英语词汇的教学效果、提高学生英语水平的教学方法，教师们都可以采用。

2. 问题的分析

2.1 词汇教学问题的现象学分析

笔者长期以来负责英语教师的培训工作，对农村英语教师困惑的教学问题作过多次调研，词汇教学通常位列榜首，在探索过程中，发现用胡塞尔的现象学理论分析问题，能够有效地找到问题的症结和对策。

胡塞尔现象学是一种科学的方法论，是把一切事物的存在悬置，通过悬置，一切事物都由作为自然存在转变为作为现象存在，这样就能从一个确定可靠的基础上将被悬置的一切事物的存在合理地推导出来，使之得到非独断的解释。所以真正悬置的是存在的超验性，为的是最终达到“内在的超越性”，即一切事物的存在由意识本身的结构得到解释。有两个层次：本质还原和先验还原。本质还原就是把自然科学立场—包括经验心理学立场—进行悬置，在剩下的无限广阔的现象学领域再进行“想象力的自由变更”，从而直观到一个变中之不变、稳定有序的结构，即现象的客观本质。

主体间性概念的创始者是胡塞尔，主题间性的根据在于生存本身，生存不是在主客体二分的基础上进行主体构造和客观征服，而是主体间的共在，是自我主体与对象主体间的交往、对话，这个交往是通过一定的中介产生的。胡塞尔的现象学以意向性构造对象，最后归于先验自我。为了避免唯我论，他提出了主体间性理论。认为主体性是指个体性，主体间性是指群体性，主体间性应当取代主体性，自我存在的方式是社会性的，即社会存在的个体性。主体既是以主体间的方式存在，其本质又是个体性的，主体间性就是个性间的共在。这种共在有两种现象：一种是一方主体压倒一方，使另一方异化或分离；另一种是两方主体是共生、平等和交流的和谐关系。

胡塞尔的主体间性是“现象学还原”，把问题悬置，还原本真，是两方主体进行“原初性理解”“对话” 和“交流”。

词汇教学问题悬置起来，有两个主体：词汇和学生，教师则是连接两个主体的媒介。如果用画图的方式表示两个主体和一个媒介的逻辑关系，则是一个洋葱圈，中间是词汇，外壳是学生，词汇要被学生掌握并内化习得，就得通过教师层层辅助，最后融合成一个完整的洋葱。这个洋葱的内圈是词汇特征，中间是针对词汇每一个特征的教学策略，外层是学生主体。首先看内圈的词汇主体有几个维度的特征：发音、拼写、形态、句法和语义特征。

2.1.1 词汇主体

词汇的发音。英语是字母文字，字母或者字母组合在单词中有对应的发音。大多数字母和字母组合的发音都有规律可循，特殊发音的词只有很少的一部分（词典中大概有400多个词）。如果学习者掌握了这些规律，即自然拼读法，发音就容易了。外语学习者除了掌握自然拼读法来解决发音规律问题，国际音标的掌握还可以解决发音正确性问题，两者兼会的话，学习者就能准确地见词拼读、听音写词。

词汇的拼写。由于英语是拼音文字，一定的音就代表一定的形，所以解决音的问题相应就解决了形的问题。自然拼读法是解决词汇音、形的关键。

词汇的形态。二语习得者对于构词法的学习，如词素（词的最小单位，如friend）、词缀（如ship—friendship），包括词的单复数、时态等的学习，会有助于词汇的理解和记忆。反之，这部分知识的欠缺会导致词汇记忆的难度增大。由于词汇形态主要是构词法的习得，教师应该在学生掌握一定量词汇的基础上，教会学生构词法。英语的构词法有七种：词缀法、合成法、转换法、剪切法、逆成法、首字母拼合法、专有名词构成法。学生掌握了几种构词法后，会大大提高词汇意义的推理能力，有效地扩大词汇量。

词汇的句法特征。词汇的句法特征包括词汇的词性（名词、动词、形容词等）、搭配和句子构成等。汉语和英语的句子结构特征既有相似，也有不相似之处，不相似的搭配和句子语序（如介词的搭配、状语的前置）等会成为中国英语学习者的难点。

词汇搭配的规律就是英语的词块特征，所以词汇教学中孤立教单词会增加学生学习词汇搭配的难度，加大了记忆负担（一个个记忆再组合），采用词块教学、词块记忆法会使学生能够记熟和学会使用词汇。

词汇的语义特征。词汇的语义特征有几个方面：一是词义的具体和抽象性。具体意义的词汇是指代表实物和生活中常用的词，这部分较容易理解和使用；抽象意义的词通常要和学习者的认知能力、对目标语文化的认识程度相匹配，较难掌握。二是词的特定性，或词的特殊用途。Blum 和 Levenston 指出二语习得者倾向于学习和使用普通词汇，并且容易错误地把它们使用于所有语境，忽略其词语的搭配和语境的限制。这也是中国英语学习者普遍碰到的难题——词语辨析。三是习语性。英语词汇中有大量的习语（词组和短语），英语学习者需要花大量时间学习掌握，如 make up one's mind，put off 等。四是语义的一词多义性。一个单词的含义要根据具体语境确定，这增加了学习者词汇学习的难度。

词汇的语义要通过语境来习得，这就要求词汇教学不能孤立地教单词，而是要在具体语境中呈现、练习、辨析、运用和掌握，尤其是通过语言的输出活动来记忆和强化。换言之，词汇达到语用时方能解决学生对词汇几个特征的把握。教师只有创设情境，设计语言输出活动，突出词汇的语用，最终促进词汇教学效果。

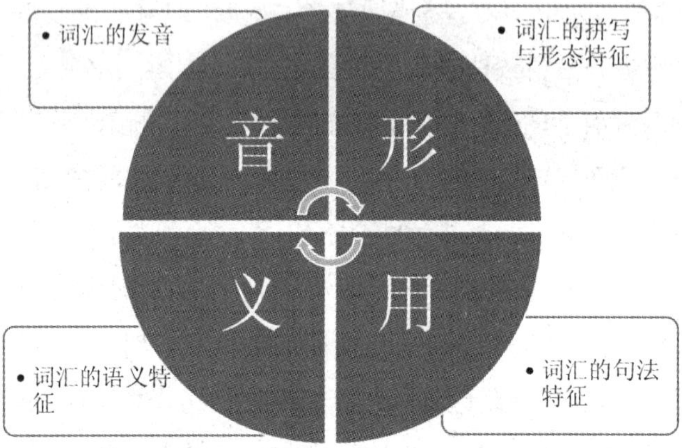

图2－1　词汇的四个维度本质特征（音、形、义、用）的表示

2.1.2 学生主体

词汇教学的外圈是学生主体，他们具有动态化的动机。由于中学生的心智不成熟，对未来和未来所需的知识和技能没有切身需求体会，外语学习的重要性主要靠父母和教师的说教影响，因此，学习动机会根据学习的难易、成就感的获得以及教师教学的趣味性与否而使动机呈现动态化的变化。这就意味着教师要钻研怎样化解学习的难度，怎样设计教学活动和评价使学生获取成就感，怎样设法使教学多样化和趣味化，而解决这些问题的前提就是要针对词汇的特征，让学生掌握规律、懂得学习方法，教师更是要根据词汇的学习规律，设计教学活动，并不断更换方法，增强趣味性，解决了词汇学习的难点，就解决了英语学习的基石问题。

2.1.3 递减的记忆规律

记忆减退理论指出存储在记忆里的信息如果不经常激活使用就会逐渐忘却，所以我们需要练习和不断重新建构，否则新存储的信息会逐渐消失。线索依赖型忘却理论指出储存过的信息不会消失，而是难以检索，但一旦给予线索，比如关于家具的单词 wardrobe，如果提示“家具”一词，就能检索并回忆出这个词。除此之外，增强记忆可以通过学习过后的短暂时间内复习此单词，会大大增强记忆效果。根据记忆规律，学习者在学习的24小时后会忘记学过的信息，所以有关实验表明，学习后的一天之后测试效果并不好，但经过一个星期后反而较好，是因为学习者需要时间复习和增强记忆。

2.1.4 个体差异

针对词汇与学生两个被悬置的主体，作为媒介的教师是否针对了主体之一——词汇的特征呢？比如，是否教会学生拼读的能力？掌握了自然拼读和音标拼读，以及构词法，以解决词汇的语音、拼写、搭配和运用？是否在语境、语篇中教学词汇，并用词块的方法掌握词汇的句法特征？

据笔者了解，在实际教学中，大部分教师都反映教学过程中教音标，但效果不是特别理想。了解自然拼读法的教师不多，也不能区分两者在教学中的用途；很多教师明白语境中教学词汇的道理，但质疑其效率，因为教材里的词汇很多，不能都在语境中一一呈现，缺乏分层、分级处理词汇的能力；至于在语篇中教学词汇和用词块方法的教师就更少了，孤立、集中教学词汇的现象仍然很普遍。

那么，教师又是如何针对词汇教学的另一个主体——学生的呢？教师是否在教学中针对学生的成就感和兴趣不断提升学生的学习动机呢？还是用应试和知识为中心的英语教学泯灭了学生的学习兴趣呢？教师是否针对记忆规律，从呈现、练习到运用活动加深学生词汇记忆效果？并通过增加词汇的复现率从而促进词汇的习得？教师是否针对学生的智能差异、学习风格差异、学习策略和学习基础差异进行分层教学？

词汇和学生主体间要得到和谐与融合，需要处于媒介的教师把两者和谐、逐步地连接起来，形成一个完整的大主体（洋葱），那么词汇教学就不再是个难题。

基于现象学词汇教学难题分析，可以得出教师由于在词汇教学的三个方面有所欠缺，才会产生如此巨大的困难，并长期困扰农村英语教师。首先是词汇本身存在的各个维度，而每个维度教师都有所缺失。比如词汇的发音和拼写特征要通过自然拼读法解决，而这一点却被教师所忽略，再比如词汇形态的解决要靠构词方法解决，这也是教师教学中所缺失的。至于词汇的句法运用需要词块的掌握来达到熟练应用，这也是教师没有完全做到的。其次是词汇应用中所带有的外围特征：语境、语篇和语用。这些也是教师需要强化的基本理念。再次是词汇的记忆特点，词汇每次学习的量、重复的几率，体现在教学中就是词汇应用的课堂活动和阅读任务。这些也常常是教师做不到位的方面。由于这三个方面的认识不足，教师常常抱怨词汇教学的困难也就可以理解了。

2.2 词汇教学的研究

国内研究词汇教学的文献也有很多。伊慧（2014）认为词汇教学存在的问题有：词汇教学脱离语境理解，词汇学习脱离策略运用，词汇巩固脱离实际运用。相应的对策是：厘清词汇学习与文本阅读的关系，使词汇学习与文本阅读并行推进；把握词汇学习的量和度，把词汇分为积极和被动词汇；加强词汇复现，读前识记，扫除词汇障碍；读中领会，再现核心词汇；读后运用，巩固内化词汇；重视词语搭配教学。

周永恩（2014）提出教师在阅读前进行全方位的生词扫障，缺乏对词汇合理的规划和分类；对阅读文本缺乏全面、具体的分析，盲目设定阅读微技能目标：略读—扫读—细读。提出阅读第一课时预教的词应为5～6个生词，且要迅速处理，不要涉及词汇的深度和广度，否则学生容易失去兴趣。而此之前一是对词汇应进行合理规划和分类：可以通过上下文或者构词法猜出词义的词汇；不可猜义但不影响理解的词汇；不可猜义但影响理解的词汇。读前应教授第三类词汇。二是明确新词汇的教授重点，比如第一课时重点是词汇的发音和意义，而非拼写与用法。三是综合运用多种词汇教学策略。可以用构词法、举例、画图、同义词替换等多种方式。词汇教学应是立体、多元、多维的（陈则航、王蔷，2010）。有研究表明，学生至少需要与词汇接触5～16次才有可能真正掌握一个词汇（Nation，1990）。

王俊（2013）认为教师对词汇教学的认识有偏差：不重视词汇识记教学和词块意识的培养；教学策略失当：不给定任务、策略指导和加工；不区分能级要求、优化评价手段、控制检查频度。

陈卫兵（2014）认为，教师重视词义讲解，忽视语境教学；重视词汇拓展，忽视文本解读；重视任务完成，忽视学法指导。优化词汇教学的策略有：注重词汇教学的趣味性，探寻多元的教学方法；体现词汇教学的情境性，开展有效的语境教学；关注词汇学习的规律，形成合理的记忆策略；挖掘词汇教学的人文性，渗透必要的文化知识。

冯丽玲（2014）认为，词汇教学的问题有四个：提前学习所有词汇，导致阅读教学效率低下；词汇呈现方式单一，难以留下深刻印象；词汇复现率低，学生运用能力差；学生主体地位未受重视，难以获得词汇学习策略。而解决的对策是：词汇呈现方式多样化；分层学习词汇；渗透词汇学习策略；保证词汇复现率。（1）读前识记，猜测词义，跨越生词障碍：创设情境，呈现词汇—话题导入，引出词汇；（2）读中领会，再现核心词汇，点拨学习策略：设计问题，呈现词汇—回答问题，学习目标词汇—利用上下文推测词义，理解语句深层含义—英语释义，突破难关—巧用近义词或反义词，降低难度；关注词的引申含义现象；（3）读后运用，巩固内化词汇：设计表格，复现词汇—构建语篇，巩固词汇—小组讨论，强化词汇—真实写作，运用词汇。

王小红（2013）认为词汇应分类分层教学。词汇可以分为三类：第一类是关键词，大多为黑体字，它们是“课标词汇”，属于核心词，对文本理解起到核心作用，学生应学习这些词汇的音、形、义，而且要掌握它们的具体用法，一般有 5 ~ 8 个词，不宜过多。第二类是认读词汇，学生只要掌握它们的音、形、义即可。第三类是可忽略词汇，这些词汇基本不影响整体语篇的理解，学生认识即可。

张秦刚（2014）认为，词汇教学可以培养学生的思维能力：利用词汇的意义差异和联系培养比较能力；利用词汇的类别归属培养分类能力；利用词汇的现实形象培养联想能力；利用词汇的认知层次培养理解能力；利用词汇的抽象性培养概括能力。

徐辉（2013）认为，词汇的隐喻特征可以培养学生的隐喻思维，可以有效地促进学生的词义变通、一词多义、词性变化、短语习得的词汇学习策略，还可以拓展想象空间，感受语言魅力。

周建新（2014）提出词汇教学的人文性策略，认为教师可以针对某些词汇讲解其文化来源，还原故事，引经据典，从而使学生在学习词汇过程中也习得文化知识，同时增强词汇学习的效果。钱兰英认为思维导图能有效地帮助学习和复习词汇。

综合以上研究，可以把当前词汇教学中突出的问题总结为三大类：语境、语篇和语用。语境问题表现为脱离语境的词汇教学，无目标分层的词汇表教学，机械朗读记忆、中文释义的教学形式等。语篇问题表现为文本教学（听力和阅读教学）前核心词呈现，文本学习中生词猜测、理解，文本学习后的生词运用，这些环节往往在教师们的日常教学中没有能够体现。生词的教学是脱离语篇的教学。语用的词汇教学问题表现在词汇练习、巩固和运用的真实语境任务创设，使词汇的学习没有归宿，导致学生容易忘记和不会使用。而解决以上问题就是要开展多元、多维、分层和体现词汇复现的词汇教学。

3. 问题的解决

要解决词汇教学问题，可以从两个维度进行。从理论角度培训，可以介绍七种词汇教学的观念和方法。从实践角度培训，是从词汇特征的四个维度（语音、拼写、语义和语用）如何设计和实施教学。

3.1 词汇教学观

词汇是语言最重要的器官和血肉（Harmer，1991：153），语言教学中词汇的突出重要性是不言而喻的。但是在实际教学中，词汇教学存在着以下诸多问题：课前集中批量识记，学生反复拼读、死记硬背读音和拼写；直接用汉语简单解释生词；脱离语境直接讲解词汇表中生词，课文中过度讲解，割裂语篇总体理解。总之，教学形式单一、枯燥，学生记忆负担重，记忆效果较差。因此，为了应对这种传统低效的教学方法，以下有几种词汇教学观，能够体现语言的自然规律和新课改的理念。

3.1.1 语境观

语篇的意义形成和解读离不开语境。它是交际过程中语言表达某种特定意义时所依赖的各种表现为言辞的上下文或表现为言辞的主客观环境因素。语境与语篇不同的是，它依赖于语篇，又比语篇更为宽泛，尤其是与其他主客观因素相关，比如交际者或读者的认识水平、思维修养、心理背景等，还有交际的时间、场合、对象、话题等。在词汇教学中，教师自身的语言、表情、图片和各种环境因素都可以是语境。

3.1.2 语篇观

Halliday 和 Hasan 认为语篇是应用中的语言单位，不是句子一样的语法单位，是不受语法约束的在一定语境下表达完整意义的自然语言。因此，词汇虽然是架构语言的最小单位，但如果脱离完整语篇，就显得毫无意义。所以任何词汇的教学都应该是在使用语言中建构其意义。语篇观的词汇教学不会孤立呈现单词，一定会在话题意义中的句子，或是文本语境中的某句话中突出单词意义。比如教授 food，就会在What's your favorite food? 或是 Which one do you prefer, Chinese food or Western food? 的对话和语句中呈现和练习单词。如果是教授 resolution 一词，也会放在 new year's resolution 中来呈现，并在短文中谈论不同人的 new year's resolution 来实现意义的理解和识记。总之，词汇呈现做到词不离句，句不离篇。

3.1.3 语用观

语用是指人们在一定的语境中对于语言的实际运用活动，特别是话语表达和话语理解，说话者既要应用语音、词汇、语法知识达到话语的理解，又要使用这些语言的要素来传达语意，最终达到交际的目的。交际者要利用语境准确地理解和表达，就需要教师创设交际的课堂，通过训练和交际任务，让学生有机会听到和说出所学的词汇，只有建立了词汇的语用观念，才能解决词汇遗忘率高的问题。同时也解决了词汇搭配和句法特征的内化理解应用。

3.1.4 词块观

Lewis（1993）等语言学家提出了词块教学，认为词块是构成语言的中心要素，词块的不同组合形成句子，句子连接成语篇。在语言学研究中，Becker（1975）最早对词块进行了专门研究，认为人类语言使用的最小单位是词块，语言记忆的存储都不是以单个的词为单位，而是那些固定和半固定的模式化了的板块结构。Nattinger 和 DeCarrico（1992）把词块分为四种类型：聚合词语（poly words），即固定表达，如 get up，go to school；约定俗成的表达（institutional expressions），如 what' s up，there is a will，there is a way；限制性结构短语（phrasal constants），如 the more…the more，ago 等需要填入其他词的短语结构；句子构造型短语（sentence builders），即句型，如 it is said that…，not only…but also 等短语结构。以词块作为整体记忆和使用，可以增大记忆负荷空间。词块观的词汇教学法，注重词汇的搭配、整体识记和应用，要比孤立一个个教单词效果更好。竹怀侠（2014）认为词块理论在教学中的应用是：在语境中学习词块，更准确地理解词汇的意义和用法；按话题对词块进行分类，便于更好地储存和提取；设计开放式练习，准确地应用词汇。

3.1.5 分层观

词汇教学的分层观是依据布鲁姆的目标分类法，把目标分为识记、领会、运用、分析、综合和评价六个层次。词汇的分散或分层的教学就是按照人的学习记忆规律，先进行重点词汇的呈现和识别、记忆，然后提供更为丰富的语境领会和熟悉，任务设计也围绕运用新词汇、通过单元学习、词汇的重现率强化后，就可以使学生达到综合运用新词的能力。这种分层进行词汇的分散处理，要求教师熟悉教材，把本单元要学习的词汇分成几个类别，比如核心词汇、拓展词汇、课时分散词汇等等，精心设计词汇的呈现方式、呈现时段，尽量使本堂课的新词汇使用率、复现率达到极致，以获得良好的教学效果。吴玮（2014）认为确定目标词汇是阅读教学中的重要环节，决定了词汇教学的重点以及深度和广度。目标词汇根据本单元话题是影响文本理解的重要词汇，也是积极词汇、产出性词汇。分层教学观就是要分清词汇的轻重缓急，进行不同时机、深度、广度、训练度、产出度的词汇学习，以便提升词汇教学效果。

3.1.6 活动观

活动观的词汇教学法关注中学生心理活动，从词汇的复习开始，设计不同的练习活动，以旧代新，强化兴趣教学，并引入竞争机制。词汇的呈现方式多样，尽量体现直观，比如图片、简笔画；创设语境，丰富自己的教学语言、肢体语言；展开多种游戏活动，并针对词汇教学目的，使课堂具有语言应用的氛围。

3.1.7 学法观

学法观的词汇教学法注重学生的自主学习，因此低年级时关注学生的学习兴趣，教学方法多样，但始终瞄向一个最终目标，即学生自主学习能力的培养。所以教师就可以把学习方法在教学中不断渗透，最终培养学生独立学习的能力。

词汇学习策略的分类有很多种，Schimitt 和 McCarthy 根据 O’Malley，Chamot，Oxford 对学习策略的分类，基于自己所做的研究，把词汇学习策略分为两大类。第一类是理解/发现词义策略，此类策略是学习者自行学习词汇含义的策略，分为 9 种：分析词性；分析词根、词缀；找出母语含义；分析可拥有的图片和手势语；从上下文猜词；查找双语词典、单语词典（比如，英英词典）；查看单词表；查找生词卡片。此外，通过与他人的互动交际，学习者可以使用以下 5 种策略达到理解词义的目的：询问老师母语含义；请求老师用英文解释或提供生词的近义词；请老师用生词造句；询问同学；通过小组活动寻求生词含义。

第二类是记忆/掌握词汇策略，这一类策略又分为社会策略、记忆策略、认知策略和元认知策略。社会策略有：以小组为单位学习和练习词汇；教师检查学生制作的词汇卡片或单词表；与本族语者对话交流。记忆策略有：看单词图片记忆；在头脑中创造此单词的图像；把单词与个人经历相联系；记住单词的搭配用语或在习语中记忆；联系单词的近义词、反义词记忆；建立语义网（把与此单词相关的其他单词建立成网络来记忆）；把单词分类记忆；在口语和写作中使用生词；把单词的发音与母语发音相联系；用词的部分意思记忆；注意词的构造；把单词与某个主题相联系；把单词图式化（联系相关背景）；把单词情境化；单词与身体活动相联系；与母语关键词联系。认知策略：反复读和写单词；词汇表记忆；制作词汇卡片；课堂记笔记；听录音磁带；做英语单词标签贴在实物上；使用词汇笔记本记录所学单词。元认知策略：使用英语媒体（歌曲、电影、报刊）；词汇自我测试和练习；阅读时跳过生词；经常复习单词。

大量的研究表明，成功的语言学习者使用的词汇学习策略比其他较低程度的语言学习者更多、更为丰富。所以，教师在教学中应把多种词汇学习的策略融入教学中，并示范有效的记忆方法，布置一定的任务，就能教会学生高效率地学习和记忆单词。

3.2 词汇教学的途径

词汇教学一直以来都是英语教师教学的老大难问题，并且是排在教师困惑的首位。所以教师培训，应满足学员对这一问题解决的需求。培训主题为“提高词汇教学的效率”，可以从五个方面开展：（1）自然拼读法。自然拼读法是一个系统的拼读方法。它需要教师结合教材每天练习，并配上一定阅读和辨音练习，逐步内化自然拼读的方法。当学习者基本掌握了自然拼读法并有一定词汇量的时候，再学习国际音标。促进学生的自学能力。(2) 英语构词法。英语中有八种构词法，教学中逐步介绍，以丰富学生的词汇学知识，提高猜词和记忆单词的能力。(3) 学习各种单词记忆方法（词汇学习策略）。(4) 学习如何使用语篇、语境和语用的方法呈现、复现和应用单词。词汇不孤立教，要有丰富的语境或者语境联想，课堂活动的设计要有词汇应用活动安排，提高学生语言交际能力的同时，也就学会了词汇。同时学习分层分级处理和练习词汇。词汇的分散和综合教学有利于学生及时掌握和复习。虽然词汇表的学习其实已经是今天农村中学词汇教学的基本模式，但词汇表学习这种集中识词只是让学生初步感知词汇，真正让学生掌握还需要通过对单元各个模块的分级分层学习，以及教师各种教学活动的开展才能逐步习得。(5) 学习使用各种资源开展课外泛读活动。设计课外泛读任务，并给予评价。很多教师以为课外泛读不现实，其实简短小文章和较为容易的理解任务，并且针对自然拼读的学习，能大大提高学生词汇学习和拼读规律的掌握。

3.2.1 自然拼读法

自然拼读法（phonics）认为：单词不是由字母组成的，而是由音组成的，而音是由字母或者是字母组合组成的。所以字母的发音才使英语本族语者具备了见到单词会读、听到读音会拼写的能力。

自然拼读法就是让孩子知道 26 个字母每个字母都有自己的 Letter Name，即字母的名字，26 个字母在字母歌中唱的就是字母的名字。Letter Sound，即字母在词汇中的发音，比如字母 i 在 big 中的发音是/i/；sp 在 spring 中的发音为/sp/；oo 在 book 中的发音为/u/。

只要通过大量的听、读，记住这些拼读规律就可以具备跟本族语者一样的见到单词会读、听到读音会拼写的能力。通常经过 100 个小时的听读训练基本可以掌握此项技能。

自然拼读的教授方法可以分为四个阶段：

Stage 1：音素感知（phoneme awareness）

Stage 2：字母拼读（letter sound）

Stage 3：辅音连缀（consonants blends）

Stage 4：元音组合（vowels combination）

3.2.1.1 第一阶段：音素感知

音素是口语中最小的语音单位，它能使词语产生差异。作为阅读教学的目的，一个音素就是由一个或几个字母构成的单音。音素感知是音韵意识中最为复杂的一部分，它包括押韵、拆分单词和句子，是识别口语音素以及怎样分离（拆分）、组合（还原）和巧妙运用（增加、删除和替换）音素的能力。通常可以采用以下练习：

（1）How many sounds do you hear? cup, bat, this

（2）What is the last sound for "man"?

（3）What is the first sound of "boy"?

（4）What is the middle sound "got"?

Maragret Fischer 在《如何教阅读》中指出："学习听辨单词中的音、熟练处理这些音、拆分这些音对我的学生来说都是非常重要的。我一天要花 15～20 分钟时间和我的学生们一起做这些练习，来确保他们有音素感知的基石以增加他们作为读者的成功体验。我明白这样做的好处不仅仅是提高他们的音素感知，而且我的学生将能够更加有准备地阅读单词和理解他们所阅读的内容。同样重要的是，我正在教他们怎样去听音以便如同他们拼和写一样变得更加准确。"

音素感知练习：

（5）How many words?

Dog and cat were friends.

I can see the box.

（6）Find the words with short sounds.

cat, dog, toe

（7）Find the words with the same long vowel sound, night, sit or sew.

（8）Which word says block?

black, bloke, block

（9）Find something starts with "k".

crayon, car, camera

（10）Find the words which with the sound "th".

bath, thumb, flower

（11）Listen to this word, show, is it own, shone, show.

（12）Which is the correct way to separate can, pack, shoe.

3.2.1.2 第二阶段：字母拼读

B（感知字母对应的音）

bee, bird, bear

bag, bed, book

boat, bone

b - （进行拼读练习）

ag, ell, end, ig

it, ob, ox, ug

C

can, cat, coat, candy

cake, coke, cook, car

c -

ad, an, id, ig, uck

D

dad, doll, desk, dog

door, duck, dice, deer

d -

ad, an, id, ig, uck

F

fox, food, foot, finger

fan, face, fire, fish

f -

an, at, ed, ell ig, it, og, ox

G

girl, god, game, gun

gate, goose, goat, gift

g -

ap, as, od, ot, um un

H

hot, hen, hair, house

hat, hill, hand, horse

h -

at, elp, en, im, it, op, ot, um, ut

J

jam, juice, jelly, june

jet, jar, jump, jeep

j -

et, ig, im, ob, ab, am ell

K

key, kite, kiss, kind

kid, kick, kitty, king

k -

ick, id, ill, im

L

lamp, lace, leg, letter

leaf, lion, lock, look

l -

amb, amp, eg, et, ock, ot, uck, ug

M

man, map, mop, milk

meat, moon, mouse, mango

m -

ad, ap, ell, en, mill, it, od, op, um, ot, un, ut

N

net, now, nest, nail

nut, nose, name, nurse

n -

ad, ap, ell, en, mill, it, od, op, um, ot, un, ut

P

pot, pig, panda, peach

pen, play, park, pear

p -

at, ass, en et, ick, ig, op, ot

Q

quiz, quick, quit

quiet, quilt, queen

q –

at, ass, en et, ick, ig, op, ot

R

rat, race, rain, robot

ring, rose, rope, rabbit

r –

an, at, ed, ib, ock, od, ub, un

S

sun, sad, sing, snow

sky, seal, star, swan

s –

am, at ell, et, ick, it, un

T

tap, top, ten, tea , table

t –

ap, ax, ell, en, im, ip, od, op

V

vine, van, vote, violin

visa, voice, vase, valley

v –

ap, ax, ell, en, im, ip, od, op

W

web, watch, winter, window

wind, water, wood, witch

w –

ick, ig, am, ap, ell, es

Y

yarn, yoke, young, yo – yo

you, yarn, yard, year

y -

am, ap, ell, es

Z

zone, zoom, zipper

zoo, zero, zebra

z -

ag, en ip

元音字母的拼读（林素娥，谢静惠，2009）：

A

bake, cake, lake, make, sake, stake, shake

came, lame, name, dame, same, tame

bane, cane, dane, fane, lane, mane, pane

fade, make, bade, jade, lade, wade, trade

dave, gave, pave, save, bave, cave

Tate will bake a cake for Jane' s sake.

Tate has a date with Kate. But Kate is late.

My pal is pale.

This is pam.

Pam sees a man.

His name is James.

Pam and James had a date. Pam made a cake. They ate the cake by the lake.

at, cap, map

我家 dad，脾气 bad，让我 sad，有只 cat，非常 fat，专吃 rat。

name, game, plane

放下 plate，赶到 gate，已经 late，清晨 wake，来到 lake，钩上 snake。

E

hen, men, pen, ten

bell, fell, tell, well, hell

get, let, met, pet

fed, led, red, Ted, bed

beg, leg, Meg, Peg

Ted met Peg.

Peg fed the pet.

The pet has ten legs.

egg, ten, red

撇下 net，鱼没 get，衣服 wet，为捉 pest，从不 rest，本领 best。

I

sip, hip, lip, tip

fin, pin, tin, win

bit, fit, hit, sit

fill, hill, mill, pill

big, dig, fig, pig

bid, did, hid, lid, kid

Jim is a big kid.

Jill is ill.

Bill hid her pill.

Will Bill tell Jill?

His pig is big.

Jim bit his pig.

Jim and Tim ran with the hen.

Jill hid the cat in her hat.

ride, side, wide, hide, side

bine, wine, vine, fine, mine

like, bike, mike, pike, dike

five, hive, dive, live

tire, fire, hire

mile, tile, pile

I like to ride on a bike.

I can ride a bike and I can slide.

It is fine to hide the kite.

Mike and I like to ride on bikes.

I am Mike and I am fine.

I have wine and the wine is mine.

I am Hine and I am tired. I have a pike and the pike can bite.

I see Mike, and Mike can dive. He can dive in the morning at five.

it, kid, pink

一只 pig，非常 big，把洞 dig，没给 tip，把我 lip，装上 zip。

ice, nice, time

一只 kite，颜色 white，被狗 bite，学会 ride，妈妈 pride。

O

got, hot, lot, not, pot

cod, nod, pod, sod

box, fox, pox, sox

cob, job, mob, rob

hop, pop, top, chop, shop

The pot is on the top of the box.

Jon can hop on a log.

Tod' s fox is in Bob' s box.

Hop, hop, hop!

Dan can hop on and off the box.

Can Tom hop?

Tom can hop on and off the log.

coke, poke, joke, moke, woke

hole, pole, cole, boe, mole

bone, cone, hone, pone, tone

pose, cose, hose, nose, rose, dose

sore, tore, bore, core, store

home, dome, pome, Rome, tome

You can water the rose with the hose.

Rome is not my home.

Rose rode with a rod.

Don' t mope!

Have some hope!

Joe will hum if Ron has to mop.

I see a bloke.

Drinking a coke.

But when I woke,

Tone has a bone and a cone.

Hone has pone and a phone.

Tone and Hone,

Like to be in the zone.

hop, mop, nod

清晨 jog，带上 dog，踩到 frog，轻轻 hop，跳上 top，唱起 pop。

bone, note, hole

把眼 close，用我 nose，去闻 rose，喝着 coke，听着 joke，把腰 broke。

U

bun, fun, gun, run, sun

bug, dug, hug, jug, rug, tug

gum, hum, sum, mum, bum

but, cut, nut, rut

dub, rub, sub, tub

This is a bug.

The bug had the bun and the nut.

The bug got mud on the rug.

His bug can hum and run.

The bus ride is fun.

use, fuse, muse

cute, mute

pure, cure

cube, tube

Sue put a tube in a tub.

Luke gave us a fuse to use.

This tube is on the cube.

This mule has a cure.

us, cup, jump

举着 gun，瞄准 sun，不停 run，小小 bug，把我 hug。

tune, cube, fuse

找个 excuse，借车 use，遭到 refuse，假装 mute，真是 cute。

3.2.1.3 第三阶段：辅音连缀

bl, **fl**, **cl**, **gl**, **pl**, **sl**

bl

block, black, blame, bleed, blue

fl

flag, flap, float, flee, fly

cl

clock, class, clean, clap, clown

gl

glad, glass, globe, glide, glaze

pl

play, plan, plate, plane, plane, please

sl

sleep, slip, slave, slide, slam

br, **cr**, **dr**, **gr**, **fr**, **tr**, **pr**, **str**

br

bride, brick, brave, broke, bridge

cr

crab, cream, creep, cross, cry

dr

dress, drink, drum, drop, dragon

gr

gray, grade, grape, grass, green

fr

frog, free, from, frank, frame

tr

trip, train, track, truck, try

pr

prize, pride, pray, price, proud

str

strike, street, stream, string, stroke

sn, sp, sw, sm, st

sn

snake, snail, snap, snack, snow

sp

spot, spin, speak, spell, sparrow

sw

swim, sway, sweet, swell, swing

sm

smile, small, smell, smoke, smart

st

stamp, stand, steam, street, step, still, stop, star

ce, ge

ce

ice, mice, nice, face, race, dance, since, fence, prince, place, palace

ge

age, cage, page, rage, huge, arge, forge, George, change

th, sh, ch, wh

th

father, mother, brother, gather, other

bath, birth, month, mouth, tooth

sh

she, ship, sheep, shop, shore

cash, wash, dish, wish, push

ch

chick, church, chair, chin, children, change

catch, watch, ranch, bench, each, beach, peach, teach, ditch, lunch wh

whale, what, wheel, whether, why, whistle, wheat, when, where, whip

gh, ph, gu, ck, qu

gh

laugh, enough

ph

photo, elephant, geography

gu

guess, guest

ck

black, jacket, clock, sock

qu

quilt, quite, quarter, question, quickly, quiet

kn, ng, wr, ng, nk, wh, tw

kn

know, knife, knee

ng

long, thing, along, boring, crossing, dumpling

wr

write, wrong, wrap

ng

long, thing, along, boring, crossing, dumpling

nk

bank, drink, thank, think, Frank

wh

who, whose, whole

tw

twelve, twin, between , twenty

3.2.1.4 第四阶段：元音组合

ou, ow

ou

mouth, ouch, out, our, shout, count, found, round, loud, house, mouse

ow

cow, how, plow, clown, crown, down, town, brown, flower, tower

ou

bounce, cloud, sound

西瓜 round，长在 ground，被我 found，一只 mouse，穿件 blouse，走 house。

ow

show, window, slowly

天在 snow，风在 blow，树在 grow，秋风 follow，树叶 yellow，落 pillow。

flower, brown, crowd

不知 cow，近况 how，去问 now，一座 town，不停 down，快要 drown。

oo, ar

oo

book, cook, hook, look, took

goose, food, room, moon, tool

ar

bar, car, far, jar, star

bark, dark, mark, park, spark

cart, dart, part, chart, start, bard, card, hard, lard, yard

oo

带上 hook，来到 brook，水面 look，手拿 book，一边 look，开始 cook。

炎热 noon，一个 fool，跳上 spoon，掉进 pool，飞到 moon，真是 cool。

ar

开着 car，向着 star，路途 far，想变 smart，必须 start，学习 art。

er, ir, ur

er

mother, father, sister, brother, butter, other, anther, ever, forever

teacher, hunter, farmer, baker, after, river, tower, flower, summer, winter

ir

fir, sir, stir, bird, third, birth, circle, circus

skirt, shirt, dirt, first, thirst, girl, dirty, firm

ur

fur, burn, turn, hurt, nurse, purse, turtle, murder, murmur, turkey, purple

er

farmer, under, sister

一个 driver，掉进 river，生命 over，一个 robber，专抢 rubber。

ir

girl, first, dirty

穿上 shirt，脱下 skirt，扔进 dirt，这只 bird，总跑 third。

ur

burn, turkey, turn

一个 nurse，丢了 purse，买只 turtle，颜色 purple。

or

born, corn, horn, torn

fort, port, sort, short, sport

cork, fork, pork, york

dorm, form, storm, horse, north, forth

or

born, morning, forty

个子 short，喜欢 sport，跑到 airport，拿着 port，吃着 pork。

ai

ail

fail, bail, jail, mail, tail, nail, sail, rail, pail

aid

laid, maid, paid

The mail will sail.

Pam and Kent sat on the rail.

The man paid the maid.

The men sail with mail on a pail.

Rain, rain,

The me ran with pain in the rain.

ay

day, gay, hay, lay, play, bay, may, say, clay, ray, way, away, gray, pay

Fay is gay.

Fay says, "Let me pay today."

Ray and May play on the hay.

He says we have to pay for the clay.

It's the day we play at the bay.

ee

bee, see, fee, tree

deed, heed, feed, seed

deep, keep, sheep, weep, sweep

This is Lee, this is Pete

And this is a bee.

Lee and Pete feed the bee.

Dee is sweet. She will sweep the street at three.

He and she need a jeep this week.

ee

green, feel, sleepy

一只 bee，躲进 tree，没人 see。

悬崖 deep，开着 jeep，莫要 sleep。

ea

deal, heal, meal, real

beat, feat, neat, weat, meat

bean, dean, jean, mean, clean

Jean and Dean eat beans and meat.

Jean had a dream.

She will be on the team.

The sea is in the east.

The beach is neat and clean.

When will Dean reach the beach.

ea

meal, meat, seat

一颗 pea，掉进 sea，泡壶 tea，身体 weak，爬上 peak，无力 speak。

ready, heavy, deaf

吞进 lead，摸摸 head，已经 dead，吃着 bread，报纸 spread，开始 read。

oa

coat, goat, moat boat, soak

load, road, toad

There is a toad on the road near the moat.

The goat is on the road.

You can use the soap to wash the coat.

The toad is fishing on the boat.

oa

soap, road, roast

一只 goat，穿件 coat，上了 boat，一片 oat，卡在 throat。

al

all, ball, call, small, talk, walk

hall tall, hallway

oy

boy, toy

enjoy, soy milk, soy sauce

有个 boy，玩着 toy，心中 joy，跳进 soy，尽情 enjoy。

au, aw, or, ore, oor, ough

au

august, autumn, Laura, Paul

aw

draw, law, strawberry

or, ore, oor

horse, north, sport, forty, order, important

more, store, before

door, floor

ough

bought, fought, thought

or, ear

or

word, work, world

ear

learn, heard, early

ea, ie

ea

bread, head, breakfast, healthy, heavy, sweater, weather

ie (e, ee, ea, ie)

field, piece, believe

ear, eer, ere

dear, ear, hear, near, year

beer, deer, peer

here

air, ear, ere

hair, chair

pear, wear

where, everywhere, there

igh, y

igh

bright, fight, high night, right, tonight

y

by, cry my, shy, why, July

oi, oy

join, voice, noisy

boy, enjoy

ew

few, news

ow

blow, bowl, grow, know, show, slow, snow

oor, our, ure

poor, tour, sure

完成以上四个阶段的拼读教学后，可以配合一些阅读，让学生在自己拼读单词的时候可以获得成就感。以林克妈妈（2013）编的故事为例：

A Lazy Brook: oo

Brook is a lazy boy. One evening, he is reading a story book on the sofa. His mother says to him, "here is some money. Go and get some meat." "Look, I' m busy, mom," says Brook. So his mother gets the meat. "Brook, here is the meat. Now cook it, please." "But I' m not good at cooking, mom," Brook answers. So his mother cooks the meat again. After a while, the mother says to Brook, "The meal is ready. Come and eat." "Yes, mom," Brook jumps up from the sofa, and says, "I don' t like saying no all the time.

It' s Raining Now: ow

Mr. Brown sees his son in the garden. He asks, "Tom, what are you doing?" "I' m watering the flowers. Mom says we must water the flowers every day, or they will die." "But it' s raining now," Mr. Brown says. "Oh, it doesn' t matter, Dad, I have an umbrella," Tom answers. "How silly you are," says Mr. Brown.

A story with long sound "a"

It is part of the game. Mom is washing plates in the kitchen. Kate and her brother Dave are playing games in the living room. Kate is making a lot of noise. Mom says, "Kate, why do you yell and scream so much? You' re going to wake up your grandma. Please play quietly like Dave. See, he doesn' t make a sound." "Of course, he doesn' t. Mom, it' s part of the game we are playing. He is daddy coming home late, and I' m you."

3.2.2 音标教学（phonetic symbols）

音标教学可以辅助自然拼读法，让学生不仅可以根据字母组合自行拼读，也可以根据音标准确发音。通常可以用以下步骤开展：

（1）辅音（举例或辨认）；

（2）元音（举例或辨认）；

（3）复习字母组合读音（避免元音音标与字母组合的混淆）；

（4）拼读音标（辅音+元音，较容易）；

（5）所学单词的音标拼读（从熟悉的单词音开始）；

（6）说熟悉单词，写音标［与（5）反过来］；

（7）陌生单词的音标拼读；

（8）读单词，猜拼写和写音标。

48个国际音标学习完成后，可以使学生为以后的学习打下基础，最终能做到“见其形读其音，听其音写其形”。据统计，在英语单词中不能根据读音规则读出的单词大约有400多个词，这些词称为 sight words，比如 the，are 等。学习时完整读出，在不能确定其读音时，可以通过查字典根据音标拼读。从而使老师在单词教学上少用点时间，学生就可以预习自学单词了。

3.2.3 构词法

3.2.3.1 词缀（affixation）

词缀法分为两种，前缀和后缀。前缀就是在词根前添加一个词缀而产生一个新词。后缀则相反，在词根后部添加一个词缀而产生新词。以下是中学（初高中）常用的词缀。

表2－1　前　缀

un－	not，negative	unfortunate，unfair
il－	not，negative	illegal，illogical
im－	not，into	impossible，import
in－	not，into	incomplete，inhale
ir－	not，negative	irresponsible，irregular
dis－	not，negative	disagree，dishonest
non－	not，lack of	nonfiction，nonprofit
counter－	opposite，against	countermarch，counterattack
anti－	against	antislavery，antiwar
audi－	hear	auditor，auditorium
auto－	by oneself or by itself	automatic，autobiography
uni－	one，single	uniform，unisex
bi－	two	bicycle，bimonthly
tri－	three	tricyle，triangle
bio－	life，living	biology，biography
cent－，centi－	100 or a 100th	century，centimeter
en－	make or cause to be	widen，strengthen
ex－	former	ex－wife，ex－student
fore－	before	forecast，forefather

续 表

geo -	the earth	geology, geography
homo -	same, like	homosexual, homophone
inter -	between, among	international, intermediate
intra -	inside, between	intracity, intracompany
kilo -	1000	kilogram, kilometer
mal -	badly	malpractice, maltreat
milli -	a 1000th part of	milligram, millimeter
mini -	very small or short	miniskirt, minicab
micro -	very small	microscope, microwave
mis -	badly, wrongly	misfortune, misunderstand
mono -	one, single	monologue, monotonous
multi -	many	multiply, multinational
out -	do more than	outrun, outnumber
over -	too much	overwork, oversleep
post -	after	postwar, postgraduate
under -	not enough	underworked, undercook
by -	near, close	by - effect, bystander
co -	together	coauthor, cooperation
step -	after	stepbrother, stepparents
pre -	before	prewar, pretest
re -	back, again	replay, rewrite
semi -	half, happening twice	semicircle, semiannual
hemi -	half	hemisphere, hemicycle
sub -	under, less important	subzero, subeditor
super -	over, more than usual	supernatural, superpower
tele -	over a distance	television, telegram
trans -	across	translate, transplant
thermo -	related to heat	thermometer, thermoplastic

表2-2　后　缀

- able	capable of	eatable, payable
- al	relating to	national, political
- ance, ence	state, action or quality	appearance, difference
- an, - ian	of or belonging to	american, Christian
- er, or	a person or thing that does an action	teacher, actor
- ese,	nationality or language	Chinese, Japanese
- ful	full	handful, joyful
- fy, - ify	make or become	purify, terrify
- en	make or cause to be	endanger, enrich
- ish	having the nature of	childish, Swedish
- ism	principles of teaching of	buddhism, socialism
- ive	having the nature of	sensitive, effective
- ize	cause to be or become	realize, nationalize
- logy	the science or study of	psychology, biology
- ly	in the manner of	quickly, quietly
- ward	in the direction of	downward, northward
- y	the condition of	rainy, cloudy
- ous	having the nature of	joyous, monotonous
- less	lack of , without	careless, helpless
- tion, - sion	the action or process of	explanation, explosion
- ship	the quality or state of	friendship, scholarship
- ment	the action of condition of	movement, statement
- ness	the condition of	sadness, illness

3.2.3.2 合成（compounding）

合成法就是把两个自由词素相加而得到的新词。可以分为黏着合成词（solid compounds : silkworm），意为两个独立意义的词合成为一个新词；连接合成词（hyphenated compounds : honey - bee），意为该合成词的构成由连字符号连接为一个新词；开放合成词（open compounds : tear gas），是由两个独立词组合为一个新词。以下是常用的复合词。

复合名词

air－base，airline，basketball，chairwoman，copyright，copy desk（编辑部），day school（走读学校），daybreak ，eggplant，exercise book，footstep，flash － light ，head page（头版），hillside（山坡），keyboard（键盘），mailbox（邮箱），marketplace（市场），nightclub（夜总会），postmark（邮戳），riverbed（河床），seaman（海员），sunglasses，teahouse，test － tube（试管），war game（军事演习），wheelchair（轮椅），shorthand（速记），dinning－car（餐车），standpoint（立场），butterfly（蝴蝶），break-up（瓦解），downfall（垮台），overwork（过度工作的），underclothes（内衣）

复合形容词

color－blind（色盲的），deaf－mute（又聋又哑的），ever－green（常青的），car－making（汽车制造的），hand － made（手工的），ordinary － looking（长相普通的），deep－read（熟读的），far－seeing（远见的），hard－won（来之不易的），left－handed（左手的），two－faced（两面派的），first－rate（第一流的）

复合动词

sight－see（观光），type－write（打字），white－wash（粉刷），black－list（列入黑名单），overcome（克服），overthrow（推翻），upset（打乱），underline（在下画线）

复合副词

downstairs，upstairs，everywhere，northwards

复合代词

anything，everything，something，anyone，everyone，someone，myself，yourself，ourselves，yourselves，himself，herself，itself，themselves

3.2.3.3 转换（conversion）

转换法是把一个词的词性转变为其他，但拼写不变。如 contract，record 。

3.2.3.4 混合（blending）

混合法是把一个词的一部分与另一个词的一部分组合起来而成为一个新词，如 brunch，netizen，Chiglish，smog，motel 等。通常有四种组合法：

（1）首部＋尾部（head + tail），如：autocide（automobile + suicide）；

（2）首部＋首部（head + head），如：comsat（communicate + satellite）；

（3）首部＋单词（head + word），如：medicare（medical + care）；

（4）单词＋尾部（word + tail），如：lunarnaut（lunar +astronaut）。

3.2.3.5 剪切（clipping）

剪切法是把一个单词的头或尾删去，而得到一个新词。有四种剪切构词法：

（1）首部剪切（front clipping），如：quake（earthquake），copter（helicopter），scope（telescope），phone（telephone）；

（2）尾部剪切（back clipping），如：dorm（dormitory），memo（memorandum），stereo（stereophonic），gent（gentleman）；

（3）首尾剪切（front and back clipping），如：flu（influenza），fridge（refrigerator）；

（4）短语剪切（phrase clipping），如：pub（public house），zoo（zoological garden），pop（popular music），perm（permanent waves）。

3.2.3.6 缩写（acronymy）

首字母缩写法，就是把几个单词的第一个字母合成为一个单词。如单独读字母的：VOA，ID，或者字母之间拼读的：NATO，AIDS，N-bomb，V-day 等。

3.2.3.7 派生/逆成（back-formation）

派生/逆成法是与后缀法相反，把一个单词的尾部假想为后缀，去掉尾部字母变成一个新词。比如：diagnosis—diagnose，donation—donate，enthusiasm—enthuse，emotion—emote，loafer—loaf，sculptor—sculpt，burglar—burgle，beggar—beg，eavesdropping—eavesdrop，merry—making—merrymake，babysitter—babysit，drowsy—drowse，lazy—laze。

3.2.3.8 专有名词（special name）

专有名词的构词法是来源于其他语言由于没有对应的翻译，所以就用该民族语言的发音方法成为一个新词，比如 Jiaozi（饺子），Toufu（豆腐），Dimson［点心（粤语）］。

3.2.4 词汇记忆方法

3.2.4.1 语义场联想法

比如教师可以让同学把所有与职业有关的单词列出记忆：

actor　actress　cook　doctor　dentist　dancer　driver　engineer　farmer
fisherman　librarian　model　nurse　pilot　policeman　postman　reporter　salesman
scientist　secretary　shopkeeper　singer　soldier　teacher　waiter　waitress　worker
writer

为了把词汇记住并且印象深刻，还可以让两两对话，说出自己最喜欢的五种职业，或者评价不喜欢的五种职业等等。小组还可以分做词汇卡片，每个小组负责一个话题的语义场单词。教师每天以不同方法复习词汇，不一定总是听写单词。可以经常组织词汇复习课。

同理还可以把描述人性格的所有单词罗列出：

able active attractive bad-tempered brave careful cheerful childish clever confident creative devoted dishonest easy-going forgetful friendly funny gentle greedy happy hard-working helpful honest inventive just kind-hearted kind lazy modest nice noisy outgoing polite popular smart strict understanding warm-hearted well-educated

3.2.4.2 拼读联想法

把相似发音的词归纳在一起，既可以学会发音规律，又可以记单词。如：

fact active actor factory practice act

事实（fact）是，那个积极的（active）男演员（actor），正在工厂里（factory）练习（practice）如何表演（act）。

beat threat great feast eat neat seat heat meat feat cheat treat

打败了（beat）敌人，威胁（threat）解除，他们摆了盛大的（great）宴会（feast），准备大吃（eat）一顿，只见餐厅整洁（neat），座位（seat）齐整，桌上摆满了热气腾腾（heat）的肉，但我警告他们不要被眼前的功绩所欺骗（cheat），要处理好（treat）自满的情绪。

3.2.4.3 拆分记忆法

again—a—gain（获得）—又

almost—a—most（最多的）—几乎

border—b—order（命令）—边境

boil—b—oil（油）—沸腾

chill—c—hill（小山）—冷的

climb—c—limb（臂、腿）—攀登

dear—d—ear（耳朵）—亲爱的

dinner—d—inner（内部的）—晚餐

email—e—mail（邮件）—电邮

every—e—very（非常的）—每个

fact—f—act（表演）—事实

farm—f—arm—（手臂）—农场

glove—g—love—（喜爱）—手套

grow—g—row—（排、列）—生长

hall—h—all—（所有）—大厅

harm—h—arm（手臂）—受伤

kill—k—ill（生病的）—杀死

know—k—now（现在）—知道

lend—l—end（结束）—借出

learn—l—earn（赚、赢）—学习

mend—m—end（末端）—修理

meat—m—eat（吃）—肉

nice—n—ice—（冰的）—很好

none—n—one（一个）—没有

page—p—age（年龄）—页码

praise—p—raise（提升）—称赞

reach—r—each（每个）—到达

rice—r—ice（冰的）—米饭

sand—s—and—（和，并且）—沙子

space—s—pace（步速）—空间

task—t—ask（问）—任务

town—t—own（自己的）—城镇

weight—w—eight（八）—重量

wash—w—ash（灰）—洗涤

your—y—our（我们的）—你们的

或者这样拆分：

army = arm（武器） + y = 军队

bath = bat（蝙蝠） + h = 沐浴

beef = bee（蜜蜂） + f = 牛肉

blanket = blank（空的） + et = 毯子

beard = bear（忍受） + d = 胡子

ballet = ball（舞会） + et = 芭蕾

campus = camp（野营） + us = 校园

her = he（他） + r = 她

hero = her（她） + o = 英雄

heroin = hero（英雄） + in = 女主角

hatch = hat（帽子） + ch = 孵出

soldier = sold（卖出） + ier = 士兵

slave = save（拯救） + l = 奴隶

这样的拆分犹如汉字，每个拆分部分都有含义，加上联想就可以记住单词（郭永飞、徐亦农，2012）。

3.2.4.4 语音记忆法

同音词记忆

aunt—are’t base—bass bear—bare bred—bread break—brake by—bye be—bee career—Korea dye—die dear—deer eight—ate fare—fair feat—feet flea—flee flour—flower found—found groan—grown heart—hart herd—heard heel—heal hare—hair hour—our hear—here I—eye I’ll—aisle made—maid male—mail meet—meat none—nun not—knot night—knight no—know plane—plain pair—pear peace—piece peal—peel practise—practice rain—rein root—route road—rode red—read see—sea seen—scene son—sun scent—sent sail—sale soul—Seoul sell—cell so—sow steel—steal stair—- stare tale—tail through—threw their—there what—watt write—right weight—wait week—weak whole—hole weather—whether where—wear wore—war wring—ring would—wood

以上单词也是稍加联想就可以记住两个同音词。

3.2.4.5 音近、形近记忆法

bad—bat bag—back baby—body ball—bell break—bread calm—come cool—coal cause—course cast—cost count—can’t class—glass dusk—dust dirty—thirty duck—dark

这样比较记忆有利于正音，避免拼写混淆，并且能同时记住两个词。

3.2.4.6 谐音记忆法

dangerous 危险的（等着惹事） pumpkin 南瓜（胖金） feast 盛宴（肥死它） defend 捍卫，提防（提防） deliver 投递（递礼物） candle 蜡烛（看到）

英语单词有一部分是可以用母语联想的，是能让学生最容易记住的，所以教师要善于总结，包括母语方言音与某些单词的近似，也是可以总结归纳的，以提高学生记单词的效果（郭永飞，徐亦农，2012）。

3.2.5 语境创设

词汇教学一定要结合语境，避免孤立教单词。词汇离开了句子、课文，不仅没有意义，而且增加了词汇记忆的难度，学生词汇记忆的遗忘率极高。教师应首先呈现语境，再教单词。所谓“词不离句，句不离篇”，呈现语境应具有生动、形象和故事性的特点，这就要求教师利用自己的语言魅力、肢体语言、各种教学辅助手段通过讲故事、说课文，使学生对语境的理解印象深刻，在欣赏课文、学习知识的过程中不知不觉就学会了生词。教师接着还要趁热打铁，使学生真正学会生词的含义和基本用法。同时，词汇教学应增加语言使用的机会。这就要求教师经常在课堂上使用和复习所学过的词汇，比如课堂上尽量用英语上课，创设说英语、使用英语的氛围；布置任务，创造听、说、读、写的机会让学生使用词汇。还有，学生如果没有体会到进步和成就，很难在学习动力上坚持下去。这也是学生起初喜欢学英语，但逐渐变为厌学的重要原因。所以教师应实施多种测试和评价活动，使不同层次的学生感受到学习的进步，带来学习的快乐，才能使学生的学习保持持续的发展和进步。

3.2.5.1 词句相连的语境

以八年级上册 Unit 5 Do you want to watch a game show? 为例，Section A 和 Section B 关于本句型学习的生词有：sitcom，news，soap，educational，plan，hope，find out，discussion，stand，happen，may，expect，joke，comedy，meaningless，action，action movie，cartoon，共有 18 个单词，教师把 Section A 和 Section B 两部分的听说结合起来上，并把生词全部融在“Do you want to watch…? What do you think of…”“I like，love，don't mind，don't like，can't stand…”的问答中，通过图片，或讨论最近流行的各种电视节目，把单词的学习放在对话交际中，这就是词句相连的语境，单词不是单个呈现，而是在对话中，并辅助有图片等的语境中呈现，使学生便于记住单词的含义，并在对话练习中熟练单词的语音和用法。

3.2.5.2 与生活相连的语境

以七年级下册 Unit 4 Don't eat in class. 为例，Section A 和 Section B 的生词有：rule，arrive，be on time，hallway，hall，dining hall，listen，listen to，fight，sorry，outside，wear，important，bring，uniform，quiet，out，go out，practice，dish，do the dishes，before. 教师一开始就开始讨论 rules in class，因为可以用图片和教师的肢体语言讲述生活中的事情，学习和使用这些单词的语境就生成了，在引导学生说出 Don't arrive late for class. Don't be late for school. Don't listen to music in the classroom. Don't run in the hallways. Don't eat in the classroom. Don't talk in classroom…学生也就学习了以上的

生词。在使用单词的环节上，教师让学生说出 rules in the school，把学生实际生活中实际的规则用英语练习表达，在语境中学习和练习单词就加深了学习的效果。

3.2.5.3 创设游戏比赛的语境

以九年级 Unit 9 When was it invented? 为例，Section A 和 Section B 中的生词有：invent, calculator, be used for, scoop, adjustable, hell, battery, operate, battery – operated, slipper, heat, bulb, light bulb, microwave, microwave oven, crispy, salty, sour, by mistake, chef, sprinkle. 教师一开始就提出主题，关于发明，然后提出以小组为单位竞赛，看谁知道以下日常用品发明的时间。

A：When was the car invented?

B：Well, I think it was invented in...

A. 1885

B. 1876

C. 1927

D. 1971

同样的 light bulb, calculator, microwave over, potato chips 等，如果教师事先准备了这些东西发明的小故事，学生在竞赛和听故事中也就学习了单词。为了进一步加深对这些生词的应用，教师再次以竞赛的形式，让同学们用这些生词说出更多的句子和编故事。因为是以小组竞赛的形式，所以课堂氛围热烈，学生在愉快的情境中不知不觉熟悉了本课的生词。

3.2.5.4 虚拟生活场景的语境

以七年级上册 Unit 4 Where is my schoolbag? 为例，Section A1a – 2d 中的生词有：where, table, bed, bookcase, sofa, chair, on, under, come, come on, desk, think, room, their, hat, head, yeah. 教师一开始就模拟真实的生活场景，宣称自己刚买了房子，如今等着购置家具，让同学们当参谋该买什么家具，以及应该放在哪里。教师故意呈现出家具的图片以及空房间，让同学们讨论哪种布置更好，由此而可练习家具单词和四个方位词：in, on, under, behind。教师还把同样的家具交给不同组放置，同学们用英语表达了家具应该放的位置。整堂课，既学会了主句型，又记住了单词。最后教师让同学们写出有关房间家具摆设的几句话，加强和巩固本节课单词句型的学习。

3.2.5.5 角色扮演创设语境

当学习七年级下册 Unit 8 Is there a post office near here? Unit 10 I' d like some noodles. 等单元时，学生可以假设到国外旅行，问路和吃饭点菜，也可以让学生发挥聪明才智，编写小剧本，故意制造困难，另外一方必须要想方设法用所学的英语句子或单词以及肢体语言表达。这样做，既培养了学生的实际交际策略，又能把所学的单词和句型运用出来。

3.2.6 词汇的复现率和使用率

为了强化单词的学习，以下的方法还可以增加单词的复现率和使用率，使单词的记忆获得循环，加强记忆效果。比如：（1）教师课堂用语的使用，教师对教材出现的词要了如指掌，课堂上利用热身、导入、提问或讲述自己的故事等手段不断重复使用所学的单词。（2）影视剧配音和表演，网络上可以获得很多优秀的电视剧或卡通片，经常做配音和表演，可以增强学生的学习兴趣，巩固所学的单词句型，拓展更多的学习资源。（3）教室英语角，教室里的物理环境，可以布置各种学习英语的海报，猜谜或者名言警句等。（4）课外手机短信以及 QQ 聊天，英语教师应该与同学保持友好的师生关系，这样可以在与他们聊天的时候时常使用英语，拓展英语学习的语用机会。这样就可以使英语学习不再局限于教材，学生的词汇学习获得巩固和拓展。凌蕙（2014）认为词汇复现与词汇输入同样重要。词汇的复现大体有两种：即时复现和延时复现。及时复现是在学习新词汇的当堂课中进行，延时复现则是在后续的课堂学习中进行。及时复现以三次为宜：第一次，呈现词义、读音；第二次，呈现用法、词性；第三次，让学生尝试运用。延时复现一般是指在第二天上课时的复习。教师可以借助图片、联想、词串等复现词汇，还可以在随后的课堂教学中有意识地使用新学的词汇进行讲解或举例等。在延时复现中，其意义重在检测。

3.2.7 开展泛读活动

词汇遗忘率高是大多数外语学习的通病，要解决这个问题，就要从挖掘课外阅读资源开始，并合理设计每天或每周的阅读任务，把语法和词汇的强化放在课外阅读上，这是我国外语界老前辈实践了的有效办法。我国解放前和解放后，外语学习使用经典名著，实践证明，大量的阅读促进了词汇和语法习得，比只教授词汇语法知识要更有趣、有意义和有效率。中学教师可以考虑让中学生阅读《新概念英语》1 至 4 册，短小精悍，句型和语法时态集中呈现，很多单词都是生活中的高频词，所以是课外阅读的精品。当然，还应该添加时事新闻类，比如《21 世纪报中学生版》，再比如《书虫》系列的名著简编，还有《典范英语》等材料均可以作为课外的阅读任务。教师还应设计检查的作业，最好是读书笔记或阅读报告，或者每周抽一节课检查和听汇报都可以促进泛读活动的开展，从而真正解决词汇教学的难题。

结 语

提高词汇教学的效率，应该从分析问题入手，对于此难题出现的原因进行剖析后，针对这些原因，提出解决的方法，比如词汇的四个维度：语音和拼写维度使用自然拼读法和音标教学来解决；语义维度采用语篇、语境教学法，词汇的分层教学，各种词汇记忆方法（包括词块教学）；语用维度采用各种交际教学和泛读教学。当教师掌握了词汇教学的内涵、知识和方法后，余下的问题就是教师在教学实践中的尝试、反思和总结。教师培训者在教学中应该采用片段教学法、案例教学法向学员展示词汇教学，使学员学会根据单元内容、课型和课时内容设计词汇教学，真正明白教学方法的实际操作步骤，最终达到提高词汇教学的效率。

参考文献：

［1］ Allen. V. F. 词汇教学技巧［M］. 上海：上海外语教育出版社，2002.

［2］ Cunningham，P. M. & Hall，D. P. Making Words［M］. US：Pearson，Education，Inc.，2009.

［3］ Gairns，R. 如何提高词汇教学成效［M］. 北京：外语教学与研究出版社，2009.

［4］ Hoey，M. 语篇中的词汇模式［M］. 上海：上海外语教育出版社，2000.

［5］ Joyce，K. Tongue Twisters to Teach Phonemic Awareness and Phonics［M］. North Carolina：Carson－Dellosa Publishing Company，Inc. 2000.

［6］ Nation，I. S. P. Teaching and Learning Vocabulary［M］. New York：Newbury House，1990.

［7］ 陈卫兵. 提高词汇教学有效性的策略［J］. 中小学外语教学，2014，（9）：18－21.

［8］ 陈则航，王蔷. 以主题意义为核心的词汇教学探究［J］. 中小学外语教学（中学篇），2010，（3）.

［9］ 冯丽玲. 对初中英语阅读课词汇教学策略的探讨［J］. 中小学英语教学与研究 2014，（8）：38－45.

［10］ 郭永飞，徐亦农. 初中英语词汇记忆秘诀（构词＋串联）［M］. 上海：华东理工大学出版社，2012.

［11］凌蕙．新课程理念下的英语词汇教学［J］．中小学外语教学，2014，（8）：13.

［12］林素娥，谢静惠，Huanz，W. 英语字母拼读法［M］．台湾：东西图书，2009.

［13］钱兰英．谈“思维导图”在初中英语词汇教学中的运用［J］．中小学外语教学，2014，（6）：28－32.

［14］徐辉．隐喻思维视角下的高中英语词汇教学［J］．中小学外语教学，2013，（7）：28－30.

［15］徐海伦．我的自然拼读［M］．深圳：海天出版社，2014.

［16］王俊．高中英语词汇识记教学中的问题与对策［J］．基础英语教育，2013，（10）：55－58.

［17］王小红．多管齐下，提高初中英语阅读课词汇教学的有效性：以《新目标英语》九年级 Unit 9 Section B 3a 为例［J］．中小学英语教学与研究，2013 年专刊：55－59.

［18］王哲希．英语阅读中词汇习得研究［M］．上海：上海交通大学出版社，2010.

［19］王珍文，马欣．自然拼读法学单词［M］．北京：北京师范大学出版集团，2012.

［20］吴玮．如何确定阅读教学中的目标词汇［J］．中小学英语教学与研究，2014，（9）：37－39.

［21］伊慧．基于文本阅读的英语词汇教学探讨［J］．基础英语教育，2014，（12）：75－82.

［22］张秦刚．英语词汇教学中培养学生思维能力的策略［J］．中小学外语教学，2014，（12）：13－19.

［23］张维友．英语词汇学［M］．北京：外语教学与研究出版社，2000.

［24］周建新．中学英语词汇教学的人文性策略［J］．中小学外语教学，2014，（8）：30－33.

［25］周永恩．例析阅读第一课时的词汇及阅读微技能教学设计［J］．中小学英语教学与研究，2014，（1）：47－51.

［26］竹怀侠．词块理论在高中英语词汇教学中的应用［J］．中小学外语教学，2014，（3）：31.

第三章　改革语法教学的理念和模式

☞问题三：语法在中国外语教学中一直处于重要的地位，课改之后，语法的地位表面上被弱化，实则强调语法的综合应用能力，然而教师依然用传统的方式进行语法教学，导致教材与教学方式的不匹配，语法教学出现费时低效的现象。那么新课改理念下，如何进行语法教学呢？

课改之后，新教材对语法学习的理念进行了改革，语法部分的教学强调语法句型的感知、体验和应用，即听说环节训练完成之后集中学习规则，也就是用 Larsen Freeman 提出的从 grammaring（语法技能）到 grammar，外语学习强调从感知、体验到实践，当学生已经能听懂和使用核心句型后，才开始进行显性语法知识的学习。但当我们走入英语课堂，教师的导入环节一完成，基本带读几遍核心句型后（甚至没有导入和带读），就开始了语法知识的讲解。比如有这样一个课堂，教师讲“Where is my bagpack?”主要学习四个介词：in，on，under，beside，本来从句型学习来说，比较容易组织操练活动，从机械操练很快过渡到意义操练，如猜谜，描述自己房间等，但教师不等学生通过练习学会本句型就开始分解句型，对疑问词“where”进行讲解，并对四个介词的语法功能详细地解释，课堂也主要是用母语进行。对于课本上对此句型的听力和口语活动只是草草带过。同样的课文，另一个课堂对“Where is my bag-pack?”机械练习之后，学生还没有学会如何在真实的语境中应用该句型，就进入了语法讲解和笔头练习，一节课既有听说活动，同时训练读写，课堂容量较大，最后的课堂教学目标达成和实际效果都欠佳，既不能使学生在语境中充分学会口头交际语，又不能充分练习到读和写。究其原因，主要还是教师对学生的语法学习不放心，每节课都要讲语法，使每一堂课目标设定过大，最后导致没有一个目标能充分实现。从以上两个课堂的状态来看，仍然是传统“以知识为中心”的教法，也可以说是农村英语教学的主要状态，新课改并没有深入到每个教师心中，更没有促进教师对语法知识教学的更新和探索，因此，对于课改“穿新鞋，走老路”的现象最突出的就是语法教学，并且以知识为主的这种教学模式渗透在教材体系中听、说、读、写各个模块，教师不考虑语法呈现和教学的时机，也不选择具体何种语法知识应该讲解，用的方式主要还是语法翻译法，即用母语讲解和翻译句子，缺失语法句型的操练和实际运用，把语法练习等同于做题考试。因此，学生很容易失去对英语学习的兴趣，学习的效果和动机也大打折扣。

1. 问题的调查

在英语教学中，要不要强调语法教学、教多少语法才算合适、采用何种方法教语法等问题一直是新课改以来外语教学界争论的焦点。笔者对 2014 届国培学员做了调查，问卷中第 3 题就是关于这些教师们如何进行语法教学，即他们的语法教学方法。通过对 85 位国培教师的问卷结果进行分类、分析，发现他们所采用的语法教学方法可归为以下五种：归纳演绎法（30 人，占 35%）；情景创设、语境教学法（19 人，占 22%）；纯讲授（12 人，占 14%）；多种方法综合（12 人，占 14%）；练习巩固法（8 人，占 9%）；还有 4 份为无效回答。

1.1 归纳和演绎法

案例 1：（1）造和所学语法相关的 5 个句子。（2）让学生读句子，找出 5 个句子中的相同点。（3）教师总结归纳该语法的概念、结构。（4）让学生用所学语法结构造句。

案例 2：我认为语法应该先让同学认识大量的句型，让他们反复练习，熟练掌握以后再让大家归纳总结，完了我再进行综合性讲解，最后辅以适当的训练。

案例 3：（1）呈现要学习语法的重点句子，先让学生自学、理解、翻译句意。（2）小组内归纳句子中语法现象，学习语法项目。（3）老师提问并帮助归纳记忆要诀。（4）出示典型例句、例题，点拨后学生讲解。（5）老师校正，归纳常见考题类型。

案例 4：我认为语法教学可以用很多方法进行。如：可以让学生通过大

量的朗 读，让学生模仿句子中的语法现象造句；可以让学生先观察一组用该语法现象造句的句子，然后通过讨论，总结出这一语法的规律，再让学生通过一些语法练习来巩固。

从以上教师的回答中，可以看出教师对于课改提倡的归纳语法教学法，即探究学习的理念是了解的，课堂上同时也配合使用演绎法，在教学中，教师认为他们是两种方法混合运用，但他们也承认大部分时候还是使用演绎法，即直接讲授语法规则和之后做练习。

1.2 情景创设、语境教学法

案例 1：语法教学可以采用情景创设。例如现在进行时态，采用当时的情景教学。e. g. T：What am I doing? I’ m teaching. （I’ m talking）指向另一个学生问：T：What are you doing? S：I am writing. I’ m listening. I’ m sitting. 操练完后，归纳出现在进行时的结构：主语 + be + V. ing

案例 2：我认为英语语法教学应该在语言交际中逐步渗透，在给学生举一些与生活实际相联系的语句中逐渐习得。例如在说一般现在时的时候，列举日常生活中的规律、一天的作息安排等，最后互动得出结论，从而习得语法定义。举例、讨论、合作交流语言的结构，得出定义。

案例 3：语法不是单纯的语法。教学中的听、说、读、写译都要渗透。具体的实践最能渗透语法教学，学生在自己的实践中能体会出各个词、语法的不同。

案例 4：新课标通常把语法放在第一节听力之后，但我通常在引入新单元的时候就首先讲语法。一说讲语法，学生都觉得很枯燥，但如果把语法细化，然后多举几个与学生生活相关的句子，之后再鼓励他们用新语法造句，学生会比较容易接受。

培训学员中有一部分提出了语境的重要性，说明教师对于新课改的语境化语法教学理念还是有的。但当笔者进一步询问学员如何创设语境教学语法时，发现教师创设语境的方法很单一，缺乏趣味性，比较生硬和机械。

1.3 纯讲授

案例 1：语法我一般是由理论到实践。如时态语法，我会让学生也了解时态用法，再到标志词，然后是谓语动词特征，最后是动词如何由原形变为符合时态的形式。

案例 2：讲解语法的知识内容（定义、结构、运用）。教学方法多用讲解式。

案例 3：在所有的英语教学中，语法是教师难教、学生难学的部分。平时是以定义、结构、关键词、标志词、举例子的方式讲授语法课。

案例 4：我平时在教授语法之前，先让学生预习，提出不懂的问题并标注。然后老师讲解，并侧重学生提出的问题讲练，完成课堂作业，讲练易错题。

这部分教师重视传统语法教学，以知识为主的英语课堂较为明显。

1.4 练习巩固

案例 1：我认为语法要理论加之实践，而题海战术应该是最好的教学方法。

案例 2：我在教语法的时候先教语法规则，然后再通过做大量练习来巩固。

案例 3：语法应该多记、多用。语法的知识点首先应该多记，只有自己记住了，才可以在用的时候拿出来用。语法点的理论知识记住了，你要多做练习。只有不断地练习，你才能学以致用。

案例 4：我认为语法教学还是要多练。练多了一看到题型就知道要补上什么。

这部分教师与前一组相似，重视传统语法教学，从以上的回答中可以看出，题海战术被这部分教师视为语法教学的核心。

1.5 各方法综合

案例1：（1）认知教学法；（2）图示教学法；（3）举例的形式来引出语法结构。

案例2：语法教学要结合一定的语境、句子、文章来进行教学，让学生反复地朗读来达到语法的无意识记忆。同时采用归纳、归类、对比、类比的方式列举。应用图表归类展现，同时再结合一定的语境来达到实练的目的。也可试着让学生自己去归纳、整理，进行分类学习、练习。

案例3：新课改淡化语法，但语法对于学习英语仍然很重要。学生只有掌握正确的语法才能正确地运用。在教学中，我会用直接法，引导学生观察发现，创设语境、使用比较法等。

案例4：我认为语法应该尽量通俗、形象、易懂，应该把抽象的语法概念简单化。我常用的有：类比法、形象法、演绎归纳法、简化法。

这部分教师的语法知识比较丰富，所以提出了多种语法教学的方法。这有利于教师变化教学方式，使语法学习变得有趣味和容易学。但这部分教师毕竟是培训教师中的少数，因此，改革语法教学还有很长一段路。

结　论

分析以上案例可以看出，此次国培学员的语法教学知识还是较为丰富的，尤其与词汇、听说、阅读教学相比，语法教学的钻研明显要更加丰富。大部分教师在问卷中说明自己的语法教学是以演绎法、辅以归纳法为主，即教师先讲解定义、语法结构，然后举例分析其用法，最后让学生操练。或者先呈现包含所要学习语法的典型语言材料，让学生自己发现语法规律和原则，最终总结归纳出语法规则。调查显示，仍然有一部分教师还在采用集中讲授的方法，即把语法独立于听力、阅读、写作等活动来进行单独模块的讲授。而少数人认为题海战术可以培养学生的语感，提高做题的正确率。值得欣慰的是相当一部分教师有意识地把语法融入语境，并通过创设情景来进行教学，避免了语法教学一贯枯燥、乏味的特点。但培训中，当我们进行语法教学的学习专题时，几乎所有教师认为自己在教授语法时，并未真正有效地应用归纳的方法，语境的呈现非常有限地应用，听说课中操练语法句型的活动组织也非常单一和枯燥，语法知识的呈现或让学生归纳的时机不对，造成语法课堂低效，形式仍然倾向于传统的翻译法。调查还说明了教师关于语法教学的显性知识并不真正表现出教师的课堂行为。培训中应注重如何使教师知识转化为真正的课堂行为。

2. 问题的分析

其实老师们不能够按照他们所知道的教学理念，比如语法教学中的归纳法、情境创设来教学语法，以及进行语法能力操练等，是因为他们对语法本质、语法教学的流派、语法教学理念发展的历史脉络没有清晰的认识，所以对实施这些方法的来源、意义不了解，一知半解的状态下才会从表面上和形式上来执行，而未能掌握正确的实施方法。因此，解决语法教学有效性问题，必须从语法教学的理论基础开始。

2.1 语法教学理论

2.1.1 语法的本质

语法就是研究语言里可能存在的形式或结构（Thornbury，2011）。语言的形式包含四个层次：文本、句子、单词和发音。传统上语法的研究主要是句子层面，研究句子层面的构成规则。语法的功能有两个：一个是表现功能，用正确规则组合的语言传达和展现人类的经历；一个是人际功能，人际功能在语言的互动中表达和展现与他人的关系。对于学习者来说，不仅要学习什么形式是对的，还要学习用正确的形式表达意思。从这个意义上来说，学习者不仅要聚焦在形式上，还要聚焦在语法所传达的意思上。

语法规则有三类：第一类是规定性规则，是书本上可以找到、学习者能自学的固定规则。第二类是描述性规则，是基于直觉和习俗的，比如 some 和 any 的用法，some 用在肯定句，any 用在否定句，但 some 也可以用在 Would you like some banana?这类征求意愿的句子中。第三类是教学规则，就是学习者能理解的规则，并在学习规则中提供有适当机会成功产出语言。在教学规则中还可以分为形式规则和使用规则。形式规则是能解释的固定规则，使用规则中有些不一定能解释。比如：How did you say you spelt your name? It' s time they went to bed. 等。

根据以上 Thornbury 对语法定义、内涵、功能和规则的描述，可以推断出语法形式和交流功能不是一一对应的关系，语境和背景信息对于理解说话者的意义有着重要作用。

目前中学语法教学存在的问题主要是教师没有理解语法的本质和功能。只关注语法的表现功能和形式规则，而不强调其交际功能和使用规则，所以表现出的课堂教学问题为缺乏语境、缺乏交际环境的语法教学，第一孤立地教授语法规则，即形式规则，教学内容就会枯燥。第二把句子从语篇中分离出来，使语法学习缺乏语境关联，学生的学习效果就不理想，难以总结众多离散的规则，并在适当情境中提取，也就是容易忘记所学语法知识点。因此在语法测试和写作中，学生总是犯错。第三忽略语法的交际功能，未在教学中培养学生的语法使用能力，所以在口语交际中学生的交际语言贫乏，语法错误较多。

2.1.2 语法教学观

语法教学观的发展经历并仍然存在着三个流派，第一个是以句子为中心的形式语法流派，例如传统的语法翻译法，在教学法流派发展的历史进程中，可以看到一开始是把语法作为语言教学的起点，它遵循的是一个语法大纲，重视语法规则和句子构成，课程一开始是始于一条条语法规则的清晰讲解，用母语来讲解、翻译规则，为了掌握句法规则，学生通常要做大量的翻译练习。如我国 20 世纪 60 年代到 80 年代的英语教材，教学是以句子的讲解和母语对译为主。结构主义语言学也是形式语法流派之一（Bloomfield，1933 & Fries，1940），他们认为语言就是一系列的句子结构构成的，因此语言教学也应该围绕句子来展开。形式语法流派还有 20 世纪 50 年代乔姆斯基的转换生成语法（transformative - generative），他提出人头脑里的 LAD，即语言学习装置，认为人的语言学习能力是天生的，同时他还提出普遍语法概念（UG：universal grammar），认为每一种语言都是由普遍的语法规则组成的，人类只要掌握了每一种语言的 UG，就可以自动生成其他的符合情境的语法正确的句子。

第二个语法教学流派是形式与意义结合的语料库语法观，它通过语料库的研究解决了语言应用中为何同一个意思有多种表达、相似表达为何有差异、口语和书面语差别原因等问题。语料库的研究指出词汇搭配的规则和意义，比起形式主义语法观来说，更多强调了语言的实际运用。

第三个语法流派是交际语法观，它的代表是 Halliday & Hasan 的系统功能语法，指出语言的运用应该有特定的情境，每一种语境都有一定特殊的功能，比如问路、道歉和餐馆点菜等。与此相类似，另一个语言学家 Austin 提出了言语行为理论，指出语言的三个行为：言内行为、言外行为、言后行为，更强调了言语的交际功能性特点。在两者基础上，Ek & Wilkins 提出功能意念语法大纲，指出语言传递时的意念，通过意念的转化才可以实施功能。因此，19 世纪中后期，由这些理论而产生的教学方法，比如直接法反对语法教学，认为应把重点放在口语技能上，一方面遵循语法结构大纲，一方面抵制显性的语法教学。认为语法习得和母语习得是同一个过程，是自然而然形成的。后来盛行于北美的听说法以行为心理学为基础，强调语言学习的方式应该是语言习惯的养成。语法句型是在语言习惯的培养中逐步习得的。Krashen 提出了自然法，与直接法一致，都是模拟母语习得的过程，认为学习者可以利用天生的语言能力在接触了一定量的可理解输入就可以习得二语。20 世纪 70 年代的交际语言教学法自产生就有两个流派，强交际观的流派是反对语法为基础的，比如印度 Bangalore 提出的任务型教学就弱化语法教学，通过任务的完成来达到语言学习的目的。弱交际观的流派不反对语法教学，只是以功能大纲代替语法知识教学。这些语言学家的观点成为今天国内教材编写的依据。即功能意念，强调语言运用的场合、情境性和恰当性。把语法教学理念实施到教学中，主要是翻译法和交际语法，把两者综合的是 Larsen - Freeman，她提出了语法技能的概念，即隐性的语法（交际）技能领先，显性的语法知识学习在后的理念，广泛应用在今天的教材编写和语法教学中。

2. 1. 3 语法教学

Thornbury 在《如何教语法》一书中指出，语言教学本质上是主张和反对语法教学的历史（2011：14）。而在当前的二语教学领域中，Larsen - Freeman 对于语法教学的见解成为中国乃至世界上语言教学中的理论根据，Larsen - Freeman 其实是综合了各家各派的观点，既不是反对语法的显性教学，也不是只提倡语法的隐性教学。只是在语法习得过程中更注重学习的顺序和方法。比如她提出语法教学包含有三个方面：形式聚焦、产出训练和反馈给予。

首先是形式聚焦，即“提升意识过程”，也就是先要聚焦语法形式，让学生意识到此语法结构的意义和功能，然后才有习得的可能性。在聚焦语法形式的时候，根据语法结构的不同而采用不同的呈现方法。比如如果学生的母语和英语接近，可以用演绎法，学生可以根据已知的规则推理新语法结构的规则。如果与母语不一致，对学生来说完全是新的，那么就可以用归纳法，使学生注意和发现规则，然后再设计相应的语法练习。

其次是产出训练。Freeman 在提到交际教学法（任务型教学也是如此）时，认为：这种教学法把 present - practice - produce 即 3P 的教学过程颠倒了，把 produce 即产出放在了最前面，也就是教师首先帮助学生在真实场景中产出语言，然后在引导学生关注语法结构，最后才来练习，所以练习一直占有重要地位。Freeman 的产出练习包含了 3P 的练习与产出，她认为语法要转换为技能，内化是必不可少的一部分。而它背后的理论依据是认知心理学中的自动化和重组原理，自动化原理指明学习者对所学的语法知识要经历了解（knowledge about）、有控制的产出（knowledge of how to）、自动化产出（automated procedural knowledge）。重组原理是指正确规则的再建立和习得过程，McLaughlin（1987）提出，重组过程比自动化过程需要更多的信息处理过程，它是学习者逐渐把新知识与旧知识连接和重组的过程。所以产出练习其实是提供过程使学习者逐渐理解、重组和内化。Freeman 同时提出产出练习的特点，语法练习活动必须是有意义的操练活动并能促进学生参与，活动的种类可以是针对语法的三个特征，即形式、意义和使用而设计不同活动，活动包含规则的呈现和提供学习机会来增加语法结构的使用频率。

再次是反馈过程。反馈可以是自我反馈，即意识到自己欠缺的语法知识，或是别人反馈，比如教师或同伴。反馈分为多种：积极或消极反馈，直接或间接反馈。二语习得领域中有大量错误分析的研究，错误作为教师了解学生的途径，决定教学的出发点。同时虽然积极反馈更有利于学生建立语言学习的信心和兴趣，但忽略和不纠正错误就会导致学习者的“语言石化现象”，即长期形成错误的语言应用而难以改变。因此，对于语法学习过程，离开了反馈，就会减慢整个语法学习的效率。

Larsen－Freeman 把语法命名为除听、说、读、写技能以外的语法技能，是语法教学理念的创新。同时也可以看出她融合了历史上各教学法流派的语法教学观点。首先她吸取了听说法中的元素，比如语言习得过程是语言习惯的养成，即语法技能的形成要通过产出训练获得。其次她对交际教学法弱交际观的吸收，即语法意识的重要性，显性语法在教学中同样重要，在意识基础上、显性语法教学基础上，通过大量的训练，并伴以反馈，最终形成高度自动化的语法技能。

Larsen－Freeman 还提出多种语法教学的途径，并把四种途径的语法教学比喻为照相机的四种镜头，第一种途径是慢镜头，在此种方法下，教师清晰而缓慢地呈现语法结构，并让学生在对话或阅读中注意到此语法结构的意义和功能。伴随着慢镜头呈现以及产出练习，才有了口头和书面语言输出活动，总之提供机会让学生不断使用或练习此语法结构，逐步掌握。第二种途径是放大镜，针对较难的语法结构，让学生自己注意到并分析其规律。比如这种结构的前后搭配、意义，并提出语境或与之接近的语法结构，让学生分析其使用的原则与方法。第三种途径是广角镜，学生理解语法结构要在更广阔的语境和语言系统中做横向的理解和比较。有的语法现象其实要通过阅读逐渐熟悉和内化其规则。第四种途径是摄像，可以让学生在正常的交际话语中学习此语法结构，比如复述一段话，并使用这个语法结构，或是用语法听写法，让学生准确地写出所听写的内容，然后通过检查和同学讨论得出完整正确的文本。Larsen - Freeman 提出的这四种方法概括了语法教学的四个过程模式：聚焦型、比较型、阅读型和产出型。聚焦要学习者根据教师的呈现当场学习和练习；比较型需要学习者在教师的引导下归纳总结；阅读型其实是让学习者在语言系统中不断地感受语法结构的使用；产出型是提供机会让学生说和写，并使用和关注已学习的语法结构。

Nunan 在他的语法教学书中针对不同层次的学生提出不同的语法教学模式，比如，对于初级学习者，第一，语法知识量。应控制语法知识量，只需部分地掌握语法规则即可，教学中逐步提升语法意识。第二，循环复现。语法规则或句型应多次出现，从第一次学习到第二次另外形式的出现，以及第三次的综合应用等，使学习者逐步熟练掌握。第三，归纳语法教学。更多使用归纳语法教学而非演绎语法教学。第四，丰富的活动和任务。可以采用多种练习方式，比如，填空、完型、替换、搭配、简要回答、词汇组合、改错、看图回答、小调查、信息差活动、语法听写法以及语法游戏等来训练初级水平学习者的语法运用。

对于中级学习者，要考虑的原则是：第一，交际的需求和目的。第二，创设情境使用语法结构。第三，使用实物和图表练习语言。第四，提升动机的交际活动，比如使用幽默语言使学生感到轻松和感兴趣等。第五，应用有一定挑战的游戏。第六，在结对和小组活动中促进学生的独立性、创造性、真实性和反馈。在语法教学过程中，教师应逐步让学生从替换性练习到创造性地使用目标语，使语法练习更具有个体针对性，鼓励学习者把语法学习看作是一个过程而非是知识性学习。在活动中可以用信息差活动、问题解决活动、语法听写法、调查活动、角色扮演、语法图表设计等来完成。

针对高级学习者，语法教学要提高到语篇层次，帮助学生建立语法与语篇之间的关系。鼓励学习者探索口语和书面语之间的区别。让学习者系统地接触真实语言数据，在真实情境中交际。可以采用的活动跟中级语言学习者一样，比如信息差活动、问题解决活动、语法听写法、调查活动、角色扮演，还可以有项目设计（旅行设计等）、对社会问题的价值观讨论和判断、语篇中句子的排序等。

2.2 十种语法教学观念

基于语法教学的演变和发展，国内有十种语法教学观念，尽管存在地区、学校、个体教师的差异，但每一种都不同程度地主导着今天的外语课堂。

2.2.1 知识观

把语法当成一系列的规则来学习和训练是中国外语教学中长期盛行的语法教学观，尽管新课改实施十多年，知识观的语法教学仍然经久不衰。通常课堂上教师主要是灌输式教学，对课文中出现的语法规则详细讲解，并以翻译句子和做语法练习题为主进行教学。这种语法教学模式的长期盛行当然主要与我们国家的应试教育有关，但也与我们教师的专业素质和教学技能未能与时俱进地发展提升有关。其实把语法当作是知识没有错，只是把知识当成静止的，忽略语言本身的交际性，就不能适应当今社会对语言教学的要求，更与新课改的理念即培养英语综合应用能力相违背。因此，知识观的语法教学仅仅只抓住了语法的一方面特性。它符合二语习得中的“注意”（noticing）理论，聚焦语言形式的教学有其重要作用，但如果长期只是聚焦形式和显性教学，没有一定的交际操练和应用，就会使语法学习变得枯燥和低效，并且不容易内化习得。

2.2.2 交际观

交际观把语法学习当成是交际训练中自然习得的语法教学观。教学中强调语法的机械操练，有时也伴以提供情境和任务的意义操练。20 世纪 90 年代风靡全国的听说教学法就是此类教学模式。显性语法的学习在口语操练中被淡化了，语法的形式聚焦减弱，句子的翻译也被淡化，认为学生在熟练应用句型的基础上能形成语感，从而学会语法，由于这种训练方法不足以应对应试教育的种种考试，所以交际观的语法训练只是局部地存在于课堂中，知识观的语法训练仍然占有突出地位。

2.2.3 语篇观

根据新课改，外语学习的目标是培养学生综合应用语言的能力。语篇观的语法教学针对综合语言应用能力，更加重视语境和语篇，突出语言应用的特点，培养学生对语言使用的兴趣和能力。比如，句型的教学主要突出语境中句型的使用，教学中强调机械操练和意义操练。语法规则的讲解则创设一个故事语篇，教学中以故事的意义提取为前提，并在故事中凸显语法现象，通过师生之间的问答互动，理解和掌握语法规则。这与传统的知识观教学不同的是强调语境下的语法规则使用，既能强化学生的语法学习效果，有相关背景联系，不易忘记，还能培养学生使用该语法规则的意识和能力。

2.2.4 整体语言教学观

整体语言教学观反对把语言分裂开来教学，比如词汇、语法知识为中心的教学，脱离了语言传达意义的本质，使语言本身的意义与语言中的词汇、语法分离，学习变得枯燥和烦琐。整体语言观的语法教学要回归语言的本质，语法的学习是以整体文本为基础，并在听、说、读、写中学习和运用语法。在这种教学观的指导下，语法的学习不是即学即会，而是通过感知、体验、实践，在以意义为基础的听、说、读、写融合的训练中逐步学会的。这样的整体语言观更突出语言学习过程和语言应用过程的本质。

2.2.5 学能观

学能观的语法教学强调学生学习语法的观察、探索、发现和归纳总结的能力。在语法教学中是归纳法，同时培养了学生自主学习的能力。比如让学生总结现在完成时态常用的时间状语和连接词（already，just，once，never，ever，in the last few years，so far，since，for etc.），并让学生造句举例和编写练习题互相考试等。这些都培养了学生的归纳分析能力，提高了语法意识，体验了成就感，为自主独立学习英语打下基础。

2.2.6 任务型教学观

任务型教学观的语法学习与学能观相似，不同的是强调任务的设置，强调小组合作，布置的语法探究任务的情景尽量贴近学生生活和实际，具有 Skehan 提出的五个特征：意义为主，有某个交际问题处理，与真实世界中类似的活动有一定关系，完成任务是首先的考虑，根据任务的结果评估任务的执行情况。比起学能观来说，它具有比较完整的任务前、任务中和任务后的设计原则和策略。

2.2.7 迁移观

迁移观的语法教学是根据二语习得中的语言迁移现象，不逃避学生的母语干扰影响，利用学生母语中相似（正迁移）或不相似（负迁移）的地方，通过对比来强化语法规则的学习。在我国少数民族地区，有一些少数民族语言的语法与英语有一些相似，教师就可以利用这一点，增强学生学习语言的兴趣和认同感，提高语言学习效果。而对于汉语和英语中第三人称单数和过去时的不同，教师就应提供更多的交际机会，使学生把这部分规则真正内化。

2.2.8 隐性语言教学观

隐性语言教学观的语法教学是相对于显性语法教学，即突出语法集中讲解教学的辅助教学观，强调语言的意义和使用的环境。把学习者的语法习得看作一个在语言环境中不断得到暗示、强化的过程。这样教师本身在课堂上的语言就显得特别重要，既要有针对性，针对本堂课和本学期所学的语法结构和知识，又要有其他类型的语言输入，教师使用目标语言的丰富性，就是隐性语法教学的内容，从而有效创设学习者应用语言的环境和培养语法技能。

2.2.9 体验观

体验观的语法教学体现了杜威“用中学”的思想，让学生在使用中学会语法，所以教师从教学的导入开始到操练与结束，无不体现以学生为中心的使用语言的观念和过程，目的就是在体验中习得语言。这本来也是新课改提倡的教学思想和方法，但放在语法教学中，教师在设计课程中就会在讲解语法知识的过程中迷失方向，体验的成分少了，灌输的成分多了，不利于语法技能的发展。

2.2.10 阅读观

阅读观的语法教学强调语言习得的自然属性，提倡学生在大量阅读中形成语感，自然掌握语法。这样的教学观对于语法学习的长远性是正确的，但由于这是模仿母语习得方法的教学观，操作过程中也有一定难度，比如读物的难易度与教材的配合、教师的评价手段是否针对个体学生、课外阅读的持续性和量化标准等，都需要进一步探索，但笔者认为，是一种走个性化英语语法教学最有前途的教学观。正如1622年一个叫 Joseph Webbe 的校长所说："没有人能带着语法规则的脚镣飞快地奔向语言的目标。通过阅读、写作和口语的练习……无论我们是否愿意，语法的所有东西都会毫不费力强加到我们身上。"从中国外语学习环境的特点来看，只有通过课堂的显性学习，再加上课外的隐性学习，即阅读的方式（也是中国学生最能掌握、最可以接近的资源），才能强化语法能力，促进语言综合能力的发展。

2.3 多途径的语法教学

2.3.1 语法教学六要素

根据以上十种语法教学观念，语法教学呈现为多种途径，具体说来，可以根据学生学习的阶段、心理和性格特点来设计多样化的语法教学。七年级为了激发兴趣，调动参与积极性，宜采用交际观、体验观、语篇观等；八年级达到了一定语言水平，可以采用任务观、学能观、阅读观等。九年级因为要开始总复习可以采用知识观、迁移观和隐性观等。但其实十种语法教学观念都可以在初中任何阶段使用，到了高中，整体语言观、阅读观和学能观应该作为重点采纳的语法教学观念。

针对不同风格的学习者，场独立型学习者学能观、阅读观最为适合，场依赖型学习者适合体验、交际观。总之，语法教学可以多种多样，针对学生差异进行教学。只要把培养学生的独立自主性放在首位来考虑，教学中循序渐进，就能达到教学目标。

Ur Penny 在《如何通过课堂活动教语法》一书中，提出了关于语法练习的六个要素：

第一个要素是练习前阶段（pre - learning），即在学生进行练习之前，教师的呈现方式，然后才能让学生进入练习阶段。虽然大多数教师都知道，学生练习前的学习很必要，但课堂上教师让学生感知、认识、接触语法知识点的量是不够的，所以练习前阶段的安排和设计就成为语法教学活动的关键要素。

第二个要素是语法的复现率。要让学生掌握一项语法，并不是讲授知识点就可以达到的，而是要让学生尽量听到、读到或者用到这个语法点，当接触频率达到一定的时候，学生才能内化习得。

第三个要素是成就感的建立。在语法练习中，学生应该是在轻松愉快、充满鼓励的氛围中学习，比较容易获得学习语法的自信和动机。有了自信和作为语言学习者良好的形象感有助于语法学习动机兴趣的维持，即一种学习胜任感和能动性就会产生，逐步发展为学习自主。

第四个要素是多样化分层练习。语法练习应该根据学生的不同程度和水平来设计，这样每个层次的学生都能获得学习成就感和胜任感，这其实与第三个要素紧密相连，分层设计练习就是要照顾到不同学生的学习目标和需求，让每个学生在练习中都会有所收获。

第五个要素是教师的协助。教师要永远清醒地认识到什么时候应该给予协助，而不是教师自己总带领学生学习。只有让学生自己尝试，比如尝试使用语法结构，尝试自己分析和发现错误等，教师再给予反馈，才能促使学生进步。

第六个要素是兴趣。只有让学生感到学习成功所带来的好处，才能持续不断地保持学习的兴趣和动机，促进语法学习的主动性和积极性。

2.3.2 新课改后的语法课堂教学

张存旺（2014）指出，课改“淡化语法”的认识是不恰当的，语法教学只是需要改革和转型，从静态到动态转型，采用“先感性，后理性”的语法教学方式，引导学生主动参与语法学习过程，认真观察、自觉思维，发现并建构自己的知识体系，使三维语法（形式、意义、语用）更加具有交际意义，实现语法的交际功能。

葛春生（2013）指出，传统语法教学通常存在三个问题：注重语法形式的学习；兼顾语法意义的学习，但主要在句子层面；练习方法刻板，主要是翻译、语法填空，而非语境阅读和写作。三维语法的形式、意义和用法可以通过以下模式实现：第一阶段为情景——凸显语法意义，通过精心选择含有目标语法结构的真实语料，设计新颖直接的导入而实现；第二阶段为探究——体验语法形式，比如小组讨论总结，使语法规则在语境中显性化；第三阶段为操练，通常的模式是机械操练，再到意义操练，最后是交际应用；第四阶段为运用，学以致用，使学生最终能在真实语境中应用该语法形式。在此过程中应明确学生任务、充分展示，并且进行过程评价。

与葛春生同样模式的是何闵娥（2014）提出的语法教学的四步骤模式：感知——让学生在语境中感受和理解语法句型的功能意义；提炼——利用注意假说在活动设计中让学生提炼出语法形式；体验——让学生在语境中尝试其用法；生长——在真实语境中，说或者写在真实任务中使用该语法结构。

曹澎（2013）认为语法复习课应实现“三个转向”：从教师再现转向学生自主；从单向灌输转向互助合作；由机械操练转向真实语境下的语言学习。

方明（2013）在谈到高中语法复习时指出语法教学的几个问题，恰恰也是中学语法教学存在的问题：追求系统、全面、完整；方式上大多采用演绎法；机械操练，脱离语境；巩固形式单一，缺乏实践运用。针对这些问题，应该以真实语境引出语法主题；在语篇中重温语法形式，感知语法意义；在自主、合作探究中归纳语法规则；在语法运用中形成语法技能，提升语言能力。

胡德刚（2015）用“借力”的表达指出语法教学应依托文本语境、音乐视频、生活素材丰富语法教学的形式，突出其语用功能。

刘见阳（2013）用过去完成时态的例子解释了如何运用信息差（比如让学生找出两幅图的差异）和信息链（比如让学生改写短文）等活动突出语境任务来教学语法。

陈美（2014）认为学生犯错是语言学习必不可少的过程，其千姿百态的错误可以作为教学资源。比如以错导入、放大典型、巧戴高帽、设置陷阱等教学策略，让学生意识到错误，并能够主动修正。

综上所述，语法教学早已不再是传统的知识讲授，而是突出语法交际功能，应用丰富的教学手段和资源突出其语境化、过程化和活动化的教学。课堂实施过程基本上有四个步骤和过程：感知、提炼、体验和运用。最终实现三维语法（意义、形式、运用）的语用目标与功能。

3. 问题的解决

从当今提倡的语法教学来看，教师们在语法教学中存在的问题有三个：情境创设、操练活动和产出活动。

3.1 情境创设

情境指的是语境、意境、场景、环境、情感氛围。但在语法教学中，情境主要指语言应用的语境，提倡在情境中使用语言过程中感知、体验到实践语法，最后到明晰地学习语法规则。体现了语法学习的循序渐进，同时更是体现了语法的交际功能。它是新课改强调知识和能力结合的关键，是知识观改变的课堂体现。那么培训中如何提高学员的情境创设能力呢？

第一步，用案例展示法，把中学语境化的语法教学案例提出来，让学员讨论此种方法应用的优缺点。讨论既能加深学员对案例呈现的印象，又能提高学员的批判性思维，懂得教学方法的高度情景化，不能千篇一律、照搬原样，也不能故步自封、坚守传统。

情境创设的语法教学案例一：

教师在讲到比较级时，呈现伊索寓言故事《骆驼和山羊》。

taller—shorter

如果教师只是提出形容词如何变为比较级，虽然有了图片作为语境，但还不足以让学生印象深刻，教师讲述了骆驼和山羊的故事，骆驼因为高，所以能够吃到墙头上的树叶，但当需要钻进墙内吃地上的草时，山羊的矮小体现了优势。

为了强化比较级的应用，教师接着呈现一则更完整的故事：《狮子和老鼠》。

第一幅图画：狮子自傲地对老鼠说：

I am stronger than you.

第二幅图画：狮子还对老鼠说：

I am more beautiful than you.

第三幅图画：当狮子遇险，老鼠帮忙咬开绳子，狮子说：

You are smarter than me.

让同学们讨论人的长短处和如何与朋友相处，既把生活带进了课堂学习，又把学生学过的句型、词汇复习了一遍，还能让学生主动用比较级表达思想，拓展了本课语法学习的内容，达到了在语境中使用语法和应用语法的目的。比如，有的同学就表达了，... is smarter than me, but I am stronger than him, and I am good at sports, so I often help him with his running. 接着，在同学们自己写的句子中，教师逐步引导学生 自己总结比较级的构成方式。

情境创设的语法教学案例二：

一位教师把自己的经历写成一个故事，用以复习动词的时态。

Five years ago, Carol ______ (be) a lovely girl. She ______ (work) in a middle school, and she ______ (want) to ______ (be) a good teacher.

______ she ______ (make) friends with her students? Yes, she ______. They ______ (become) very good friends and she always ______ (make) their grades the best.

In 2008, Carol ______ (fall) in love with a handsome boy. When ______ she ______ (marry) him? She ______ (marry) him the next year.

In 2009, Carol ______ (have) her own baby. ______ (be) she happy? Of course she ______.

But Carol ______ (be) also kind of sad because she ______ (have) to leave her favorite students and look after her baby at home.

Last year, Carol ______ (come) back to school, she ______ (teach) some new students.

However, the students ______ (not like) Carol at first.

What ______ they usually ______ (do) in English classes at that time?

They ______ (talk) ______ (sleep) ______ (eat), and so on...

They ______ (be not) very happy to have another English teacher.

How ______ (be) the English class? It ______ (be) so difficult for Carol to teach and for the students to learn. So they ______ (can not) get very good scores in the exams.

教师带着同学过了一遍故事之后，学习语法知识。

一般过去式

概念：表示在过去某个时候发生的事、存在的状态或经常发生的动作。

构成：

(1) be 动词的过去式 (am, is) was, (are) were;

(2) 规则动词后 + ed 或 d，如 watched, liked (没有人称和数的变化)；

(3) 不规则动词 (参看不规则动词表)。

时间状语：yesterday, ago, in 2008, last week/month...

What can Carol do about it ?

Now…

Carol ______ (try) her best to get on well with the students.

Look ! Here are some of their photos.

In the first photo, what ______ they ______ (do) ? They ______ (play) games.

In the second photo, ______ they ______ (listen) to the English class carefully? Yes, they ______.

In the third photo, Tom ______ (not watch) TV. He ______ (do) his homework.

In the last photo, ______ Jerry ______ (read) English aloud ? Yes, he ______.

So you see, They ______ (get) on better with each other now.

现在进行时

概念：表示现在正在进行或某个时间点正在进行的动作。

构成：be + V. ing（现在分词）

时间状语：now, at the moment, right now（现在），Look! Listen! 等。

Everyday Carol ______ (go) to sleep and ______ (get) up early. When ______ she usually ______ (gct) to school ? She usually ______ (get) to school at 7：00. Sometimes she ______ (not eat) breakfast. Then she ______ (take) English lessons, ______ (correct) homework, ______ (talk) with the students, ______ (tell) jokes to them… ______ she ______ (feel) tired? Yes, sometimes she ______ (feel) tired, but happy. Everyday, the students ______ (study) English hard. What ______ they usually ______ (do) in English classes? They ______ (not talk) in the classes any more. They listen, speak, read and write carefully. Carol ______ (love) them so much. They also ______ (love) Carol a lot.

一般现在时

概念：一般现在时表示现在的状态、特征、客观事实、普遍真理、习惯性或经常性的动作。

构成：

（1） be 动词 am, is, are；

（2） 行为动词 do, does。

时间状语：常与 often, always, usually, sometimes, every + 名词（day, month, week, year）, on Sundays, once a week 等连用。

Two years later... Where ______ the students ______ （go）？They ______ （go）to the high school. They ______ （not stay）with Carol. ______ they ______ （have）new teachers and friends? Yes, of course they ______ . Carol ______ （meet）other children. What ______ she ______ （do）with them？She ______ （plan）to play with them, study with them, and also, love them... They ______ （do）their best to teach and learn better. They ______ （make）their future brighter.

一般将来时

概念：表示将来发生的动作或存在的状态。

构成：

（1） be going to + 动词原形

（2） will（shall） + 动词原形

（3） be + V. ing（现在分词）

时间状语：tomorrow, the day after tomorrow, next week（month, year, Sunday）, this evening, tonight, in + 一段时间（in a few days）, in the future, soon, before long, some day（某一天）等。

这堂课教师把语法时态的复习通过情境表现得生动和有趣。学生同时感到亲切，因为就是身边的事，并且容易记住，学生也可以自己写故事把所学习的语法时态串连应用出来。也就是说，情境创设是语法教学呈现和产出的关键铺垫，能够促进学生的综合语言应用能力。教师应该学习创设情境的方法，提高自己表现情境的能力。

第二步，案例呈现后，让学员学习设计语法教学情境，从教材中任选出一课，以个人或小组为单位，设计语法教学的呈现和产出情境，方法可以有多种，比如以上是故事情境，也可以是对话情境，还可以是角色扮演、辩论、游戏或竞赛等形式。设计方案再以说课形式呈现出来，讨论并推出优选方案，可以实施，并以同课异构的形式把实践进一步推到实际课堂上，让教学理念与技能紧密结合。学员观看个体教师实施后，提出实施过程中的问题和改进措施，问题指向设计和技能，在建议修改时，以小组为单位，从而每个受训教师都可以思考和实践。

第三步，学习情境创设的理论基础，其心理学理论主要是图式建构，学习者在情感和认知上处于良好的认知状态下才能保证学习效果，使短时记忆变为长时任务型记忆。其语言学理论是关于交际教学和任务型教学理论，学习者只有通过在交际中感知、体验、实践和应用，才能掌握语言，而语法知识通过隐性学习再到显性学习，不仅促进了学生的语言交际能力，培养了语感以及语法能力，还能把隐性习得的语法知识通过显性的聚焦和强化，最大限度地掌握语法知识。

3.2 操练活动

根据以往培训中教师体现出的问题以及到农村的观课评课，发现教师在语法学习的操练手段和方式上较为欠缺。在中国大多数英语课堂上，无论农村还是城市课堂，都使用3P 教学，即呈现、练习和产出。以上讨论了呈现和产出的情境创设，而练习也是在语法教学中必要的，学习者需要重复、模仿，从语音和口语上强化语法句型的掌握。但枯燥的模仿活动较为低效，所以在操练中可以采用各种练习活动。培训者可以介绍多种练习活动，让教师分组练习，并在课堂上操作，让每一位教师学会多种练习设计和实施方法，以带进自己的课堂中。

3.2.1 口头语法练习活动

（1）提示词练习。这个练习可以让学生熟悉重复句型和熟悉单词。如：

This is your ______ （head，nose，finger，ear，etc.）

（2）单个词替换练习。与上个练习一致，教师可以通过这个练习强化正要学习的句型。如：

T：eat.

S：I' m going to eat.

T：Sleep.

S：I' m going to sleep.

T：Post office.

S：Where is the post office?

T：Your house

S：Where is your house?

（3）双词替换练习。此种练习可以让学生熟悉肯定和否定两种句型。

T：Yes，shoes.

S：Yes，I need shoes.

T：No，books.

S：No，I don’t need any books.

（4）多词替换练习。比上一个练习更加拓展一些。

T：Bananas.

S：I like to eat bananas.

T：Apples.

S：I like to cook apples.

T：John.

S：John likes to cook apples.

（5）时态变换练习。这种练习可以把一个句型重复多遍地做时态替换练习，学生可以练到句型和时态。

S：I study English.

T：Yesterday.

S：I studied English yesterday.

T：Now.

S：I am studying English now.

（6）对话练习。把本课主要句型提炼出来，用以上替换方式，让两两或者小组练习对话。

以上可以用教师对全班学生，或是小组对小组，或两两方式进行练习。在小组练习时，还可以列对列、排对排、波浪形、开火车、男女生对练、分小组集体角色朗读、不同语调地有感情朗读、声音或大或小地角色朗读、分组纠错朗读等机械重复练习方法都可以使用，目的只是为了让学生通过不同形式的练习活动熟练应用掌握的语法句型。

3.2.2 笔头语法练习活动

（1）完成故事：教师可以选取外面的材料或图片让学生用所学习的语法句型根据提示词或部分句子完成故事的编写。

（2）编写故事：教师只提供图片，用所学习的句型写出小故事。

（3）故事听写：教师读故事或对话，学生写出然后互改错误。

（4）改错练习：教师可以提供包含有该语法句型的短文或对话，让学生改错。

（5）中英对译：传统的翻译练习对于初级和中级学习者仍然是有效的语法练习。

（6）语法单项练习：传统的应试练习也可以作为有益的补充。

3.3 产出活动

语法教学的产出活动中，游戏活动最能提高学生学习兴趣，可以作为提高教学效果必要的补充。但中国教师，尤其长期用传统方式教学的农村教师并不擅长游戏活动，所以教师培训应把游戏活动的设计和实施作为培训内容之一。游戏活动的组织同时还需要一定的教师技能，比如教师的解释能力、表演能力、应变能力和组织能力等，才能发挥其应有的效果。因此，教师技能的培养，游戏活动组织训练就可以作为课程内容。

关于语法游戏活动有很多，大多数来自国外，有些适合在大班教室里组织，有些适合在小组里组织。以下有几种实施效果较好的游戏活动，可以让教师学习和练习组织。

3.3.1 找运动名称：被动语态

每个小组有一张没有主语的句子：

______ is played by two or four people, often on grass.

______ is played with big men in parks in Germany.

______ is watched by millions more than play it.

______ a try can be converted into a goal.

______ is dominated by the Chinese.

______ is an event often won in the Olympics by black competitors.

______ is enjoyed in countries that used to be directly oppressed by Britain.

______ is/are played mainly by men in pubs.

______ tends to be played by rich people with a small, pitted ball.

______ are betted on by all sorts of people.

______ is played with nothing but a simple board and small round counters.

______ a man many not be hit below the belt.

______ is banned in China, but the Chinese love to play it.

______ the big balls have to end up as close as possible to the little ball.

下面是句子的主语

Tennis Chess Soccer In rugby Table tennis The 100 metres Cricket Darts Golf Horses The Japanese game “go” In boxing Mah – jong In bowls

把班上同学分成几个组，给 5 ~ 7 分钟找到主语，通过投掷骰子或者转轮盘等方式决定到哪个组，然后看哪个组得分高就是优胜者。组织方式可以多种，目的是让同学们读句子找主语，从而熟悉被动语态的句式。

3.3.2 找主人

练习过去时态的主动或被动式

发给学生一张写了缺主语的句子：

Names Find a person who...

_______ was conceived in December.

_______ was born at home.

_______ was born in June.

_______ was breast – fed.

_______ liked carrots as a child.

_______ was looked after for three months by a grandmother or an aunt.

_______ was sent to kindergarten at the age of 2.

_______ was an only child.

_______ was sent to school at 5.

_______ was forced to eat fish.

_______ was made to clean his/her teeth.

_______ had more than 15 cousins.

_______ was dressed – up for Sundays/feast days.

_______ was spanked for stealing apples/yams/grapes.

_______ disliked birthdays.

_______ was given a bike at the age of 6.

_______ was often made to stand in the corner.

_______ was caught smoking at 7.

_______ was sent away for holidays.

游戏时让学生围成圈或随意走动，或以小组为单位，5 分钟内看谁写出的名字最多为获胜者（Ur. P，2009）。

3.3.3 拍卖游戏

可以练习任何学习过的语法项目。

给学生一定数额的游戏纸钱，然后在黑板上呈现一些句子，这些句子有些是对的，有些含有语法错误，让各小组买下他们，决定句子是错或是对。如果判断是对的，该组的银行账户就获得盈利；如果判断是错的并能改正，同样可以获得盈利。但与其他组竞争，并买下句子后，就句子的正误和改正判断失误，就会无盈利。游戏结束后，看哪个组挣钱多为赢家。

(1) I wanted that you should know what happened.

(2) What did you want to tell me?

(3) What happened to your sister last night?

(4) I always' ve wanted to visit Spain.

(5) What killed whom and when?

(6) Was you pleased to see your mother again?

(7) Usually I live in a large town in Switzerland.

(8) Oh dear, I must have catched a cold!

(9) Nice to see you both—did you meet yourselves yesterday in town?

(10) What' d your father say is he heard about it?

(11) I' m have a nice warm bath every day.

(12) Yes, it' s true, I am agreed with you.

(13) Excuse me, is there a possibility to have a meal?

(14) If I want to learn to the language, I must go to French.

(15) She was shot while trying to escape.

句子（2）（3）（5）（7）（10）（15）是正确的。其余的改正如下：

(1) I wanted you to know what was happening/had happened.

(4) I' ve always wanted to visit Spain.

(6) Were you pleased to see your mother again?

(8) Oh, dear, I must have caught a cold!

(9) Nice to see you both—did you meet/meet each other yesterday in town?

(11) I have a nice warm bath every day.

(12) Yes, it' s true, I agree with you.

(13) Excuse me, can I/could I have a meal?

(14) If I want to learn the language, I must go to France.

3.3.4 猜猜是谁

练习定语从句。

教师把同学分成两组，每组出一对同学，一个同学背对教师或黑板，一个同学正对着教师和黑板，看到教师给的图片或名字，用定语从句描述，背对着黑板的同学猜测教师给的人名或图片是谁。比如：曹操、章子怡、成龙等。描述的同学必须用英语描述出来。比如以上的名字，可以这样描述：He is an ancient hero who fights with Liu Bei in order to be a real king. She is a famous actress which acts many roles in Zhang Yi Mou's movies. He is a famous action movie actor who has got a big nose.

结　语

语法教学的改善主要是改变教学观念，在培训中，培训者应给予学员足够的练习，比如课后的分组练习，把语法教学中教师存在的三个问题：情境创设、操练活动和游戏活动，分别进行充分的学习和实践，只有真正在课堂上能实践了，语法教学的观念才能逐步改变，使教师能够适应不同地区、不同层次学生的需要，真正改革语法教学，促进其有效性。

参考文献：

[1] Alice Omaggio Hadley. 在语境中教语言 [M]. 北京：外语教学与研究出版社，2003.

[2] Brown, H. D. 根据原理教学：交互式语言教学 [M]. 北京：清华大学出版社，2013.

[3] Larsen - freeman. 语言教学：从语法到语法技能 [M]. 北京：外语教学与研究出版社，2005.

[4] Rinvolucri, M. Grammar Games: Cognitive, affective and drama activities for EFL Students [M]. UK: Cambridge Universities.

[5] Nunan, D. 实用英语教学法：语法篇 [M]. 北京：清华大学出版社，2013.

[6] Purpura. 语法评价 [M]. 北京：外语教学与研究出版社，2012.

[7] Thornbury, S. 朗文如何教语法 [M]. 北京：人民邮电出版社，2011.

[8] Ur. P. 如何通过课堂活动教语法 [M]. 北京：外语教学与研究出版社，2009.

[9] Yule, G. 如何教授英语语法 [M]. 上海：上海外语教育出版社，2002.

[10] 曹澎. 语法复习课需要实现"三个转向" [J]. 中学外语教与学，2013，(10): 21 - 22.

[11] 陈美. 例谈英语语法课上的纠错技巧 [J]. 教育研究与评论（中学教育教

学版），2014，（12）：36－37.

［12］方明．依托情境，强调运用，巩固提升：高三英语语法复习课探讨［J］．中小学英语教学与研究，2013，（3）：69－76.

［13］何闵娥．文化与语言交融，技能与语用生长［J］．中小学外语教学，2014，（6）：44－46.

［14］葛春生．三维语法教学理念在新课程中的实践：从第八届全国高中英语教学观摩课语法教学案例说起［J］．中小学外语教学，2013，（5）：14－19.

［15］胡德刚．中学英语语法教学的借力策略例谈［J］．中小学外语教学，2015，（4）：22－24.

［16］刘见阳．高中英语语法有效教学设计例析［J］．中小学外语教学，2013，（4）：27－30.

［17］张存旺．注重教学效果，培养学生能力：解析修订版课标对初中英语教学提出的新要求［J］．英语教师，2013，（10）：7－11.

第四章　听说教学如何让学生开口

☞问题四：农村学生为何不张口说英语？听说教学应该如何有效地开展？

中国的外语学习，从20世纪80年代末就开始引进听说法、交际教学法，在语言学习中强调听说能力的培养，直至新课改，更加强调语言的学习离不开交际能力的培养和发展。但走入农村课堂，教师的听说教学几乎是零教学，全母语进行，学生既得不到平时教师说英语的熏陶和影响，也得不到课堂上应有的听和说的训练。学生所听到的是一半英文句子，一半汉语翻译，因为没有得到充分的训练，再加上汉语思维，一旦教师让学生说，学生要不哑口无言，要不就照读课本。有时候教师上公开课，偶尔使用了课堂英语，伴随着的也是汉语的翻译。有一个公开课堂，教师只是简单地说了一句“listen to the tape”，学生没听懂，为了强调“listen”一词，教师用手指着自己的耳朵问“listen，with your ears，do you have ears？学生说“yes”，一开始，听课的教师觉得很好笑，但其实类似例子很多，为了在公开课上用英语上课，教师用尽方法让学生听懂，即使是很简单的课堂用语，也需要说很多遍才能让学生明白。说明教师平时使用课堂英语的几率非常低，难怪学生不开口说英语了。

1. 问题的调查

培训中，对85位教师做了问卷调查，调查结果显示，75%的农村中学教师主要采用录音磁带进行听力教学，学生只能被动地听和做练习。43%的教师在其他课型中渗透了听的环节，主要是在阅读课还有对话练习中体现。26%的教师在写作课中安排听的活动，主要指导学生进行写作，听的环节表现得很薄弱。17%则没有意识到这一点。17%的教师有时安排学生看英文电影或听英文歌曲，原因是农村地区缺乏条件。47%的教师在听力材料的处理上，由于教学任务繁重，没有花时间在听力材料的整合上，一般听过就结束了听力部分的内容。至于口语教学，84%的学员认为口语活动的开展非常困难，课堂上有一些对话活动，但学生几乎是很难开口的，或几乎不开口，所以口语教学活动几乎未真正有效地开展。另外16%的教师则认为自己的课堂还是练习口语对话的，但也存在学生不开口、不积极参与练习的情况。

根据农村教学中语音教学的缺失现象，以及听说教学中语音的重要性，问卷设计了关于语音教学的开放性问题。调查问卷的第4题就是关于这些教师们如何进行语音教学，即他们的语音教学方法。通过对85位国培教师的问卷结果进行分类、分析，我们发现他们所采用的语音教学方法可归为以下六种：借助多媒体、磁带等语音材料的方法（22人，占26%）；字母音标单词一体法（19人，占22%）；教师示范，学生跟读（15人，占18%）；语音知识纯讲授法（13人，占15%）；分散、渗透教学法（12人，占14%）；多种方法综合（4人，占5%）。

1.1 借助多媒体、磁带等语音材料的方法

案例1：我认为语音应该先从学生入门时就教会他们拼音标。语音教学可以多利用磁带、多媒体等方式让学生多模仿标准的英语发音，平时教学中多纠正学生的英语发音。

案例2：语音的教学是在平时教单词时进行的。初一开始教字母时，我在教室的墙上挂上音标挂图，每教一个单词所遇到的音标，就在挂图上进行指认、发音，尽量使学生学会，并使用磁带让学生完整学习完，这样学生的发音、拼单词能力也大大加强了。

案例3：语音首先要教会学生读音标，只有学生掌握了音标，才可能读单词、句子、短文。平时主要是播放音标的磁带、光碟让学生跟读、模仿。

案例4：语音从48个音标开始，放到单词中进行教学，多跟录音机、视频练习发音口形和发音方法，同时让学生多模仿电影中的语音语调，同学互相听读并纠正发音。

1.2 字母音标单词一体法

案例1：语音是英语教学中的一个重要环节，掌握语音是解决拼读的关键。最先我是通过字母教学带动语音教学，英语和汉语一样都可以拼读。然后通过简单的单词来掌握英语语音。

案例2：语音在初中英语测试中的退出使得语音教学在语言教学中的地位一落千丈。但我始终认为，语音是语言三要素之一，其地位不可代替。因此，我在字母、词汇教学中穿插语音教学，使学生掌握字母发音规律，为终身学习打下基础。

案例3：先教会26个字母，然后从字母当中去逐步认识音标，并绘制出一些相似音的发音图，并深入到单词教学中同步教语音。

案例4：我认为在语音教学方面，先教学生认读音标，带领他们学着拼读单词。我平常教学语音时，先会告诉他们哪几个字母组合一般会发哪个音，边读边记单词。

1.3 教师示范，学生跟读

案例1：我认为语音的教学中教师应多示范，学生认真观察教师的示读后多练读；再一个呢是让学生多听标准的语音并反复跟读。

案例2：因为我在彝族乡的中学任教，大多数学生都是彝族，平常学生之间的交流多数讲彝话，汉话都说不太准，所以我们除了教音标之外就是多带读让学生模仿。

案例3：我在教语音的时候先教音标，示范发音，让学生跟着模仿，同学之间互相纠正发音，老师抽查纠正发音，强调一些特殊的发音规则。

案例4：条件落后，只靠教师一遍遍地教，最多就让学生相互纠正。

1.4 语音知识纯讲授法

案例1：一般情况，七年级入学伊始，我先让学生们了解语音音素，让同学们知道音素分辅音和元音两种。然后，告知同学辅音音素相当于汉语里的声母，而元音音素相当于汉语里的韵母。之后，在教单词的过程中带着同学们在实践中拼读、学习，不断地反复。

案例 2：先教会学生基本的元音、辅音，然后再教他们不完全爆破、升调、降调、意群的停顿、连读等。

案例 3：音标是语音教学的基础。所有词的发音都是基于音标而来的。教学中可利用音节、发音的异同、音标和字母的异同来教。当然了，具体的操作中就可使用不同的方法了。

案例 4：先解决元音的发音，教学生如何拼读，然后了解开音节及闭音节中的发音。

1.5 分散、渗透教学法

案例 1：语音虽然在中考中不直接考试，但对于学生的听、说、读、写是非常重要的。我会在学习英文字母时就穿插音标的学习，随后引导学生运用音标拼读单词，然后在听、说、读、写的训练中贯穿语音教学。

案例 2：我认为语音教学应该渗透在平时的教学当中。我平时在课前备课时对英语内容和要表达的课堂用语都做足准备，在课堂上自己的语音力求准确。课堂中教的同时让学生以各种形式训练口语。

案例 3：语音教学中听、说、读、写要相结合，实践中课堂上多训练学生的口头表达能力，通过阅读掌握词汇。教学中多听，提高学生反应、捕捉信息的能力。

案例 4：语音教学课在实际班级中不太现实，主要语音发音教学还是在刚开始的英语学习、单词等过程中慢慢渗透和潜移默化较多。

1.6 多种方法综合

案例1：我认为语音在课堂中应让学生多听、多练。在平时的课堂中，我会经常让学生听录音、模仿语音语调，经常让学生两人一组或四人一组进行对话练习。上课时，我也会尽量说些简单的教学用语和单词来记住某个单词。也会通过听力让学生复述来提高语音。

案例2：语音的教学在英语学习中至关重要，首先我会先教会学生一些发音规则，接着就到鼓励学生开口说的阶段，并用合理的方式对学生纠错。例如我会利用课前三分钟让学生做值日报告、练习小对话，或者进行一个简单的自我介绍来强化。我也会通过简单的小游戏来强化，例如容易发错的名词复数/s/和/z/等。

案例3：学习的目的是运用，因此语音在教学中十分重要，只有准确的语音（纯正）与他人交流时才能相互更容易沟通。我在教学中通常用以下方式：听录音；语音教学影像；师生互动练习和模仿；学生之间互动练习。

案例4：语音教学主要是针对元音，把单双元音、长短元音教会以后，教学生如何划音节来学习，其次就是辅音与重音等。教学方法是运用卡片教学、小组活动等，作业布置学会拼读。

结　论

从学员的回答中，可以看出农村英语教学中语音教学以教授国际音标为主，通过访谈得知，语音教学不系统，没有坚持完整地教完教材中必要的语音知识。

听说教学较为薄弱，主要原因是语音教学的低效、听力教学方式单一、教师课堂用语的母语化以及口语教学的缺失。

2. 问题的分析

2.1 语音教学原理

语音教学应该包含什么？初中英语的语音教学如何开展？这两个问题并没有真正

得到中学教师的深思和重视，所以初中英语教学中语音教学的不当或缺失其实是导致听说教学以及词汇教学等受到阻碍的关键原因。那么初中英语教学到底应该教什么？

初中语音教学简要地说需要关注两个重要教学项目：语音和语调。我们经常说某个教师的语音和语调好或者不好，评论某个人的语言素质也经常说到语音和语调。其实语音里还有很多细小的项目，比如字母、单词、字母拼读、音标拼读。而语调里也有一些项目包含在语调应用能力中，比如连读、弱读、不完全爆破等语流音变现象。正是由于中学英语教师把语音和语调的理解等同于单词读音和升降调规则，才会导致中学生语音关没过，严重影响了单词记忆，尤其是不能够靠拼读法记单词，同时也影响了听说能力的发展，所以要解决英语听说能力的问题，首先要解决语音教学问题。

首先，语音教学的第一个核心是自然拼读法的教学。先来了解一下小学英语语音教学的目标：(1) 知道错误的发音会影响交际 ；(2) 知道字母名称的发音 ；(3) 了解简单的拼读规律 ；(4) 了解单词的重音 ；(5) 语音清楚，语调自然（重音、连读、语调、停顿、节奏）。了解拼读规律对于英语初学者来说其实是非常重要的。但在很多地区，拼读规律的学习和掌握是缺失的，因此造成了小学和初中不能衔接的问题，以及农村和薄弱学校教师对初中教材不适应的问题，认为词汇多而难，教学很艰难，时间不够，学生学习困难，尤其是记忆单词困难、听说困难，很多学生很早就放弃了学习英语。这都是因为英语的语音和拼读入门关未过的原因。

因此，语音教学作为中学英语教学的门槛，要改变单纯跟着教师读字母、单词的模式，而应从辨别音素、学习字母名称音、字母的单词读音开始，一步步培养学生的音素感知，即学生对最小单位音的感知能力，字母和字母组合的拼读能力，即自然拼读法。学习本族语者的拼读学习方法，而不是一开始介绍音标，使英语学习还在初级阶段就要面对另一个复杂的符号系统。再加上教材对语音和音标的介绍分散，不易于系统学习拼读规律。

语音教学的辅助手段是音标教学，音标教学可以使学生正确发音，自然拼读法完成之后，就可以进行音标教学，英语自学能力的基础就是拼读与音标的掌握。并且鉴于初中英语教材对语音学习的分散呈现特点，语音教学中的自然拼读和音标教学越早集中学会越好。自然拼读与音标拼读的结合可以采用 3P 的语音教学模式，第一个 P 是字母的拼读，第二个 P 是字母组合的拼读，第三个 P 是音标的拼读。

其次，语音教学的第二个核心是语调教学。初中英语语音教学的目标有：(1) 了解语音在语言学习中的意义；(2) 在日常生活会话中做到语音、语调基本正确、自然、流畅；(3) 根据重音和语调的变化理解和表达不同的意图和态度。因此，初中的语音教学是基于小学基本拼读规律的掌握进行语调教学的。根据国外最新的研究成果，对语言交际形成最大障碍的因素是超音段音位，即重音、节奏和语调。由于中国的学生从小学对重音和节奏有一定的感知，比如单词的反复读诵、咏唱的练习都使学生对重音和节奏有一定的体验，因此超音段教学可以集中强化语调的学习。

语调的教学可以从语流完整性培养开始，即语块的朗读、语句的连贯性（包括连读与弱读）、节奏，并伴以大量的朗读训练，以尽快培养语感。在语感形成的基础上，加入语调的培养和训练，尤其是在一定语境下的语调训练，能使学生学会不同的背景、不同的语意和场合，语调变化指代的含义。初中英语教师虽然强调听磁带和模仿，但不带着学生进行语流训练、语感培养，最后分析语调的表现力和表现方法，所以不仅学生不重视语调的练习，而且很难形成较好的语调，并且影响了语音的正确性，一旦进入高中，所形成的语音语调会出现石化现象，很难纠正。

因此，重视语音、语调教学，并且集中学习拼读、每天渗透语调练习是英语学习的重要门关，但中学英语教师要做到这一点，就必须解决自身英语专业功底的问题。教师培训必须树立语音教学重要性意识，只有了解了其重要性的原因，并在体验语音语调进步的过程中，才能有效地实施中学英语的语音教学。对于培训者来说，打造学员教师的入门训练，即开展教师培训的过程中，语音训练要放在关键地位上来，才能真正从基础上促进教师的改变。

2.2 听力的本质

2.2.1 听力教学特征

Rost Michael 认为听力有四个特征。首先，听力是接受型的活动。它是听的一方接收说话者所说的信息、内容、情感和态度。其次，听力是建构型的活动。它是听者理解、建构说话者的意图，吸收信息和重新解构话语的内在含义，哪些是说话者真正要表达的，哪些只是字面上的。再次，听力是合作型的活动。它是与说话者共同理解、协商意义的过程。最后，听力是一种转化型的活动。它需要通过听者的参与、想象和移情来最终建构合理的含义。

听者要理解说话者的含义，必须要熟悉说话者以及他的语言、对谈论话题背景的认识、听的动机、听者能抓住的有关意义、社会理解、听者与说话者共同搭建的理解区域（interpretive communities）。

在二语习得中，Krashen 的输入假设解释了听力在语言习得中的重要性。他认为人类习得语言首先是接收语言输入，尤其是听先于其他活动，当听的内容不断复杂和丰富，语言学习者或接受者就逐渐获得了听的能力。输入假设还同时提出只有当语言输入是可理解的、充分的，口语的产出才能成为可能。Long 的互动假设提出语言输出的伴随性和重要性，尤其是口语的产出是伴随着听力活动而产生的。通常经过三个过程：听者对所听内容的理解、反馈和表达，从而进一步强化所学语言内容。

听力作为语言输入内容，具有三个特征：（1）相关性。即所听的内容与听者具有相关，才能引起听者的注意和趋向理解。（2）真实性。自然和真实语言对话是听力的第二个特征，也是有效听力的重要特征，听力对话内容是生活中自然和真实发生的，也就能引起听者听的动机，并产生反馈。（3）清晰性。听力内容必须在词汇、句法、语音、对话特点清晰、简洁和易懂时，才能使听者理解。否则就应该在重复、背景知识熟悉的情况下才能获得理解。

2.2.2 听力教学的途径

对教师来说，听力教学有两种途径，一种是单向模式（one - way listening），一种是双向模式（interactive listening）。单向模式是语言教学的传输模式，只注重听者的信息接收和理解。普通的单向听力涉及认知强度过大、缺少语境、语言过于书面化并需要记笔记等特点，也有口语化强的电影、电台等单向听力。而双向模式包含有听和说，通常包含了听力过程中的对话和讨论，此种听力模式要求听者既要听懂还要在短时间内回应，所以它要求听者同时要具备说的能力。

对听者来说，有三种听的模式：第一种是自下而上模式。听者主要是把听到的碎片信息放在一起，形成完整的意思，是一个辨别音素和解码的过程。第二种是自上而下的模式，是听者整体理解的模式，主要是理解意义而非单纯辨别单个音素、词和句子，听者是意义的积极建构者。在自上而下的听力模式中，听者使用内容图式和结构图式理解文本内容。图式就是存储在头脑里的知识和经验，内容图式就是对内容主题的前期理解和经验，比如关于地震，有很多人了解地震的危害或体验过地震，这就是关于地震的内容图式。结构图式是对语言结构和表达的理解和体验，也就是语言经历，有过某方面的语言经历，比如教堂里的布道等，就能很容易地理解和推测语言所包含的意义。自上而下的听力理解模式在图式的帮助下，能迅速推断和把握文章大意。第三种模式是前两者的结合，称为互动模式，就是自上而下与自下而上的有机结合，从整体理解到局部理解的听力模式，最后还包含着听者对所听内容的反馈。也就是双向模式的听力，学习者通过听力的内容练习说的能力，或者是在真实语境中，需要听力者及时反应。教师应该教会学生互动模式，这样就可以灵活地处理听力材料。

新课改下的听力教学更突出第二种途径和第三种模式，即双向途径和互动模式，在听力教学过程中有听前、听中和听后的活动，目的就是练习学生的听说交际能力，掌握语法功能，最后形成语法技能。

2.2.3 听力技能

听力技能分为理解技能和反馈技能。理解技能又包含识别：识别单词的语音、强弱读、语音连缀等；解读：演绎推理不熟悉单词的意义，推理隐形的含义以及各主题含义的连接，辨认出衔接词，重新构建语言完整的意思，预测内容，区分图式的元素，维持和重构理解，解读文本中人物关系，注意到理解中出现模糊和矛盾的地方，区分事实与观点等。除此之外，还有反馈技能：选择关键词理解文本，把听到的信息转换为笔头文字，识别模糊的信息部分，把已知信息和其他结合，最后提供恰当的反馈（Adapted from Rost，1990：152－153）。

2.2.4 影响听力的原因

Samuels（1984）认为影响听力的因素有两大类。第一大类是内部因素，包括：（1）听者智力因素或是认知能力；（2）语言能力，即听者对单词的认识、句法的理解和语流的完整意义把握，以及对不同口音的辨认；（3）背景知识的掌握；（4）语境、语体和听者对说话者身份的理解；（5）元认知听力策略；（6）听者所能接收到的非语言信息；（7）听者的动机、兴趣。第二大类是外部因素，包括：（1）讨论的主题是否与听者的知识背景相匹配；（2）说话者对听者需要的意识以及说话者对听者水平层次与兴趣的了解；（3）说话者的清晰度；（4）情境因素是否能配合说话者意义的传达。

Boyle（1984）把影响听力的因素归为三大类：听者因素，说话者因素，听力材料和媒介因素。听者因素与 Samuels 的内部因素有相似的部分，比如：（1）学习者经历；（2）智力因素；（3）背景知识；（4）环境和教育背景因素；（5）语言水平；（6）心理情感因素。至于说话者因素主要是指语音及说话者性格。而听力材料和媒介因素是指语言材料特征、主题、声音传播特征等。

Goh（1999）基于之前的研究把影响听力的因素分为五大类，可以适用于解读当前中学生听力发展为何滞后的原因。（1）文本因素：语音弱化、连读等现象；词汇；语速；语言输入；句子长度和复杂性；视觉支持；手势和语言组织；话题的抽象性。（2）说话者因素：口音；说话者能力。（3）听者因素：听者的兴趣和目的；听者前期的知识经验；听时环境和心理因素；听力情境的知识；语音的准确性；语法知识；记忆；注意力与专注。（4）听力任务因素：是否足够时间处理。（5）环境因素：物理环境条件。

理解影响听力的因素有助于教师解释听力教学的困难。如果再把听力的本质结合起来解读目前听力教学的困难，不难看出问题产生的根源。第一，中学英语听力教学中，教师对于听力教学模式主要是单向模式，听力本身的建构性和互动性特征体现不够，把听力上成了听磁带对答案的活动，使得听力教学过程变得枯燥和低效。这主要是教师对听力的本质特征和听力过程及模式不了解造成的。第二，当中学生听力能力不够好、出现问题时，教师主要是以应试练习为手段来提高学生的听力理解能力。而不是探究影响学生听力的原因到底是什么，从根源上解决问题。比如，中学生听力薄弱的原因源于中学课堂语音教学的缺失，即 Goh 所说的文本因素中语音现象需要教师注重语音教学中的连读、弱读和语调等相关内容，而不是一味地带读单词，或教授国际音标，并把教授国际音标理解为语音教学的全部。再比如听者因素中的前期知识经验，学生很少听到教师用英语讲课或与学生交流，就会由于缺少语境听的训练过少而听不懂。一旦开始听英语，学生就会拒绝，没有兴趣或觉得过难。因此，学生是否拥有积极的情感心理因素和学习经历取决于教师在课堂上的目标语应用，以及教师对目标语的态度和方法。第三，教师本身的语言素质不够好。由于学生的听力训练很大程度上取决于教师，教师作为说话者的语言能力就显得很关键。不仅教师本身的语言素质要好，还要尽量使用课堂所学的语言内容和学生熟知的词汇。当以上三个问题解决好了，就应该处理第四个问题。第四，学生的听力材料单一。课本上的听力内容显然是不足以提高学生的综合听力能力的，还应该给学生听各种题材的文本。只有在课堂上，从教师的课堂英语运用开始，一步步积累才能逐步提高学生的听力能力。

2.3 口语教学原理

口语技能是语言交际教学法的目标和媒介，传统的语言教学强调语法和词汇，忽视听说教学，新课改强调综合语言应用能力，所以口语作为语言应用能力的重要表现，更应该在课堂教学中突出其作用和地位。

2.3.1 口语的特点

口语与书面语不同，通常有许多错误、重复、不完整的句子以及短小的词语，并且口语有时间限制，说者并没有时间思考以达到流畅，因为听者没有时间和耐心等待，这种时间限制对说话者的语言产出也有一定的优势，说者因为要使听者明白含义，所以不断调整表达以达到理解。总之，口语有以下特点：使用更简单的词汇；采用捷径表达，比如不完整的句子或某些习语表达；使用一些插入词，比如 well，en 等来延长说者的思考时间；由于口语与书面语相比，有不正式、不完整的特点，并有大量的重复和重述，教师和学生应该接受和练习不流畅的语言表达，直至大量的练习之后，口语表达才能逐步完善。

2.3.2 口语教学的原则

2.3.2.1 注意准确度与流利度培养之间的平衡

Canale 和 Swain 把交际能力分为语法能力、社会语言能力、话语能力和策略能力。语法能力指的是语音、词汇、句法等规则的应用能力；社会语言能力是指语言使用的情景与社会文化习俗的恰当性；话语能力是指句与句之间的衔接、重复和近义、指代关系的正确使用；策略能力则是为了解决交际困难而使用的策略，以达到成功交际。Canale 和 Swain 对交际能力的界定符合英语课程标准所要求的综合语言应用能力。但是中国的口语教学以往太强调语法知识，导致学生不敢张开口说英语，因此口语教学存在着是注意准确度还是流利度的问题。当然二语习得的研究指明了纠错的必要性，但适当地准许学生犯错，让学生以交流意义为主，促进学生开口说英语的兴趣和能力，在教学中是很必要的。所以口语教学要注意准确度和流利度培养的平衡。至于社会语言能力、话语能力和策略能力也是基于流利度基本形成的时候逐渐训练和培养的。

2.3.2.2 口语的练习要创设具体的语境

学生的口语是基于具体语境、体现具体功能的，教师的任务就是设计一定的任务，让学生感受到真实的生活场景，才能促使学生有兴趣和动机使用英语表达。但在实际教学中教师的听说课型缺乏情境创设，导致英语学习回归传统，变成枯燥的词汇、语法和句型的学习。

2.3.2.3 创设宽松的课堂教学氛围

口语属于产出练习，如果离开了教师本身的语言引导和学生积极情感的构建，学生要么不会说，要么不敢说。所以如何成就良好的语言应用课堂是每个教师应该思考和精心设计的。

2.3.2.4 组成有效的对话小组

为了扩大有意义的交流，教师应该了解和灵活地建立不同的小组组合模式：随机重组、以一个人为中心、组际之间的合作、两两合作、小组型和大组型。重组活动可以是通过临时配对，比如快速写出自己最喜欢的水果，或是找到跟自己穿同样衣服或同样生日的同学都可以活跃气氛，随机组成口语活动小组。以一个人为中心的小组则是带领全组同学进行讨论，发挥领导作用。组际之间的合作是在任务型的教学中，各组被分配了任务，通过组与组之间的合作来完成一个具体的任务。两两合作就比较简单，主要就是前后同桌之间的口语交流。而小组大概 3~5 个人，大组则有 6~10 个人，无论小组和大组的口语交流活动，教师都应该教会学生如何分配注意力、话轮的交换、适当的反馈和打断、时间的控制等技巧来促进小组合作的效率。自从新课改提倡合作学习后，有成功的案例，也有失败的案例，失败的案例中基本上就是太简单地分组，或是精心分组后，未进行小组合作的技能培训，所以小组学习流于形式，没有起到良好的效果。

2.3.2.5 多样化的口语教学活动设计

Littlewood（2000）把交际活动分为功能型和社会互动型两种，课堂中的口语训练是既包含功能型也包含交际型的活动。功能型体现社会活动中完成实际任务，比如买东西、问路、问题解决、致谢等。社会互动型主要指的是人际交往，师生、朋友等之间的对话交流、讨论、辩论、游戏等。但不管怎样的交际活动，Littlewood 指出，口语的产出应包含前交际活动，也就是我们常说的机械操练活动与意义操练活动，在前交际活动中，学生的口语必须强调准确性。可以采用的活动是示范、重复、全班操练、小组操练、个人操练、对话练习、角色扮演、采用提示词的对话操练等等。当前交际活动完成，学生的口语产出得到一定的保证，Littlewood 的两种活动，即功能型和社会互动型交际活动就能分层分级地逐步实施以提高学生的口语水平。

新课改的教材设计都是以听说、读和写为设计模块的，因此听的教学模式是双向式和交互式的，即对所听的内容进行口语交流，所以听说是结合在一起的。同时教材的理念也是让学习者对每个单元的内容从感知即听到体验即用以及更近一步的读和写的过程来展开的，意味着口语的使用贯穿始终，比如阅读问答及讨论是口语学习的过程，或者写作前的头脑风暴或讨论是口语的强化，最后才转化为写作文本的输出。完成以听促说、以说促读、以读促写的过程。

2.3.3 听说课堂如何让学生开口

在很多英语课堂，无论城市或农村，都大量存在着教师以语法和词汇知识为中心、汉语授课的现象，学生的听说几乎是零发展。这违背了新课改英语课程标准的理念，也违背了语言发展的规律和顺序。那么听说课为何学生不开口？从听力和口语的本质和过程分析，有以下原因导致学生不开口：

第一，受传统的教学方式影响，教师的教学核心主要是词汇和语法，教师为中心。所以学生得不到听和说的锻炼机会。

第二，学生的学习困难阻碍了课堂上听说活动的开展。学生的学习困难主要是语音的困难、朗读的困难、开口说简单句型的困难、表达自己的困难，如果教师没有在课堂上充分锻炼学生的朗读、说话，也没有对学生的语音、语调、语感进行训练，当然学生也就听不懂、不会说。那为什么学生没有得到读和说的训练呢？究其原因，主要是教师认为应试教育要强调语法学习和做题，牺牲了课堂应该练习学生读和说的机会。

第三，教师的教学策略的单一使学生得不到听说锻炼。新课改强调学习过程有学习前、学习中和学习后三个过程。教师无论是哪一种课型，听、说、读和写都可以在导入，即学习前活动中引发思考和讨论，学习中以问题为牵引，让学生两两或小组间朗读、对话、互相问问题以及完成任务等。学习后活动还可以安排现场的反思交流，或是写几句话分享等活动，促进教师与学生、学生与学生、学生与文本之间的互动。

第四，教师的评价手段单一、乏味。教学反馈即通常意义的评价是学生学习过程的一个重要环节，教师通常认为教学时间任务紧张而忽视这部分的实施，其实是不利于学生学习发展的。尤其是听说的特点是互动与交际性，如果缺失教师对学生具体的评价，学生很可能会认为不重要而不努力提高。

第五，中学生的交际信心匮乏。尤其是农村学生受家庭背景、社会环境的影响，不太容易主动开口说话，所以教师创设良好的、轻松愉悦的教学环境是提高中学生听说能力的前提保证障。当然作为教师来说，要常讲英语，课堂有了讲英语的氛围，才能一步步引导学生开口说话。

3. 问题的解决

3.1 教师语言能力提高

农村学生听说能力的欠缺映射了教师听说能力的薄弱，所以农村英语教师的培训课程设置中必须包含语言能力提升的课程，主要是语音口语课程。如果是短期培训就要天天进行语音口语强化练习，如果是三个月的培训，在时间充裕的情况下，更要有计划地每日进行语音口语练习活动，培训者还可以根据条件安排在校全日制本科生、研究生作为辅导老师对教师学员进行强化纠正和口语强化练习。很多培训者质疑短期内如何能使学员的语音口语得到很大提高，但根据笔者大量的培训实践证明，短期内可以解决学员语音口语的三个问题：正确发音和个人语音问题明晰化；培养语感和课堂口语；语音知识和提升语言能力的途径。

3.1.1 正确发音和查找问题

农村教师有很大一部分是函授学历或非英语专业背景的教师，他们对自己的语音问题也很苦恼和渴望提高。所以一周到两周内，首先，国际音标的正确发音。正音和自学的语音工具——国际音标可以作为语音课程内容的第一模块。虽然学员也学习过，甚至也在课堂上教授给学生，但他们的发音仍然存在很多问题，所以培训让学员学会48个国际音标的正确发音是重要的课程内容。采用学生助教就可以一对一确保学习效果。其次，朗读容易混淆的对比音，可以迅速找到学员的语音问题，通常这些语音问题带有地域性，某一地区的学员容易对某些音混淆，很难读准。所以接下来的正音练习就能一对一有针对性地解决问题。这些对比音如下：

（1）sin—seen　fill—feel　hill—heel　sick—seek　pitch—peach　lick—leak

（2）rid—read　itch—each　slip—sleep　pip—peep　grin—green　chick—cheek

（3）pet—pit　fell—fill　set—sit　when—win　hell—hill　dead—did　tent—tint　peg—pig　lest—list

（4）bag—beg　gas—guess　mat—met　sad—said　bad—bed　land—lend　sand—send　pack—peck　ham—hem　pan—pen　lad—led

（5）odd—awed　cock—cork　chock—chalk　don—dawn　stock—stalk　cot—caught　not—naught

（6）pull—pool　full—food　could—cooed　wood—wooed　foot—food

（7）said—say　let—late　pen—pain　get—gate　men—main　wet—wait　sell—sail　red—rate　ate—eight

（8）life—laugh　bike—bark　like—lark　climb—calm　mike—mark　pike—park　kite—cart

（9）loud—lord　shout—short　howl—hall　house—horse　down—dawn　sow—saw　town—torn

（10）all—oil　call—coil　tall—toil　corn—coin　gnaws—noise　jaws—joy

（11）thin—fin　three—free　thirst—first　thought—fought　thrill—frill　thin—sin　thing—sing　think—sink　thick—sick　thank—sank　thought—sought　thumb—some　theme—seem

（12）shine—sign　show—sew　sheet—seat　shake—sake　shower—sour　shame—same

（13）ton—tongue　sin—sing　win—wing　kin—king　tan—tang　ban—bang　bun—bung　pin—ping　thin—thing

以上是能尽快发现学员语音问题的练习，当培训者确定每个学员的问题，并记录在案后，就可以安排学生助教对学员进行一对一辅导。即使是短期培训，也可以在短期内克服学员的语音部分问题，或者明晰学员自己今后重点要练习的项目。

3.1.2 培养语感和课堂口语

农村英语教师除了专业基础薄弱外，课堂上很少讲英语，课外也很少学习和练习英语，所以培训期间，每天设置朗读任务，要求朗读一个小时，练习语感。短期或者长期培训中，语感练习都应该达到一个小时。语感的练习主要采用小故事朗读，《新概念英语》2至4册故事短小，培训者根据学员的实际基础水平，确定朗读材料。有的学员基础较好，就采用其他材料，或者加上语调的模仿，或者加上背诵等。让学员短期内朗读完一本课本，可以极大提高学员朗读的速度和流利度。因此，提高语感的方法，应该是朗读速度和流利度，之后再进行语调的练习。

课堂口语的练习，可以两两为伴，汉英对译。这样短期内还是能强化常用课堂口语。

上课用语：Let’s start now.
Shall we start now?
Let’s begin our class.

问候用语：Hello, boys and girls.
Good morning, everybody.
How are you today?

考　　勤：Who’s on duty today?
Is everyone here?
Is anyone absent?
Where is he?
Try to be on time. Don’t be late next time.
Go back to your seat, please.

宣布开始：Let’s start working. Let’s begin.
First, let’s review. What did we learn in the last lesson?
Now we’re going to do something new.

提起注意：Are you ready? Did you get there? Do you understand?
Is that clear? Any volunteers? Do you know what to do?
Be quiet, please. Listen carefully please.
Are you watching? Please look at the blackboard/picture/map?
Pay attention to your spelling pronunciation.

课堂活动：Practice in groups. Get into groups of three.

Everybody find a partner. In pairs, please.

Next , please. Now you do the same, please.

Let' s act out the dialogue.

Now Tom will be A, the other half will be B.

Whose turn is it? It' s your turn.

Wait your turn, please. One at a time, please.

Don' t speak out. Turn around.

请　　求：Could you please try it again? Will you please help me?

鼓　　励：Can you try? Think it over and try again. Don' t be afraid/shy.

Have a try, please! Try harder. It doesn't matter. You can do it.

I think you can do it better. You are improving. You're making progress.

You're on your way. You'll make it. You tried hard. You really tried.

I can see your progress.

指　　令：Read/Say after me, please. Follow me, please.

Do what I do.

Repeat, please. One more time, please.

Please come to the front. Come and write it on the blackboard.

Please answer the questions. Please read out this sentence.

Open your books at page... Find page... Turn to page...

Please stop now. Put your things away. Clean the blackboard.

Plug in the tape - recorder, please.

Slow down, please. Bring me some chalk, please.

禁止和警告：Stop talking. Stop talking now, please.

Settle down. Everybody quiet, please.

评　　价：OK! Right! You' re right! That' s right! That' s correct!

Good! Very good! Great! Wonderful! Super! Excellent! Perfect! Outstanding! Remarkable! Marvelous! Magnificent! Fantastic! Beautiful! Terrific! Well done! Nice work! Good job (work)! Super job (work)! Wonderful job (work)! Perfect job (work)! Excellent job (work) Great job (work)! Excellent job (work)! Remarkable job (work)! Marvelous job (work)! Magnificent job (work)! Fantastic job (work)! Beautiful job (work)! You did a good job! You're unique!

布置作业：For today's homework... Practise after class. Say it out loud, please.

Copy/ Print/ Write each word twice.

Remember/ Learn these words by heart.

下　　课：Time is up. Time is running up. Hand in your workbooks, please.

The bell is ringing. There is the bell. There goes the bell. Let's stop here. That's all for today. Class is over. See you next time.

3.1.3 语音知识和提升语言能力

在问卷调查中，关于语音教学，学员们提到的主要是国际音标的教学，这表明学员懂得的语音知识很有限，并不清楚中学阶段语音教学应该教什么。根据新《英语课程标准》，初中语音教学应该包含三个方面：了解语音在语言学习中的意义；在日常生活会话中做到语音、语调基本正确、自然、流畅；根据重音和语调的变化理解和表达不同的意图和态度。也就是说语调的教学也是非常重要的，但这一方面常常被忽视。因此培训中应加强语调方面的训练，通过学员自己的练习，学习语音知识和具体的训练方法。比如，通过快读而训练语感，通过强化读句子而练习弱读、连读以及语音同化现象，通过呈现语境而练习表达不同情感的语调。

3.1.3.1 语音知识一：单词和句子重读（Kelly 著，邹为诚译，2010）

重读的音节通常有三个特征：音量大、音频高、发音长。就单词重读来说，教师在教授单词重音时，可以用拍节拍的方法，拍手或拍桌子来体现重读的音节，还可以用高低手势代表重读音节的高低音频来练习重读音节。比如：

表4-1　重读音节练习

Ooo	oOo	ooO
SYLlable	enGAGEment	usheRETTE
SUBstitute	baNAna	kangaROO
TECHnical	phoNEtic	underSTAND

以上重读的音节用大写字母标出，在练习时，可以拍手、拍桌子或手势高低等方法进行练习。并且就同一个单词进行换重读音节的练习，如：可以读 SYLlable，也可以读 sylLable，然后让学员体会第二个读错音节的感觉。

表 4－2　重读单词分类

Put these words into the correct columns, according to the stress patterns.				
Oo	Ooo	oOo	Oooo	ooOo
Plumber, Electrician, Doctor, Journalist, Musician, Shop assistant, Teacher, Soldier, Novelist Architect, Carpenter Actor, Policeman, Fireman, Lecturer, Florist, Businessman, Artist, Farmer, Scientist, Researcher, Gardener, Designer				

句子重读，要掌握一个概念：调核音节，也就是一句话中重读的单词。以下的例子可以表明句子的调核音节的方位，也就是重读单词的方位。

Where did you say John lives?

He LIVES in the house on the CORner.

John lives in the block of flats on the corner, doesn't he?

NO, he LIVES in the HOUSE on the corner.

John's buying the house on the corner, isn't he?

He Already LIVES in the house on the corner.

以上问题不同，重读的单词也不同。通过这样的练习可以训练学员找句子的调核音节，也就是句子重读单词。

关于重读练习，Kelly 在《如何教语音》里提出了若干教学活动。比如：

（1）找伙伴。即列出单词或准备单词卡片以及几个句子，然后让学员找出相同的重音模式。

Politician/ It's important.

Policeman/ He's English.

Electrician/ Can I help you?

Photographer/ You idiot!

Interior designer/ I want to go to London.

（2）3 个小词。即给出 3 个单词的句子，让学员练习重读不同的词来表示不同的意思。

表4-3　句子重读练习（1）

句子（意思）
I LOVE you.（...and I want you to know this.）
I love YOU.（I don' t love her.）
I love you.（He doesn' t.）

（3）误解对话练习。即两两对话表演一段误解的对话。

表4-4　句子重读练习（2）

学生A	学生B
It' s a pity you weren' t at the party.	I WAS at the party.
Did you say you were at the barbecue?	I was at the PARTY.
Did you say Enrico was at the party?	I was at the party.

类似的任务：

表4-5　句子重读练习（3）

学生A	学生B
I' d like a big, red cotton shirt.	Here you are. A big, red cotton skirt.
No, I said a big, red cotton SHIRT.	Hear you are. A big, red nylon SHIRT.
No, I said a big, red COTTON shirt.	Here you are. A big, blue COTTON shirt.
No, I said a big, RED cotton shirt.	Sorry, I haven' t got one.

（4）听力转写。听一段对话或小故事录音，然后辨别出重读单词。比如：

A private conversation

LAST week, I WENT to the THEATRE. I had a VERY GOOD seat. The PLAY was very INteresting. I did NOT ENJOY it. A YOUNG MAN and a young WOMAN were SITTing behind me. THEY were TALKing LOUDly. I got very ANGRY. I could NOT HEAR the ACTors. I TURNed round. I LOOKed at the man and the woman ANgrily. They did NOT PAY any ATTENtion. In the END, I could not BEAR it. I TURNed round AGAIN. I CAN' T HEAR a WORD. I said ANgrily. It' s NONE of your BUSIness, the young man said

RUDEly, “THIS is a PRIvate converSAtion.”

学员听完后，用重音符号标出重读单词。这个练习有利于让学员识别出句子重读，并随着朗读练习的强化，学会句子重读。

（5）大声朗读。找一些经典的小故事、对话、短剧、诗歌让学生朗读，通过重读单词的体现，来表现读者对文本的理解。

（6）表演短剧。短剧表演需要排练，排练过程中对于句子重读的把握可以反复琢磨、练习，从而达到练习效果。

3.1.3.2 语音知识二：流畅语言中的语音变化现象

在流畅语言中会出现以下语音现象（Kelly，2011）：同化、省音、连音、增音、交集、缩略和弱读。

（1）同化。同化有几种情况：

①不完全爆破：爆破音 + 爆破音（active，stop talking）；爆破音 + 摩擦音（friendship first）；爆破音 + 破擦音（great changes）。

②鼻音爆破，爆破音与鼻音在一起时，也会发生不完全爆破（good morning，at noon）。

③旁流音爆破，即 \ l \ + \ t，d \ 时，发生不完全爆破（an outline，a red lantern）。

④/s/在 sh 前，同化成 sh 的发音。如：

I really love this shiny one over there.

⑤/z/在 sh 前，同化成/ʒ/的发音。如：

We found this lovely little cheese shop in Paris.

⑥/t/和/j/在一起，合并成 ch 的发音。如：

You went to France last year, didn’t you?

⑦/d/和/j/在一起，合并成 ge 的发音。如：

Would you like a cup of tea?

（2）省音。当出现在辅音群的时候，有些辅音被省略。

We arrived the next day.

When we reached Paris, we stopped for lunch.

She acts like she owns the place!

Teachers use authentic texts to teach from.

George the Sixth’s throne.

I' ll love you forever, promise. Well, perhaps.

It' s a question of collective responsibility.

Are you coming out tonight?

That' s an interesting idea.

Have we got any vegetables?

My birthday' s on the 11th of November.

It' s a complete waste of time.

That' s the least of my worries.

(3) 连音。

come in, work out, there are, for a moment

I agree, wholeheartedly.

Go on! Are you inside? Who is? You are!

(4) 增音（增 r 音）。

The media are to blame.

I saw it happen.

(5) 交集。

That' s my train. It might rain.

The great apes. The grey tapes.

(6) 缩略。

I am = I' m you' re, he' s, she' s, we' re, can' t, wouldn' t, couldn' t

(7) 弱化。

two and six Are you a teacher? Is this for me?

以上的语音变化现象只会发生在流畅语音中，作为学员的英语程度来说，大多数没有达到流畅，所以不适合运用这些语音的变化形式。但在听力教学中，如果能把这部分语音知识传授给学生，可以帮助他们理解听力内容，尤其是跟本族语者交流中可以逐步适应流畅的语速。

3.1.3.3 语音知识三：语调

语调是用来表明态度和含义，使听者推断言中之意或者言外之意的。因此在听说教学中是非常重要的语音知识。语调可以分为 7 种：升调（低升、高升）、降调（低降、高降）、平调、升降调和降升调。语调通常与语法构成、说话者态度和语境语篇有关。

（1）升调。升调常用来表示不肯定，语意未完，或表示礼貌，常有含蓄、委婉、安慰、虚心征求意见等意味。升调的用法可归纳为以下五种情况：

①一般疑问句通常用升调。

Are you a ↗ student?

Do you like ↗ bananas?

Can you speak ↗ English?

Did he go to the cinema last ↗ night?

Must we do our homework ↗ now?

Has you ever been to the Kunming ↗ yet?

②数数、列举事物或列举一连串的动作时，除最后那个并列成分用降调外前面所有的并列成分都要用升调。

Let' s count the ↘ number. ↗ One, ↗ two, ↗ three, ↗ four, ↘ five.

I like ↗ running, ↗ swimming and ↘ skating, but I don' t like piaying ↗ football, ↗ basketball or ↘ volleyball.

③选择疑问句的语调分为两个部分，or 前的部分用升调，or 后的部分用降调，记成“前升后降”。

Is she a ↗ student or a ↘ nurse?

Do you like bananas ↗ or ↘ oranges?

Do you get up ↗ late or ↘ early?

Which sports do you like best, playing ↗ basketball or paying ↘ volleyball?

④反意疑问句的语调也得分两种情况：

若说话者对所陈述的内容没有把握，想询问对方是否正确，则陈述句部用降调，简略问句用升调。

—You are a ↘ student, ↗ are' t you?（问话者不确定，所以用升调）

—↘ No, I am a ↘ teacher.

—You like ↘ bananas, ↘ don' t you?（问话者很肯定时用降调）

—Yes, I ↘ like.

⑤含状语从句的复合句的语调也要分两种情况：若主句在前从句在后，主句结束时意思已比较完整，则通常用降调，整个句子读完时也应该用降调；但是，若从句在前，主句在后，则常常是“前升后降”。

She was playing ↘ basketball when we were ↘ studying.

When we were ↗ stuying, she was playing ↘ basketball.

（2）降调。在英语句子中，降调的使用比升调更为广泛，它表示肯定、决断、坚决或终结，但有时含有生硬、不容置疑的意味。降调的用法可归纳为以下七种：

①陈述句用降调。

I like ↘ bananas.

She hasn' t went to the ↘ Xishan.

You can' t do ↘ that.

②特殊疑问句也用降调。

What colour is ↘ it?

Where did you go last ↘ week?

When is your ↘ birthday?

③表示命令的祈使句也常用降调。

Lili, open the ↘ door.

Prepare your ↘ homework.

Don' t do ↘ that.

Let' s go ↘ shopping .

④问候用语常用降调，以示真诚。

Good ↘ morning.

Good ↘ evening.

Good ↘ afternoon.

How ↘ are you?

⑤感谢用语也常用降调，以表示诚挚的谢意。

↘ Thank you.

Thanks a ↘ lot.

Thank you very ↘ much.

⑥感叹句用降调。

What a ↘ lovely day!

How ↘ beautiful the girl is!

⑦在并列句中，并列连词 and, but, or 等的前后两个分句都用降调。

We come to school by ↘ bus and he comes by ↘ bike.

I like ↘ bananas, but she likes ↘ oranges.

（3）升降调。升降调常表示语气强烈、惊奇、自满得意等感情。

A：I bought this dress for 500 dollars.

B：500 ↗ dollars ↘.

选择疑问句前升后降（前用升调，后用降调）。

Shall we walk ↗ or go by bike ↘?

Is your car blue ↗, green ↗, or red ↘?

（4）降升调。降升调传递给人们的信息是委婉的建议、怀疑、不信任、不同意、话外有音等，和说话人当时的情绪密切相连。

In my opinion（↘↗），he' s perfectly right.（↘）

—I didn' t know you smoke.（↘）

—I do sometime.（↘↗）

I' m sorry.（↘↗）

Do you go there by bus ↗ or by taxi ↘?

表示对比，对比的两个词中第一个用降升调。

I like ﹀bananas，but she likes ↘ oranges.

人们表示不同观点时，用降升调。

I always feel shy when I speak to the foreigners.

No，you ﹀won' t.（此处有鼓励之意）

人们交谈时，听着并不感兴趣，但是为了表示礼貌，用简单问句如 were you，did they，has she.

—They went to the Xishan last week.

—Oh，﹀did they?

交谈时，一方没有听清另一方全部内容，要确证一下时。

—I' ve been to the Kunming.

—↘ Where did you ↗ say?

（5）判断说话者态度的语调练习。说话者态度的表现可以通过以上各种语调，表达狂喜、有点高兴、愤怒、惊奇、释然、讽刺、厌倦、漠然等情感。练习判断说话者的态度有很多方法。

①朗读情景对话。介绍情景以及说话者两方，让学生读出这个情境说话者准确的含义。

Arguing about a movie.

A：It’s great!

B：It’s NOT great!

A：It IS great!

B：No, it ISN’T.

A：Yes, it IS. It’s TRULY great.

B：I think it is truly BAD.

②听然后判断态度。

A：Jean, can you bring me the newspaper?

B：Sorry?（↗）

A：Jean, can you bring me the newspaper?

B：Sorry.（↙）

I（↙）live in the city.

（隐含着在场的其他人不住在城里的意思）

I live（↙）in the city.

（表示“我”只是“住在”城里，其隐含的意思是“我不在城里工作”或其他意思）

I live in（↙）the city.

（表示“我住在城里边”，其隐含的意思是“我不住在城外”）

I live in the（↙）city.

（表示住在那个城市）

I live in the city（↙）.

（表示住在城市而不是乡村）

（6）语篇语境下的语调练习。

①角色扮演。给学生发一组卡片，简述学生和 Johnson 之间的关系，然后让学生根据关系与 Johnson 问候。

You’ve never met Mr. Johnson before. You want to do business with him.

Mr. Johnson owes you a lot of money.

You think Mr. Johnson is a pleasant man.

You’re secretly in love with Mr. Johnson.

Mr. Johnson is wearing women’s shoes.

You really don’t like Mr. Johnson.

②情境推断。教师设置了一个情景：

A man with a pack on his back entered a field, and died.

然后给学生时间进行推断这个人的死因，让学生产出如下推论：

He MIGHT have been aTTACKED by an animal.

He COULD have been aTTACKED by an animal

PerHAPS he was aTTACKED by an animal.

If he WAS attacked by an animal, he COULD have run aWAY...

He CAN' T have been attacked by an animal THAT' S too EAsy.

He MIGHT have been PArachuting.

He COULD have been PArachuting.

PerHAPS he was PArachuting.

If he WAS parachuting he COULD have used a reserve.

He CAN' T have been parachuting THAT' S too Easy.

教师可以引导学生根据自己对事情的确定性读出不同的态度。

3.1.3.4 语音知识四：自然拼读法

根据对培训教师的调查，笔者了解到教师对于拼读的了解仅限于音标的拼读，这还远远不够，基于初学者的英语水平，本族语者的自然拼读法可以减轻英语学习的负担，加强单词记忆的效果。因此介绍自然拼读知识也是教师培训的必要环节。

自然拼读法是指英语字母在单词中对应的发音。英文的 26 个字母分别有字母名称音和单词发音。虽然英语单词未必都按规律来发音，但据统计仅有 400 个单词是不规则发音，大多数单词是按拼读规则来发音的。因此，自然拼读知识的掌握可以大大提高中小学生记忆单词的效率，尤其是“见词能拼，听音能辨”的能力。

传统的教授拼读的方法主要是介绍规则，没有配合相应的多种练习，导致学生不容易记住，或者混淆知识点。另外，知识点没有体现循序渐进和系统复习整理，学生学到的语音规则零零散散，到了高中甚至大学，学生还是没有掌握拼读规则。所以，借用本族语者的拼读教学方法，能有效地提高学生拼读能力。具体的教学方法和步骤如下。

四个阶段：Stage 1：音素感知（phoneme awareness）

Stage 2：字母 拼读（letter sound，从辅音到元音字母）

Stage 3：辅音连缀（consonants blends）

Stage 4：元音组合（vowels combination）

（1）第一阶段关于音素感知（见本书第二章）。

（2）第二阶段关于字母拼读，有几种练习活动：咏唱（chants）、诗歌（poems）、童谣（rhymes）、歌曲（songs）、故事（stories）（one sentence story, stories with pictures, one passage stories）、游戏（games）、顺口溜、拼词活动（activites）等。

①咏唱：

Sky

In the sky.

Flies in the sky.

The flag flies in the sky.

The blue flag fly in the sky.

②诗歌：

Mark but this flea, and mark in this

How little that which thou deniest me is;

Me is sucked first, and now sucks thee,

And in this flea our two bloods mingled be...

John Donne (1572 - 1631)

③童谣：

Where is the goose?

The goose is in my room.

What is she doing in your room?

She is looking for food in my room.

④歌曲：

What does an "A" sound? a - a - a

What does a "B" sound? b - b - b

What does a "C" sound? k - k - k

（儿童唱的母语歌曲都可以用来编成拼读歌，如"两只老虎"等）

⑤故事：

A fat cat sat on a sad rat.

I see Mike, and Mike can dive. He can dive in the morning at five.

The mother rat and her babies are playing in the garden. A fat cat is coming to catch them for dinner. The mother rat and her babies try to run away. But the baby rats can't run very fast. The cat is getting closer and closer. Suddenly, the mother rat stops running and turns around. She shouts at the cat like an angry dog, "woof, woof, woof." The cat is afraid and runs away. The mother rat turns to her babies, and says, "You see how important it is to learn a foreign language."

⑥顺口溜。

对中国的儿童来说，可以采用顺口溜，易学易记。比如，国内《林克妈妈三字经》里编写的顺口溜非常容易学记（林克妈妈，2013）。

我家 dad，脾气 bad，让我 sad。
有只 cat，非常 fat，专吃 rat。
放下 plate，赶到 gate，已经 late。
清晨 wake，来到 lake，钓上 snake。
撒下 net，鱼没 get，衣服 wet。
为捉 pest，从不 rest，本领 best。
一只 pig，非常 big，把洞 dig。
没给 tip，把我 lip，装上 zip。
一只 kite，颜色 white，被狗 bite。
学会 ride，妈妈 pride。
清晨 jog，带上 dog，踩到 frog。
轻轻 hop，跳上 top，唱起 pop。
把眼 close，用我 nose，去闻 rose。
喝着 coke，听着 joke，把腰 broke。
举着 gun，瞄准 sun，不停 run。
小小 bug，把我 hug。
找个 excuse，借车 use，遭到 refuse。
假装 mute，真是 cute。
开着 car，向着 star，路途 far。
想变 smart，必须 start ，学习 art。
一个 driver，掉进 river，生命 over。
一个 robber，专抢 rubber。
穿上 shirt，脱下 skirt，扔进 dirt。

这只 bird，总跑 third。

个子 short，喜欢 sport，跑到 airport。

拿着 fork，吃着 pork。

一个 nurse，丢了 purse。

买只 turtle，颜色 purple。

一只 goat，穿件 coat，上了 boat。

一片 oat，卡在 throat。

燃烧 oil，直到 boil，倒进 soil。

是否 join，抛起 coin。

带上 hook，来到 brook，水面 look。

手拿 book，一边 look，开始 cook。

炎热 noon，跳上 spoon，飞到 moon。

一个 fool，掉进 pool，真是 cool。

西瓜 round，长在 ground，被我 found。

一只 mouse，穿件 blouse，走进 house。

天在 snow，风在 blow，树在 grow。

秋风 follow，树叶 yellow，落到 pillow。

不知 cow，近况 how，去问 now。

一座 town，不停 down，快要 drown。

一只 bee，躲进 tree，没人 see。

悬崖 deep，开着 jeep，莫要 sleep。

抱着 Barbie，吃着 cookie，看着 movie。

被我 niece，摔成 piece。

丢了 glue，没有 clue，脸气 blue。

手拿 tissue，排好 queue。

一颗 pea，掉进 sea，泡壶 tea。

身体 weak，爬上 peak，无力 speak。

吞进 lead，摸摸 head，已经 dead。

吃着 bread，报纸 spread，开始 read。

不停 train，没有 pain，哪有 gain。

把手 raise，老师 praise。

小狗 paw，那根 straw，把画 draw。

坐在 lawn，学习 law。

被窝 cozy，床上 lazy，真是 crazy。

抱着 puppy，心里 happy。

如果 shy，不敢 try，无机会 fly。

不停 cry，眼泪 dry，下锅 fry。

很多 day，没发 pay，无话 say。

天空 gray，无心 play，回家 stay。

顽皮 monkey，捡起 key，扔向 donkey。

为了 honey，节省 money。

有个 boy，玩着 toy，心中 joy。

跳进 soy，尽情 enjoy。

一只 hare，居然 dare，对我 stare。

困难 share，互相 care，赶走 scare。

天气 fair，凉爽 air，吹拂 hair。

崭新 chair，滚下 stair，需要 repair。

昨天 fire，今天 hire，后天 retire。

扑灭 fire，真是 tire。

离我 near，含着 tear，叫我 dear。

一头 bear，裙子 wear，采摘 pear。

一只 deer，举起 beer，大喊 cheers。

这个 engineer，事事 pioneer。

洗完 face，系好 lace，参加 race。

吃着 rice，加点 ice，口喊 nice。

听听 music，变变 magic，吃吃 garlic。

看完 comic，野外 picnic。

动作 quick，把只 cock，藏进 sock。

脱下 jacket，忘记 ticket，还在 pocket。

同学 each，手拿 peach，来到 beach。

观众 watch，激烈 match，球来 catch。

天气 sunny，身无 penny，感觉 funny。

最快 runner，成了 winner，享受 dinner。

拿起 ink，不加 think，仰头 drink。

敌人 tank，装上 bank，老天 thank。

一首 song，歌词 long，总唱 wrong。

山路 along，跑步 long，身体 strong。

像个 king，插上 wing，不停 swing。

美好 spring，歌儿 sing，鲜花 bring。

一头 fox，躲避 ox，藏进 box。

忘背 text，绝无 next。

身体 ill，买来 pill，堆成 hill。

一根 needle，掉进 noodle。

饭后 hurry，书包 carry，迟到 sorry。

我家 parrot，爱吃 carrot。

做个 dream，掉进 stream，大声 scream。

穿着 dress，下着 chess，结果 mess。

一辆 truck，满载 duck，一路 luck。

碰到 trouble，努力 double。

小小 age，读读 page，提高 wage。

打开 fridge，端出 porridge，扔下 bridge。

他很 tough，喝酒 enough，从不 laugh。

心中 wish，钓到 fish，做成 dish。

飞机 crash，烧成 ash，损失 cash。

一个 youth，张开 mouth，吹到 south。

洗完 bath，学习 math。

我的 mother，生个 brother，想要 another。

寒冷 weather，身披 leather，头戴 feather。

高高 sky ，不知 why，掉下 spy。

站在 peak，对天 speak。

到了 night，打开 light，保护 sight。

方法 right，坚持 fight，前途 bright。

一只 chick，动作 quick，把我 kick。

吃饭 quiet，注意 diet。

猫吃 mice，味道 nice，想吃 twice。

这对 twin，总是 win！

（3）拼词活动的练习如下：

每个学生手里拿着几个字母卡片，教师说出单词，学生按音素顺序举出单词卡片。或者学生根据小组所拿出的字母卡片，组合成单词等。

（4）绕口令：

绕口令对于语音学习，比如单音强化、音素对比、综合对比等有强化的作用。对节奏的练习也很有帮助（刘炜，2013）。

（5）元音练习：

I like to ride my light white bike and fly a white light kite with my wife by the riverside under the moonlight at night.

Jenny and Jimmy went to Jamacia and Germany in January, but Joan and John went to Jordan and Japan in June and July.

A Pleasant place to place a plaice is a place where a plaice is pleased to be placed.

The daughter is not the daughter of the doctor on the fourth floor but the daughter of the doctor on the fourteenth floor.

She sells sea shells on the sea shore and I am sure shells she sells on the sea shore are sea shells.

The doctor' s daughter knocked at the locked door.

A snow – white swan swam swiftly catch a slowly – swimming snake in a lake.

Betty Botter bought some butter,

But she said, the butter' s bitter,

If I put it in my batter,

It will make my batter bitter,

But a bit of better butter,

Will make my batter better,

So she bought a bit of butter,

Better than her bitter butter,

And she put it in her batter,

And the batter was not bitter.

So it was better,

Betty Botter bought a bit of better butter.

There was a man who had a sister.

His name was Mr. Fister.

Mr. Fister missed his sister.

And on his wrist he had a blister.

Mr Fister’s sister,

Who had a lovely vista,

Told Mr. Fister,

That a man had kissed her during a twister.

（6）节奏练习：

Fuzzy wuzzy was a bear.

Fuzzy Wuzzy had no hair.

Fuzzy Wuzzy wasn’t fuzzy, was he?

培训者向学员介绍以上的语音知识，并带领学员练习，实际上是明确了今后自己和学生语音练习的路径和方法，这是中学英语教师培训中语音课程应包含的必不可少的内容。这样的话，即使是短期的培训，也能解决教师的知识空缺，提高教师的专业视野，对于学员今后的听说教学是很有帮助的。

3.2 听力教学设计

听力可以看作是一种技能，那么根据不同的目的，就需要不同的听力技能。比如，如果是识别性的听力，只需听出是谁说话，大概说什么，这时听的技能是听大意（listen for gist）；如果是理解性的听力，那就需要既听大意又听细节（listen for gist and listen for details）；如果是诊断性的听力，那就要通过听来发现问题，听的技能就是选择性听（listen selectively）；如果是评价性的听力，就有可能使用任何听的技能，以及对听的内容进行预测（making predictions），对所听的内容进行评价；如果是欣赏性的听力，就需要用以上所有的技能。总之，听是用来理解和判别事实的，而不是教学中强调听完做题，没有真正体现听的功能。

听力也可以看作是一种产生结果的行为，那么听力的目的就是完成任务，比如按照听的指示做事、组织加工所听的内容、记笔记、听写、按所听的信息画图、用图画理解所听的信息、重组原文、听完后进行说的交际活动等。通过任务的完成来检验听的成效。

听力还可以看作是一个过程，用 Anderson（1993）的模式，通常人的大脑要经过三个过程：第一是知觉（perception），这一过程要识别音素和语音符号，并存储在短时记忆中，识别得越多，越能形成有意义的符号，越能保存在长时记忆中。因此，语音教学就显得非常重要，否则听者在听的第一阶段就不能识别出音符，无法进入第二阶段。第二阶段是句子分析（parsing），听者根据对语音的识别进入到短语和句子的含义，这就需要听者的词汇和句法方面的知识。第三阶段是应用（utilization），即听者把保存在短时记忆里的信息与自己的知识经验相联系，形成一定的意义，保存在长时记忆里，最后形成判断，对说话者做出回应。

把听力看作是一个过程，便于教师鉴别听者在每一阶段的困难，从而对症下药提高听力者的水平。比如，在知觉阶段（perception），（1）听者会出现未能听出自己所知道的单词，或许听者单词的发音有问题，或者不熟悉单词的发音等；（2）听者因为集中注意力思考所听单词的含义，而忽略或错过接下来要听的内容，这是第一个问题的连锁反应；（3）听者未能把所听的音连贯成有意义的语流，这是因为没有识别出语流中的单词；（4）听者一开始就未能听懂文本的开始，导致听下文时，无法集中注意力，这有可能听前没有做听的预热准备阶段，一时间不能联系旧知和常识，抓不住要听的内容，所以教师在教学组织中应该包含听前任务设计，是为了激活听者的背景知识，做好热身，以备进入听力理解；（5）听者还有可能因为太紧张，越是叮嘱自己集中注意力，就越不能有效地集中注意力，这与听者的基础水平有关，还与听者听的频率较少有关，所以教师应该扩大学生听的机会。

在分析阶段（parsing），（1）听者很快忘记所听的内容，这可能因为对内容背景不熟，以及记笔记低效有关；（2）不能在大脑中很快形成意义，说明对语流中词的读音和意义不够熟练；（3）由于前期听不流畅，从而导致不能把握后续信息的意义。这个阶段的问题集中在词汇、句法和背景知识问题。

在应用阶段（utilization），听者因为断断续续的问题或者不能形成完整的意思，或者对其中的信息感到模糊不理解，因此完成任务和做出反应就会不全面。

基于以上对听力过程的分析，当前农村英语教学听力教学设计存在两个问题：一是听力活动设计单一，总是听后选择答案或填空，甚至把听力活动都省略了，直接讲授单词和语法；二是听力策略训练缺失，教师在教学中并没有引导学生认识听的过程和阶段，以及每个阶段要克服的问题和需要的技能、策略。因此培训要重点解决这两个问题。

3.2.1 丰富听力任务设计

根据上文所提到的听力教学的两种模式途径：单向和双向途径，我们可以在单向模式的听力教学中组织如下活动：（1）完善信息任务，主要是填空的形式，边听边填出省略的信息，或者听完理解后填空。（2）重组信息任务，听者边听边记笔记，然后说出或写出听的内容。（3）比较信息任务，对所听的若干主题分辨出异同。（4）预测推断任务，听者根据所获得的有限信息推理预测文本的含义、说话者的观点态度或者接下来的情节。（5）分类排序任务，听者听完后，对信息内容进行重组排序和分类。（6）解释和详述任务，选择数字或图片来解释所听的信息。（7）评价任务，听出文本矛盾、不一致的信息，并排列信息组成的顺序。（8）拼图式听力任务，让学生分成组各自负责听的一部分任务，然后再组合成全貌。（9）搭配任务，把听的信息与图表和文字搭配。（10）问题解决任务，通过听来解决或完成生活中的假想问题。

在双向模式的听力教学中可以组织以下任务：（1）听写任务，可以让学生进行两两互相听写，教师可以提供文本，学生在互相听写过程中可以检测各自的读音和单词拼写。（2）描述任务，学生结对根据听的内容排序、重组和完成图画和表格。（3）模拟任务，学生听完后，模拟真实情景对所听的内容回答和表达观点。（4）讨论任务，学生就所听的内容进行讨论，并在小组中列出不同观点或获得一致。（5）展示任务，学生上台完成个人或小组展示，其他学生讨论他们最喜欢和想要评价的小组。

无论是单向还是双向听力模式，教师都应该丰富自己的听力教学任务设计。对于程度为初级的学习者，可以开展配对、排序、判断正误、鉴别事实与观点、找出不同或者错误、听出文本中的某些词汇或者连词等、判断说话者态度、验证听前的预测等。对于程度为中高层次者，可以设计更难、需要更高层次解读和思考的任务，比如总结信息、重组信息、解释信息、重构文本、根据听力内容画图、完成句子填空、回答或者解释文本更深层次信息、预测文本下一部分内容、记笔记、听写、找出主要和次要信息、根据文本内容表达观点、居于文本提出问题的解决办法等。

教师应该根据学习者的语言水平基础，改写教材的听力任务，使其更有针对性、更丰富和有趣，真正发展学生的听力能力。

3.2.2 完善听力过程

完整的听力过程应该包含听前活动、听中活动和听后活动。听前活动可以为学生接下来的听力做好三个准备：一是背景知识的激活和储备，二是语言知识准备，即核心词汇和句法的准备，三是心理和情感的预热准备。完成了这些准备后，听的过程对于学习者来说就容易多了。听前活动通常有如下活动：（1）头脑风暴，让学生尽量回忆即将要学习主题的词汇、短语，以及关于这个主题的知识、经验；（2）思维导图，让学生用图的形式写出与本主题有关的单词；（3）学生自行讨论跟本主题相关的知识和所知；（4）用游戏活动来学习与本主题有关的语言和信息；（5）推测基于听力内容所设问题的答案；（6）完成图表；（7）设计问题；（8）预测内容和性格特征；（9）识别与主题相关或者不相关的词汇或图片；（10）读一篇与主题相关的短文；（11）学生自由写一段与主题相关的段落。

当学生对听的内容有了充足的准备后，教师设置一定的听力任务，即以上所提到的各种任务活动，尽量变换任务的方式，以提高学生对听力内容的兴趣。当完成听力任务后，应该开展听后活动。

听后活动有多种形式：（1）根据所听模仿听力内容，或者对所听内容进行延伸，以故事、书信、短信、反思、对话甚至诗歌的形式强化对听力内容的理解；（2）写总结，把所听的内容进行概括总结；（3）口头展示，把所听内容以口语形式汇报出来；（4）把听力内容改写成戏剧；（5）角色扮演，扮演所听对话的角色；（6）对听力内容进行语音、语法、体裁和风格上的分析，。语音方面可以是语音的同化现象，语法方面可以是所用的句型，体裁和风格指的是文本结构和语气用词方面；（7）就听力内容改写为不同时态、人称或数；（8）听力内容中的重点词汇练习，比如造句、口语练习或是书面练习等；（9）学生熟悉听力内容后录音或录像表演对话，这样便于学生自己强化语音和口语；（10）小组讨论个人听出的信息。（11）小组讨论结果写出来并发布在网上；（12）提供与本主题有关的其他阅读材料；（13）用听的内容做语音方面的强化练习。这些活动体现了听的双向途径和听力教学的互动模式，有利于学生熟悉听力内容，强化语音和口语学习。

传统的听力教学主要是听完做选择题或填空练习，教师如果能够充分完善听力教学活动，即听前活动、听中活动和听后活动，学生的学习兴趣得到提升，学习难度降低，听的输入得到丰富，听的输出能够体现，最终促进学生听力理解能力的全面提高。

3.2.3 听力策略的培养

新课程标准提出了学习策略的培养，听力作为英语技能之一，应在课堂上体现听力策略的教学。Goh（2007）基于 O’Malley，Oxford 对学习策略的分类，具体把听力策略分为认知策略、元认知策略和社会情感策略。

3.2.3.1 认知策略

推断策略：学习者可以通过上下文的线索、对听力内容中某些单词的了解、相关的语言知识以及相关的视频材料，对听力内容、任务做推断。

解释策略：使用常识或者语言知识对不清楚的内容和问题自我解释。

预测策略：对文本的开始、中间和结尾，从总体把握和细节理解不断进行预测。

情境化策略：把所听内容联系相关的情境，有助于理解。

视觉化策略：头脑里出现单词、情境等视觉形象以帮助理解。

重构策略：利用所知的有限知识重构文本的理解。

3.2.3.2 元认知策略

听前准备策略：从语言知识、读题和心理上准备即将要听的内容。

选择性注意策略：根据任务关注大意、某些细节、语调特征、某些内容，或者听时的肢体语言和视频资源等。

直接注意策略：把注意力集中在要完成的任务和听的内容上，排除干扰和畏难情绪。

理解监控策略：不断监控自己的听力状态，检测理解的正误，联系相关知识确认对单词和文本的理解。

现时评估策略：对所听的内容进行价值性、重要性的评估以及发现问题。

理解评估策略：对自己的理解度、任务完成的准确度等做自我评价。

3.2.3.3 社会情感策略

合作策略：询问同伴确认信息、解答问题和获得解释。

信心建立策略：鼓励自己、平息紧张、自我放松。

教师在听的过程中，或是完成每一遍的材料播放后，可以停下来，询问学生听到的信息内容和出现的困难，以此来确定如何在听前、听中和听后任务活动中确定要教授的听力策略。确定之后，在听前应该首先演示该策略的应用，然后在听的过程中鼓励和引导学生使用该策略，完成听力任务后，再讨论运用过程的问题，如此进行三次，就逐渐学会使用该策略了。

以上呈现的听力策略是研究者通过研究总结的所有策略，但随着时代的发展，学生生活体验的不同，听力策略的内容和形式也是可以再根据学生的实际进行总结归纳的。所以每次听力任务完成之后，可以让成绩好的同学交流经验，教师善于总结一些适用于当今学生的有效的听力策略，并让同学们逐步总结自己的经验，成为策略型的听力者，全面发展学生的听力理解能力。

3.2.4 加大语言输入的机会

很多英语教师大多数时候是用汉语授课，课堂主要是知识型的课堂，以讲解词汇、语法、做题为主，久而久之，英语教师的口语退化，教师们认为如果用英语授课，学生是听不懂的，教师本人也不能用英语流畅地组织课堂，因此汉语式的英语课堂随处可见。学生在此环境下，是发展不了听说能力的。二语习得研究揭示了语言学习的沉默期，表明学生暂时不能说是因为没有得到足够的语言输入，一旦输入足够了，学生也就过了沉默期。教师长期不用英语授课，就使学生失去了听力练习的机会，对学生听说发展都是不利的。Krashen 提出了输入假设，认为语言习得需要足够的输入，才能转化为语言的输出。行为主义语言学家提出语言是一套语言习惯的养成，所以培养学生的听说，教师自己必须要多讲英语，养成学生用英语思维和听说的习惯，才能长远真正发展学生的听力能力。但由于农村英语教师英语语言水平有限，导致不能坚持用英语上课。所以培训中，应该训练教师用英语组织不同的课型，课堂用语流利了，形成了使用英语的信心和习惯，教师自己就会得到提高，而且形成继续提高的动机，学生也获得了不断增多的听力输入的机会。

3.3 **口语教学设计**

口语教学在农村英语教学中开展较为薄弱，因此，培训重点有两个：一个是教师的使用口语意识，一个是多样化的口语活动设计。

3.3.1 口语意识

口语意识是指教师在课堂中愿意使用和经常使用英语的意识。有很多教师认为自己的学生基础差，听不懂自己的口语，所以拒绝使用英语教学，几乎是全汉语教学。还有的教师尝试使用英语教学，但没有做到循序渐进，所以逐渐用母语全部替代了英语。英语口语的发展其实重点是创设说英语的氛围，并让学生经常听到目的语，才能有效地发展学生的英语口语能力。因此，对农村教师的培训，除了提高教师的教学能力外，一定还要瞄准另一个目标：提高农村教师的口语能力，才能够在课堂上使用英语。

一旦教师形成了口语意识，口语练习便无处不在，比如，听力课型的口语练习，也就是我们常常设计的听说课。除此之外，阅读课也可以进行口语练习，写作课的头脑风暴和观点讨论活动中都可以进行口语练习。

3.3.2 多样化的口语活动设计

多样化的口语活动设计，首先从口语活动任务的本质进行学习。Nunan 认为交际口语活动包括六个要素：目标、输入、口语活动、教师角色、学生角色和背景设置。目标是学生通过此活动学到或达成了什么。输入是在学生进行任务前，教师为学生准备输出口语而进行的听和说的操练活动。口语活动是指教师具体设计的任务活动，比如学生之间互相询问彼此的喜好、进行课堂小调查、角色扮演等。教师角色是教师在课堂中监管和控制，口语活动离开了教师的课堂掌控，口语教学活动就不能落到实处，但控制太多也会让学生不敢开口。所以教师的角色就是要充分考虑到学生的困难，在口语输出之前进行足够的操练。然后在进行口语活动时，学生角色的分配要到位，任务要具体详细，如学生之间要问什么，答什么，每个人要进行几轮，或要具体完成什么才算是完成任务，以避免学生沉默、使用母语聊天等与口语输出活动无关的现象发生。另外，要设计好评价标准，才能使学生有完成任务的使命感，以及经过评价之后获得鼓励，从而提高参与任务的热情。根据自己所设计的任务环节，教师适时地介入到活动中，有效地组织学生的口语输出活动。学生角色是指教师对学生任务的规定，为了保证学生充分参与到口语活动中，教师要培养学生的任务责任意识，并建立行之有效的评价系统，让学生承担起提高自己口语能力的责任，关注自己的口语进步，习惯性地完成每次口语任务中自己应该完成的部分。背景设置是指任务组织的方式，比如是用两两活动的方式还是小组活动的方式，对任务的氛围和准备的设定。

了解口语任务活动的六要素，是为了避免课堂上教师经常性的随意活动，有些教师用教材上到哪里就到哪里，课前并没有一个清晰的设计。如果教师对每次的口语教学活动能事先设计好这六个要素，就能提高教学的有效性。

口语活动得以展开，学生前期必须要具备以下的口语能力：识别单词语音的能力；掌握重读、节奏、语调模式；一定的流利感；口语表达和交际能力；参与口语对话的能力；互动和维持交际的能力；协商意义和观点的能力；对话中的听力技能；对话中协商目标的能力；使用恰当的对话形式。因此，单词和句型的语音，即朗读和发音的熟练是口语输出前学生必须具备的。农村中学生听说教学中不开口的原因之一就是语音的准备不足，学生在没有能够熟练读出单词和句型时，就匆匆忙忙要求学生用目标语表达，是强人所难。至于其他的口语交际能力，是源于教师平时是否与学生常用目标语会话。只有创设氛围，养成交流对话的习惯，才能培养学生的交际能力。

口语活动的类型通常有三种：一种是信息差活动，涉及学生之间交换信息的活动，这种活动要求任务中有学生各自不了解的信息，通过目标语的交流，获得对方的具体信息。一种是推断任务活动，这种任务通常是要求学生根据已获得的信息，解决当前的问题，完成任务。这种任务需要学生更高一层次的思考、讨论，最后用目标语表达出来。一种是观点差活动，即学生之间讨论某个话题，获得统一认识或者总结出各自不同的回答。这类活动通常学生会有不同的观点，所以称为观点差活动。

以下是2011版新《英语课程标准》对小学（二级）、初中（五级）、高中（八级）的口语要求。

二级：

能在口头表达中做到发音清楚、语调达意。

能就所熟悉的个人和家庭情况进行简短对话。

能运用一些最常用的日常套语（如问候、告别、致谢、致歉等）。

能在教师的帮助下讲述简单的小故事。

从二级要求来看，小学生的英语口语能力培养要重视正确的语音语调培养。重视小学生的朗读、语音、语调练习可以奠定其今后进一步发展流畅口语能力的基础。

三级：

能在课堂上用简短的英语交流。

能就熟悉的话题进行简单的交流。

能利用所给提示（图片、幻灯片、实物、文字等）简单描述一件事情。

能提供有关个人情况和个人经历的信息。

能讲述简单的小故事。

能背诵一定数量的小诗或歌谣，能唱一些英语歌曲。

能在上述口语活动中语音、语调基本正确。

四级：

能根据提示给出连贯的简单指令。

能引出话题并进行几个回合的交谈。

能在教师的帮助下或根据图片用简单的语言描述自己或他人的经历。

能在教师的指导下参与角色扮演等活动。

能在上述口语活动中使用正确的语音、语调。

五级：

能就简单的话题提供信息，表达简单的观点和意见，参与讨论。

能与他人沟通信息，合作完成任务。

能在口头表达中进行适当的自我修正。

能有效地询问信息和请求帮助。

能根据话题进行情景对话。

能用英语表演短剧。

能在以上口语活动中语音、语调自然，语气恰当。

初中英语口语教学在小学语感培养基础上逐步形成就话题表达观点和参与讨论，因此教学中的结对和小组活动作为常规活动有助于这方面能力的培养。但很多农村地区的小学英语没有正常开展，或者未有效进行，所以小学生的英语基础近乎为零，口语教学增加了难度，因此，初中口语教学要先从小学的拼读和语感培养开始，逐步培养初中生说的能力。语音和口语教学因而是解决农村地区英语教学困境的敲门砖和铺路石。

六级：

能传递信息并就熟悉的话题表达看法。

能通过重复、举例、解释等方式澄清意思。

能有条理地描述个人体验和表达个人的见解和想象。

能用恰当方式在特定场合中表达态度和意愿。

能使用恰当的语调、语气和节奏表达自己的意图。

七级：

能用英语进行语言实践活动。

能根据命题，稍做准备后，作简短的发言。

能针对问题提出解决问题的建议和办法。

能就一般话题作口头陈述。

能对询问和要求做出恰当的反应。

八级：

能使用恰当的语调和节奏。

能根据学习任务进行商讨和制订计划。

能报告实验和调查研究的过程和结果。

能经过准备就一般话题作3分钟演讲。

能在日常人际交往中有效地使用语言进行表达，如发表意见、进行判断、责备、投诉等。

能做一般的生活翻译，如带外宾购物、游览等。

高中的口语教学基于初中的口语和词汇基础，能表达更加复杂的观点，并能进行生活实践的口语表达。但由于过分强调应试，学生的口语能力没有得到应有的发展，如果教师能把应试和口语表达的培养适当结合，既能提升学生的口语能力，又能提高学生的学习动机。

九级：

能就国内外普遍关心的问题如环保、人口、和平与发展等用英语交谈，表明自己的态度和观点。

能把握交谈时的分寸，会用客套语，会提出问题，会结束谈话。

能经过准备就一些专题作5～10分钟演讲并回答有关提问。

能用英语接受面试。

能作一般性口头翻译。

能在交际中恰当地表达自己的情感。

能对交际中产生的误会加以澄清或解释。

九级是高中生升入大学或者到国外留学应该达到的水平。我们国家的应试教育如果进行有效的改革，以发展学生的英语实际应用能力为主的话，学生进入大学后九级是可以达到的。

对比 Nunan 在《交际课堂的任务设计》中提出的根据学习者程度的七个级别的口语活动，不难发现标准对语言实际运用能力的要求更加具体。

Level 1

命名物体。

介绍自己的名字、年龄和地址。

能与全班和小组背出歌谣。

参与简短的对话。

用简单句描述普通物体。

要求获得物件。

评价自己和别人的能力。

Level 2

描述家人和朋友（比如年龄、关系、体重、头发和眼睛特征等）。

能单独背诵歌谣。

介绍自己或询问他人的喜好。

说出和拼写出核心单词。

听完短文或对话后能回答问题或者复述细节。

能用提示词询问别人的家庭和朋友状况。

能用提示词对所熟悉的主题进行描述。

谈论正在进行的活动。

用英语计算和使用钱。

表达时间。

Level 3

对所听到的口语汇报或故事马上回答问题。

对所熟悉的主题汇报。

根据所给的模式，谈论一幅图、地图、图表。

具体表达包括分秒的时间。

由所给的提示词描述一系列的过去发生的事件。

用所给的情境提示，完成一系列的陈述。

比较物件。

交际中开展对话和结束对话。

Level 4

能详述听到的故事和汇报等。

根据图画对特定主题进行描述。

根据图片和卡通叙述一系列已发生的事件。

以小组为单位通过推理和讨论解决问题。

对特殊话题表达观点。

使用话语策略在交际对话中转换话题、交换信息和邀请他人参与对话。

给予一系列的指示对话。

请求或提供给他人的需求。

谈论将来的事件。

Level 5

总结概括听力内容。

联系一个熟悉的情境描述一系列图画。

描述一个简单过程。

描述一系列的行为过程。

小组讨论解决问题，并且基于对口头和书面信息的综合。

对某些热点和主题表达观点。

使用话语策略谈论表达不同观点。

Level 6

对所听的材料总结观点和细节。

对特定主题发表有准备的演讲。

口语陈述一些没有文本的图表。

基于图表描述某个复杂过程。

用不同时态描述事件。

小组讨论基于不同观点的信息，解决问题并提供解决方案。

处理和传达电话信息。

通过使用情态动词表达观点。

使用肢体语言等非语言行为。

Level 7

对熟悉的主题进行即席演讲。

能用正式和非正式口语风格进行交际。

能根据小组活动设想和解决抽象问题。

能谈论和回答有关抽象主题的话题。

能使用对话和话语策略展开交际。

Nunan 对于口语活动的分级叙述非常详细，农村初中英语教师可以参照课程标准关于口语技能学习的目标，以及教材对于话题与功能的描述，再参看 Nunan 的活动内容级别，根据学生的程度从一级开始训练（针对农村中学生在小学期间未学过英语），城市的学生则可以从二级或三级开始，逐步提高中小学生的口语能力。

在组织口语活动中，教师的角色通常有三种：作为组织和协调者、作为参与者和作为观察学习者。如果作为组织和协调者，教师就要全盘控制和组织训练，课堂上教师可以来回走动监控活动中学生参与状况和解决学生可能出现的问题，比如没有听懂教师的指示，或是不能表达某些单词和句型。如果作为参与者，那么教师可以总控全班的同时，参与某个组的讨论，引导组员完成任务，教师借此还可以更了解学生对任务的理解和完成情况。如果作为观察学习者，教师可以让学生代替老师组织口语活动，而教师自己可以观察全体或某个组，记录和学习学生讨论的内容、参与状况、出现的问题等，这样教师就可以获得第一手的教学记录，为下次调整教学活动打下基础，与此同时，学生代替教师组织口语活动也可以锻炼学生的口语和组织能力。所以，教师的角色应根据口语活动目标、学生口语基础做角色的适当变化。

蒋晓华（2013）指出语感在口语和综合语言能力发展过程中的重要性。提出在教学实践中应如何读：读出情感体验、读出情节发展、读出人物特色、读出角色区别、读出高潮气氛、读出抑扬顿挫、读出空间距离、读出语法规则、读出兴趣自信。

杨阳（2005）在《英语教学法技能与技巧》中，对三个层次的语言学习者提出了多种口语活动。对于初学者（尤其对于农村学生）来说，以下几种活动比较有效。

第一类活动是机械操练活动，在语言学习初期是必要的。

（1）重复（repetition）。有 11 种重复方法：

Choral repetition：大班重复；

GroupA - groupB：小组 A 或 B 重复；

Rows and lines：排或列重复；

Team：小组重复；

Boys and girls：男孩、女孩重复；

Ripple drill：A，A + B，A + B + C…波浪形重复 A 组，A 组 + B 组，A 组 + B 组 + C 组……

Chaindrills：链式分音节朗读，e - le - phant，What - would you - like to do?

Back - chaining：与 chaindrill 一样，只是从后面音节倒过来；

Loud and small voice：学生看教师手势或声音或大或小；

TPR drilling：学生根据词意或句意，大声读并做动作；

Random name or school number drilling：教师随意说名字或者学号抽同学读。

（2）联句（prompted sentences）。

This is your ______ （head，nose，finger，ear，etc.）

（3）单词替换（single - word substitution）。

Example：

T：I am going to eat.

S：I' m going to eat.

T：Sleep.

S：I' m going to sleep.

（4）双词替换（double－slot substitutions）。

T：Yes，shoes.

S：Yes，I need shoes.

T：No，books.

S：No，I don' t need any books.

（5）多词替换（multiple－position substitutions）。

S：I like to eat bananas.

T：Apples.

S：I like to eat apples.

T：Cook.

S：I like to cook apples.

T：John.

S：John likes to cook apples.

（6）改写句子（transformation exercises）。

S：I study English.

T：Yesterday.

S：I studied English yesterday.

T：Now.

S：I am studying English now.

（7）对话（dialogues）。

A：Good morning. How are you?

B：I' m fine，thank you. And you?

A：Fine，thank you.

机械操练活动应该采用快节奏和大容量的方式，学生的参与次数和参与面尽量大才能取得好的效果。

第二类活动是交际活动，这是机械操练活动的延伸。

（1）是否问题（yes/no）。

T：(holding a pen) Is this a dog?

S：No, a pen!

T：(holding a book) Is this a book?

S：Yes, a book!

（2）分类（近义与反义词）(categorizing, synonyms and antonyms)。

T：Snake.

S：Animal.

T：Hot.

S：Warm.

T：Slow.

S：Fast.

（3）排序（sequencing）。

T：Monday, Tuesday...

S："Wednesday, Thursday..."

T：(seasons, months, numbers, daily routines, etc.)

（4）定义描述（definitions）。

T：An animal that lives in the water.

S：Fish.

T：The man or woman who flies an airplane.

S：Pilot.

（5）词汇分类（vocabulary grouping）。

（6）对话（dialogues）。

（7）引导对话（guided conversation）。

（8）图片描述（description of a picture）。

对于中级和高级语言学习者，交际活动就更为灵活。比如：

（1）使用图片（using pictures）。

（2）使用图片（asking for opinions and interviews）。

（3）讲故事（story telling）。

（4）自由交谈（free talk）。

（5）猜谜游戏（guessing games）。

（6）小组讨论（discussion）。

（7）口语汇报（oral reports）。

（8）问题解决活动（problem - solving activity）。

（9）角色扮演（role - play）。

（10）辩论活动（debate）。

交际活动与机械操练活动相反，应该给学生足够时间，让学生获得充分的机会练习。但今天的初中英语课堂缺乏足够的交际活动，大多数是枯燥的机械操练活动。

教师培训关于“听说教学如何让学生开口”，从三个方面开始：语音教学，从强化学员的语音口语能力开始；听力教学，训练学员的听力任务设计来强化听力教学能力；口语教学，加强学员的口语意识作为培训的主要任务，同时让学员体验不同的口语活动，可以用在今后学员自己的课堂中。综上所述，听说教学的关键在于学员本身的语音、听说能力的提高，学员在体验学习过程中，才能学会如何进行听说教学，最终让学生开口讲英语，提高中学生的口语交际能力。

冯丽玲（2014）认为，听力教学存在的问题是听前准备不充分、听中策略缺失和听后任务缺乏拓展的问题。听前要准备的问题是熟悉话题、相关词语和句型，并明确具体任务。除此之外，让学生做好听前的心理准备和情感铺垫，会极大地提高听力的效果。比如可以通过复习、讲故事、看图预测等丰富多样的活动来引起学生听的动机和兴趣。听的过程中，教师经常会根据课本练习，一题一题地解决，而对如何听的策略指导较为欠缺。可以设计获取主旨大意的任务，并在其中指导如何抓住关键词等的策略，听关键信息和具体信息时，可以指导如何通过推断来理解文本等策略。听后是听的输出练习，对话、复述、讨论或改编听的内容等练习任务都可以促进口语发展。

廖道文、吕英明（2013）提出听说课的五种模式：（1）先说—后听—仿说—延伸说，此种模式是最为常见的模式；（2）先听—仿说—延伸说，此种模式主要是针对听力内容较为容易，或者学生听力基础较好的情况，可以逐步培养学生自主听的能力；（3）先说—后听—仿说—仿写，此种模式通过增加写的任务来强化听说的效果和语言习得；（4）先听—后说—再听说，就某个话题循环听和说的内容；（5）先听—后说—仿说—泛读，通过增加阅读内容来促进该话题的语言学习，以及综合语言应用能力。在使用任何一种模式时，要注意导入的新颖性（吸引学生的注意力和听的动机），情景的真实性（能与生活和实际运用场景相关联），分析语法时要尽量简单（使学生能保持听说的兴趣），以说导听（让学生熟悉听的主要句型和使用，降低听的难度），以听助说（基于听的文本，让学生模仿对话，学会使用新句型和短语），听说同题（借助本单元语法知识和话题，开展相应的活动）。在开展听说课堂活动应注意的原则是：趣味性、关联性、实效性、目的性、可行性和生成性。

肖庆华（2014）指出多模态视域下的英语听力教学效果更佳。模态是指人类通过感官（如听觉、视觉等）跟外部环境（如人、机器、物件、动物等）之间的互动方式。多模态就是运用几种符合学模态，综合若干符号学模态来强化意义的表达，或行使补充功能。多模态话语指运用听觉、视觉、触觉等多种感觉，通过语言、图像、声音、动作等多种手段和符号资源进行交际。多模态的听力注重多种听力资源和学生多种感官互动，教学效果比单一模态效果更佳。

结　语

听说课要让学生开口，必须重视语音的学习，即拼读与语音知识、口语的操练与运用，逐步培养学生开口读与说，并形成语感，学生才能提高听说能力，真正开口交流，发展英语语言的综合运用能力。

参考文献：

[1] Brown, H. D. & Lane, L. L. Tips for Teaching Pronunciation: A Practical Approach [M]. 北京：清华大学出版社，2012.

[2] Cunningham, P. M. & Hall, D. P. Making Words [M]. USA: Pearson Education, 2009.

[3] Goh, C. C. M. Teaching Listening in the Language Classroom [M]. 北京：人民教育出版社，2008.

[4] Kelly, G. How to teach pronunciation [M]. 邹为诚译，北京：人民邮电出版社，2010.

[5] Levis, J. M. Changing Contexts and Shifting Paradigms in Pronunciation Teaching [J]. TESOL QUARTLY, 2005, (9), 369-397.

[6] 林克妈妈. 英文三字经：林克妈妈的少儿英语学习法 [M]. 北京：外文出版社，2013.

[7] Nunan, D. & Helgesen, M. & Brown, S. Practical English Language Teaching: Listening [M]. 北京：清华大学出版社，2013.

[8] Nunan, D. & Bailey, K. M. Practical English Language Teaching: Speaking [M]. 北京：清华大学出版社，2013.

[9] Poedjosoedarmo, G. Teaching Pronunciation: Why, What, When and How [M]. 北京：人民教育出版社，2008.

[10] Rost, M. Teaching and Researching Listening [M]. 北京：外语教学与研究出版社，2005.

[11] Thornbury, S. How to Teach Speaking [M]. 邹为诚译，北京：人民邮电出版社，2010.

[12] 冯丽玲，刘辉. 新课程理念下的初中英语听说课教学探究 [J]. 中小学外语教学，2014，(6)：8-13.

[13] 蒋晓华. "读"出语感 [J]. 中小学英语教学与研究，2013，(5)：2-6.

[14] 廖道文，吕英明. 初中英语听说课教学要领及课堂教学活动设计 [J]. 中小学英语教学与研究，2013，(11)：58-62.

[15] 刘炜. 绕口令在英语教学中的应用 [J]. 基础英语教育，2013，(2)：55-62.

[16] 肖庆华. 多模态视域下英语听力自主学习课堂设计 [J]. 教师博览，2014，(8)：32-34.

[17] 杨阳. 英语教学法：技能与技巧 [M]. 北京：高等教育出版社，2005.

第五章　中学英语阅读教学的误区

☞问题五：阅读教学的目的是什么？如何进行有效的英语阅读教学？

阅读教学是语言教学的核心，尤其是中国的外语学习环境，语言的真实输入主要来源还是阅读。因此教会学生阅读的技巧和能力，尤其是阅读的兴趣与习惯培养是英语教学的重中之重。但如果教师并非是成功的阅读者，对教授阅读技巧较缺乏认识，平时对阅读教学进行思考、探索和学习也几乎为零，因此教学中使用的也是最简洁和通用的方法，即一句一句用母语翻译的传统翻译教学法，学生在此种方法下，既没有学会基本的速读、猜词、推断和评判能力，还养成了一句一句靠母语翻译和解释的不良阅读习惯，这大大降低了学生的阅读效率和学生接触课外阅读的意愿。高中英语教学中，教师普遍对教材中的词汇和内容量觉得偏多和偏难，这与初中英语教学中阅读能力培养的缺失有关。学生升入高校后，在进行英语学习过程中，阅读能力的滞后也非常明显，无论是英语专业还是非英语专业学生过级考试的阅读理解部分都需要花大量时间来提高，这与基础教育中阅读能力培养的欠缺同样有着密切的联系。走入农村课堂，以“How do you get to school?”为例，课文中讲述了全世界儿童如何上学，教师对每句话进行翻译，并对其中出现的语法点第三人称单数反复强调，一节阅读课翻译和讲解完了，也就完成了本堂阅读课。其实本课从内容和思想难度来说，远远低于初一学生的认知水平，从词汇难度来说，只要前面的听说模块训练扎实，语法在 Section A 的第二部分讲解过，那么此篇阅读就应该作为速读技巧训练的材料以及语篇结构的学习文章，比如本篇阅读文本是说明文，是用举例的方式展开主题句叙述的，如果教师在教学中强调阅读策略和语篇知识，就能为本话题“How do you get to school?”的听、说、读、写的应用打下坚实基础。但是无论是城市还是农村课堂，教师由于缺少应有的理念，课堂阅读能力的培养缺失，课外阅读就更为苍白。以下学员谈了自己对阅读教学问题的分析并提出了解决对策。

1. 问题的调查

在对2014届国培学员的调查问卷中，第5题的内容是“您认为阅读如何教？请描述您平时的教学方法”。通过对85位国培教师的问卷结果进行分类、分析，笔者发现他们所采用的阅读教学方法可归为以下六种：问题教学法（37人，占44%）；注重阅读策略（18人，占21%）；注重阅读过程（导入—问题—讲解—活动）（13人，占15%）；任务型教学（7人，占8%）；语法翻译法（3人，占4%）；其他（7人，占8%），其具体案例如下。

1.1 问题教学法

案例1：阅读应教学生掌握一定的技巧。教学过程：快速浏览文章看问题找到相关内容仔细阅读回答问题。

案例2：阅读本应该以学生为主、教师为辅，应该教会学生阅读方法、阅读技能。先让学生阅读一遍，然后提出5～8个问题。在阅读第二遍时，让学生作答，以小组方式讨论各自的答案。最后教师简单核对答案。

案例3：阅读教学应注重培养学生的阅读技能，养成良好的阅读习惯。我在平时的教学过程中的方法主要是：通读每篇文章后的问题，然后让学生带着问题读全文；精读带有每个问题的段落；检查每个问题的答案。

案例4：我在教阅读的时候先让学生看问题，看给出的备选答案，然后带着问题去通读全文，遇到生词让他们根据上下文的意思猜出生词的含义，再选出正确答案。

1.2 注重阅读策略

案例1：阅读要多读多练，精读与泛读相结合。平时教学过程中，我首先抓学生的词汇，基础词汇过关才能进行高效的阅读。阅读中遇到生词结合上下文推测、再查阅，并积累在本子上。另外进行限时阅读，在规定时间内完成一定量的阅读。还有平时要学生多看英美电影和英文的报刊，积累素材。

案例2：分为两种：一、泛读。不使用任何工具书，让学生结合上下语境去猜不熟悉的词汇，基本了解文章大意即可，能把握住文章中重要的信息。二、精读。逐字逐句地读，可借助工具书了解、掌握文章中的细节信息，把握文章中所要展现的作用和目的，同时能了解隐藏在文章中的信息。

案例3：阅读教学过程中，我的学生往往去死抠文中出现的生词。很多学生都会由于不明白这些生词的词义就放弃或马虎对待。针对这个现象，我会经常教学生学习根据文章的前段或最后段落，先了解文章的主旨大意，然后让学生学习根据段与段、句与句之间的逻辑联系来猜测生词、词义。

案例4：我认为阅读关键是让学生提升阅读能力和技巧。例如：我平时在教学中首先第一遍让学生阅读材料找出 main idea 或 main sentences。第二遍让学生看题目后，又精读一遍材料进行作答。其中对不懂的单词进行猜、推、跳来处理，影响做题的通过上下句意来推出单词的意思，或根据语境猜出单词意思，对不影响做题的跳掉。

从以上两项数据来看的话，强调理解能力和阅读技能培养的教师似乎占了大多数（65%），但当我们访谈教师时，大部分教师的课堂主要是一半问题教学，一半语法翻译。说到阅读技能，主要是略读、查读、猜词。甚至大部分阅读课堂以讲语法、翻译句子为主。

1.3 注重阅读过程（导入—问题—讲解—活动）

案例1：我认为阅读可以分为泛读和精读两种方式进行。首先，在阅读课前可以用一些有趣的问题、图片、视频等导入；然后，向学生提出一些概括文章大意的问题，让学生泛读找到文章大意；再然后，向学生提出一些关于文章细节的问题，让学生精读找到答案；然后，可以对重点句子、难句进行讲解；最后，可以让学生完成一个与课文相关的话题讨论或者活动。

案例2：我教授阅读课时，常在课前学生自学内容就布置给学生。找不认识的单词或词汇；互助解决问题；教师讲解语音、词意；学生朗读课文并解决课文大意；找出文章中的大意，让学生陈述，给学生一个固定模式who，what，where，when，how等；布置书面作业让学生把课堂上的内容作个陈述；对作业进行评价，并点评学生作业中好的一面及不好的一面，以及如何改正。

案例3：阅读我通常分为pre－reading，while－reading和post－reading三个部分。pre－reading学生先做好预习，解决简单的词汇、句子成分障碍并提出自己弄不明白的问题。while－reading着力解决学生提出的问题以及帮助学生分析篇章结构。post－reading会让学生完成相关练习，并借鉴好词佳句、好的构思，进而促进写作的教学。

案例4：阅读在备课时应该创设一些与阅读内容相关的背景知识，了解问题的设计，一些了解背景知识的游戏、讨论等，让学生带着一种非常想了解这一知识的观点来学习这篇文章。然后检查他们阅读的情况，再对一些文章中的重难点加以讲解。

从以上这些教师的回答可以看出，教师对教材中体现的课改理念还是了解和应用的，但存在着语法讲解的时机不恰当，课堂上虽然有一定的阅读过程，但匆匆处理，把重心放在讲解语法上，那么这样的课堂还是传统的知识课堂，而非基于阅读能力培养的课堂。

1.4 任务型教学

案例1：阅读中有跳读、细读、快读等方式：

Step 1：标题和图片猜测词义；

Step 2：快读找文章中心句；

Step 3：设计问题、细读文章；

Step 4：试述课文（给学生主要词汇）；

Step 5：学生两两复述课文。

案例 2：在英语教学中，阅读确实能提高一个人的英语综合知识水平，因此我在教学中也十分重视学生英语阅读教学，阅读教学应该是任务型的。设计问题、布置任务、分组讨论、展示交流、教师点评。

案例 3：阅读是一个难点，我们的许多学生都是阅读失分较多，都怕阅读，因为读不懂。我们平时都是先“激趣导入”，然后“任务启动”，比如把文中的词挖掉让学生填空或回答问题再讲里面的语言点。最后能力提升，比如让学生复述课文。

案例 4：阅读是在试题中所占分值较大的一部分，而教会学生阅读的关键是让学生多读，背诵教材中的佳句、好段。教师应首先给学生布置阅读任务，如在粗读的过程中找到五个“w”和一个“h”，带着问题去读。三遍之后，让学生勾画出重点、难点词汇或句子，找到文章的主旨，之后全班一起把各小组的交流和阅读结果展示在小组黑板上，教师评价补充，提高阅读效果。

这几位教师的阅读教学体现了“任务型教学法”的理念，如果教师有一个整体的目标设计，每节课要达到的具体目标都能在任务型的阅读教学中完成，那么这样的教法是可取的。

1.5 语法翻译法

案例 1：教授阅读课程时可利用与阅读相关知识的学习逐步让学生轻松地完成阅读内容（如：可用阅读的相关知识做填空练习）。平时多以传统式教学为主（如，先逐段讲解，先用英语读一遍，然后用汉语讲解重点的词汇和搭配、语法等知识，最后完成基于阅读内容提出的问题）。

案例 2：阅读是以词汇和语法为基础的。精读的课文先让学生自己体会，我再指导其中渗透的部分词汇和语法。泛读时的课文基本上我只提重点句中的语法，词汇基本上不提。此外，我更多注重的是阅读材料背后所蕴含的人文知识。

本次培训的学员认为自己的教学是语法翻译法的仅有3人，但在实际访谈中，使用语法翻译的其实是大部分，甚至几乎没有人不用这种方法讲阅读，他们承认自己的教学中会问一些教材中有的问题，偶尔教一点阅读技巧，但很快转入语法翻译法的教学。这样做的主要原因是不放心阅读文本中的语言知识点，担心不讲学生不能掌握。其实在实际教学中，阅读理解占一节课、语言点占一节课的安排更为合理，但教师们受传统教法的影响，每节课、每种课型都要讲解语法知识点。

1.6 其他阅读教学方法

案例1：英语学习本身就是一个成就的培养过程，阅读尤其突出体现了这个特征。当学生通过平时的积累，克服对英语的恐惧感完成一个阅读过程并能对所读内容有所思考的时候就是阅读的基本成功。所以为了培养或创造这种成就感，我会在每篇阅读前尽量扫清阅读障碍，再创造有梯度的阅读实践。

案例2：我认为阅读教学首先应培养学生良好的阅读习惯，要扎实和拓展学生的词汇量及英美国家知识面等。我的常用方法是：词汇过关；激活主题兴趣；情景、问题预设；提出问题；学生个人或分组阅读、讨论；分组交流；教师学生交流、总结、完成问题，并作课文思想升华、拓展。

案例3：阅读课文中，给学生找出重点语句让他们背，鼓励学生每天读一小篇短文。

案例4：阅读以词汇学习为基础，在词汇学习的基础上找出文章里所包含的知识点，进一步理解文章的意思、它所包含的文化、带给学习者的启示。

这部分学员对于阅读教学比较有自己的方法，但当与他们访谈了解时，发现他们虽然有自己不同的理念和教法，但语法翻译教法却依然是他们阅读教学的主要方法。

结　论

阅读教学的问卷调查从表面上看，教师的认识是比较好的，提到阅读兴趣习惯培养、阅读策略的教学等，通过访谈，我们发现大部分的回答都与问卷的调查不一致。教师会在阅读课上提问，但问题设计简单，都是事实性问题，很少有推理或观点态度问题。教师也有阅读前、阅读中和阅读后活动，但并不都在每次阅读课上开展，尤其是阅读后活动，很少有教师设计问题让学生有机会发散思维，表达个人观点。教师虽然说到阅读策略，但所知的阅读策略很少，基本上只能说出三种：预测、略读和查读。至于课外阅读的开展，几乎无一人在真实教学中开展，更谈不上阅读兴趣和习惯的培养。这说明，教师对阅读教学的宏观认识是有的，但系统的阅读教学知识以及阅读教学开展的能力是非常欠缺的。另外在调查中，无一人提出语篇教学，这更说明了英语教学中对于阅读语篇教学的开展几乎为零，写作教学的语篇能力培养也就可能较为欠缺。

2. 问题的分析

中学英语阅读教学长期以来存在着忽略培养学生阅读兴趣、发展学生阅读能力和形成良好阅读习惯的问题。这主要是教师对阅读过程不太理解、对阅读能力发展缺少认识以及阅读教学的模式原理把握不到位导致的。那么阅读是怎样的一个过程呢？

2.1 理解阅读过程

阅读是获得信息的过程，读者在获取信息的过程中，基于不同的语言水平、阅读目的、阅读习惯就会有不同的阅读模式。研究者根据对阅读心理过程的研究，提出了三种阅读模式。

2.1.1 自下而上模式

20 世纪 60 年代，美国心理学家高夫对阅读的外部过程作过许多研究。1972 年他提出自下而上这个模式来描述阅读的过程。他认为阅读始于眼睛的注视，读者根据眼睛的视网膜上所形成的字母的肖像表征，对字母所组成的词进行辨认，最后词在句子中进行加工形成意义。这个模式是读者从低级到高级转换逐渐获得文本意义的。对阅读过程这样的观念早就形成，只是高夫对此进行了具体的描述，并且此模式被给予了“自下而上”的名称。当然这个模式也受到了其他阅读心理学家的批评。因为高夫的研究只观察了读者逐字逐句的阅读过程，却忽视了读者的内部思想和已知知识。并且越来越多的研究表明，读者记忆里已有的知识对阅读起了很大的作用。

2.1.2 自上而下模式

古德曼在同一时代也作了大量研究，发现小学生阅读时对故事中词的辨认比从词汇表中辨认更快，阅读理解过程中对意义的提取很多是根据语境对下文猜测，因此提出了阅读是心理语言学的猜测游戏。并提出读者在阅读过程中不断推断、预测、验证、修改，并且对意义的提取是基于读物中最低数量的语言。与自下而上模式不同的是，古德曼强调读者不一定需要辨认每一个字母或词，读者可以预测眼睛没有看到的内容，读物本身并没有意义，读者自己建构意义，而且是利用读者头脑里已有的知识，包括语言知识和非语言知识来获得文本的意义（张必隐，1992）。

实际上两种阅读模式并不矛盾，一个（自下而上）是阅读的外部过程，一个（自上而下）是阅读的内部过程。一个是物理过程，一个是心理过程。只有两者结合才是真正的阅读，而读者要达到有效甚至高效快速，就需要发展和锻炼自上而下的过程。

2.1.3 交互式模式

鲁梅哈特（1977）就是结合高夫的外部过程和古德曼的内部过程，在他的图式理论的基础上，提出了交互式的阅读模式。图式概念的提出最早见于英国心理学家巴利特（1932），对图式理论进一步研究发展的主要人物之一是美国人工智能专家鲁梅哈特（陈贤臣，1998）。他提出理解是图式具体化的过程。也就是说，阅读理解中，首先输入一定的信息，然后在记忆中寻找并选择说明这些信息的图式，当被选定的图式具体化，其中的空位被填充以后，就产生了理解。因此，图式在阅读理解过程中的作用有三方面：对阅读内容的预期作用，对文字内容的选择作用，对内容意义的记忆作用。正是由于图式的作用，产生了读者阅读的内部过程，反过来影响到了读者的外部过程，使读者不需要逐字逐句阅读，只用提取最少和最必要的文字就可以达到理解。

这样，鲁梅哈特的图式理论就支持了他的交互式阅读模式。在此模式中，阅读过程被看作既有自下而上对外部视觉信息的加工，又有读者内部自上而下非视觉信息的加工。这种视觉与非视觉信息的加工是同时进行的，并且是从低一层次图式向高一层次图式激活和应用的过程，读者因此逐渐理解了句子、段落、大意和语篇。造成读者不理解的原因，是读者不具备与文章相适应的图式，具体说来，在外语阅读理解中，有内容和形式图式，即世界知识和语言知识的图式。无论是哪一种图式的缺乏或不足，都会导致阅读理解的障碍（朱纯，2004）。

交互式阅读模式实际上是综合了一百多年心理学家、人工智能专家的研究而提出的，高夫、古德曼和鲁梅哈特是阅读研究理论的重要代表人物，尤其是鲁梅哈特的交互式阅读模式得到了语言学界阅读理论研究的广泛认可，也是今天二语和外语教学中所遵循的教学理论原则之一（Candlin & Hall，2005）。

2.1.4 影响阅读过程的主要原因

阅读过程就是读者根据阅读目的、阅读水平和阅读习惯而有意识和无意识地选择阅读模式的过程。阅读的目的是：（1）从文中找出特定信息。如果从文章中找特定信息，就可能选择自上而下的阅读模式，这样可以迅速锁定需要的信息，根据对特定信息的需求，再做自下而上的阅读，即精读所寻找到的信息，进一步获得理解和应用，比如找某个旅游景点的说明，计划出行，或是找某个重要的知识点，以达到应用。（2）为了快速浏览。如果只是为了泛读很多材料，就可以采用自上而下的模式，尽量浏览涉猎更多的知识领域，积累背景知识。（3）学习课文。如果是为了学习课文，并在此过程中理解、记住信息内容和学习文章的修辞结构，那么就可以应用交互式的阅读模式，从自上而下模式开始，总体把握文章的大意和结构，快速地理解文章；然后进入自下而上的模式，分析理解文章中的含义，记住知识并应用在今后的阅读中。（4）综合信息。如果是综合信息，就需要快速浏览，然后精读，使读者联系旧知，融会贯通所读内容。这个过程仍然是交互式的阅读模式。（5）为了写作而读等等（Grabe & Stoller，2005）。如果是为了写作而读，也是一个既泛读又精读的过程，大量涉猎是为了拓宽理解，集中阅读是为了获得最重要的信息，然后写出自己的理解和思考。（6）读诗歌类型的文学作品。读者在此过程中就必须精读，咀嚼慢咽。总之，根据阅读目的的不同，读者经常使用的是交互式的阅读模式，提高阅读效率，完成阅读任务。

根据阅读水平，教师在教学中经常碰到两类极端的学习者。第一类是基础薄弱的学生，他们在进行阅读时应用的阅读模式基本上是自下而上的模式，读者会从词汇开始，花费精力在对每一句的翻译解读上，并且对语篇的整体理解需要更长时间，另外他们的短时记忆也会较短。第二类是基础较好的学生，他们的阅读模式就会是交互式的阅读模式，他们会根据体裁确定自己的阅读过程，并且大量使用自己已知的背景知识进行猜词和推理，重要的是不会拘泥于单词和语句，能迅速总体把握文章，需要对一些信息内容做精读的时候，就会停下来仔细分析解读。是灵活的阅读者。教师在教学中既要理解程度较低学生的阅读过程，又要发展中间层次学生的交互式阅读模式的掌握，同时应该给予成绩好的学生更高的要求和指导。这样才能发展学生良好的阅读习惯。

阅读习惯也是决定阅读过程选择的因素，有一部分学生不是词汇、语法基础差，而是有不良阅读习惯，导致阅读效率不高。比如唇读、手指读、逐字逐句读，阅读中不懂得取舍重要与非重要信息，所以阅读速度一慢，就增加了阅读的难度，所以阅读能力就会迟迟停留在某一个水平层次上，并且不能形成阅读兴趣。所以对于这部分学生来说，经过短期的指导训练，是可以改变阅读习惯、提高阅读效率的。如果是对于学困生来说，虽然提高阅读能力的方式主要是先提高词汇、语法的学习，但也要在阅读中不断强化这部分基础能力，并逐步克服生词障碍和畏惧心理，从容易到难逐步培养学困生的阅读成功体验，提高兴趣和培养能力。

中学阅读教学的一大误区就是教师对学生阅读过程的理解不够，所以千篇一律地用同一种方式上课和同一个标准要求所有学生，农村英语课堂更多体现了自下而上的逐字逐句讲解课文单词和语法的过程，因此很难培养学生的阅读能力和良好的阅读习惯。中学英语教师应该熟知阅读的过程，以及由于阅读目的、语言水平和阅读习惯不同而导致读者选择不同的阅读模式，在课堂上提供大量的练习，课后强化其他更多的阅读，这样才能真正实现阅读教学的目的，即培养学生的阅读兴趣、能力和习惯。

2.2 阅读能力培养

阅读能力的培养包含：阅读策略的掌握和运用；语篇分析能力；修辞手段的理解；思辨能力。具体地说，新课标对初中阶段提出了阅读能力五级水平的要求：(1) 能根据上下文和构词法推断、理解生词的含义（阅读策略）。(2) 能理解段落中各句子之间的逻辑关系（语篇分析能力）。(3) 能找出文章中的主题，理解故事的情节，预测故事情节的发展和可能的结局（语篇分析能力）。(4) 能读懂相应水平的常见体裁的读物（语篇分析能力）。(5) 能根据不同的阅读目的运用简单的阅读策略获取信息（阅读能力）。(6) 能利用词典等工具书进行学习（阅读习惯）。(7) 课外阅读量应累计达到 15 万词以上（阅读习惯）。

以新课标阅读能力五级标准为基础，阅读能力包括了如下几项。

2.2.1 猜测词义

猜词和理解同义过程中，读者需要从构词法、词义关系和上下文句子之间逻辑关系来推断。

2.2.1.1 理解构词法

中学英语教师对于构词法的讲解是很有限的。英语的构词法其实有很多种，在第二章词汇教学中已经详述，在此不再重复。

2.2.1.2 理解词义关系

词义关系是指词与词之间的语义联系。通过理解词义关系可以推测生词的含义。词与词的语义关系有五种：多义、同音同形异义、同义、反义、上下义。多义关系是指一词多义的现象，读者通常掌握了词的某个意义，但在不同语境中还会有不同意义。如果掌握了这一点，就能灵活地在语境中推断词的准确意义。同音同形异义关系是指有的词或语音相近，但拼写不同，意义不同；或拼写相同，读音不同，意义不同；甚至有的词语音和拼写是同一个词，但不同语境却有不同含义（bank，date；bow，sow；write—rite，son—sun）。同义关系和反义关系是语篇中常用的衔接策略，为了使文章中的词汇应用不单调和生动。所以读者可以通过对某个词的理解，基于同义或反义关系原理，就可以猜测生词的含义。上下义关系是指词汇之间的包含关系，处于上位包含关系的词就叫上义词，处于下位关系的词就叫下义词。比如上义词是animal，它的下义词就是lion，elephant。如果上义词是flower，它的下义词就是tulip，rose。总之，以上五种词义关系可以帮助读者推测生词的含义，提高阅读效率。

理解词在句子中的逻辑关系。猜词过程中还可以从生词在句子中的位置，与其他词之间的逻辑关系来推测。比如**定义线索**，通常一个较难的词，紧跟其后会是对这个词的解释。

Mary is indecisive, that is, she can't make up her mind.

Accountability isn't hard to define. It means that every person is responsible for his or her actions and liable for their consequences.

The context is the words around a new vocabulary item.

再比如**重述线索**，通常一个较抽象词后面，会紧跟着重述内容。

I am a resolute man, once I set up a goal, I won't give it up easily.

Mr. Kelada was incredibly cocksure. It was this excessive self - confidence that made you want to prove him wrong whenever he gave an opinion.

Children often try to emulate or copy the behavior that they see on television.

再比如**对比线索**，通常句子之间是对比和比较的关系。

The snow was falling. Big flakes drifted with the wind like feathers.

Jane was talking with others while Eliza remained reticent all the time.

When I was a child my mother seemed to approve of almost everything I wanted to do. My father, however, always seemed to have a deprecating reaction to whatever I did.

例子线索，对某个词或定义进行举例说明，由此而推断生词的含义。

She is studying glaucoma and other diseases of eye.

In a battle situation he always appeared calm and relaxed. It was this calm demeanor that earned him the respect and admiration of the other soldiers.

Mr. Kelada was the most loquacious man I' d ever met. He talked with everyone on the ship, and he always had something to say, no matter what the topic is.

直接**解释线索**，对某个专业名词的解释和详述。

The powerful poison was imperceptible when mixed in liquid; that is , it could not be tasted, seen, or smelled.

From the shelf above him, the old man took down a phial, a small glass bottle used to keep liquids, and he placed it on the table in front of him.

情境线索，文中对某个词，进一步进行情境的描述。由于描述的情境和经历容易引起读者共鸣，由此可以推断生词的含义。

Alan found himself on the first floor of an old, seemingly abandoned building. As he walked up to the second floor he could hear the old wooden stairs creak with each step he took.

It was the first time Nancy had been in a big city. She felt a little apprehensive as she walked out onto the street, with so many strange faces staring at her.

It was our first night on the ship. Feeling tired after a long, uneventful day at sea, I returned to my cabin, lay down on my berth, and quickly fell asleep.

2.2.2 语篇分析

语篇就是话语的组织方式。把语篇分析的理论用于教学中，可以有四个层次的语篇分析。第一个层次是文本体裁分析。每一种体裁都有一定的逻辑结构模式。教师对学生进行一定的文本示范分析，能培养学生针对不同体裁采用不同的阅读模式的能力。英语文本体裁中，有记叙文、说明文和议论文。记叙文中又包含有顺叙、倒叙和插叙。学生课外阅读的小故事书就是记叙文，阅读记叙文时虽然需要逐段阅读理解，但掌握记叙的顺序，了解每一章的主题，也是可以跳段阅读，加快阅读速度。说明文可以分为：论述性的说明文，通常有论说成分，举例论证说明事理；叙述性说明文，介绍科普知识时常用这类说明文，通常会介绍事物的发展、变化和原因；描述性说明文，这类文体重点描述事物的特征，大多是有趣的科学小品；应用性说明文，有固定的格式，语言清晰、简洁；介绍性说明文，这类文体大多包含专业术语，所以阅读者只须按照阅读寻找特定信息即可，不能不分主次地读。议论文文体种类很多，通常学生读到的是社会评论。社会评论包含有政治评论、思想评论或短论、小评论。社会评论往往对某些事件或现象进行分析、评述，从一个小的现象或侧面作为突破口，以小见大，揭示深刻的观点。所以阅读的方法主要是读懂论点以及论证是如何进行的、用何种逻辑方式组织等，这样再难的文章也就很容易读懂。

以上就是第一个语篇分析层次，是最宏观的体裁阅读法，使用已知的体裁图式来解构一篇文章。

第二个层次是顶层结构分析。其实顶层结构就是通过抓住每一段的主题句，并归纳出主题词，连接起来形成文章的思维导图，有了语篇结构图，就能更为准确地把握文章的主旨大意以及各部分的逻辑关系。

第三个层次是段落逻辑分析。段落之间句子的解读速度和效率在了解了几种惯用的逻辑方式之后就可以得到提高，比如 10 种逻辑模式：时间、空间、举例、对比、过程、因果、转折、递进、并列和阐释。学生掌握了不同的逻辑结构，不仅能迅速解读文本，还能把这个能力迁移到写作当中。

第四个层次是衔接和连贯分析，比如有指代、替代、省略、连接和词汇等五种手段。掌握了衔接手段，有助于推理课文内容，还能促进作文的衔接连贯。

(1) 指代衔接 (reference cohesion)：英语表达中用人称代词 (her, him)，指示代词 (that, these) 和对比人词 (another, more, such, than) 来衔接句子。

a. Peter had a wife but couldn't keep her.

b. I'll put you through into the Looking - glass house. How would you like that?

c. Do you want to have another biscuit?

(2) 替换衔接 (substitution)：替换是指用词替换前面语句的含义，比如：数词 (one, ones)，动词 (does, did)，短语 (the same)

(3) 省略衔接 (ellipsis cohesion)：省略指的是词的省略，使句子内部或句子之间形成连贯，避免重复，简洁通顺。

a. My father planned and my mother built all the houses.

b. John likes football but Tom basketball.

(4) 连词连接 (conjunction cohesion)：连词是句子与句子、段落与段落之间连接并表达语义连贯的重要词汇，比如：then, however, for example 等。以下是语义衔接的两类连词：接续性关系和不接续性关系的连词。

表达接续性关系的连词 (continuative relations)：

先后 (sequence)：then, next

重述 (restatement)：that is, in other word, in short

举例 (exemplification)：for example, for instance, thus

因果 (premise)：because, since, for, consequently

结论（conclusion）：therefore，hence，so

相似（similarity）：likewise，similarly

递增（addition）：and，also，moreover，furthermore，in addition，too，finally

表达不接续关系的连词（discontinuative relations）：

不规则时间（anomalous）：earlier，much later，meanwhile

替代（replacement）：rather，instead

让步（concession）：even though，although，though，granted，of course

否定（denied implication）：nevertheless，still

对比（contrast）：on the other hand，on the contrary，conversely

选择（alternative）：otherwise

（5）词汇衔接（lexical cohesion）：词汇衔接是指运用近义、反义等词义关系替换文中词的衔接手段，这样可以达到词汇丰富性和修辞作用，使句子与文章更加生动，更能达意。

a. Algy met a bear. The bear was bulgy.（repetition）

b. He fell asleep. What woke him was a loud crash.（antonymy）

c. It was the noise of trodding horses... He dismounted and led his horse as quickly as he could along the right－hand road. The sound of the cavalry grew rapidly near...（synonymy）

2.2.3 文本解读能力

文本解读包含对文本主旨大意的解读、作者观点态度的解读以及文本修辞的解读。主旨大意和观点态度在阅读策略训练、语篇分析过程中可以达成。文本的修辞有以下十种。

（1）拟人（personification）：把一种事物比喻成人的某种特征。比如：Flowers blush in the morning breeze.

（2）转喻（metonym）：用一种事物代替另一类不同的事物，语言会更加生动。比如：The pen is mightier than the sword.

（3）夸张（hyperbole）：为了强调或者创设幽默效果时，一种超出现实的语言运用。比如：She was miles out in her calculation. They almost died laughing.

（4）讽刺/反语（irony）：用相反意义的词表达，以得到特殊的效果。如：This hard－working boy seldom reads over an hour every week.

（5）拟声（onomatopoeia）：模拟声音的词，与汉语里的象声词是同样功能。如：She banged the door after her. The rain pattered all night.

（6）委婉语（euphemism）：是用一种温和的方式表达负面意义的词汇，比如：death，disease，poverty，misfortunes，disappointment，sexual life，going to the toilet，jobs and professions 等属于负面意义的词汇，因此死亡就说 pass away（die），破产可以表达为 bankrupt（out of game），上厕所就说 I would like to make a phone call.

（7）矛盾/逆喻（oxymoron）：对某种荒唐态度的描述。比如：He still regards that as proud humility.

（8）提喻（synecdoche）：用部分代替整体的表达，使语言更加生动。比如：He has many mouths to feed in the family. They were short of hands.

（9）别称（transferred epithet）：对一个事物或者现象给予名称。比如：She spent a sleepless night.

（10）对偶（antithesis）：运用反义词来增加语言的生动和气势。如：A friend exaggerates a man' s virtues，an enemy' s faults. Better to reign in Hell than serve in Heaven.

（11）名言短句（epigram）：用一个简短的句子来表述生活中的哲理。如：Before marriage，two is company，three is none；after marriage，three is company，two is none. A favorite has no friend.

（12）影射（innuendo）：委婉、间接地答非所问，同时又表达了观点的表达法。如："Do you like the picture?" "The frame is very beautiful."

初中的教材体现修辞不多，以高中英语教学为例，修辞可以这样欣赏：

（1）聆听音韵美。

头韵（alliteration）：是指一组词、一句话或一行诗中重复出现相同的辅音，形成悦耳的读音。

Neither its cause nor its cure was understood. No more postage or postcodes.

Summer

Sleepy，salty，

Drying，drooping，dreading，

Week in，week out，

Endless.

尾韵（rhyme）：词尾音素重复的修辞手法。

No pains，no gains.

Out of sight，out of mind.

Seeing is believing.

A friend in need is a friend indeed.

（2）关注形象美。

明喻（simile）：

Our legs were so heavy and cold that they felt like blocks of ice.

暗喻（metaphor）：

Have you ever seen snowmen ride bicycles?

Laughter is the sun that drives winter from the human face.

提喻（synecdoche）：

Many hands make light work.

We say a good journalist must have a good nose for a story.

拟人（personalization）：

A night the earth didn' t sleep.

Slowly, the city began to breathe again.

（3）感受气势美。

重复（repetition）：

San Francisco is gone...its business are gone. The factories, hotels and palaces are all gone too...All of the ways man had made to keep the city safe were gone...

排比（parallelism）：

And My heart Soars

The beauty of the trees,

The softness of the air,

The fragrance of the grass,

Speaks to me.

The summit of the mountain,

The thunder of the sky,

The rhythm of the sea,

Speak to me.

The faintness of the stars,

The freshness of the morning,

The dewdrop on the flower,

Speaks to me.

The strength of the fire,

The taste of salmon,

The trail of the sun,

And the life that never goes away,

They speak to me.

And my heart soars.

层进（climax）：

Early to bed, early to rise, makes a man healthy, wealthy and wise.

We should be responsible for ourselves, for our family, for our country.

（4）发现诙谐美。

双关（pun）：

What' s that?

It' s bean soup.

I don' t want to know what it' s been. I want to know what it is now.

反语（irony）：

Oh, you haven' t. Well, of course, I know gentlemen like you carry only large note.

（5）感知冲突美。

夸张（hyperbole）：

Long ago Yuan Longping had a dream about rice plants as tall as sorghum. Each ear of rice was as big as an ear of corn and each grain of rice as huge as a peanut.

对比（contrast）：

Amazing as it may seem, Wednesday night was a quiet night.（与上文喧嚣形成对比）

对偶（antithesis）：

Moon

White, soft

Hanging, shining, smiling

Rising up, falling down

2.3 交互式阅读教学模式

交互式阅读教学模式基于交互式阅读模式理论，提倡三步走，即读前、读中和读后三个过程。为了发挥阅读教学作为语言输入途径的最大效率，教学中实现五个交互：学生与文本的交互、学生自身的思维与语言的交互、学生与学生之间的交互、学生与老师之间的交互和课内与课外的交互。

2.3.1 交互式阅读教学模式的五个交互

2.3.1.1 学生与文本的交互

学生与文本之间的交互有五个层次：第一个层次是接受文字信息。第二个层次是运用读者各不相同的图式知识猜测、判断和推理，以达到对文本的理解。这两者是交互式阅读模式所认为的不断交互更替的两个层次。第三个层次是对文章大意的思考和归纳，以及文章结构的分析，这一层次使读者的理解和思考更进一步。第四个层次是对文本应用性和评价性的思考，只有完成了这一层次，才能体现阅读的意义，这也是作为在阅读课上培养批判性思维的重要步骤。第五个层次是文本内容的迁移，这尤其是把读与写结合的过程中，达到了最高一层次的交互（Grellet，F.，2000：24）。

2.3.1.2 学生自身的思维与语言的交互

早期的行为主义代表人物华生认为，思维是无声的谈话，而语言是大声的思维。把思维和语言等同起来。后来心理学家从对人类和个体发展的研究认为，思维先于语言产生，尤其是从儿童学说话的过程来看，思维更早于语言独立存在，思维和语言不能等同。皮亚杰等许多心理学家认为思维独立于语言，语言的发展依赖于思维的发展，语言是智慧发展的产物（王占馥，2003）。阅读过程中的思维活动通过教学活动组织，使学生用语言表达出来，使思维与语言产生交互，才能发展语言，实现语言教学的最终目的。

2.3.1.3 学生与学生之间的交互

学生之间的思想与语言交流也是语言学习的一个重要渠道，通过把自己的思考带入到讨论或小组活动中，可以锻炼学生个体的语言表达能力、合作能力，并促进相互学习，提高学生学习的兴趣。

2.3.1.4 学生与老师之间的交互

由于图式差异，不同的学生对阅读理解材料有不同的理解。教师与学生的交互既是引导课堂学习的重要方式，又是帮助学生完成对文章正确理解的重要手段。

2.3.1.5 学生课内与课外的交互

学生阅读能力的提高，光靠课内提高是不够的，教师还要让学生对阅读过的主题再循环阅读，尽量涉及各主题所包含的方方面面的信息，或接触不同题材和风格的文章，最后把课外背景知识的积累和课外词汇的习得应用到课堂阅读和阅读测试中，这就是课内与课外的交互。

2.3.2 交互式阅读教学的意义

交互式阅读教学因为有别于传统的阅读教学，所以它具有促进思维和语言的发展、培养批判性思维能力、提高学生对阅读的兴趣、增强课堂活力和提高阅读教学效果的意义。

2.3.2.1 促进思维和语言的发展

长期以来，外语教学注重语言知识的学习，忽视语言的交际功能（Little, W. 2002）。自从20世纪80年代末到90年代，交际教学法盛行于中国外语界，语言课堂的组织开始注意创设语境、丰富课堂活动来使学生应用所学的语言进行交际，学生的听说能力得到加强，课堂教学比以往填鸭式教学生动。虽然在中国大班教学的环境下很难从以教师为中心真正转变为以学生为中心的课堂，但交际教学法的倡导已经大大改观了中国的外语教学。尽管如此，语言专业的学生在写作文时的思维模式单一，缺乏批判性思维能力等现象使我们不得不考虑，语言教学中培养学生的交际能力是否应作为唯一的教学目的，教育的最终目的是培养会思考、会学习的独立的人。只有把这一宗旨应用于各门学科的教学中，才能实现教育的根本目的。

在外语教学中，学习语言知识，能用目的语言交际对于培养善于思考和批判性思维还远远不够。对于写作技能的培养来说尤其是不够的，写作是语言学习和应用的高一层次的反映，写作也最体现一个人的思维能力，思维的过程和结果又通过语言反映，这样，思维的培养实际上促进了语言的应用，所以，语言教学应重视学生思维能力的发展。

交互式的阅读教学由于提供机会使学生的思维与语言产生交互，教学中，教师安排学习任务，使学生在阅读的过程中，以及把阅读后思考的内容用目的语表达出来，这就促进了思维的发展，提高了语言的应用能力，最终促进语言技能的全方位提高和达到教育的最终目的——培养会思考的人。

除此之外，还可以在阅读教学中培养批判性思维。阅读篇章中，学生接触到大量的西方文化，通过对中西文化的对比思考和学习讨论，学生会逐步形成对事物二元性或多元性的观察和理解，最终发展学生的批判性思维能力，而这一能力是创新能力形成的基础，对学生来说是终生受益的。外语教学正是培养批判性思维最有利的土壤，尤其在阅读理解课堂中，丰富的知识信息容易刺激学生的思维，产生不同的理解和认识，当把不同的理解和思考融会在讨论中时，就发展了学生批判性思维能力。

中学阅读教学尤其缺少读者与文本的对话，研究中发现学生的作文缺少个人情感与见解。究其原因，不仅是因为中学生写作中经常套范文，还因为阅读教学缺乏阅读后的教学过程，教师并未引导学生与课文进行对话，使学生联系自己的生活经历，建构对文本的理解和形成自己的见解，不利于发展学生的批判性思维能力。

2.3.2.2 提高学生对阅读的兴趣

中学英语教学中，教师逐字逐句地讲解和翻译现象大量存在。这也反映了学生薄弱的专业知识基础。有许多教师在泛读教学中发现学生对文章如果不细致讲解甚至翻译出句子的意思，就不能理解文章，或很好地理解，为了迎合学生的要求，教学上只好放慢速度，力求讲解清楚，使学生不再感到困惑。这从长远发展学生的阅读技能和外语水平来说，反而起到了阻碍作用。阻碍之一，学生没有形成良好的阅读习惯，保留了逐字逐句阅读方式，导致阅读速度慢，从而无法坚持大量阅读，一碰到困难，就停止不前或依靠老师。越是基础差，越容易对阅读失去兴趣。要从根本上解决这个问题，就要在教学中力求培养学生对阅读的兴趣，提高阅读速度，使学生自觉自愿地进行课外阅读，从而提高外语水平。

交互式的阅读教学中以对文本内容的理解和思考作为教学重心，注重个体差异，充分发挥学生主观能动性，注意教师与学生、学生与学生之间的交互，每个学生都有发言和表现的机会，再加上教师鼓励学生充分地思考，课堂上教师接受不同的答案或回答，学生对阅读的兴趣就会逐渐得到提高。

2.3.2.3 增强课堂活力，促进教学效果

在传统的以教师为中心的课堂教学中，课堂互动主要是师生间的互动，课堂气氛沉闷。而今天外语课堂上的小组活动已经是常见的课堂组织形式。社会心理学的研究成果证明，团结和谐的集体会产生积极的效果（Hadfield，2001）。通常缺乏班集体凝聚力的班级，学生缺乏集体精神，互相之间较为冷漠，学生我行我素、自以为是。教师也感到教学组织困难，课堂缺乏活力，大大影响了教师的情绪以及课堂活动的开展，最后影响了教学效果。在形成班级凝聚力的集体，学生融洽相处，有共同目标，有责任心和集体主义精神。能相互理解，思想开放，乐于接受新思想和新事物，善于发现问题和积极求索。在交互式阅读教学中，教师提供机会让学生与学生之间在课内、课外进行大量的交流，并且合作完成学习任务，促进了学生之间的相互了解，从而增强了班集体凝聚力。学生对自己和学习有了积极的看法，教学中充满活力，大大促进教学的效果。

2.3.3 实施交互式阅读教学的几个问题

交互式阅读教学因为有别于传统的阅读教学，所以它具有促进思维和语言的发展、培养批判性思维能力、提高学生对阅读的兴趣、增强课堂活力和提高阅读教学效

果的意义。但在实施中应把握几个重要的问题，确保交互式阅读教学的有效实施。

2.3.3.1 图式激活的广度、深度和相关度

图式指的是读者头脑中已知的知识、经历和经验，它分为内容图式和形式图式，前者与某一情景的特殊事实相关，指的是认知对象或事实的框架，在外语阅读中，指的是与文本主题有关的知识或经验；后者指的是与某一情景的底层结构有关，即与情景要素之间的内在关系有关，在外语阅读中指的是文本构成的基本语言要素，也就是词汇、语法知识。交互式阅读教学模式实施的第一步就是使读者的知识、经历和情感与将要读的文章主题产生交互，教师的任务就是要激活读者或学习者头脑中所储存的知识经验，把读者已知的和未知的联系起来，建立阅读文章的目的，为读者进一步探索寻求新信息提供心理和背景的准备。

在交互式的阅读教学中，图式激活的程度应如何把握呢？是把读者头脑中的所有与主题相关的话题激活来讨论，充分发挥广度，最大限度地积累学习者的背景知识学习？还是就课文所提及的主题，事先布置学生作充分的搜集准备，教师讲解提供更多知识，以挖掘此主题的深度，使学生对该主题的深层含义和所涉及的前因后果充分理解，来更好地理解本篇文章和扩大背景知识？抑或是就该主题直接相关的背景讨论或讲解，只要理解本篇文章即可？无论是怎样的广度、深度和相关度，教师安排这一教学环节的出发点是好的，目的都是扩充背景知识，促进阅读理解，同时还使读者与即将阅读的文章作者产生第一回合的交互。

但是由于交互式的阅读教学中交互活动较多，课堂时间很有限，对于阅读活动的前奏，虽然重要，却不能花费大部分的时间，只能是点击激活。因而图式激活的阅读活动不能注重广度，也暂时不能关注深度，而应该关注讨论的直接相关度。教师可以根据主题的难易，或提前布置学生查阅资料，或直接现场讨论、发言，总之让读者与作者一开始就有了交互，为下一步更深一层次的交互做准备。

在图式激活过程中，还要注意教师的主控性，在有些阅读课堂中，要么是学生对要阅读学习的主题一无所知，当教师提出问题意欲激活图式，学生无所回答；要么是学生你一言、我一语对图式激活问题，充分展现已知和想象空间，而教师不加控制。前者会让作者与读者交互不成功，后者使本次阅读课重心不突出，浪费太多的时间在前奏曲上，而忽略真正的阅读过程。

2.3.3.2 文章理解过程的启发性和示范性

许多研究表明，在文章理解过程中，教师合理的问题会帮助读者理解文章（Nuttall，1982）。那么，什么样的问题才是合理的呢？通常在帮助学生解读一篇文章时，

从问题的内容来看，可以分为两类：第一类是整体问题，作为引领读者理解文章大意的问题；第二类是局部问题，作为进一步挖掘文章细节和深意的问题。从问题的答案来看，可以分为唯一答案问题和多种答案问题。如果从问题所需要的读者思考的程度来看，可以分为文章表层或字面问题以及深层或内涵问题。从问题的出处来看，还可以分为推断问题或事实细节问题等等。

在交互式的阅读教学中，强调读者的理解过程从整体到局部，所以整体问题与局部问题是最常用的。这样，既可以使学生很好地理解文章，又可以帮助学生形成在阅读中从整体到局部理解的习惯，避免过多的自下而上过程所导致的“只看到树木而不见森林”。同时为了培养学生的思考习惯，最重要的是提供第二回合的读者与作者思想的交互，所以教师应根据课文设计深层、多种答案和推断问题，使读者细心思考揣摩作者的思想。换句话说，问题的设计要有启发性，能引发思考，以实现交互式阅读教学的实施完成。

但在文章理解过程中用问题来启发学生思考还不够，如何解读一篇文章，尤其是学生在课外阅读时如何处理一篇文章，课堂上教师的示范性非常重要。也就是说，课堂教学不仅仅是教会学生语言知识、完成理解，更重要的是教会学生该怎么读的问题。尤其是帮助学生能根据阅读目的选择宏观或微观阅读策略（邹启明，周瑞琪，2004）。基于一项中国学生英语阅读策略的实验研究，提出不同的阅读目的会导致不同的篇章处理策略，而宏观策略从书面记忆到阅读成绩都优于微观策略。因此，教学中，教师应带领学生学会宏观把握文章。比如，从段落阅读开始，如何抓住主题句，如何看待段落中句与句之间的关系，即使有许多生词，也能抓住段落的大意。并教会学生文章的衔接和连贯是通过一些连接词和前后语义关系完成的，所以有些句子在段落中处于中心地位，有些句子只属于次要、说明和解释的地位，可以在阅读中适当放快速度浏览。同时，还应告知学生，碰到较长文章时适当的回视不会影响阅读的速度，而会使读者保持对文章意义通畅的理解，否则会出现学生常抱怨的读了前面忘了后面。从段落的阅读开始到段与段之间的关系和文章的结构分析，逐渐使学生掌握快速读懂文章的方法，促进学生对阅读的兴趣和推动学生主动积极完成课外阅读。

2.3.3.3 阅读理解中语法和词汇的处理

语法或句法的分析在阅读理解中是不可忽略的（惠亚玲，2006）。也有一些研究表明句法难度对阅读理解的影响（刘振前，Thomoas，g. Bever，2002；詹宏伟，黄四宏，2007）。因此，在交互式的阅读教学中，要分析句法，教会学生如何迅速抓住句子主干，理解大意。比如，教师可以在每次课挑选出一两个长句分析句子成分，或对某一项语法使用作解释和给出例子。

对于词汇的学习，要教会学生阅读课词汇可分为积极词汇和被动词汇两类，课堂上要掌握较少一部分积极词汇，也就是能清楚地知道词汇的含义、用法和搭配。而其余大部分词汇为被动词汇，不需要较为精细的学习和掌握。李俊（2003）对词汇的广度和深度对阅读理解的影响作了调查，发现词汇的广度与阅读理解的关系更为密切，而深度与阅读理解的关系较小。所以阅读课堂上，要让学生意识到词汇摄入的广泛更能提高阅读理解，课堂上只需精细地学习较少部分词汇即可。

可以说，语法和词汇的学习作为英语学习中必不可少的一部分，这是中国学生经常持有的学习观念，所以阅读时不懂的或模糊的语法词汇，教师有必要作适当的处理，使学生在理解文章、获得信息以及提高阅读技能的同时，感受到语言知识的进步。学生经常对自己无形的进步，比如通过阅读学习，扩大了背景知识，提高了阅读技巧方面不敏感，而对于学习了更多的词汇，某项语法更清楚了解有踏实的感觉，也是成就感产生的来源。当然，学生对什么样的词汇、语法需要讲解，教师可以事先设想，再由学生自己提出，教师灵活讲解。总之，可以经常变换方式来教学词汇和语法。

2.3.3.4 阅读理解后对文章的浅加工和深加工

通常阅读教学中，在对文章的阅读理解已经完成之后，教师会设计一些阅读后问题让学生讨论，这是交互式阅读教学中的读者与作者进行的第三回合的交互。而这一交互可以分为对文章的浅加工和深加工。

对文章的浅加工指的是交互式阅读教学的最后交互，教师事先设计一些多种答案的、涉及母语与英语文化比较的、文章深层含义和可以引发联想的问题，为读者与作者搭建一个交流平台，完成通过讨论而获取的对文章的最后理解。

对文章的深加工是指在浅加工的基础上，布置后续任务，比如，对该主题的循环主题阅读、写作或课后小组讨论。比如，阅读教材第一册第十单元是关于西方节日文化的，完成主课文《圣诞节》的学习之后，学生懂得了宗教在西方国家的重要性，有必要对本文进行深加工处理，那就是对于西方或英语国家的所有节日文化进行扩展阅读，并写成读书报告或小组合作完成对资料的搜寻和阅读，此过程不仅使学生对西方文化当中基督教和圣经故事有了进一步的了解，还对本主题的学习完成了深加工。同时通过阅读来提高写作，使读与写交互，是较为有效的语言学习途径（张省林，2005）。

交互式的阅读教学提倡教师可以根据文章主题的难易程度和意义来选择浅加工或

深加工，对于泛读教材上的许多主题都可以做深加工处理。教师如果熟悉文章来源，教会学生如何使用网络和图书资源，倡议小组合作，安排多种学习任务，比如小组讨论和汇报、小组简报、个人或小组的读书报告等，实现读者对文本的延伸交互，最大限度地完成交互式阅读教学的最后一轮交互。

2.3.3.5 阅读教学中思维能力的发展

交互式阅读教学提倡交互，教学中促使学生阅读理解中产生的思想表达出来，并最大限度地启发或激发学生思考和表达，为读者与作者搭建一个交流平台，也为读者与读者之间创造机会交流，使学生之间看到差异，互相学习，共同进步。因此，在这样一个交互环境中，思维能力随时体现在阅读理解中、发言讨论中，而也正是在这一过程中，学生的思维能力得到发展。当然教学中还应有的放矢地培养学生的思维能力。

在交互式的阅读教学中，首要的思维能力是归纳总结能力，读到什么，读懂了什么，要求学生或口头或书面进行表达。教学中，还要教会学生如何总结归纳，比如先找到文章的主题，作者围绕这一主题的观点是什么也就是文章的中心思想，或是每个段落的主题句是什么，所有主题句相加，得出文章的大意等等，针对不同题材，归纳总结的方法也就有所不同。

其次，分类、对比的思维训练也应融合在教学中。阅读理解的篇章通常涉及西方文化，文化包罗万象，这篇文章所包含的信息到底属于文化中的什么方面，意义何在，这又与我们的母语文化有何差异，这些都是读者应思考的问题。一旦学生习惯于对比、分类，对于所学习的文化信息或文本也就是进行深一层次的加工。文化的敏感性和思维的敏锐性也会得到相应的提高。

第三个思维能力是阅读理解强调最多和最重要的能力——推断能力。我们经常会碰到学生阅读文章时，没有生词障碍，甚至也没有背景障碍，却在阅读理解题中错误率很高。探索其究竟，这跟推断能力有关。阅读课教师也强调推断能力的培养，但给学生的练习和例子都比较浅表，学生碰到深层的推断问题就会有困难。而阅读教材所涉及的推断问题也比较简单。所以，为了获得较好的交互式阅读教学效果，推断能力应重点训练，教师可以不拘泥于教材，对于阅读技巧的讲解，可以从阅读练习丛书中挑出推断性的又有一定难度的或各种阅读理解题，进行班级讨论，或许对于推断能力的培养效果更佳，并且会有助于学生阅读测试成绩的提高。

评价能力也是交互式阅读教学中所强调的思维能力之一。当读者与作者进行交流之后，读者通常会产生一些思想，教师可以提供机会让学生畅所欲言，促成学生多元地对文章、对作者或对文章所蕴含的文化进行评价。中国学生善于听讲和接受作为权威的课本和老师传授的知识，教师应营造对于事物评价的多元思想氛围，这样，对于交互阅读教学的成功实施就提供了心理和动力支持。

阅读教学中思维能力的培养还包含了组织、判断、拓展等等，而这些思维能力的训练都最后围绕一个核心——批判性思维能力的培养，批判性思维是一个人真正有思想的表现，也是创造力产生的源泉。阅读课堂上培养批判性的思维能力是一个不新的话题，许多语言学家和学者都纷纷提出这一能力的重要性（李瑞芳，2002）。刘伟、郭海云（2006）的一项批判性阅读教学模式的实验研究表明：批判性阅读教学可以提高阅读能力，对写作还有正迁移的效果。所以，交互式的阅读教学更是要通过交互活动的组织锻炼和培养学生的批判性思维能力。

2.3.3.6 课堂时间安排和学生的心理支持度

交互式阅读教学的第一个难题或矛盾就是课堂时间的有限和交互活动的费时，如果强调对课文的加工或语法词汇的学习，阅读后的讨论、体现交互的过程就没有时间实行。如果强调阅读后讨论，体现交互，课堂上就只好快速完成课文，对于一些启发式的问题，注重学生思维训练的练习就只好省略。学生或许积极参加了讨论，但对课文还是觉得不清楚，老师没有解惑答疑，对于阅读课文的学习没有踏实的感觉。

第二个难题是学生对这一教学模式的心理支持度问题。阅读课的核心是培养学生的思维能力，可教师辛苦设计的问题或精心组织的讨论或许并没有出现预期的学生踊跃发言的景象。学生觉得课文没有充分理解，对于激发思考的问题，感到无从答复。或是习惯于等待老师讲解背景知识、语法和词汇，而不习惯要自己思考和回答。所以，交互式阅读教学最后就变成了教师与读者交互、学生听讲的格局。

因此，对于交互式的阅读教学模式的实行，教师一定要根据学生情况，逐渐从传统的以教师为中心的教学模式过渡到基本上以学生为中心的交互模式，在此以前，教师要培养学生对阅读课程的正确和充分认识，逐渐懂得一些语言学知识、学习方法，学会课外自学和自我管理等，只有首先取得学生的理解和支持，才能有效实施交互式阅读教学。而每一次阅读课时间上的精心安排也是交互式阅读模式成功实施的关键。教师可以根据课文难易程度决定哪一个环节是本次课的重心，做到突出重点。对于值得做而又没有时间完成的教学环节可以安排学生课后完成，并建立有效的检查和评估机制，确实保证这些活动和任务的完成。

此外，教师对于教学模式的创新改革应经常开展行动研究，以不断促进教学效果。张怀斌、海春花（2006）对所实行的交互性阅读教学的学生接受程度作了调查，结果表明学生接受和喜爱交互式的阅读课堂活动。

交互式阅读教学实施交互式阅读模式原则，并且培养学生应用交互式阅读模式进行阅读；同时，交互式阅读教学在教学中实施多方面的交互，培养学生的阅读兴趣，发展学生的思维和语言表达能力，提高批判性思维能力，促进学生的综合阅读理解能力，活跃课堂气氛，提高阅读教学的效果。如果在课堂教学中注意把握图示激活的广度、深度和相关度，教师教学中的启发性和示范性，适当的语法和词汇的处理，阅读后的深加工与浅加工，阅读中思维能力的发展以及合理安排时间和注意学生的心理支持，交互式的阅读教学就会取得良好的教学效果，提高学生的阅读能力和语言综合能力。

3. 问题的解决

教师培训中，解决“中学阅读教学的误区”应从两个方面入手：第一，加强阅读教学知识的学习。首先明确，我们国家基础教育以及课程标准强调阅读素养（王蔷，2013），它包含两个方面，一个是阅读素质，由音素意识、拼读能力、阅读能力、阅读策略、语言意识、思维品质、文化意识和理解力构成；另一个是阅读养成，是基于阅读能力培养之后而形成的阅读意愿和习惯。因此中学的阅读教学要体现四个方面的内涵：拼读教学（phonics）、语篇教学（discourse）、阅读策略教学（strategies）、文本解读（text interpretation）。还包含一个品质，即思维品质（thinking quality）。

第二，提升阅读教学设计的能力，主要是从阅读问题的设计、阅读策略教学、读写教学活动的设计和实施等方面进行学习。

3.1 阅读教学知识

3.1.1 拼读教学

阅读能力的基础是学生的拼读能力，也就是见词能拼的能力，语音流畅能促进阅读流畅。因此，要培养学生的阅读能力，需要先帮助学生学习拼读，即字母对应的发音（而非音标拼读），使学生能在生词环境下流畅地默读和朗读，这样能提高阅读的兴趣，打开阅读联想，促进阅读动机。关于拼读教学，第二章词汇教学中有详细陈述和举例。所以拼读教学既是语音教学的一部分，也是词汇教学的内容，更是阅读教学的入门关。体现了英语综合能力中语言知识（拼读知识）的核心作用。

3.1.2 语篇教学

阅读语篇教学首先要了解阅读是怎样的一个过程，然后教学中可以采用何种教学模式，教学中应该怎样进行语篇分析。

关于阅读过程，主要是克服把阅读教学看成解码过程，逐字逐句朗读和讲解，这样做不利于培养正确的阅读方法。培根在《论读书》中有云：“书有可浅尝者，有可吞食者，少数则须咀嚼消化。换言之，有只须读其部分者，有只须大体涉猎者，少数则须全读，读时须全神贯注，孜孜不倦。书亦可请人代读，取其所作摘要，但只限题材较次或价值不高者，否则书经提炼犹如水经蒸馏、淡而无味矣。”培训者在培训中带领学员体会不同的阅读方法，并用初中英语教材的课文为例，让学员讨论如何根据阅读目的、文本体裁和文本主题的不同来确定阅读过程。比如阅读目的是了解大意、查阅某些细节、了解文本框架，那么阅读过程可能是自上而下快速读懂文章。学习文本信息、学习作者的写作手法、评论文章、欣赏性阅读等，阅读过程就应当是自下而上，或者是交互式（即自上而下和自下而上两者都有）。根据文本体裁，使用语篇策略了解大意，比如记叙文、说明文和议论文的语篇结构各不相同，教师可以示范了解大意和掌握细节的阅读过程。根据文本主题的不同，教师以学生为例，对熟悉主题的文本，用自上而下的过程处理文本，通过跳读，抓住主题句和关键词，迅速完成对文本的理解。对不熟悉主题的文本就需要使用交互式的阅读模式，这样既可以从整体上把握文章，也可以深度理解文本细节。

关于阅读模式，教材目前提倡的阅读教学模式是 PWP 模式，即阅读前（pre－reading）、阅读中（while－reading）和阅读后（post－reading）活动，整个阅读过程是建构批判式，即在交互式阅读教学过程基础上，建构自己对文本的理解和拓展。这个模式是层层递进、逐步建构的。因此教师应理解阅读的三个层次，即字面理解（read the lines）、推断理解（ read between the lines）和评判（批判）理解（read beyond the lines）。字面理解包括对文本大意和细节的理解（literal understanding of main ideas and details），推断理解包括推断言外之意（inference）、作者观点态度，评判理解是读者对文本的评价和应用（evaluation and application）。教师们通常只是到字面理解的层次，就不再推进。培训中应扩大教师对阅读理解层次的认识，然后用课文作为例子练习三个层次理解的阅读教学模式，有效提高教师的阅读教学效果，最终培养学生的阅读能力。

PWP 模式运用过程中，应做到：（1）阅读前以问为引，启智导入。此时问题的作用是问出兴趣，激活阅读动力；问出悬念，形成阅读期待；问出联系，启发阅读联想。（2）阅读中增效率，以问为核，整体阅读。问题的功能是问在重点，理清阅读脉络；问在难点，深化阅读理解；问在亮点，升华阅读主题。（3）阅读后提效益。问题的功能是以问为纲，练习拓展；以问促辩，加深阅读认识；以问促思，拓展学生

思维。（顾海燕，2013）

关于语篇分析，中学的语篇分析可以从上文所提到的四个层次进行：体裁分析、顶层结构、段落逻辑、衔接连贯。培训者让学员小组把中学所有阅读课文进行分类，并以小组为单位，汇报不同体裁的结构体例，这样便于教师回到教学岗位上设计体裁分析的教学环节。而对于顶层结构用思维导图，从培训期间的平时作业中，教授和培养学员学习使用思维导图，使教师习惯使用导图帮助学生理解和复述课文。段落逻辑的分析可以用一节课时间对中学典型课文的段落逻辑进行讨论梳理，教会学员如何启发学生的思维，调动学生积极思考，分析课文段落逻辑（十种逻辑：时间、空间、举例、对比、过程、因果、转折、递进、并列、阐释）。至于衔接连贯，培训期间让学员做中高考题或者雅思托福完型填空练习，体验如何用衔接连贯的语篇特征来理解文章。然后回到课文，以中学课文为例，学习培养学生关注语篇衔接词，并以此推断上下文意义。

3. 1. 3 阅读策略

最核心的是阅读策略的培训。学员认识到的阅读策略很少，因此要通过学员自己的阅读来体会各种阅读策略，才能应用到教学中。中学英语教学中的策略有宏观策略和微观策略。宏观策略有八项：预测（predicting）、推理（inferencing）、联想（associating）、综合（synthesizing）、概括（summarizing）、欣赏（appreciating）、评价（evaluating）、监控（monitoring）。预测是读者根据主题、词汇、语篇特点、图表等相关信息推测文本即将呈现的意义等；推理是读者根据与文本相关的任何信息推理作者的言外之意、观点态度等；联想是读者根据自己的经历、知识等文本信息进行自己的解读和关联，以建构自己的理解；综合是读者基于自己对文本的解读，再综合过去自己对此主题的知识、经历等完成对文本的总体理解和把握；概括是读者阅读过程中回视时，对之前读过的段落进行快速理解和记忆，以帮助对下文的理解和融会贯通；欣赏是读者挖掘文本特点的分析，从语言、修辞、美学等方面的阅读理解分析策略；评价是读者边阅读边思考评判的理解策略；监控策略是读者对自己阅读过程的快慢、阅读方法的调整、理解正误的现时判断和监控。

微观阅读策略有多种分类方法，有些与前面所提的八种宏观策略有相似重复之处。比如以 Grabe 和 Stoller 对阅读策略的分类为例：（1）确定阅读目的，（2）计划采用何种方法阅读，（3）预习课文，（4）预测文本信息，（5）检验预测，（6）对文本提出问题，（7）找到问题的答案，（8）阅读中联系背景知识，（9）概括信息，（10）推断理解，（11）文本的部分与整体融合理解，（12）注意文本结构，（13）重读，(14) 从上下文猜测生词，(15) 使用衔接连贯词推断上下文意义，(16) 检测理解，(17) 辨别阅读困难，(18) 采用方法弥补错误的理解，(19) 评价作者，(20) 评价文本，(21) 判断阅读目标是否达成，(22) 反思阅读所得。

阅读的微观策略可以根据个体不同而有多种归类划分。教师应该善于发现和总结同学们个性化的阅读策略，让同学之间进行交流，逐步培养策略型的阅读者，真正提升学生的阅读能力和培养阅读兴趣。

3.1.4 思维品质

杜威说："学习就是要学会思维"，"学校为学生所能做的或需要做的一切，就是培养学生思维的能力"。思维是通过一系列比较复杂的操作来实现的。是人们在头脑中运用存储在长时记忆中的知识经验，对外界输入的信息进行分析、综合、比较、抽象和概括的过程。思维能力，即大脑存储的知识、经验与输入的信息联系起来的能力，以大脑的先天素质、自己思维活动的经验教训、对思维规律掌握的数量及运用的熟练程度为主要内容，这是进行信息加工的工具（赵光武，1999）。因此，思维的内涵包含了三点：一是已有的知识经验，二是思维规律的掌握和运用，三是对新问题的解决（宗兆宏，2014）。思维品质是指教学中培养学生思维能力的教学设计特点。因此，在教学中设置任务，培养学生分析能力、对信息的综合能力、比较分类能力、抽象归纳和提炼概括能力，同时辅以形象与逻辑思维、归纳和演绎思维、聚合与发散思维、批判与创造性思维的训练，就能逐步提高学生对学科思维方法的掌握以及学生基本思维能力的提升。

布鲁姆对思维认知进行了分类，形成我们今天所认识的思维金字塔。比如思维的第一层次为识记（remembering），外语教学如果只是读读背背，思维层次较低，会很难让学生喜欢英语。第二层次为理解（understanding），语言学习本身提供了文化信息部分，所以学生是在理解信息基础上学习和实践语言的。但这一层次仍然属于思维的低级层次。第三层次为应用（applying），学生把所读的信息应用在自己的实际生活中，进行思考和发表观点，就能达到"以学促思"和"以学促用"的功能。第四层次为评估（evaluating），就是对所接受到的信息、所了解的观点进行批判的评价，这是促进人思维发展、形成严谨思维品质的过程。第五层次为分析（analyzing），这个层次的思维是综合所有信息和多方面观点进行判断的，到这个层次，思维体现出其完整、客观和严谨。第六层次为创造（creating），学生形成自己的观点、判断和评价，很容易在原有知识信息基础上实现创造。

英语学科首先应发展学生与母语不同的思维，学习另一种思维方式，因为不同语言代表了不同思维方式。其次，与其他学科一样，在英语学习过程中还可以发展学生普通的逻辑思维，包括分析、综合、分类、比较、归纳、演绎、抽象和概括。还有，由于英语代表不同的文化价值观，所以还可以发展学生的批判性思维（思辨），比如判断、推理、预测、质疑、解释、求同、辨异、评价。由于他山之石，可以攻玉，英语学科其实更能培养学生的创造性思维，比如迁移、联想、比喻、创造等。

教学中可以用以下方法发展学生的思维品质：(1) 发散式。发散思维称为扩散思维、辐射思维或者求异思维，表现为思维的广阔和发散状态，教学中就是“一题多解、一事多写、一物多用”的方式。比如鼓励不同答案、不同解释、不同解决问题的方案等；通常在教学中设计为头脑风暴、小组讨论、小组评价以及班级辩论等。(2) 联想式。联想思维是人脑对不同表象之间发生联系的一种没有固定思维方向的自由思维活动。即由此想到彼，并同时发现了它们共同或类似的思维方式。联想思维的训练主要是让学生把一个事物或多个事物进行关联设想，或者找相似、相异点，或者把它们重组，并想象成一个故事或者情境。在教学中可以是对事物的解释和设想，剧本的编写和角色扮演。(3) 质疑式。即用批判的眼光看待一切事物，既要肯定，又要经常否定，问出“为什么？真的吗？还有别的可能吗？”经常引导学生质疑文本、质疑权威，以引发学生不同观点、提出理据，解释原因，形成个人观点。著名哲学家笛卡尔在《谈谈方法》中，描述了自己对于万事万物的质疑，并在质疑中得出结论。在教学中教师可以在听后、读后以及写作后组织小组讨论、个人或者小组评价等。(4) 评判式。就是对事物、现象、行为、观点、作品等做出优点、缺点、亮点、兴趣点判断。尤其是对缺点部分，尽量挑出毛病，训练学生观察分析能力，培养严谨的思维习惯。学生还可以对自己的兴趣点陈述原因，发展自我观点。教学中主要是小组和个人评价活动。(5) 反思式。反思性思维是对事物及现象、思想和观念的审辨性认知，可以通过审视其他人或者事物，反省检查自己的思想、行为、做法等的错误与不足，寻求改善，有利于提升元认知能力，即自我认识和调控能力。教学中可以是布置学生观后感、读后感、学习总结等。

3.2 阅读教学设计

阅读教学的培训中，用体验的方法把阅读教学知识的学习完成后，就应过渡到具体的设计。阅读教学设计活动体现对阅读本质的理解，并在 PWP 教学模式（读前、读中和读后三阶段模式）中设计包含阅读激趣、阅读情境、阅读策略、思维启发、目标语言练习等元素。阅读激趣主要是阅读前活动，导入、关键生词学习和背景知识激活环节；阅读情境是教师通过问题激发和自身的解释引导创设和再现文本情境，以促进学生的阅读动机和理解效率；阅读策略是以上所提到的所有策略，教师应分析文本，计划本次阅读课要练习学生的主要策略；思维启发是教师引导学生对文本深度理解的环节，尽量发散学生思维，表达观点，既能锻炼学生的目标语能力，又能为下一步写作课打下基础。就设计细节来说，提问和任务设计是关键，可以围绕三个层次进行设计：理解字面信息（read the lines）；文本深意或者作者思想（read between the lines）；文本以外的其他解读，比如文本内所隐含的人文意义等（read beyond the lines）。阅读活动根据以上三个层次可以分为：理解型活动，比如词汇练习、课文复述；运用型活动，分为角色表演和讨论；项目型活动，可以是调查访问和设计海报或广告（陶常娥，2014）。

培训者可以组织小组同课异构，以对阅读文本的导入活动、问题与任务设计以及阅读策略渗透三个方面作为评价视角，促进学员对阅读教学知识的内化和阅读教学设计能力。

总之，阅读教学的误区突出为教师对阅读教学知识的缺失，只要帮助教师更新这部分知识，并引导学员进行实际的阅读课设计，就能使教师走出误区，真正培养学生的阅读兴趣、能力和习惯。实现阅读教学真正的目的和功能。

在阅读教学的开端，目标的制定至关重要。以下是龙艳春（2013）以高中必修一第四单元为例制定的三维目标：

（1）知识与技能

能识记并学会在情景中运用课文中出现的话题词汇、句型等；了解地震的背景知识，掌握防震知识，提高自我保护能力；能运用 skimming 和 scanning 等阅读策略；学会描写地震爆发前、中、后的细节情况等。

（2）过程与方法

阅读过程中培养学生的阅读习惯、阅读方法和阅读技巧。学生能通过任务型表格填空、问题探究、口头表述、复述、欣赏性阅读、书面概括等活动，获取文章的具体信息，构建话题框架，形成知识网络体系。

（3）情感、态度

引导学生品味作者的遣词造句，体会灾区人民受难的心情和唐山地震给人们的启发，使学生对地震有正确的认识；同时鼓励学生学会合作与分享，积极为灾区人民献爱心；培养学生的防震意识；让学生学习唐山人民勇敢面对自然灾难的乐观情怀与重建家园的积极态度。

3.3 阅读教学研究

培训中，应让学员更新阅读教学知识，并了解全国阅读教学研究的状况，引导学员进行本土阅读教学探索。

3.3.1 阅读教学问题

阅读教学存在的问题：第一，课文内涵未能得到挖掘，文本资源被浪费。第二，语言输入的深度处理之前就匆忙展开口头交际活动，或者未开展口语交际活动。第三，脱离课文的零碎而孤立的语言知识点的教学不能让学生领悟语言形式在具体语境中的表意功能。英语阅读教学如果要更好地服务于英语课程目标，就应让学生通过课文学习获得语言知识、语篇知识、文化信息、语用能力、思维能力和积极情感态度等方面的发展。初中英语读后活动存在以下一些问题：语言输入与语言输出间缺乏一致性；语言输入与语言输出间缺少台阶和桥梁；重视课堂活动的量，忽视课堂活动的质；读后活动与学生的实际水平不吻合。

李联雍（2015）认为目前初中英语阅读教学中目标定位不清，阅读课应以阅读能力培养为主，语言学习和知识拓展为辅。课前让学生预习词汇、句型等，课中通过设计多样化活动全方位培养学生的阅读能力，课后补充阅读材料，拓展学生的阅读知识与能力。

赵丹霞（2013）认为初中英语阅读教学存在如下问题：教学缺乏系统规划，导致学生阅读策略欠缺；阅读活动设计缺乏依据，不符合学生发展需求；课前预设不充分，学生得不到必要指导。

李兴勇（2012）对初中英语教师的读后活动设计状况做了调查，发现大多数教师读后活动并没有完全落实，有些教师未开展读后教学活动，有些教师实施了读后教学，但并没有将阅读教学、口语训练和写作训练有效结合，实现学生的综合语言应用能力的提高。基于调查，李兴勇提出可以体现思维能力培养的读后活动。

傅咏梅（2014）通过三堂同课异构的英语课，提出文本解读存在的问题：不习惯文本解读，直接进入模式化的提问；不能整体解读文本而使文本碎片化。提倡集体备课，并开展语篇理念下的阅读文本解读活动。

吴云开（2013）指出初中英语阅读教学远离文学教育现象导致三个问题：阅读教学的功利性（翻译、解词与对答案）；阅读教学目标的单一性（语言知识点学习）；教学行为的盲目性（学生思维时间和空间较少）。吴云开提倡在初中开设文学阅读，认为文学阅读具有促学功能、体验功能、文化功能。而在文学阅读课中进行三维体验模式：语言体验、文化体验、思维体验。语言体验着重语言的深刻体验；文化体验是文学作品中所折射的人文、历史、生活习俗、宗教信仰等；思维体验则是学生对文学作品的理解、品评和思考。具体教学中采用五个步骤：感知文化—朗读文段—思维导图—讨论分享—评价反馈。

杨天喜（2013）认为高中英语阅读教学存在几个问题：过分偏重语法教学，学生缺乏阅读兴趣；囫囵吞枣的阅读教学，缺乏必要的语言分析；问题设计缺乏层次性，无法满足各层次的学生需求；缺乏对学生阅读微技能的培养，学生的阅读活动盲目而且被动；教学活动仅局限于阅读本身，课堂教学未有效拓展；忽略学生人文素质的培养，教学目标单一。

高利（2014）对高中英语教学中策略教学缺陷进行论述，认为教师阅读策略教学意识薄弱，策略教学缺失；阅读策略教学水平偏低，策略教学低效；元认知策略教学结构不完整，策略管理不到位。王芳（2014）认为教师忽略阅读教学，或者阅读策略教学目标不当；将阅读策略当成陈述性知识教授；阅读策略训练与阅读教学脱节。可以采用五步教学法：任务—展示—训练—评估—综合运用。陈玉珍（2014）论述了阅读策略、阅读速度和阅读效率之间的关系，认为阅读策略训练的目的就是阅读效率的提高，而阅读效率 = 阅读速度 + 理解率。理解和速度之间的关系是相辅相成的。阅读速度快的人比阅读速度慢的人有更高的理解能力，理解能力高的人比理解能力低的人读得更快。

周大明（2013）认为目前高中英语教学存在三个问题：教学目标偏离、教学模式僵化、驾驭教材乏力。提倡 USE 模式，即 understanding，sharing，expressing，以问题为导向、活动为载体、思维为主线、语言输出为目标。

付绘（2013）认为，进入高三阶段，多数学生已具备获取信息、猜测词义以及简单的归纳和推理能力。但对于复杂事实性信息的理解准确度、综合信息的隐含意义的推理深度、语篇结构理解的清晰度和整体语篇理解的速度方面存在问题。主要因为阅读过程中欠缺语篇衔接和连贯意识，阅读过程中思维的连续性和灵活性不够，不能有效建立起信息之间的各种联系，不能准确理解信息背后传递的意义，不能形成正确的思维习惯和思维模式，阅读过程中语意生成速度缓慢。衔接有语法和词汇衔接两种，语法衔接包含了指称、替代、省略和连接。词汇有重现、近义、反义、上下义。连贯有微观连贯，即语篇内部语句之间的语意联系类型，如因果关系、并列关系等；宏观连贯，即语篇整体的语意连贯，控制语篇内各部分之间的关联，它是语篇的深层次语意结构。

符丽雪（2014）认为高中英语阅读教学存在如下问题：生词过度处理导致耗时

低效，进而影响阅读微技能的培养；各教学环节的目标不明确导致问题设计没有梯度；任务设计过于简单，不利于培养学生的思维能力；过分关注课文细节而忽视了对篇章结构的分析和点拨；读后的语言输出活动与之前的语言输入活动相关性不大。

宋维华、郭洪洁（2014）认为当前中学英语阅读教学中主要存在课堂阅读时间有限，阅读量不足，对学生课外阅读的目标与计划、督促与检查、评价与指导的缺失。针对以上问题，运用档案袋可以培养学生自主阅读的能力和习惯。

3.3.2 阅读过程与模式研究

胡洁元（2014）认为高中英语阅读教学中的语言处理对策应基于两个原则：服务于阅读理解和服务于语言运用。

崔刚（2013）认为，阅读有三个层次：语言层次，即要解决文本的词汇、句法、语篇，尤其可以依据词块原理，让学生在语境中学习和记忆词块。信息层次，即理解不同信息之间的逻辑关系。例如主题句、段落逻辑、主旨态度等。思想层次，让学生体会文本隐含的意义，形成自己的评价与判断，并促进学生与文本作者的对话，形成情感的共鸣。

龙艳春（2013）认为，阅读教学的设计包含三个过程，在读前活动中应确定教学目标、激活背景知识；读的过程中先构思整体教学、设计探究活动、赏析文体特征、归纳语言知识、强化语言知识的应用；读后活动中落实说写训练、强化读写结合、赏析优秀习作、反馈话题内容、构建话题体系、应用体现生活。

黄远振、兰春寿（2015）认为，初中英语阅读教学模式可以遵循“读—思—言”结构模式。读，即阅读，包含导读、默读、朗读三种方式。教师在导读过程中，激活背景知识，明确学生的阅读任务和目标。默读是为了让学生有独立学习的时间。朗读是训练学生在理解文本的基础上，声情并茂地朗读语言内涵，这样可以进一步促进学生的阅读理解。言是思维的个性化、条理化、结构化的过程。这个模式在语言学习中其实就是“输入—内化—输出”的过程。其中，输入就是读，读是以视觉输入语言的信息，思是思维技能参与语言内化的环节，言是以说或写的方式输出语言，使思维产品言语化和显性化的环节。该模式的起点是语言，落点是思维。黄远振、兰春寿谈到阅读教学的三个原则，虚实性原则，即留白艺术，留白或者布白是教学艺术，也是激发学生阅读动机的方法。持续性原则，阅读教学应该培养学生在安静的环境中独立、持续、大量地默读，创设舒适无干扰的默读氛围有利于形成学生的个性化阅读。这个习惯还可以延伸到课外。常态化原则，朗读可以促进词汇记忆和阅读理解，应长期坚持。思的教学策略，认知冲突原则，以激发学生的求知欲。问题诱思原则，问题情境能够训练学生提取语言信息和转换语言结构的能力，提高逻辑思维中的分析和综合能力。原型启发策略，根据事物本质特征产生新的设想和创意。言的教学方法：搭建支架方法、以读促说或写的方法，模仿创新的方法。这样就可以把他人使用语言的方式变为自己的语言。最后黄远振、兰春寿提出阅读与思维既是学习方式，也是学习过程，更是学习目标。因为人的整体素养中思维能力至关重要，另外，英语学科的内在本质是语言和思维，这样深层次的阅读才能形成。

林远辉（2015）认为阅读前为了激发学生的阅读动机，应注重导入，比如可以寒暄导入、图像提问导入、故事导入、复习导入、表演导入、音视频导入、名言警句导入、新词导入等。读中应设计 read for words，read for information，read for decoding，read for writing，read for thinking 等活动，设计问题应注意梯度、层次和覆盖面，以全方位解读文本。读后应提升学生的情感和能力。

许和平（2014）应用体裁教学法在实际阅读课堂中实施五阶段模式：创立语境—示范分析—共同协商写作—独立写作—联系相关语篇。

杜意林（2014）认为语篇教学中要在读前、读中和读后中搭建支架。读前可以用歌曲、插图和标题导入、预测语篇。读中以视听为支架，整体感知文章，任务为支架，逐步解读信息。读后以图片和关键词做支架，复述课文，巩固升华，以功能句式和情感做支架，交流仿写，拓展提升。

王雪姣（2013）认为，读后活动可以促进学生对阅读材料的理解和记忆，有小结性和拓展性读后活动。小结性活动是教师对本课学习的重点内容进行总结，拓展性活动是基于文本的说和写的活动，可以提高学生的独立思考和判断能力。在设计读后活动时，应注意生活化、多样化、趣味性、实践性、适度性、层次性原则。

刘林峰（2013）认为目前的阅读课教学可以大体分为七种模式：语义概念图模式，步骤是识别核心概念—甄别下级概念—判断概念之间的关系；以读促写模式，步骤是获取信息—转述信息—创造性写作；欣赏语言模式，步骤是广识作者—深挖文本—精品佳句—厚积底蕴（体验情感，陶冶情操）；阅读策略训练模式，步骤是呈现—示范—练习—评价；情境教学模式，步骤是关注—激起—移入—加深—弥散；意义建构模式，有支架式、抛锚式、随机式；语篇分析模式，步骤是题目—体裁—结构—主旨。中学英语阅读教学应该实施多元的教学模式。

3.3.3 文本解读

卞金华（2014）认为基于文本特征解构文本是创新阅读教学途径的一个重要切

入口。在基于文本特征的多元性文本解读过程中，理清文本脉络，开展个性化阅读教学。文本特征是文本内外特质的表征和概括，强化对文本特征的认知和运用既有利于了解文本的相关内容，也能有针对性地习得文本的相关建构知识和能力。文本有宏观和微观层面的特征以及一般和独有特征。一般文本特征包括标题、段落形式分布、文本结构范式等。独有特征指插图、字体、句际关系类型等。形式独特、内容有趣的文本是创新阅读教学途径的基础，独特的文本形式能极大地吸引学生的注意力，有趣的阅读内容能激发学生的学习兴趣，促使学生积极参与阅读。

蒋炎富、杨立宪（2015）提出批判性思维是一种居于理论的对事物的判断，是一种思维方式，在教学中可以通过识别作者的态度和观点，找出论据和结论，并评价作者观点以丰富个人的思想，在分享中提高自己的表达和思维。在阅读中可以提出“文章内容与我的想法是一致的还是矛盾的？作者到底想要阐述什么观点？作者给出了哪些理由？我是否被这些理由说服了？我的依据又是什么？我自己又得出什么结论？我自己的观点是否令人信服。”蒋炎富、杨立宪认为实施批判性思维的教学应把教学目标从学科教学转向学科教育；主体从教师转向学生；过程从聚焦知识与技能转向充满真实的个人意义，比如让学生记笔记就是一种个性化的形式，让学生表达观点是丰富个人思想与观点，真实体验了具有个人特点的阅读过程。

李恺、李川（2015）认为，高中英语阅读教学中批判思维训练缺乏整体设计，比如课文还是以浅层理解为主，只对个别环节实施批判性阅读教学；有的课堂尽管设置了不少深层理解的问题，但布局松散、层次不清、缺乏主线；有的课堂追求创造性思维表达，活动设计脱离文本解读和语言输出。所以设计上应注意问题设计，注意突出主线、环环相扣、梯度分明。

徐群力（2014）认为可以在高中英语阅读教学中解读文本的情感，比如从词汇、文章中心内容、文体特征等解读作者的情感。这样有利于情感目标与认知目标的统一，促进师生之间有效情感的沟通。

沈晓彤（2014）认为初中英语阅读教学应多视角、全方位解读文本教材。在文本处理过程中，首先激活背景知识，其次创设词汇教学情境。为学生铺垫好阅读前的准备后，设置问题链，获得文章主旨、结构对话，在详读中获取信息。最后是语言的输出，巩固文本，以读促写。谢芳（2014）认为文本解读过程中注意几个误区：过于强调学生主体，“主”“导”失衡；过于热闹，入不敷出，并不是有效教学；过于放手，收放失控；过于细化阅读文本，疏密无度。应主导平衡、深入巧出、收放自如和疏密有度。黄海丽（2014）认为高中英语阅读文本的解读可以从四个方面解读文本：解读文本标题、文本语言、文本内容、作者的写作意图。采用四个步骤：概览文本，感知亮点；赏析文本，构建亮点；品味文本，推敲亮点；领悟文本，锁定亮点。

傅咏梅（2014）认为解读不等于曲解，高中英语阅读解读文本时，文本不等于课文，要充分关注超文本和微文本信息；解读不等于肢解，体会细节的同时要把握文章主旨；解读不等于曲解，应充分尊重作者和文本原意；解读不等于无目的，解读文本的同时要提炼教学目标并选择教学内容。

陈卫兵（2013）认为，教师应使用调控策略在读前、读中和读后通过计划导读、课堂交往和阅读后的反馈及时调控教学，使教学活动更加符合学生的认知规律，促进教学效果。

文锦谊（2013）认为，造成阅读教学中科普类文章的难题主要是因为不熟悉背景知识以及不了解文本特征。所以应当帮助学生建立背景知识和熟悉各类科普类文章的体裁特征。

梁莲红（2014）认为阅读教学中解读标题较为重要。标题是文章的眼睛和窗口，具有概括性、针对性和醒目性，一般有三种标题：肯定式、疑问式和否定式。对于肯定式标题，可以预测课文内容、探讨文体风格、理清文章线索、体会过渡承接、对话作者内心、质疑课文结局。对于否定式标题，可以思考转折对比，揣摩作者态度。对于疑问式标题，可以回答标题问题、推断写作意图。同时可以采用以下策略解读标题，比如解读关键词语、替换文章标题、学习标题修辞、比较归纳特点、尝试翻译标题。

葛春生、何精英（2014）提出，教师在设计阅读教学时要依托文本典型特征和语篇优势，从三个角度解读文本：从“文本”阅读设计中，掌握三个层次原则——表层理解、推断理解和批判性理解。在“文学”阅读设计中，加强学生的体验性，在“文化”设计中注意可比性。这样才可以从工具性和人文性提升教育教学效果。

3.3.4 阅读教学中的思维发展

李杰、陈静波（2014）认为，思维是人脑对客观事物的本质和事物内在规律性关系的概括和间接反映，是人运用表象和概念进行分析、综合、判断、推理等认知活动的过程，是智力的最高级和核心部分。阅读中的思维能力是指学生分析、整理、鉴别、消化、综合等加工改造，形成新的思想。当今外语教学过于强调语言的交际功能，弱化语言的信息功能和思维功能。李杰提出阅读中应在读前激活思维、读中训练思维、读后拓展思维。

付薇（2015）指出初中英语阅读思维发展的教学过程：利用文本特征预测文章内容，运用思维导图梳理篇章结构，通过深层次的问题拓展文本内涵，通过质疑深入探究。

刘畅、宗凤昌（2014）认为阅读是搜集信息、认识世界、发展思维、获得审美体验的重要途径，所以在阅读中应培养学生具有感受、理解、欣赏和评价文本的能力。但中学英语阅读教学中存在着程序化明显（读前、读中和读后）、任务过于烦琐（学生容易失去兴趣）、情感性缺失（缺乏师生、生生之间思想和感情的交流）。刘畅、宗凤昌最后提倡智慧型的高中英语阅读教学，比如课堂上应尊重生命、关注个性、崇尚智慧、追求人生幸福的教育境界。

董敏（2015）认为在处理科普类文章时，应根据文本特征，比如说明文或者议论文，对词块、篇章、策略和思维方式等有侧重地处理。

刘利芬（2014）通过对高中英语教师的批判性思维的调查，认为教师要实施批判性阅读教学，首先自己要具备一定的批判性思维能力，并且要掌握批判性阅读策略和教学方法。

邱玲（2013）根据布鲁姆对思维层次的分类：知识、领会、应用、分析、综合和评价，在教学中设计训练思维的教学。

3.3.5 阅读分层教学

赵连杰、刘晶（2015）对高中英语阅读班进行分层，实施个别化教学。学生按考试成绩分为 A、B、C 三层，A 层阅读量及任务量大，对口语和写作输出要求高；B 层任务难度和任务量降低，主要是夯实基础、培养自学能力为主；C 层学生基础知识薄弱，学习习惯欠佳，任务布置在学生能力范围内，逐步激发学生兴趣和增强信心。根据赵连杰、刘晶的行动研究结果显示，通过实施分层教学，学生的学习兴趣和成绩均得到提高。

3.3.6 课外阅读教学

李学雷（2013）认为高中英语课堂教学中应补充课外阅读，尤其是文学性的阅读。但生词量应该控制在5% ~10% 为宜，选材应同时注重文学性和思想性，选材范围可以是诗歌、散文、演讲稿等。

张惠娥（2015）认为高中文学阅读教学中，学生是主体，教师通过让学生审美的过程，培养学生的逻辑性、批判性和创造性思维。教学过程采用困难聚焦、评价与联想、写作风格和技巧分析、生活联结的模式进行。由于思维品质受图式知识的制约，因此文学作品可以让学生丰富图式知识，获得审美体验，同时思维也得到发展。

张利琴、常万里（2014）认为在进行英语童话阅读教学时，应有预测、阅读以及验证三个步骤，以培养学生的思维能力和自主学习习惯。

常松（2014）提出 9 种童话阅读教学策略：预读、预测、跳读、寻读、听读、品读、细读、泛读，发展中学生的阅读兴趣和阅读能力。

陈瑜（2013）认为课外阅读材料的选取可以用 Christine Nuttall（2002）提出的 SAVE 原则，即 short，appealing，varied，easy，选取简易读物可以促进阅读教学。

黄远振等（2013）提出了英语文学体验阅读 READ 教学模式，即 reading，exploring，assessing，developing，阅读包含朗读、默读、研读三种读的状态；探究包括思索、分享、讨论三种活动方式；评价采用自评、他评、互评三种评估方式；发展指向促读、促写、促思三维拓展目标。

陈素萍（2014）认为窄式阅读，即阅读同一主题、同一作者或同一体裁作品，可以有效提高学生的阅读理解能力。

吴思廉（2013）提出文学阅读活动课 RAISE 模式，即 reading，appreciating，inquiring，sharing，experiencing，并且遵循多元导读、师生共读、体验互动、动态评价的原则。教师开始时应对学生导引动机、目标、内容和方法。教师还应对作品深入理解，才能引导学生阅读和共同体验探讨。评价采用多元化评价，即自我、同伴和教师评价。

3.3.7 阅读理论研究

冗余信息理论（Redundancy）。自然语言中通常包含一些多余所需的内容，即冗余信息。一般的语言中有 50% 的信息是冗余的，它们使信息交流的内容更加完整。阅读时信息来源有视觉、听觉、句法和语义，这四方面的信息往往是重复的，如果阅读者能充分利用其他三方面的信息来源，就可以减少对视觉信息的需求（Smith，1971）。阅读材料在词汇、语意、语篇和逻辑等层面的冗余现象使读者对信息的理解更加准确，读者良好的语感、语言熟练度、世界知识等都能够帮助其减少对阅读篇章冗余信息的依赖。

语用预期语法说（Pragmatic Expectation Grammar）是指语言使用者在句法、语义和语篇知识方面所具有的综合应用能力（Oller，1976），语言的创造性与冗余性能帮助其预见到所给予的语言线索之外的内容。阅读时，读者能依据所读文字不断提供的信息，联系自己已有的语言知识与背景知识，预测语句的走向及语篇的发展趋势。

格式塔心理学理论（Gestalt Psychology）。“格式塔”来自德文，其含义是整体，或者完形的意思。因此格式塔理论也称为完形理论（张厚粲，2002）。该理论认为，当人们感知外部事物和对事物进行加工时，头脑中存储的已有的知识和完整的知识体系会有意识或无意识地起作用。比如，人们观察物体形状时，会下意识地把形状中的空缺填补上去。人的阅读过程也是完形的，读者的整体语言知识会帮助其推断文章空白处的词语。通常来说，一个人的语言水平越高，世界知识越丰富，对不完整信息的容忍度就越大。

结　语

阅读教学的目的就是要培养学生的阅读素养，包含阅读能力培养和习惯养成。阅读教学应该进行多维度的教学实践，从语感、语篇、人文、思维、写作等方面全面促进学生的阅读能力。

参考文献：

[1] Alderson，J. C.（王笃勤）. 阅读评价［M］. 北京：外语教学与研究出版社，2011.

[2] Brown，H. D. 根据原理教学：交互式语言教学［M］. 上海：外语教学与研究出版社，2001.

[3] Candlin，C. N &Hall，D. R. 阅读教学与研究［M］. 上海：外语教学与研究出版社，2005.

[4] Grabe，W. 阅读教学与研究［M］. 北京：外语教学与研究出版社，2005.

[5] Grellet，F. 英语阅读教学［M］. 北京：人民教育出版社，2000.

[6] Hadfield，J. 课堂活力［M］. 上海：华东师范大学出版社，牛津大学出版社，2001.

[7] Little，W. 交际语言教学论［M］. 北京：人民教育出版社，外语教学与研究出版社，2002.

[8] McCary，M，Hicks，L. A Handbook for Reading［M］. U. S. A：A Beka Book Publications，1994.

[9] Nutall，C. 外语阅读技巧教学（Teaching Reading Skills in a Foreign Language.［M］. Oxford：MacmillanHeinemann，上海：上海外语教育出版社，2002.

[10] Oller，J. Evidence of a general language proficiency factor：An expectancy grammar［J］. Die Neuren Sprachen，1976，76：165 – 174.

[11] Rivers，W. M. 交互性语言教学［M］. 北京：人民教育出版社，外语教学与研究出版社，剑桥大学出版社，2002.

[12] Smith, F. Understanding Reading: A Psycholinguistic Analysis of Reading and Learning to Read [M]. New York: Holt, Rinehart and Winston, 1971.

[13] 卞金华. 基于文本特征的阅读教学实践 [J]. 中小学外语教学, 2014, (11): 31 -33.

[14] 陈贤纯. 外语阅读教学与心理学 [M]. 北京: 北京语言文化大学出版社, 1998.

[15] 陈素萍. 基于窄式阅读的读写教学探微 [J]. 中小学外语教学, 2014, (10): 1 -7.

[16] 陈卫兵. 初中英语阅读教学调控策略使用探微 [J]. 中学外语教与学: 2013, (12): 21 -24.

[17] 陈瑜. 简易读物泛读教学活动设计 [J]. 中小学外语教学, 2013, (7): 34 -39.

[18] 陈玉振. 英语阅读策略训练提升高中生阅读效率之探索 [J]. 中学外语教与学, 2014, (10): 22 -25.

[19] 常松. 初中英语童话阅读教学初探 [J]. 中小学外语教学, 2014, (1): 37 -42.

[20] 崔刚. 阅读的层次与课文教学 [J]. 中学外语教与学, 2013, (6): 3 -6.

[21] 董敏. 例析高中英语科普类阅读文本的解读与处理 [J]. 中小学外语教学, 2015, (1): 29 -35.

[22] 杜威. 我们如何思维 [M]. 北京: 新华出版社, 2015.

[23] 杜意林. 巧搭教学支架, 优化语篇教学 [J]. 中小学英语教学与研究, 2014, (11): 23 -25.

[24] 葛春生, 何精英. 基于语篇优势的阅读教学设计 [J]. 中小学外语教学, 2014, (5): 17 -22.

[25] 高莉. 高中英语阅读策略教学的缺陷及对策 [J]. 中学外语教与学, 2014, (10): 10 -14.

[26] 惠亚玲. 外语学习者语法水平对阅读理解能力的影响 [J]. 西安外国语学院学报, 2006 (1): 63 -65.

[27] 顾海燕. 初中英语阅读中的有效提问 [J]. 中小学外语教学, 2013, (3): 24 -27.

[28] 李恺, 李川等. 提高批判性阅读教学设计有效性的实践研究 [J]. 中学外

语教与学，2015，(3)：36-42.

[29] 李联雍. 初中英语阅读教学有效策略的课堂实践研究 [J]. 中学外语教与学，2015，(3)：23-48.

[30] 李俊. 论词汇的深度和广度与阅读理解的关系 [J]. 外语教学，2003，(2).

[31] 李瑞芳. 外语教学与学生创造性和批判性思维的培养 [J]. 外语教学，2002，(5)：61-65.

[32] 李兴勇. 英语读后教学活动设计的现状及优化策略 [J]. 中小学外语教学，2012，(12)：33-38.

[33] 李学雷. 浅谈补充阅读在高中英语课堂教学中的应用 [J]. 中小学英语教学与研究，2013，(6)：48-50.

[34] 梁莲红. 阅读教学视角之：解读文章标题 [J]. 中小学英语教学与研究，2014，(3)：39-45.

[35] 列夫·维果茨基. 思维与语言 [M]. 北京：北京大学出版社，2011.

[36] 刘利芬. 高中英语教师批判性阅读教学能力调查报告 [J]. 基础英语教育，2014，(10)：30-35.

[37] 刘林峰. 英语阅读课教学设计的多元模式评析及启示 [J]. 江苏教育（中学教学版），2013，(12)：33-38.

[38] 刘伟，郭海云. 批判性阅读教学模式实验研究 [J]. 外语界，2006 (3)：14-19.

[39] 刘振前，Bever，T. G. 句法分析在外语阅读中的作用 [J]. 外语教学与研究，2002 (3)：219-224.

[40] 林远辉. 高中英语阅读教学的有效设计 [J]. 中小学英语教学与研究，2015，(1)：39-41.

[41] 龙艳春. 高中英语阅读课堂有效教学的尝试 [J]. 中小学外语教学，2013，(1)：41-46.

[42] 黄海丽. 高中英语阅读文本的解读 [J]. 中学外语教与学，2014，(2)：3-7.

[43] 黄远振，兰春寿，黄睿. 英语文学体验阅读 READ 教学模式建构研究 [J]. 外语界，2014，(1)：11-19.

[44] 黄远振，兰春寿. 初中英语深层阅读教学模式研究 [J]. 中小学外语教

学，2015，(2)：11－15.

［45］胡洁元．例谈高中英语阅读教学中的语言处理对策［J］．中小学外语教学，2014，(12)：12－15.

［46］符丽雪．例谈高中英语阅读教学中的常见问题及解决对策［J］．中小学外语教学，2014，(5)：6－11.

［47］付绘．语篇衔接与连贯意识和能力的培养［J］．中小学外语教学，2013，(8)：13－16.

［48］付薇．初中英语阅读教学与学生思维能力的培养［J］．中小学英语教学与研究，2015，(1)：51－59.

［49］傅咏梅．例谈文本解读缺失和失当对阅读教学问题设计的影响［J］．中小学外语教学，2014，(2)：10－14.

［50］傅咏梅．高中英语阅读文本解读四“不”和四“要”［J］．中小学英语教学与研究，2014，(2)：49－52.

［51］蒋炎富，杨立宪．一节以培养学生批判性思维能力为主的高中英语阅读课［J］．中小学外语教学，2015，(3)：1－8.

［52］邱玲．高中英语阅读教学中的思维训练设计［J］．中学外语教与学，2013，(12)：29－32.

［53］宋维华，郭洪洁．运用阅读档案培养学生课外阅读能力的尝试［J］．中小学外语教学，2014，(9)：31－35.

［54］沈晓彤．基于充分解读文本的初中英语阅读教学［J］．中学外语教与学，2014，(2)：8－10.

［55］陶常娥．例谈高中英语阅读教学中读后活动的设计［J］．中小学外语教学，2014，(12)：8－11.

［56］王芳．高中英语阅读策略的教学偏误与教学建议［J］．基础教育外语教学研究，2015，(3)：15－19.

［57］王雪姣．从一次同课异构活动反思阅读课的读后教学［J］．中小学外语教学，2013，(2)：21－25.

［58］王占馥．思维与语言运用［M］．广州：广东教育出版社，2003.

［59］吴思廉．英语文学阅读活动课 RAISE 教学模式研究［J］．中小学外语教学，2013，(10)：12－16.

［60］吴云开．初中英语文学阅读活动课“三维体验”模式研究［J］．中小学

外语教学，2013，(6)：23－28.

[61] 谢芳. 文本解读过程中的对立与统一 [J]. 中学外语教与学，2014，(2)：11－13.

[62] 许和平. “体裁教学法”在高中英语阅读教学中的应用 [J]. 基础英语教育，2014，(8)：34－38.

[63] 徐群力. 高中英语阅读教学中对文本的情感解读 [J]. 中学外语教与学，2014，(10)：29－31.

[64] 杨天喜. 浅谈高中英语新教材的阅读教学 [J]. 中学外语教与学，2013，(1)：26－30.

[65] 詹宏伟，黄四宏. 句法难度对中国 EFL 学生阅读理解的影响 [J]. 国外外语教学，2007，(1)：8－12.

[66] 张必隐. 阅读心理学 [M]. 北京：北京师范大学出版社，1992.

[67] 张惠娥. 高中英语文学阅读“为思而教”的导学实践 [J]. 中小学外语教学，2015，(3)：49－54.

[68] 张厚粲. 心理学 [M]. 天津：南开大学出版社，2002.

[69] 张利琴，常万里. 提高中学英语童话阅读教学有效性的思考 [J]. 中小学外语教学，2014，(7)：16－24.

[70] 张省林. 论读者向作者的转换：从交互的角度看“通过阅读写作” [J]. 外语教学，2005，(4)：57－59.

[71] 赵连杰. 刘晶，班内分层促进高中英语阅读个别化教学的行动研究 [J]. 基础教育外语教学研究，2015，(3)：23－28.

[72] 赵丹霞. 初中英语阅读教学问题分析与对策 [J]. 基础英语教育，2013，(6)：30－34.

[73] 周俊婵. 挖掘高中英语文本的修辞美，调动学生语言学习的积极性 [J]. 中小学英语教学与研究，2014，(7)：21－25.

[74] 周大明. 高中英语综合课 USE 教学模式的构建与实践 [J]. 中小学外语教学，2013，(8)：1－6.

[75] 朱纯. 外语教学心理学 [M]. 上海：上海外语教育出版社，2004.

[76] 邹启明，周瑞琪. 英语阅读目的与篇章处理策略的关系 [J]. 现代外语，2005，(4).

第六章 写作教学的难题和对策

☞问题六：写作教学一贯是教师的老大难问题，不知道如何让学生写出正确的句子、写出内容来，那么到底教学中如何培养学生的写作能力呢？

写作是反映英语综合水平的一项核心技能，但学生是否乐于写、写好作文是教师很难攻克的问题。其原因是多方面的。走入写作教学课堂，大多数教师都很强调范文的学习和背诵，强调句型和连接词的使用，却忽视了学生发散思维的培养，离开了写作的真正意义，即思想的表达和传递。再加上教师对作文评价的单一和不及时，更失去了写作的乐趣，即思想的碰撞和交流。

有这样的三节写作课，主题都是“节约用水”，第一位教师开篇介绍了本节课的任务，如何写一篇关于“节约用水”的文章，并把文章结构做了介绍，然后学习使用一些连接词和基本短语，课堂上留出将近10分钟的时间给学生写作。由于写作的基本结构、短语已经规划好，所以最后学生写的内容基本一致，教师对按照其要求写作的学生给予了“引导性的评价”：“大家说写得好不好?”“好!”第二位教师一开始以操练句型为主，然后过渡到集体按教师的要求口头写出文章，文章事先已经打在PPT上，同学们跟着老师一句一句读出范文，最后教师总结了从结构上如何写此类文章。在这堂写作课上，教师框住了学生的思维，变写作为句型的应用和连接。第三位教师一开始问了几个关于“节约用水”的问题让学生思考和回答，本以为这位教师能让学生在课堂上思考，抓住作文训练的重心，但之后的课堂变成了教师抠词，学生一遍一遍地根据留在屏幕上的词背诵范文，如此反复，直到学生会背范文，课堂也就结束了。正是这样的教学，使中考、高考作文具有千篇一律、句子堆砌、毫无新意的特点。更为重要的是学生失去了思考、表达和交流的乐趣，失去了写作本身的实际意义。

以下是对2014年国培学员写作教学困境和对策的调查。

1. 问题的调查

调查问卷的第4题就是关于这些教师们如何进行写作教学，即他们的写作教学方法。通过对85位国培教师的问卷结果进行分类、分析，笔者发现他们所采用的写作教学方法可归为以下五种：积累、范文仿写（38人，占45%）；多样化训练（15人，占18%）；词—句—篇（12人，占14%）；过程写作（9人，占10%）；其他（11人，占13%）。

1.1 积累、范文仿写

案例1：写作首先要读题，知道要求是写什么文体，记叙、对话还是其他。平时教学中就注重积累好的词组、句型用到写作中，每周要求学生写一篇作文，认真批改，从语法、单词拼写、标点符号等细节纠正。此外，抄一些优秀的范文让学生模仿，培养写作能力。

案例2：通常让学生背文章中写得好的句子，让他们模仿写句子，或是找一篇和本单元写作要求相关的文章作为范文抄在黑板上讲解，让他们模仿写一篇文章，把别人的东西换成自己的东西。

案例3：我认为写作应该与阅读结合在一起教。可以先让学生读一篇例文，通过阅读来总结出类似文章的写作方法，例如：格式、文章连接词的运用、好词好句的运用等；然后，让学生写作之前讨论文章涉及的一些观点；接下来，让学生通过模仿完成自己的作文。

案例4：写作应该是日积月累的过程，我会在新授课中让学生积累课文对话和文章中的一些句子，提醒他们可用于自己的写作。每个单元结束让学生写一篇小作文，主题与本单元话题一致，可仿写、可自由发挥。

从以上调查案例可以看出，范文背诵仍然是中学作文教学的主要手段和方法。

1.2 多样化训练

案例1：(1) 每节课上对重点的1~3句话作替换练习、造句练习，争取背得。(2) 对每单元2b部分范文中结合所学单元话题的重点句10句要求熟读、熟记、背诵。(3) 改写这10句话变为自己的句子，根据要求加上标题、开头和结尾形成自己的作文。(4) 分部分背诵后，下节课前即兴演讲，巩固所背范文和作文，加大积累。

案例2：我认为写作应经常、反复地练习，我平时的教学中常从词、词组、句子、段落到短文模式训练，可以口头展示、书面展示、短文竞赛等。

案例3：写作应该在平时的教学中，让学生经常练习。(1) 增加词汇量，进行话题讨论。(2) 造句、对话练习、写日记、写小短文。(3) 多阅读优秀范文。

案例4：写作基础还是离不开词汇、语法、阅读、听的训练。教写作可以先作较为简单的口头作文，师生共同作文，然后再让他们独立作文，还有就是加强重点句型的训练。

多样化训练的核心还是范文背诵，只是多加了练习活动，关于激发学生思考和自主作文、体现创造性和个体性的训练还是较为欠缺。

1.3 词—句—篇

案例1：写作是考查学生词汇、语法、写作技巧基本学习技能的方式。教会学生连词成句，通过语法把词汇连接起来。平时就是教会学生先大概把握写作的大体内容，以熟悉、常见、可说的来选取内容。三段式模式：首段点题、概要写出大意；中段写过程、主体；尾段写小结，再次点题。尽量应用单句形式来写作。

案例2：写作教学中，可以让学生阅读作文的要求。审题，先让学生了解例子（范文），口头谈论、说一说，然后再动笔写作。在平时的教学中，可以由单词—词组—句子—文章。我要求学生可以背一些好的句子、文章，多练习写作、多模仿。

案例 3：写作教学是英语教学中实践应用的一环，它直接检验了前面环节的好坏。平时基本用给出有用的词汇、词组，连词成句、成篇，然后给出具体情景试写，再给出范文比较优劣，最后自行写的过程。

案例 4：写作对初中生来说是英语学习的高层要求。平时，每上完一个单元，我都会给学生一次写作。主要是根据本单元的话题来写，有时给出词汇、好句和提示等，让学生去写。

词—句—篇的训练方法是可取的，但就是需要坚持，并且不断提高训练要求，同时要精心设计评价环节，采用教师和同学互评等方法来评价，这样才能真正培养学生写作的兴趣和习惯。

1.4 过程写作

案例 1：(1) 先进行头脑风暴，集思广益，让学生列出可能会用到的词汇、短语。(2) 让学生列出提纲。(3) 若作文比较难，通过提问题的方式给学生提示，如写有关假期的作文，可以通过以下几个问题让他们知道该写什么，如：Where did you go? How was the weather? (4) 详批。(5) 给出参考范文。

案例 2：我认为写作应体现综合性。情景法、话题设定法，如：给出话题；分组讨论；列出提纲；写出草稿；选出范文；全班作典型示范讲解。

案例 3：我平时一般先设计一个导入，进一步引导学生联想（单词或句子），然后小组活动再激活（复习单词、造句），汇总单词或句子，点拨思路，学生自主完成，写作示范，批改后再写。

案例 4：我认为写作应该这样教学：给出题目，学生讨论，教师总结并讲解，学生当堂写作（抽学生上黑板写），当堂批改学生例文，请学生朗读美文。平时是这样的：按课文要求布置相关作文题目让学生下去写，教师批改并展示好的文章。结果是好的文章很少，批改困难。

学员懂得过程写作是非常好的，只是操作中存在许多问题，主要是反映在评价环节上。因此，培训中对于写作教学中的评价反馈方法应该给予建议和练习，使过程写作教学完整和有效。

1.5 其他

案例 1：首先让学生审题，确定所写内容的体裁，然后根据要求列出提纲，判断时态和人称。再根据提纲造句，连句成文，修改。最后才把作文内容写在试卷上。

案例 2：我平时写出一个作文题，让学生列出与题有关的内容，一起删去不合适的，把合适主题的内容留下来，组成自己的文章。

案例 3：指导学生认真审题，弄清要求；围绕中心、展开写作；确定时态、句型；开好头，结好尾；书写规范、保持整洁。

案例 4：我教授的是农村学生，基础较差，写作一般是给出汉语意思，然后翻译为英语。

从这些回答中，可以看出教师的写作教学方法较为单一，未能培养学生的写作兴趣和训练学生的写作能力。

结　论

根据以上调查数据，了解和应用过程写作教学的教师只有 9 人，占 10%。写作教学知识的欠缺较为明显，同时背范文的教学模式大量流行。通过访谈，发现教师们很少布置学生写作文，因为学生写不出完整和正确的句子。并且，背范文被认为是最直接的办法，甚至很多教师表示，能背范文已经是非常好的情况了。根据调查，除了学生的基础薄弱的原因外，教师对写作教学的理念仍然停留在传统的“结果写作教学模式”，即写作前不做充分的准备，直接布置作文题目，因此学生的写作结果不好也是情有可原了。

2. 问题的分析

2.1 写作教学困境

写作一直以来是中学英语教学的难题，学生或者没话可说，或者作文结构散乱，语法错误满篇，更或者内容千篇一律，模仿范文的写作。深入课堂就会发现，原来大量的中学英语写作课缺失了它应该具有的灵气和乐趣，写作单纯地为了应试教育，单调地变成了范文背诵。要克服这些问题，教师应当了解写作的本质特征、写作教学出现困境的原因，以及解决写作课问题的教学策略。

2.2 写作本质的理解

要教好写作，首先要理解写作的本质。Cadlin 和 Hall 从三个方面来理解写作的本质：从写作文本的角度来说，可以把写作看成是一个实现社会功能的过程，应用于实际的场景，实现某种目的和功能；从语言的实际用途上来说，写作起到了交际的功能，是与他人交流的手段方式之一；从语言修辞应用来说，是根据不同文体而重复应用语辞。从作者的角度来说，也有三种观点看待写作，一种是把写作看成是个人表达观点的过程，持这种观点的人认为应尽量鼓励作者表达出自己的思想，并把写作和个人的发展紧密结合起来，把它看成是辅助心理健康、发展个体思维和自我表达能力的手段。另一种是把写作看成是认知过程，并且这个认知过程是非线性的，作者的思想是发现和重组，是一个曲折的过程，经历着写作前、写作中和写作后三个活动，大量的研究表明写作中的计划和修改是最复杂的过程，熟练的写作者比一般水平的写作者会花费更多的时间在这两个过程中。并且母语的写作能力会影响迁移到英语的写作中，尤其在内容的组织过程中，越是难的话题，越是需要母语翻译为英语的过程（王俊菊，2005）。还有一种观点是个体知识重组过程，通过对熟练写作者的研究，发现他们会仔细分析问题和制定目标，并考虑内容、读者、风格和结构，最后形成文字，这个过程有大量的个体知识与所形成文章之间的互动，是个体知识与思想的融合与重组。最后一种理解写作本质的是从读者的角度来理解，把写作看作是社会交往过程，个体社会化过程，同时写作文本还体现了权力和意识形态。

2.3 写作的功能

以上对写作本质的分析实际上同时揭示了写作的实际应用功能。写作在实践生活中的功能突出的有三个：社会功能、语言学习功能、促进各学科学习的功能。

社会功能。中国上千年的科举考试是以写作能力为中心，借以考查个人的知识观点和表达能力，并以此选拔人才。表明人们自古以来对于写作的社会实用功能的认识。早在两千年前的古罗马时代，政治家、哲学家和教育家西塞罗强调教育的目的是培养雄辩的政治家，且不评说这样的教育目的所具有的历史性，培养能说会道的人确实也是教育中的重要内容。西塞罗还指出，培养雄辩家的方法有三：通过广泛阅读获得广博的知识；通过长期写作培养思维的敏锐性、判断力和表达能力；通过实际锻炼提高雄辩知识和雄辩技巧。说明西方也很早认识到写作可以提高一个人的思维能力和表达能力，而这些能力的获得还能促进一个人立足社会，并取得成功。

语言学习功能。无论母语还是外语教学都强调听、说、读、写能力。不仅仅因为写作是语言应用的一部分，它反过来能促进听、说和读。纵观外语教学的历史，出现了很多流派和思想，比如翻译法、听说法、沉默法、全身心反映法等，每一种方法都有它强调或突出的某一方面能力的培养，比如翻译法强调语法规则的学习和读写能力，听说法强调听说能力的培养等。直至20世纪70年代的交际教学法因为强调语言应用的综合能力，使其全世界通用至今，即使是任务型教学法、内容依托教学法也都是交际教学法的变体。Canale和Swain对交际能力的界定包含了语法能力、社会语言能力（跨文化交际能力）、话语能力和策略（应变）能力，写作既是话语应用能力的一部分，也是语言综合应用的表现，同时由于写作的提升，促进语言交际的流畅性和准确性，因而达到听、说、读其他各方面的提高。

促进各学科学习的功能。国外很多研究表明，学生通过写作可以提高批判性思维，能有针对性地提出问题，并能将不同事件、人物和思想建立联系。研究者还做了大量的“写作—学科学习”的实验研究，发现写作可以促进各学科学习，认为写作教学并不复杂，并且写作技巧可以教授。虽然英语是外语教学，英语的写作也可以结合各学科领域的阅读进行，同样可以促进对各学科的认识和学习。

2.4 写作的问题分析

从写作的本质和功能来看，尤其是根据Cadlin和Hall对写作本质三个维度的分析，教学中写作应该体现四个特性：交际性，即具有社会性的交际功能；个体性，是写作者个人思想的表达与体现；过程性，有着曲折的认知过程，包含有写作前计划、写作以及写作后的修改；知识性，是知识重组过程，即写作者需要拥有语言、语篇的应用知识才能构成不同风格的写作文体。当前在写作教学中强调对范文的模仿背诵，缺乏平时的写作语言知识积累，也未通过阅读发散学生思维，形成个人见解，其实是教师在教学中忽略写作的这四个特性造成的。

以交际性和个体性为例，写作是人类思想的交流，与说话一样，具有交流性质。它是内心对话的书面化，它源于生活中的说话，通过写作可以使人具有比说话更为广阔的空间表达个人思想，能够发挥个人的想象力和创造力。在中学英语教学中，学生作为外语的初级学习者，要产生内心对话，然后把思想书面化，这并不容易。至少有两方面的原因，知识面和英语使用能力。所以中学英语的写作课，要让学生想写、乐写，就必须有写作前的精心准备，通过阅读拓展知识面，在此基础上，积极创设情境，把写作当作思想、语言的交流和碰撞，同时把写作融入日常教学中。写作课上，课堂活动应包含师生之间和学生之间的交流，课堂要留出时间让学生写作，甚至教师可以与学生一起体验写作过程。在这样的氛围中，才能使学生在主题写作中，最大限度地把自己的生活经历、知识，用所掌握的语言写出作文。以过程型和知识性为例，以上的过程包含了作者收集资料、产生思想、交流思想，写提纲、发散思维和充实内容，最后形成初稿。当然写出来后，最后还要有修改和订正的过程。在此过程中，教师把语言知识和写作知识融进了教学，学生才能真正学会写作。

具体说来，根据笔者对中学英语写作教学的观察和了解，中学英语写作教学有四大缺失：

其一，交际性缺失。作文的思想是教师的思想，课堂上教师引导学生过多，缺失思想的流动与碰撞；写作课上，老师唯恐学生没有可讲可写的话，提供思路、句型、篇章结构，引导学生写出教师预设好的内容。整堂课就算有小组讨论，学生交流的内容也是教师预设好的内容、学生可以表达的句子。当然学生可能会受英语水平的限制，表达的句子有限。但如果教师放开课堂讨论，允许学生用母语提出自己的思想，然后教师与学生一块把精彩的句子和观点用英文表达，这样，学生既体会到了发表自己思想观点的乐趣，又因为要把想法变成正确的英文句子而得到语言的巩固。课堂就变得有活力和灵气。学生因而对写作有了正确认识，并由此产生兴趣。

其二，个体性缺失。作文是最能反映出个人思想和风格的语言活动。学生之所以对写作不感兴趣，是因为学生所表达的话语被教师给予的框架局限住，思想也因为语言表达的有限性而不能充分表现。如果教师擅长挖掘学生偶尔写出的精彩句子，或者与众不同的观点，会大大鼓励学生，培养了写作意识，促进学生写作的热情。

其三，过程性缺失。作文的提高靠范文背诵，纯粹的应试教育，缺失写作的探索和发现乐趣。写作是查询资料、挖掘思想、集思广益、探索表达的过程，它的乐趣在于把想法变成文字，由于这个过程本身是个思考的过程，作者不仅在此过程中不断发现自己，还可以在交流中进一步明晰自己的思想，展示自己的价值。所以文字创作的过程是探索思想、发现自己的过程，既能促进语言的学习，又能促进自己思想的深刻。这个发现自己的过程往往在范文的背诵中就泯灭了。当然不是说范文不能使用，而是科学地使用。范文其中一个重要功能就是培养学生的批判性思维。教师可以把多篇范文展示出来，让学生评判文章的优劣得失。在深刻理解优秀范文与其他范文差异的基础上，再来背诵范文，效果会更好。另外，学生是否背诵范文可以区别对待，有些学生，尤其是男同学不善于背诵，只要求他们背诵经典句子即可，如果大量背诵范文引起对作文的恐惧和厌恶，就得不偿失，无法使写作能力得到持续性的发展。

其四，知识性缺失。知识主要指的是话题知识和语篇知识。不同话题的知识观点以及不同体裁的语篇结构是通过平时的积累和训练而发展的。写作训练缺乏日常的从句到篇的分级分层训练，缺失写作能力发展过程的积累。写作往往被看作是一个成果，而非看作是一个过程。因此，在结束了一个单元或一个月的学习，突然布置学生写作文，学生既没有日常写句子的各种形式训练，如改写、扩写、创写等的练习，也没有连句成段的语篇练习，更没有创设老师、学生间交流竞争的写句到篇的日常训练。教师的实际写作能力也有待提高，所以如何创设写作的情境，引入写作的竞争，把写作融入日常教学中，是教师应该思考的教学环节。

2.5 过程写作教学模式

新课改英语课程标准提倡“基于过程的写作教学法”，区别于过去“基于结果的写作教学法”，更加注重学习者的思维过程和写作的交际意义，让每个过程体现学习者从知之甚少到产生丰富想法，进而主题化、结构化和成品化，并提倡学习者自己、同伴和教师的交叉互改，以提高学生对写作的意识、兴趣和主动性。

传统的写作教学通常给学习者一个题目，就让他们写出成品，学生或者仿照范文，或者冥思苦想编出几句毫无逻辑、毫无语义衔接的作文，使得写作过程枯燥乏味，再加上教师批改作文的方式是一言谈，批得满满错误，写作就此成了学生和教师畏惧的教学活动。由于学生的写作能力一直未得到充分训练，所以变成恶性循环，教师总抱怨学生的写作能力差，而本身教学上的误区又持续没有解决和克服。这都是因为教师的教学理念没有得到更新。

写作的目的首先是为了交际，过去传统的写作教学不突出学生的生活和实际生活经验，所以学生无兴趣写作。交际型的写作不仅仅是为了强化语言结构的学习，还有交际任务完成。比如，写一封信给笔友，再比如给老师教学上的建议，再比如为商家写一个广告，或者自己编一个故事给读者。学习者有了完成任务的动机，并且是与真实的生活实际相关，写作就可以成为学生很自然的学习活动。

过程写作教学有三个过程：写作前、写作中（打草稿）和写作后三个过程。在此三个过程中有八个特点：帮助学生理解他们自己的写作过程；帮助学生建立写作前、写作中和写作后各个过程的知识和技巧；让学生写作和修改；关注学生修改过程；帮助学生发现自己的思想和观点；在学生写作过程中，给予学生反馈并引导学生用词尽量接近自己的思想意图；运用教师评价和同伴互评多种评价方式；在写作过程中，教师与学生应单独谈话与见面。

2.5.1 写作前活动

写作前可以根据写作任务的难易和主题的特点而灵活选择不同的教学活动。以下分别介绍。

（1）头脑风暴：此种方式是中外语言教师常用的方法。在教师的引导下，学生一开始自己说出自己所想到的任何想法和观点，并与同伴分享。比如当讨论到体育运动时，同学们可以各抒己见，有的说运动的乐趣，有的说喜欢体育运动的竞争性，有的说运动的艰苦和难以坚持，有的说时间和金钱的花费等等。头脑风暴的优点就是观点的汇聚，取长补短，使学生有话可说可写。

（2）自我探索：有的时候为了让学生体验如何写作的过程，可以布置学生事先对某一主题进行自我探索，上网、读书或与人交谈等方式，都可以获得对某一事物或某一主题的观点看法，然后再来考虑文章的结构层次。

（3）自我提问：写作包含了积极思考，基于对某一主题的观点，学习者可以自我提出一些围绕此主题的问题，然后根据答案来组织文章。以看电视为例，可以问出“电视在我们生活中的作用是什么，尤其是朋友和家人生活中？学校里的人们都喜欢看什么电视节目？这些电视节目怎样影响了我们的思维方式？电视的积极和消极影响是什么？电视使生活更加有趣了吗？在开始写作前，为了能够进行创造性的写作，还要问自己：我的读者是谁？我的读者已经了解这个主题多少？我的读者还有什么是不知道的？自我提问可以在头脑风暴前，或是在写作前单独完成。

（4）思维导图或树形图：作图可以把所有的想法和观点更加清晰化，使文章结构一目了然。头脑风暴后的观点和想法有的与主题密切相关，有价值；有的无关，使文章结构偏离了方向。所以利用作图来使一篇文章的结构视图化。比如下图：

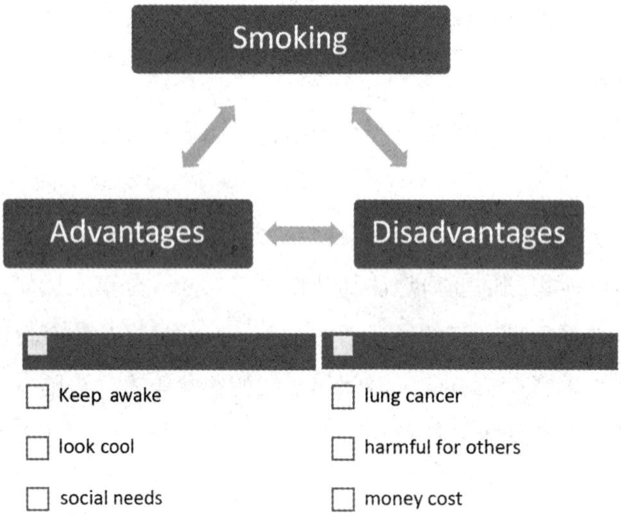

图 6－1　关于吸烟的利弊

（5）自由写作：自由写作是刺激读者思想的一种技巧，写作者不停地写自己的想法，不担心任何语法、词汇和衔接错误，只是写出脑子里的任何思想。在自由写作中，写作者在有限时间内进行，所以没有机会停下来往回看，它能帮助写作者把所有内心感受都写在纸上。它的作用有如头脑风暴、思维导图等，但由于所有的语句已经在纸上，接下来的步骤就只是把写的内容精简、扩充和编辑。此种方法能克服对写作的畏难情绪，并能帮助写作者解除有时候的思维阻滞，让思想随着笔端化成文字，写作者从中有了成就感，就能完成接下来完整的文章结构修理。在进行自由写作时应该注意四点：首先对一个主题要持续不间断地写 5 ~ 10 分钟；其次是不要担心拼写、语法、标点符号、衔接和文章的完美；再次要集中形成问题、观点和灵感，之后再来合成文字；最后就是完成了自由写作后，回头画下所有有用的句子和观点。

（6）写作提纲：当集中了所有可能的思想后，就开始写出提纲，这是一个更加清晰的写作计划，结构层次是按头脑风暴形成的观点而组合成的，这是进行写作、打草稿形成文章之前的最后一步和必要的写作前活动，它也可以是一段话，包含所有段落的大意和主要观点，也可以有段落的开始和结论，并且留着中间的部分进行观点的添加。

2. 5. 2 写作阶段

在此阶段，写作者基于写作前形成的观点、思想，并在相应的结构框架中填充细节，同样这个过程如果能不间断、不停地写会有助于思维的流畅，如果在此过程中检查拼写和查字典都会影响到作者的思维。所以作者应该尽量集中注意力在思想的表达上，并确保它的合理、清晰和可读性。写作过程中，当碰到不确定的词和表达时，做出记号，然后再回头检查和完成。在文章中留出空白，然后等完成后再修改和添加，有时候会在文章完成之后才最后确定题目。

在段落写作中，要遵循一定的写作原则，比如一个段落一定要有一个主题句，所有句子要围绕主题句展开，并且段落与段落之间要有衔接和连贯。当然在每一个段落的写作中，可以采用一些技巧，比如使用代词连接句子，重复一些重要的词和短语连接语义，使用一些过渡词，比如 moreover，furthermore 等等。完成了所有段落后，还应该把前后贯穿起来，注意文章开始和结尾的衔接、照应等。

2.5.3 写作后——修改阶段

修改阶段可以是自行修改，比如写好后放一段时间，然后再添加细节和修改词句，有的时候是调整句子的顺序，缩短、扩充或者合并句子。最后再看看主题是否合适。修改稿子的时候会使页面非常混乱，专业的作者至少也需要两遍检查，好的写作者可能需要更多的次数修改自己的文章。甚至有的时候把自己写的文章读给其他人听，可以获得直接的反馈，尤其是对于句意和用词、文章逻辑是否清晰等。这个过程可以自行完成。

当然也可以是同伴互改，目前有很多研究的文章是关于同伴互改效果的，也有的是同伴互改和教师引导同时进行的。根据研究者对同伴互改方式的研究结果，可以促进写作者写作观点的交流，语法意识的强化。在同伴互改之前，可以提供一个标准，并教会学生批改的技巧，尤其是如何相互鼓励，并提出建设性意见。这个过程还可以互相理解彼此的写作困难，并能取长补短和互通有无。这个评判标准可以是问题式的：（1）这篇文章是记叙文还是议论文？（2）这篇文章里有无使用生动和清晰的词汇？如果是描述人的文章，你能形成这个人的生动画面吗？（3）段落组织是按什么逻辑进行的，时间还是空间等？（4）每段话是否有主题句，请画出它来。（5）细节的描写是否围绕主题句？有无散乱的句子削弱了主题？（6）作者是否使用课本里的词句？（7）标出语法、标点符号和用词错误。（8）画出你喜欢的词、句，并解释为什么。（9）标出你觉得不清楚的表达，并给予建议。（10）给予任何你觉得可以改善该作文的建议。

当完成自我修改和同伴修改后，作者开始进行最后修改，这个时候作者要综合所有同伴或老师的建议，修改每一句话，注意到每一个可以更改的细节，拼写、标点、结构、题目和用词等等，进行了最后一遍修改后，就可以上交了。而教师可以根据情况给予学生单个面批或者小组面批，这样做是为了进一步给予学生关注和评价，鼓励为主，以增加学生的写作兴趣和热情。

2.6 写作教学的策略

有效的写作教学策略可以从七个方面逐步开展：

（1）读写结合。学生写作碰到的第一个瓶颈是知识面打不开。如果没有阅读，就产生不了思想。中学英语教学中无论是语法还是听说能力的提高如果没有阅读量的配合是产生不了好的效果的，写作能力也是同理。比如语法为什么教师反复讲和做题，效果仍然不好，其中一个原因就是没有机会运用词汇和语法结构在日常交际中，最终形成熟练应用和语感。那么如何使用呢？在中国外语学习环境中，最好的英语使用机会就是阅读，但反观中学英语教学，学生阅读机会很少，教师就连课本上基本的阅读都没有时间认真训练。离开了阅读犹如无本之源，就谈不上写作。

（2）写作学习。每天的英语学习或每天的学习反思，可以通过写几句话来达成。写作促进学习，反过来，写作能力也得到了提高。教师可以每天英语课的内容最后落实到写上，一开始写句子、写对话，逐渐过渡到写段落、写感想。最后到主题写作，学生习惯了用写来记录每天所学，能够轻易写出段落，写文章就会越来越容易。

（3）反馈交流。口语和书面语的交流应成为课堂的日常活动，教师在小组和学生个体交流的基础上给予反馈。对容易错的句子和语法，让学生互相批改，教师同时要对学生作文做示范性的批改，既有语法和句子的更正，也有对思想的评判，学生互改就会得到示范，取得好的效果。当然学生互改活动中的一个难点是如何组织学生结成对子互改，让好学生和中差生都有进步。这就要教师注意分组，多种形式，探索总结。

（4）使用范文。范文记忆背诵是中学教师常用的写作教学方法。但这绝非是使用范文的唯一方式。可以组织学生研究范文，比如让学生讨论文本表达的特征，这种特征有什么功能，可以称为何种表达方式，模仿使用这种表达，还可以用何种方式增加文章的生动性和思想性等等。适当地背诵一些范文和分析范文结合，才能有效地学习和内化写作技巧。

（5）教授写作策略。与学生共同创作，展示写作过程，让学生了解写作的功能、性质，掌握写作技巧，比如过程写作教学提倡写作过程有“写作前准备”“开始写作”和“写作后修改”三个步骤。写作前准备可以通过头脑风暴、查阅资料、自我提问、思维导图、自由写作、写作提纲等方式开展。写作过程中教会学生如何写主题句，主题句与细节的组织方式，例如可以有时间顺序、空间顺序、举例说明、比较说明、分类说明、过程说明、因果关系、递进关系、并列关系和解释关系10种语篇逻辑关系。写作后的活动主要是自我修订或同伴互批，教师应提供一个批改标准使学生了解如何进行作文修改。如：文章结构如何？每段话有主题句吗？细节与主题密切相关吗？画出用得好的词汇，标出语法、标点和词汇使用错误，画出表达不清楚或不恰当的语句，请给予评论和修改意见。这样的标准可以使学生意识到写作的词、句、篇中应注意的问题。

（6）开展写作会议或进行当面批改。可以小组进行，或个体进行。每个学生不超过 5 分钟。这样比较利于学生建立写作的自我意识，同时通过面对面交流得到教师的个人反馈，能更大空间地提高学生对写作的持续动机与兴趣。

（7）教师作为作者。美国把写作训练作为实习教师职业成长的项目，认为写作在教师专业发展中起到了重要作用，并通过给教师提供真实的训练机会保证教师进行学习和实践。中学英语教师本身写作能力就有极大空间需要提升，再加上教师只有体验写作的乐趣与困难才能站在学生的角度上思考给予学生怎样的帮助以提高学生的写作能力。教师成为作者同时体现了学习共同体建立的思想，体现了建构主义的学习理论。写作要求学生要主动思考，积极创作，学习共同体提供了民主、平等的氛围，学生的思考能得到平等的交流，教师处于和学生平等的学习过程，更能欣赏每种思想，提供实际的建议。当写作成为教师与学生每天学习的项目，日积月累，教师和学生的写作能力就都能得到持续发展。这当中要与阅读结合，让学生有选择地阅读，自由地写读书笔记，这样是打开学生与教师知识面、共同提高与发展的有效方式。

中学英语写作课的困境是由于教师对写作本质和功能，以及教学模式与策略的掌握理解不到位造成的，写作课堂因此缺失了思想流动的灵气和学习交流的乐趣。要改变这一现象，教师应改变观念，理解写作本质特征，积极创设环境，把写作融入日常教学中；教师还应把自己变为学习者，与学生同进步，共成长。从环境到个体，逐渐把写作教学当作学生文化素质与思维能力的培养，学生必会在今后的工作学习生涯中受益无穷。

3. 问题的解决

英语教师培训中“写作教学的难题和对策”主要是解决两个问题：一是过程写作教学的实施；一是写作理论知识的学习。过程写作教学的学习可以通过观看视频、分析案例、写作教学设计来开展。写作知识的学习主要是写作理论和研究，扩大学员对写作的理解和视野，使教师不仅“知其然”，还“知其所以然”，以促进写作教学的设计能力。

3.1 过程写作教学的实施

过程写作教学的学习分为三个阶段：第一阶段为写作的本质和功能分析，培训者让学员小组讨论，列出写作的若干定义，以及写作在生活和学习中的功能。通过头脑风暴式的讨论，培训者介绍学员没有谈到的写作的本质和功能。第二阶段为写作教学的问题分析，这个环节是结合第一阶段写作的本质和功能的学习，通过反思自己写作教学的实施情况，在讨论中列出写作教学的所有问题。第三阶段为问题的解决，请学员说出所有问题解决的对策，然后基于这些对策，提出过程写作教学。为了加深对过程写作的理解，培训者这时把过程写作的案例呈现出来，让学员比较与传统写作教学的异同，然后以另一个主题为例，以小组为单位，依葫芦画瓢设计一堂写作课。过程写作案例如下：

本堂课上的是人教版七年级下册的 Unit 7 It' s raining. 在上节课学习完 Section B 2b 部分的两封信之后，教师首先对原来所学习的内容做了回顾，用表格的方式通过问学生问题，总结了两封信所表达的内容：在哪里？自己和家人做什么？自己正在做什么？天气如何？等等。

Name	Where are they?	How' s the weather?	What are they doing?

这个过程之后老师开始过程写作教学的第一个步骤：

1. Pre－writing stage：写作前准备过程，使用的方法是 brainstorming（头脑风暴），问题分两步进行。

（1）让学生设想暑假马上就要到了，大家的暑假计划到哪里去？

S1：I want to play computer games.

T：OK. Good.

S2：I want to sleep at home.

Ss laugh loudly.

T：OK. Sit down please.

S3：I am in the classroom.

T：What?

Ss to S3：In summer vocation, not now.

T：Maybe you want to say you will go to summer class, so in the classroom, right?

S5：I watch TV all day.

T：OK.

S6：I play basketball.

T：Oh, I think you can play basketball very well.

S7：I go to Beijing.

T：Will you go to Tiananmen Square?

S7：Yes.

在此段话中，教师鼓励学生尽量自由地表达暑假要去的地方。调动学生的兴趣，班级气氛也很活跃。

（2）然后教师把问题进一步多样化，呈现在屏幕上：

Where are you?

What’ s the weather like?

What are you doing right now?

What are our friends or family doing?

Are you having a good time?

四位同学积极踊跃发言，教师就同学们所回答的写在黑板上：

Place	Weather	Activity
Hong Kong	hot and sunny	eating food
Kunming	raining	playing computer games
Hainan	hot	eating fish, taking a walk
Alaska	cold and snowy	running and fishing

这个步骤使同学们进一步确认了如何回答以上作为之后写作提纲的问题。

（3）教师显现出三幅图画，分别是 Japan, Hawaii, America，让同学们根据图画回答他们在哪里？天气如何？正在做什么？全班练习回答这些问题之后，进一步强化了将要使用的句型。

2. Writing Stage and Post－writing stage：

（1）Group writing：

T：Four in a group，plan a place to go and write a report about where to go，the weather there and what you are doing. Understand？

Ss：Yes.

小组讨论起来，其中一个小组两个女生说要去马尔代夫，但不知道英文怎么说。两个男生在说去澳大利亚，没有决定下来，我提议就去澳大利亚，大家因此决定下来，讨论了可以去看袋鼠。老师就宣布时间到了（所以小组活动中，意见不统一会很花时间，小组活动中是否应该培训一下组长）。

T：Volunteers？

学生踊跃发言，一个女生代表把小组同学们说到的内容综合自己的上去做了汇报。

S3：I’m on vocation. I’m seeing kangaroo. It’s cold and snowy. I’m swimming. I am having a good time.

T：Cold and swimming，freezing？OK，go back to your seat.

（2）Individual writing：

T：Write a passage about your vocation，answer the five questions shown previously to you. OK？Now start writing.

五分钟之后，学生基本完成了五六个句子的写作。于是教师让同学们自告奋勇分享他们的作文。教师总共呈现了三个同学的作文。

S1’s writing：

Summer vocation is coming. I have a plan. Let’s look the plan.（教师删掉了此句话，认为不是在写计划，而是用现在进行时态写）

I’m in Amazon Basin（on my vocation）. It’s rainy，hot and wet. I’m seeing many animals，Such（such）as monkeys，snakes，birds. My family is camping in（cross it）outsaide（outside）. We are having a good time on（cross it）there.

This is my plan（delete it），How about yours？

教师每删掉和修改一句，下面的同学就起哄，并且这位同学在本节课中回答了至少三次问题。这也许是同学起哄的原因，或认为此同学爱表现的原因。如果教师不加以表扬这个同学的积极课堂行为，并且这篇作文虽然红笔修改处较多，但其实这位同学在写自己的暑期计划，比较真实，虽然没有按教师要求用现在进行时态写，但写出了其他单词，是可取的。但教师没有表扬，主要是满满的红笔修改，没有发挥评价激励学生的功能。

S2's writing：

I'm in the US now. The US (It) is a beautiful country.

How's the weather in the US? Oh, it's snowy and it's very cold. I'm making snowmen and skating, it's interesting and fun! What are my family doing? Look! My sister is making snowmen with her friends. My parents are taking a walk.

I'm having a good time with my family. How about your vocation?

教师主要是修改了代词和大小写错误两处，给了8分。没有更多的评价，其实这个同学写的内容已经超出教师规定的范围，她写了她的家人更细节的活动。如果教师指出这位同学所写内容较为丰富，这位同学就会受到鼓励。

S3's writing：

We are in Germany. The climate zone is maritime climate (the teacher deletes it. Think irrelevant.)

The Weather is warm and rainy. We are seeing glaciers and gorges now. (the teacher underlines this sentence thinking not good) And we are seeing the polar day and polar night.

My friends some is playing at Himalayas, others is swimming and skating at Lake superior.

How about you?

这个同学用了地理名词，我问了之后发现他是从地理书上弄下来的，但至少是设想的旅行地方非常有特色，但教师的评价以批评为主，并未鼓励。

(3) Read the model writing：

T：Look at 3a, let's read the model writing.

Dear Xiao Lu,

It's winter in Harbin. The weather is cold and snowy. People are wearing hats and sweaters, but they're having fun. Friends are buying Russian bread to take home. In a park, some boys are playing in the snow. One girl is boating on a river and a man is taking a photo of a snowman.

I miss you.

Kate

教师提出可以学习范文，除了写自己和家人，周围的人也可以写。

(4) Homework:

T: Please rewrite your writing as your homework.

教师让同学重新修改作为作业明天交。

评价：这是一节非常好的过程写作教学示范课，尤其是“脚手架”原理用得好，教学活动层层递进，课文的复习熟悉课文框架—单一问题发散—多元问题发散，从口语上奠定了句型基础。小组作文—教师点评—个人作文—教师点评，然后再展现范文和延伸到课后作文的重新修改。另外，课堂结构好，活动组织和时间管理近乎完美。

这是一堂笔者亲自观摩记录的课，学员学习了此案例后，让学员讨论本节课的不足。学员最后提出了本节课主要的不足是：本篇课文是信件，没有体现这个体裁。其次是作文评价时未体现评价的激励作用以及多元性评价手段。

同时学员在培训者的引导下提出改进的措施：（1）作文结构图作为思维导图可以使用；（2）小组合作前组长培训，可以敦促每个成员说话，并且出现意见分歧时，应该交由组长迅速决定，促进学习效率；（3）课堂作文完成后可以成员互相欣赏，再推荐优秀者作文到台上分享；（4）教师对小组和个人作文评价时，如果前面的复习环节不要用10分钟（过长），就可以实施同伴评价，让学生点评，发挥写作和学习的积极主动性；（5）之前的背诵课文可以采用接句方式，大班背诵难以检测；（6）点同学名时不应该重复多遍让积极同学回答，应该分散机会给其他同学。

接下来学员以小组为单位，以“New Year’s Resolution”为主题，设计一堂过程写作课，培训者在确定学员理解了过程写作的实施方法后，然后进行写作教学的理论和研究方面的拓展。写作教学的培训方法使用的是“理论后置”的方法，学员在学会实施的方法后，再介绍其理论和研究。

3.2 写作理论知识的学习

写作理论知识的学习主要通过三个图的呈现和讨论，进一步了解写作过程和对应每一个过程需要的知识。

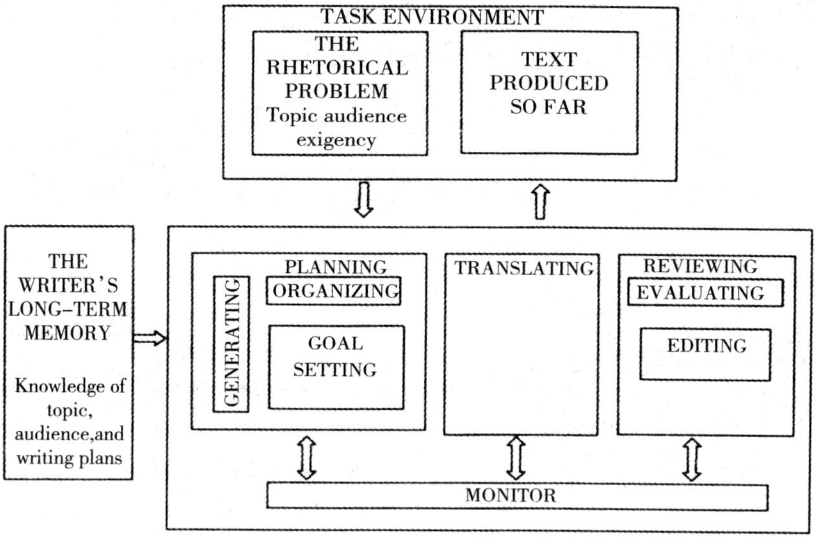

图 6－2　Flower 和 Hayes 的写作过程模式

Flower 和 Hayes 用这个图提出写作的任务环境（Task Environment），即写作者对这一个主题的语言积累、对写作主题的了解或熟悉度、对读者的界定以及读者文本构成的语篇知识。在写作过程中，经历计划（目标和提纲设定）阶段、翻译阶段、修订阶段。Flower& Hayes 没有回避初级和中级写作者在写作过程中必须经历的翻译阶段，为教师理解学生写作难题提供了依据。

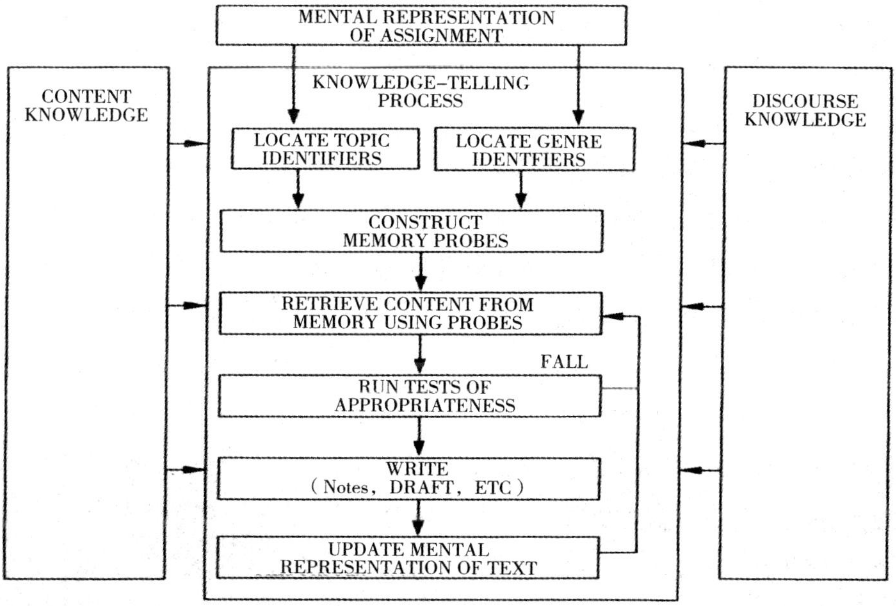

图 6－3　Bereiter 和 Scandamlia 的知识转述模式

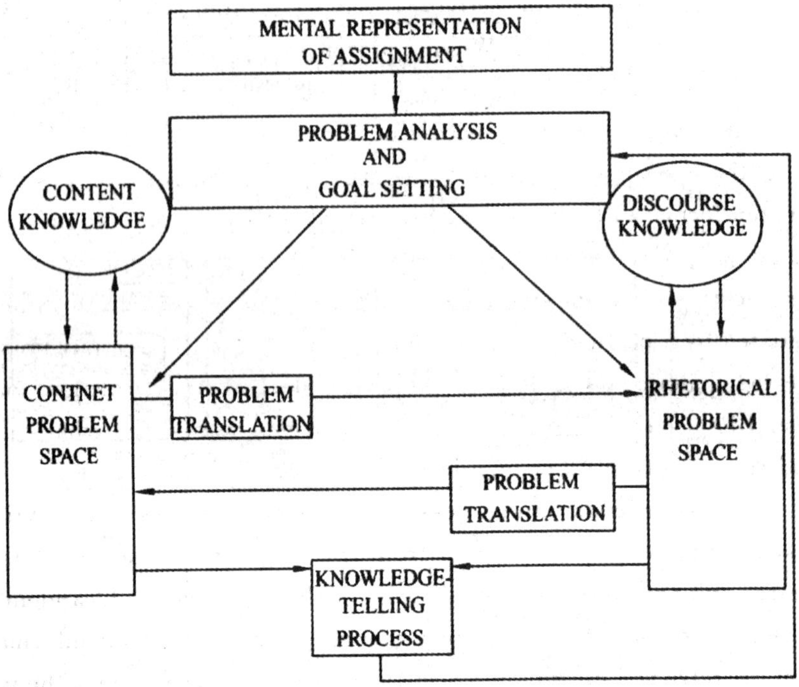

图 6-4　Bereiter 和 Scandamailia 的知识转化模式

Bereiter 和 Scandamania 的第一个图表明写作者在写作过程中需要两个方面的知识，一方面是内容知识（content knowledge），另一方面是语篇知识（discourse knowledge）。教师在教学中可以据此设计写作教学内容，一方面是对主题的理解和语言表达，另一方面是语篇知识，比如语篇结构、语言表达特点、衔接连贯手段等。而这部分写作知识来自阅读文本的学习，只有在阅读教学中强调语篇教学，从阅读教学中发展学生的内容和语篇知识，才能建构写作的基本能力。

Bereiter 和 Scandamania 的第二个图提出了写作者的写作其实是知识转化的过程，而在内容知识和语篇知识转化为写作文本时，都存在一个从母语到目标语的翻译过程，所以教师在教学中如何培养学生用目标语思维和积累语言表达是一个长期的教学过程。

学员之前学习了写作的本质和功能，学习了如何实施过程写作教学法，在最后一个阶段再次对写作过程和问题进行研讨，在此基础上，培训者可以介绍一些写作教学研究的内容和结果，以扩大学员对写作教学的理解。

在写作教学研究领域中，主要集中在下面几个方面：学生的写作知识，比如语篇知识、体裁知识、读者意识等；学生写作中的身份认同，学生的表达是如何体现他们的身份意识；同伴互改的培训和效果；基于电邮的文本分析；学习者写作过程的研究；教师反馈的研究；同伴反馈的效果等。通过呈现这些研究视点和研究结果，促进教师对自己写作教学的反思，改变抱怨学生基础差的习惯性思维，学会多从不同视角了解学生和反思自己的问题来解决教学难题。

3.3 基础训练方法的交流

一线教师在努力培养学生的写作基础方面有大量宝贵的经验，从问卷中可以看出，每个教师基于自己学生的基础和本地区的教学模式，都有自己的一套教学方法。教师培训应该重视学员资源，把来自基层做得好的方式收集起来，包括优秀的一线教师专家，更是有很多有效的教学方法，比如每单元的多次写作练习，采用续写、改写、变换人称、仿写等，单词的近义词和反义词拓展学习，句型的多种形式的表达，衔接语的专项练习，名言警句的积累等。培训者让小组收集写作教学技巧，最后在培训结束时，对培训成果做一个总结。通过对“写作教学的困境和难题”的主题培训，不仅提升教师的写作教学理念和教学技能，更重要的是让教师学会思考、研究和解决教学难题的方法。

另外，由于阅读教学的不到位，写作教学也变得困难，所以培训中要示范和练习读写教学模式，按照课时，读写教学其实是需要两个课时，如果文本较为简单，也可以一个课时完成，要让学员理解，写作和口语教学必须基于相应的语言输入课，比如听力和阅读课。只有充分理解各项技能的综合关联性，并全面地提高听说、阅读教学的设计和实施，才能真正提高写作教学。

3.4 写作教学的研究

培训中，教师应了解写作教学的研究现状，了解多元化的写作教学实践，以思考自己的本土写作教学探索。

黄宛辉（2013）总结了八种写作活动后，指出写作教学的问题有：词汇量少、语法规则不规范、句型句式混乱、语篇布局能力弱、前后衔接手段单调、表达条理不清楚、缺乏逻辑性。这八种活动是：（1）扩句，教师给学生几个单词，然后让学生自己造句，最后把学生写出的句子写在黑板上，既可以互相学习，又可以给予学生及时的评价。（2）描述一项体育运动。在保证学生足够词汇量后，让学生写出一位杰出的运动员。（3）写出一个班级故事，教师开始第一句，然后学生小组续写出故事。（4）写出一个神秘故事，教师挑选一个具有神秘感的故事，然后让学生小组续写故事情节。（5）总结一个故事、对话或者情节。让学生认真听和读，然后根据理解写出语段或者语篇。（6）根据图片写出一段话。学生可以根据个人对图片的理解写出一段语篇。(7) 描述一种感受，一个触摸过的实物，让学生描述和猜测。(8) 写出一个物品的广告。

胡德刚（2013）在谈到写作的教学策略时指出作文的提高可以从三个方面入手：思想上放胆，写“放胆文”，积累生活素材，发展观察力，丰富语言材料，发展语言能力，比如加强说话练习、词汇积累和仿写训练；敏捷文思，发展联想能力。他谈到刘勰的“文之思也，其神远矣。故既然凝虑，思接千载；悄焉动容，视通万里；吟诵之间，吐纳珠玉之声；眉睫之前，卷舒风云之色；其思理之致乎！”关于“放胆文”，南宋谢枋得在《文章轨范》中把文章分为“放胆文”和“小心文”两种，并说：“凡学文，初要大胆，终要胆小——由粗入细，由俗入雅，由繁入简，由豪荡入纯粹……初学熟之，开广其胸襟，发抒其志气，但见文之易，不见文之难，必能放言高论，笔端不窘束以。”

高莉（2013）认为写作教学是从单元一开始就在做准备了，比如听说课是写作思维的训练，学生能够基于文本仿说和拓展就是在做思维的准备了；阅读课是写作内容的准备，比如词汇短语、写作语篇、过渡词以及写作思想；到了写作课则是写作技术的提升，学生在写作课上学会谋篇布局、连词成篇、校读修改等。写作课上教师的反馈是指引学生写作能力最终得到发展的关键。

王淑霞（2015）根据英国 Jacobs 等人提出的 AWSOME 写作量规，用中学课例解释了量规包含的七个方面：要点（aspects，论点明确，围绕论点表述要点）、书写（writing，指书写规范整洁）、拓展（extension，有独立思考分析和拓展写作要点）、语法（syntax，语法准确性）、组织（organization，结构完整、逻辑清晰、语句关联）、细节（mechanics，拼写、大小写和标点符号）和表达（expression，选择多样有效的词汇、适当的语域和较为复杂的结构）。此量规应用于中学写作课具有较好的指导作用。

王兰英（2015）认为基于话题的过程写作案例包含有三段六步骤：讨论主题，激活已知；确定要点，丰富内容；提炼结构，拟写提纲；初稿写作，优化指导；多元评价，反馈修改；写作公开化，可视化。

宋顺生、汪富金（2015）认为支架式的文本解读可以为后续的英语写作奠定基础，而文本解读的核心意义在于语言、内容与思维的统一。通过文本解读，学生不仅要学习词汇、语法、句子或文本结构，还要了解话题内容，理解连贯与衔接、修辞，体验阅读策略的使用，思考文本主题或观点，发展思维能力，并就相关内容进行口笔头表达。由于在解读文本过程中需要问答、质疑、讨论、翻译等语言、内容和思维的活动，这就为写作做好了铺垫。

张寇文（2015）认为同伴反馈对写作有促进作用。引发了学生的读者意识，还能帮助提高学生批判性分析的阅读能力。

结　语

综上所述，要解决写作教学的难题，教师应对写作的功能、本质、过程有所理解之后，学习如何基于一个单元的学习，做到以听促说（熟悉话题）—以说促读（形成语感）—以读促说（发展观点）—以说促写（形成语篇）四环节的教学过程，学生在写作中就能有话可说，有内容可写，逐步培养英语基本的写作能力。

参考文献：

［1］丁往道．英语写作基础教程［M］．北京：高等教育出版社，1998.

［2］高莉．写作教学：渗透与提高［J］．中小学英语教学与研究，2013，(2)：47－50.

［3］胡德刚．拓展英语写作思路的教学策略研究［J］．中小学教学与研究，2013，(2)：44－46.

［4］黄宛辉．易操作、高实效的英语写作活动［J］．中小学英语教学与研究，2013，(2)：40－43.

［5］宋顺生，汪富金．例谈基于文本解读的支架式教学理论在高中英语写作教学中的运用［J］．中小学外语教学，2015，(5)：43－48.

［6］徐昉．英语写作教学与研究［M］．北京：外语教学与研究出版社，2012.

［7］王兰英．基于话题的初三英语过程写作教学课例研究［J］．中小学外语教学，2015，(5)：38－42.

［8］王淑霞．基于 AWSOME 评价量规的初中英语写作课课例分析［J］.2015，(5)：27－32.

［9］王俊菊．英语写作认知心理研究［M］．济南：山东大学出版社，2005.

［10］王俊菊．二语写作过程研究［M］．济南：山东大学出版社，2014.

［11］张寇文．在初中英语写作教学中开展同伴互评的教学实践［J］．中小学外语教学，2015，(5)：49－54.

［12］曾亚平．英语阅读与写作研究［M］．上海：上海交通大学出版社，2009.

[13] Sara Cushing Weigle. 写作评价 [M]. 北京：外语教学与研究出版社，2010.

[14] Ken Hyland. 写作教学与研究 [M]. 北京：外语教学与研究出版社，2005.

第七章　教学过程的有效性

☞问题七：新课改之后，为什么课堂有效性一直是教师不断努力又较难实现的目标？原因和可能的对策是什么？

有效教学一直是教师培训课程中设置的专题，它似乎保罗万象，可以是教学理念的改进，也可以是多样化先进教学技巧的应用，但一堂课如何做到高效，还涉及更多更复杂的维度和因素。比如，教师对学生认知情感水平的分析，或者每堂课教师对学情的把握。再比如，教师教学活动的设计，是否将活动时间安排合理，是否每个活动针对目标，或者活动之间的逻辑与衔接、梯度与层次、活动过程中每个学生的参与机会等细小环节都会影响一节课的效率和目标达成性。但当我们走进课堂，看到的却是教师比较随意的教学设计，没有很清晰的课堂教学目标，或者比较宽泛的目标，所以只能大概看到 50% 甚至 50% 以下的学生能学会，其余的学生并没有跟上学习或者掌握本节课内容。这实际上是由于缺乏精心的设计，课堂教学气氛沉闷，学生练习和思考的机会较少而导致的。换言之，有效教学应回到三维目标，比如，关于知识与技能，知识与技能目标设计合理吗？知识与技能的相互转换做到了吗？关于过程与方法，整个教学过程活动设计完整充分吗？重点突出吗？实现了知识与技能目标了吗？关于情感态度价值观，学生在学习过程中是否受到启发，对英语学习产生兴趣？因此，有效教学其实是在有效教学理论指导下教学过程的设计和实施，教学过程的每一个环节都需要精心的思考和执行。以下是对培训学员关于有效教学认识的调查。

1. 问题的调查

笔者对 2014 年参与国培的 85 名教师做了调查，在第 7 题“您认为什么是有效教学?”中，教师的回答大概可以分为几类：第一类是常规的备课和上课，教师主要是提及一些上课的常规、教学程序、考试等（24 人，占 28%）；第二类是实践了课改的学生观、活动观，认为“以学生为中心”，一堂好课注重师生互动和学生的参与（19 人，占 22%）；第三类教师不同程度地认为目标是实现课堂有效性的出发点和衡量标准（17 人，占 20%）；第四类教师认为有效教学与教师素质有关，实现有效教学必须提升教师的专业素质和能力（14 人，占 16%）；第五类教师把有效教学的标准看作是学生的听、说、读、写能力的提高（11 人，占 12%）；也有一位教师提到实现有效教学应该加强教研活动的开展，实现有效的备课研讨等。

1.1 认为有效教学就是备课，以一套常规方式上好课

案例 1：备课、授课、学生积极参与。

案例 2：集体备课，教研活动。

案例 3：课前认真备课、了解学情、掌握重难点、导学案的编写。

案例 4：备课、上课、批改作业、检测。

案例 5：准确性、及时巩固性、连贯性。

案例 6：备课、备教材、教法、学生。

案例 7：教师、学生、教学内容、学情。

案例 8：导入、正题、总结、反思、提高。

案例 9：学生学有所得，能有一个理想的分数，能为学生以后的学习打下坚实的基础。

案例 10：教师讲课、学生的配合参与、所学知识的检验、作业、学生的反馈。

案例 11：新知识的了解、新知识的学习、新知识的再认呈现、运用。

案例 12：好的、切合教学内容的导入，紧密的教学步骤，凸显出教学内容的重点、难点。

案例 13：学生在 45 分钟内对教学内容的巩固、练习、运用。

案例 14：教师认真备课、教师与学生互动。

案例 15：讲解—互动—操练—归纳。

案例 16：清晰的教学（学习目标）、明确的指令、小组合作学习的有效组织、教师对课堂的监管。

案例 17：教师讲解好、学生接受、课堂气氛活跃。

案例 18：有效的课堂教学，有效的语法、阅读教学等，只要是学生学习英语过程都可以属于有效教学的过程。

案例 19：包含课外充分备课、课堂导入，依据学生的实际情况依次进行循序渐进的教学。

案例 20：包含课前准备、课堂互动、课后反思。

案例 21：备课、上课、课堂作业、课外作业、辅导、讨论、交流、合作。

案例 22：教师的引导、师生的互动。

案例 23：备好课、上好课、课堂中的师生互动、课堂练习、课后作业检测。

案例 24：教师的合理引导及讲解、学生的积极参与、课后的复习、巩固和提高。

1.2 认为有效教学应该是以学生为中心，有很好的课堂互动

案例 1：激发学生学习兴趣的活动。

案例 2：师生之间的互动、学生与学生之间的互动。

案例 3：学生作业、回答反馈、学生教学参与度、课堂气氛、课堂知识容量、教师语言体态、提问方式 。

案例 4：多让学生自主学习、少讲多练。

案例 5：教师专业水平、课堂师生互动、课堂生生互动、课堂学生参与性。

案例 6：练习、实践、参与、合作。

案例 7：教师、学生、参与度、有效度。

案例 8：质量、互动教学，应以学生为中心。

案例 9：学生小组合作。

案例 10：师生互动、生生互动，备教材、备学生；一堂课绝大多数学生进入课堂，同老师配合好。

案例 11：教师与学生的有效互动。

案例 12：师生的互动，教师的教学是否对学生有吸引力，教师对学生的要求是否严格。

案例 13：以学生为主体，教师只起到引导、辅导作用。

案例 14：课堂教学、有效的辅导。

案例 15：包含了师生互动、生生互动等。

案例 16：教师课前准备，学生要积极互动、生生互动。

案例 17：学生的自学、学生的操练、教师的引导。

案例 18：学生参与程度、教师讲授有效程度、学生对所学内容的掌握程度。

案例 19：教师与学生互动、学生与学生之间交流学习。

1.3 认为有效教学应该有目标意识，重视课堂教学目标的完成情况

案例 1：在教学过程中教师达到了自己的预期目标，学生能听懂并运用老师所讲授的知识。

案例 2：教师与学生的互动，有明确的教学目标，有教法、有学法。

案例 3：小组合作交流活动，学生通过当堂学习，是否达到了当堂课的教学目标。

案例 4：组织互动、学生当堂的反馈、解决问题、完成目标。

案例 5：新课导入、教学课堂气氛、教学目标 。

案例 6：目标意识、师生互动。

案例 7：教学目标、教学重点、教学难点、教学过程、教学反思。

案例 8：教学目标、教学重难点、知识的复习、新知识的尝试学习、教师对新知识的传授。

案例 9：总结知识点、巩固练习、反馈、课外作业。

案例 10：目标的达成、有效的指令、重难点突出和精讲精练、教学内容的落实。

案例 11：教学准备充分、教学目标明确、教学组织严谨、教学气氛融洽、学生反应积极、课堂检测合格。

案例 12：教学目标、教学重难点、教学内容、新知识的导入、学生自学交流展示、巩固提升。

案例 13：明确的教学目标、教学设计、课堂呈现、课堂反思、课程资源的合理利用。

案例14：教学目标明确、重难点突出、学生参与度高。

案例15：目标教学、讲练结合、小组活动。

案例16：目标意识、合作意识。

案例17：包括课堂中与教学密切相关的活动、有效的练习（精选与课本及考点密切联系）、有效的明确的教学目标、课题呈现、导入新课、合理有效的学习指导、课堂反思。

1.4 认为有效教学与教师素质和能力有关

案例1：教师的互动能力、充分备课、有效组织整节课、把握课堂节奏。

案例2：教师的专业素养、教师的课堂表现能力。

案例3：教师互动能力、语言能力。

案例4：教师的专业知识、良好的心态以及教学理念、高超的教学调控能力，教师态度、教学技能，学生的学习态度。

案例5：口语技巧、语言能力和组织能力。

案例6：语言组织能力。

案例7：主题鲜明的导入、有效的课堂互动、教师的教学技能。

案例8：教师的语言表达、仪态、与学生的交流、随机应变的能力等。

案例9：教师的专业素质和专业技能。

案例10：学生的素质、教师的素养和某些硬件设施。

案例11：个人魅力、专业素养、合理的活动安排。

案例12：我认为有效教学过程包含了以下几个要素：教学技能中教师的课堂控制、语言表达、肢体语言、面部表情、教态仪表、板书等。

案例13：教师自身的专业水平、教学技巧和手段、教学中师生的互动、对学生思维的开发和引导。

案例14：有效的师生互动、教师的教学技能、学生的自学能力、先进的教学设备。

1.5 认为有效教学主要是培养学生听、说、读、写综合技能

案例1：对于英语来说，有效的教学过程应该包含听、说、读、写四个主要元素。

案例2：听、说、读、写。

案例3：包含听、说、读、写，最终会用英语交际。

案例4：充分的师生互动，课堂上落实听、说、读、写。

案例5：听、说、读、写、译，听读，各种听力的练习。

案例6：听、说、读、写、练。

案例7：听、读、说、写都要兼顾。

案例8：听、说、读、写兼顾。

案例9：听、说、读、写运用。

案例10：这个问题不太注意：听、说、读、写。

案例2：听、说、读、写能力。

只有一个教师说到实现有效教学，教研活动很重要：教研活动、教师个别交流、同年级同科交流、听其他老师的课。

结　论

从被调查教师的回答中，可以看出教师对有效教学的认识比较笼统、宏观，基本上是实现常规教学，师生互动较好就算是有效课堂。就算是有目标意识的教师，对于实现什么目标的认识也是较为空泛的。由此可以看出教师的课改理念是具备的，但在实施过程中对于教材如何把握、课堂存在什么微观问题以达到有效课堂是不太明确的。

2. 问题的分析

2.1 有效教学的十个维度

教学的有效性开始于良好的教学设计，见效于高效的教学过程的实施。高效的教学过程除了指教学步骤环节的完整性、科学性，还指教学过程中的各个组成要素的有效实施。这些组成要素是：

（1）课堂交往技能。一个教师的仪表教态、精神面貌、眼神交流和话语表达等是吸引学生注意力、与学生达到良好沟通交流、以实现课堂教学目标的必要前提。

（2）课堂目标。衡量一堂课的有效性，要观察其是否使学生学会了什么，达成了怎样的学习目标。教师清晰的课堂目标设计是一堂好课的开端。

（3）课堂结构。课堂活动应该体现课型，并且根据课型，有重点、有层次地进行。完整的课堂结构应该包含每个有联系的具体活动，从课堂导入到作业布置，最终完成学生要达到的目标。

（4）课堂活动。课堂活动应体现完整性。要体现脚手架原理。活动与活动之间应具有衔接性、层次性和逻辑性，这样才能在教学中一步一步为学生的学习搭好脚手架，实现课堂教学目标。

（5）教师话语。可以说教师话语是教学过程是否有效的核心要素。教师话语要体现规范性、生动性、互动性等原则，才能使教师话语发挥促进课堂学习、成为学生重要的语言输入的功能。

（6）教师提问。提问关系到课堂互动的展开、学生学习能力的培养，同时也关系到学生的思维能力是否能得到发展。

（7）教师评价。评价是激发和维持学生学习兴趣的重要手段，同时也是引导学生、帮助学生解决学习困难的方法，所以教学过程中的一个重要维度就是教师评价。教师评价中还包含了教师纠错。纠错行为是教师每天都进行的活动，但纠错行为不当会伤害学生的学习积极性，因此，掌握纠错的多样化手段，可以促使纠错发挥其指导学生和鼓励学生的功能。

（8）师生互动。互动的类型与实施原则是教师构成有效课堂应该了解的。

（9）情境创设。情境创设是学生把课文内容与生活有机结合，从而调动学生学习兴趣的教学设计原则。

（10）课堂文化。教学过程中，学生是否能够发挥主动性，是否能够发展思维能力，是否能够获得学习能力是衡量良好的具有开放性的课堂文化的标准。

2.2 课堂交往技能

教师的表情、眼神交流体现了教师的精神面貌、亲和力和对学生的关注度。所以教师基本技能第一关就是表情、眼神交流、目光分配与肢体语言，而这些可以称为课堂体态语。

教师的课堂体态语作为一种特定的身体态势，既可以支持、修饰或者否定言语行为，又可以部分代替言语行为，发挥独立的表达功能，也能表达言语行为难以传达的感情和态度。体态语的正确运用不仅可以提高课堂效率、调节课堂气氛，而且能体现教师良好的内在修养，潜移默化中促进师生的良好关系。相反，体态语的误用不仅会影响到课堂效率，还会影响教师在学生心目中的形象，无意中疏远了师生关系。体态语主要包括手势、身体姿势和面部表情。手势能有效地促进语言的表现力，教师的身体姿势（走姿和站姿）表现出教师自身的精神状态，并在很大程度上影响着学生的学习状态。体态语的运用应当以鼓励学生、欣赏学生为主；应当多用微笑、鼓励眼神、掌心向外的手势，少用甚至不用怒视、斜视、皱眉、嘴角下撇、腰部以下手势等消极体态语。教师亲切和蔼能促成良好的师生关系（张强等，2012）。

多媒体教学也是课堂交往的手段之一，除了丰富多彩的音频、视频、图像和文字在多媒体展示和运用外，很多教师忽视了板书的功能，实际上板书是课堂教学的有机组成部分，合理且美观的板书可以高度浓缩教学内容，传递文本信息。板书应用目前存在着几个问题：以课件替代板书、板书演变成单词展示、板书演变成文本展示。板书可以是通往教学目标的桥梁，反映文本内容的镜子，展示文本语境的屏幕，表达文本语言的脚手架，启发思维的导图（张小萌，2013）。课堂交往技能中清晰生动的语言、良好的课堂体态语，配以多媒体的恰当运用，就会使学生愿意在课堂上与老师和同学交往，是有效教学的必备前提和基础。

2.3 课堂目标

2.3.1 课堂目标的有效性

目标设计需遵循三维原则，新课程改革强调三维目标，即知识与技能、过程与方法、情感态度价值观。指的是教师一堂课中知识如何内化为技能，即如何通过学生自主的思考、学习和实践，把知识内化为学生自己的知识系统和能力。为了达到此目标，教师应根据学生认知情感特点、学习方法和过程设计有效的教学活动，同时采用多样化的方法，兼顾不同学习风格和学习差异的学生来达到教学目标。在目标中体现过程与方法，重视教学中为学生搭设台阶，体验成功。而情感态度价值观则是通过教师的言传身教，内容的拓展和延伸，让学生喜欢本学科，了解本学科的思维和方法，在此过程中培养积极的态度和情感，并依托文本挖掘思想价值，让学生基于学习内容形成对人生和世界良好积极的价值观。

课堂目标的设计和实施可以借用企业中对目标管理的 smart 原则。指的是目标的 specific 具体化，measureable 可测量化，attainable 可达成化，relevant 相关性，time - based 时间性。一堂 40 或者 45 分钟的课，目标的制定非常关键，目标越详细、针对性越强就越能够实现。反之，目标越空泛、越大而化之越难实现。同时课堂目标还要考虑目标的时间限制，以及一堂课通过什么活动可以检验目标的达成度。观测者或评价者，在看教师教学的过程中，如果目标清晰，应该可以看出本堂课的具体目标，除此之外就要看所有活动是否围绕这一目标逐步展开，再有就是课堂结束前教师设计的学生语言产出活动，是否能检验出学生本堂课内容掌握的程度如何。例如，有这样一堂英语课，目标设计为：（1）努力培养学生听、说、读、写的综合能力。（2）培养学生的合作意识和人际交往能力。用 smart 原则衡量，就会发现这节课在 40 分钟内提高学生的听、说、读、写这么多能力很难衡量和评价。尤其语言学习不是一朝一夕的，是长期积累的过程。因此，这样泛化的目标设计不仅不利于课堂活动的设计与实施，也不利于实施者本人和观察者测量其目标的达成度。

2. 3. 2 中学英语教学中课堂目标设计与实施的问题

中学英语教学中存在目标设计与实施的五个问题：

第一，零目标处理。即教师以教材为中心，课本上有多少个活动，就按部就班地走。以人教版初中英语教材 Go for it 为例，一个单元有六页，有的老师按部就班一周六个课时，一节课处理一页，到底本堂课要达到什么目标，并未清晰地根据学生实际情况精心设计，也没有对教材进行认真分析和处理。当课时太紧、内容多时，教师就会取消应该有的练习活动，统统以灌输为主进行讲解。

第二，单一目标处理。这种现象主要是指用传统的方法教学，单纯以知识讲解为主的教学。三维目标中所提到的知识与技能、过程与方法、情感态度目标，仅仅只实现了知识目标，并且学生在满堂灌的课堂上，也未必实现了掌握知识的目标。外语教学强调语言交际技能，因此在目标设定和实现上必须体现技能的练习和习得（第一维知识）；还要体现学生通过自己感知、体验、练习、掌握到运用逐步实现的过程（第二维技能）；最后，课堂上要有积极情感的渗透（第三维情感）。在外语教学中，可以是跨文化交际意识培养、英语学习兴趣的提升、通过体验成功的个性积极成长等。把外语教学看成是词汇、语法、句型的单纯知识学习是目标单一化的处理。

第三，泛化目标处理。这是最常见的目标处理现象。无论是职前还是职后，教师在写目标时都很容易写出“提高学生的听、说、读、写能力”，认为在课堂上有听、说、读、写的训练就是完美的课堂。其实对于 40 分钟的一堂课，只能集中时间和精力在某一两种技能上，才有可能实现一个具体的语言知识或技能目标。正是由于教师对教学目标的空泛处理，才无法实现有效教学，学生 40 分钟内并未内化新学的单词和句型，造成说不能说，写不能写，语言输出为空，技能发展受限。从目标的 smart 原则看，违背了 specific，measureable，attainable，即具体、可测量、可达成原则。

第四，断层目标处理。现今的中学英语教材一个单元通常都包含了听、说、读、写的训练模块，教师为了赶内容，很多突出某项技能模块的活动都被取消了，取而代之的是每节课的语法知识点，并且由于不放心学生的掌握程度，每节课都要讲这些语法知识点，已经完全割裂教材对话题功能提炼出的句型，再到听力材料的初步扩展，然后到阅读篇章的语言进一步深化，最后在掌握基本句型应用以及词汇、语篇的基础上，过渡到写作产出模块。每个模块都要具体的课堂目标，并且在一个单元中是连贯和有层次的。教师的断层目标处理，就是完全不按学习外语的规律，还没有感知单元主句型，也没有真正学会在情境中应用交际语言，就开始了从句型讲解到听力对话最后到阅读篇章的语法讲解。没有逐步发展学生的听、说，然后到读、写的能力。

第五，主体颠倒处理。教案中总是不乏看到“教会、教授“的字眼。如：教会学生比较级、最高级的形式和用法；教会学生用比较级、最高级描述人物差异。这种描述目标的方法恰恰体现在教学过程中教师以自己为中心的教学模式。虽然部分教师也能组织各种教学活动，但活动中学生要操练的语言，或写出的文章格式，全部是由教师预设的，并未留出空间或鼓励学生主动体验、发现、质疑或跳出教师预设的模式。学生也都学会配合教师说“yes”，这与中国教育传统中大部分教师对于“传道、授业、解惑”中所提到的“传道”“授业”的理解有关，认为教师就是传授知识的，而非帮助学生主动学习、发现和应用知识。所以教师应在目标的设定上，处处体现三维目标中学生学习的过程和方法，以学生为主体，才能在教学过程中培养学生主动学习的兴趣和能力。

2.4 课堂结构

课堂结构原理要解决三个问题：一是课型问题；二是教学模式问题；三是课堂时间安排问题。中学英语教学分为听说、阅读、写作、语法课型。间或语音教学渗透在听说教学中。每种课型都要遵循此种课型的目标、原理、结构，活动设计应突出某一项或两项技能的训练，时间安排更要主次分明、详略得当、重点突出，课堂最后达到了此种课型在本堂课应达成的知识能力目标。

听说课型应该有听的过程，通常分为听前、听中和听后三个过程，听前活动是词汇句型的学习以及听的任务布置，听的过程要完成任务，然后进入听后练习说的过程，在整个流程中，核心是听，说是在听的基础上开始和拓展的。当然也可以根据学生基础，在学习新的词汇和句型基础上，进行说的练习。一般有机械操练和意义操练两种形式，机械操练侧重句型词汇的熟悉，以模仿练习为主，而意义操练是模拟说的真实环境进行对话。熟练了主句型和新词汇后，再进入听的环节，这样更容易解决听的障碍。还可以听完后，再进一步强化说的训练。如果听说课要学习语法又要练习写的话，那么课型不清晰，目标显然是多而不集中的，最后的结果就是语法学习不熟练、听说能力训练不扎实。

阅读课应突出阅读过程，训练学生的阅读策略和语篇知识，以培养学生的阅读兴趣和能力，并把语篇知识迁移到写作中。因此，阅读课应该有学生阅读的时间、阅读技巧的学习、语篇分析的过程，除此之外，更要有基于阅读篇章发散思维，形成学生对主题的个人理解。完成这一个流程，就应当有阅读的三个过程，即读前、读中和读后活动。读前活动包含了话题导入、重点新词引入、背景知识激活与拓展的过程，而读中活动则要帮助学生学习如何快速有效地阅读，教师不仅要示范阅读技巧，还要反复训练学生掌握这些技巧，并延伸学生的课外阅读。文中部分生词，教师要教会学生根据上下文猜测，这样在阅读活动中，学生可以在生词环境中仍然能读懂大意。在学生理解课文过程中，还应不断渗透语篇分析，使学生对于语篇构成的基本逻辑和结构有较为清晰的认识，同时培养学生提问的习惯，解决核心的语言问题，然后进入到发散思维，与课文互动的读后活动。这就是阅读教学的课堂结构。遗憾的是许多中学英语教师不知道阅读怎么上，把文本当作语法学习的文本，用语法翻译的方法逐字逐句地解释。阅读课型变成了语法学习课型，或一半阅读，一半语法，学生并没有学习阅读技巧和语篇，更没有充分地掌握文本涉及的语法知识点。因此，课堂结构原理是用来检验课型的特点和结构、重点和目标的，防止任何课型的教学随时落入词汇、语法教学的单一知识课型。

写作课型应该是突出写作过程，同理，也分为写前、写中和写后的活动。写前活动主要是为学生准备思想、词汇和语篇结构知识，这个过程涉及头脑风暴、小组或结对的讨论等——这个步骤非常关键，是学生得以展开写作的前提。写中活动是为了让学生练习在有限时间内如何组织内容，用一定的篇章结构形成文章。写后活动则需要教师提供机会让大家交流，使学生能够取长补短，同时通过同伴互评和教师评判，引导学生掌握一定的写作技巧，这个过程，教师应展现一定的作文批改标准，学生通过自评、他评和评判同伴的作文而逐步提高写作能力。写作课的课堂结构应基于这样的教学模式，即过程写作教学法模式，但有的教师的写作教学要不就随意地放在一堂单元总结课，布置学生课后作文，并且不能当堂及时讲评，要么就是要求背诵范文，按范文写作。总之，写作的课堂应该突出写的过程，课堂结构才合理，学生才能发展写作能力。

语法课型最常见的是做练习，教师讲解对答案。但教师也可采用让学生小组讨论、同学讲评等多种模式进行，以发挥学生的主体性。语法课在呈现阶段还可以先练习语法技能，即使用语法结构的能力，可以是口语操练形式，也可以是翻译练习等。但由于语法知识讲解容易导致教师用灌输式的讲解方法，并且教师为了强调语法学习，无时无刻地在单元各个部分讲解语法，所以语法教学是最应该探索并采取多种模式的课型。语法改革的重点就是如何发挥学生的学习能动性，使学生主动掌握和提高，而非被动型地学习，教师很辛苦，学习效果也不好。因此，语法课堂结构要围绕本单元重要语法点学习，能发挥学生学习的主体性，比如探究式的语法教学，分为导入、呈现、探究、归纳、练习、应用和总结。每个步骤环环相扣，这样的语法课堂结构是合理和科学的。但也不是每个单元的语法课都使用这样的模式，可以以做题测试和学生讨论讲评等方式进行。有的语法课可以设计成一个情境任务，围绕任务活动学生能够练习、运用，最后到运用语法知识到完整的实际情境任务中。

除了以上讨论的几种课型外，教学模式的改革会影响到课堂结构。比如，课改提倡的小组合作教学模式，这本来是与培养学生自主学习能力相契合的，课堂结构采用教师讲解不超过10或20分钟，学生探究和自己学习为课堂的核心。但由于学科特点，学生的语言发展也不是完全通过探究达到的，教师在课堂上的目的语使用，与学生的目的语交流统统是外语学习重要的语言输入，如果为了强调某种教学模式，违背了语言学习规律，这样的课堂结构表面上是发展学生能力，但不利于学生目的语交际能力的习得，也是不可取的。因此，教学模式的运用应根据课型特点，体现不同的课堂结构。

外语教学历史上还有多种教学法流派，比如听说法、直接法、社团学习法、暗示法、交际教学法等因为都强调了语言交际能力的发展，从语言学习规律来说是合理的，只是要取得良好的教学效果，还要结合学生实际情况，在课堂上遵循一个导入、呈现、练习、产出的过程，重点突出、边讲边练、突出某一项或两项技能（共有听、说、读、写、语法技能）、学生在课堂结束后学成或达成本节课要达到的目标就是良好的课堂结构。

总之，课堂结构原理是把握一节课的课型、此种课型的特点、目标和应有的结构环节，同时突出知识与能力、过程与方法以及情感态度价值观三维目标的课堂设计原理，有重点、有层次地开展课堂教学，是教师要上好一堂课的重要衡量指标。

2.5 课堂活动

2.5.1 有效课堂活动的八个原则

课堂活动的设计和实施受到一定教学模式的影响，应用怎样的教学模式，就会设计怎样的课堂活动。但无论是怎样的教学模式，实施怎样的课堂活动，都要体现八个原则：活动的目标针对性；活动之间的层次性；活动之间的衔接性；活动之间的逻辑性；活动的完整性；活动的反馈性；活动的主体性；活动的公平性。

活动的目标针对性是指每节课都会有多个课堂活动，而每一个活动针对本堂课要达到的目标有多大针对性。如果是按照五步教学法，复习—导入—呈现新知识—练习新知识—应用新知识，那么从复习到新知识转化为初步的能力，每一项活动都跟本堂课的知识点有关，包括复习要做到旧知联结新知，导入要对新知识的学习激起学生的兴趣和好奇心，每一个课堂活动都是针对某一个知识与技能，任何似乎相关但表现为花费较多时间而效果不大的活动都视为缺乏目标针对性。

活动之间的层次性是指课堂活动之间应该是具有层次的关联，而不是一个活动与另一个活动无关联或者无过渡，显得突兀；或者是平行的活动（外语教学中尤其突出），因为要训练学生的口语交际能力，各种机械操练、意义操练活动可能会出现在课堂上，但有的教师组织的活动结构很散乱，没有层次性，既浪费了课堂时间，又没能深入发展学生语言能力。任何教学活动都应该遵循由浅入深、层层递进的设计和实施原则。

活动之间的衔接性是指课堂活动之间的自然过渡，而非跳跃性的。有的教师思维跳跃，活动本身设计很好，也很有创意，但却缺乏自然的开始、进行和完成，一个活动还没有使学生真正获得活动要达到的目标，就马上进入另一个环节，显得教学节奏过快，缺少学生学习的一个逐步内化吸收的自然过程。

活动之间的逻辑性主要是指教师在教学中由于受到很多因素的影响，使教学偏离了跑道，或者教师为了批评一个学生，引起微波效应，导致宝贵的课堂教学时间流失。或者教师讲课过程中因为拓展过度，跑题或花时间在其他与教学不太相关的话题上，而导致整节课的活动没能完成，产生跳跃性的活动安排。或者教师为了活跃气氛，讲了笑话，但笑话与课题和课堂氛围无关，显得莫名其妙，这样的课堂活动都是缺乏逻辑关联的，显得安排不合时宜。

活动的完整性是指教学活动从开始到结束应该有学习前活动（复习、导入）—学习活动（学习过程）—学习后活动（产出或检测、总结与家庭作业）。如果活动缺乏完整性，课堂设计就显得残缺不完美。如今许多外语教师因为安排很多教学活动，缺乏对课堂时间的合理管理和规划，拖堂或是未能完成所设计的教学活动现象比较普遍。这与精心设计课堂能力和课堂管理技能有关，教师就这个方面较为忽视，认为常态课就是随意地上，没有经过周密的计划和控制，所以经常体现为完整性的欠缺。

活动的反馈性是指每一个教学活动中，如果有学生的参与，就要给予适当的评价，尽量是激励性的个性化评价，同时不能只关注参与的同学，还要引起没有机会参与的同学的注意、思考和个人的评断。比如，教师在问了其中一个同学的观点后，可以问其他同学“Do you agree?”如果有人表示异议，应鼓励其说出不同观点。在时间允许的情况下，可以问 2～3 个学生；时间有限的情况下，问一个同学也能起到激发其他学生学会听别的同学的回答，并跟着教师的引导和节奏进行学习。很多教师，尤其是年轻教师为提问而提问，为活动而活动，经常出现活动参与只限于个别积极同学，主要原因就是缺乏活动的反馈性，没有让其他同学积极参与到课堂学习中。

活动的主体性是对当前课堂上对“以学生为中心”的理解不完善的现象。开展活动是促进师生之间的交流，发展学生的知识和能力。但教师有的时候活动开展过程中缺乏把主动权让给学生的意识，很多环节都被老师包办了。比如朗读单词和课文，好的学生可以带领全班，但起到示范作用，激励全班，但教师包办了。再比如讲解语法题，有很多学生可以讲解，还能引申更多他所了解的语法项目，也是促进同伴学习的有效方法，但教师又包办了。总之，在很多教学活动的组织上，教师都应该想一想，是否这个环节可以让学生做，而不是一味地、习惯地包办所有环节。

活动的公平性是指教师在课堂上提问和让同学展示的时候，所给予学生的机会应该公平。针对好、中、差学生应该设计不同的活动，让每个层次的学生都得到锻炼。这也是解决大班教学的方法——分层教学。教师在课堂上经常会被两类学生主导，一类是积极活跃的好学生，他们经常举手，教师的目光也容易集中在他们身上，所以有的教师一节课可能给予积极学生的机会多达七八次，而坐在角落里的、性格内向的以及一些中差生得到的机会却很少。所以教师不仅教学活动应该设计分层的活动，调动每个同学，同时在机会分配上应动脑筋促进学生最大参与量。

2.5.2 中学英语教学中活动设计的问题

中学英语教学中活动设计的问题基本在以上讨论的设计原则方面有不同程度的体现。最突出的是活动的目标针对性、层次、衔接、逻辑和反馈性。换言之，教学活动的设计思路不够清晰，这与教学目标设计的模糊、宽泛有关。如果出发点的教学目标有问题，整堂课的活动设计也就相应出现问题，再加上教师技能没有跟上，就算是好的活动设计也缺乏相应的实施能力。总之，以上讨论的教学活动的八个原则可以用来指导教师学习设计和实施教学活动，给予大量练习机会，改变过去师范教育过于书本化和理论化的倾向，同时改变职后教师培训单纯的理论学习和单一的经验传授方式，开展理论学习与实践相结合的模式，比如现场的观课、评课、上课，或者课例讨论活动都能促进教学活动设计的科学性和有效性。

2.6 教师话语

教师话语是指教师在课堂上进行教学时的话语。课堂话语则包含了教师的话语和学生的话语，广义的课堂话语则应该包括课堂上教师的板书、教学中播放的音响材料、教材中文本材料、学生的作业等。从课堂组织的角度，教师话语具有以下功能：（1）介绍教学内容和教学目的，即介绍本节课的主要目的、内容、活动等；（2）导入新知：介绍与新授内容有关的话题和背景知识，使学生在新旧知识、经验之间建立联系；（3）讲解语言知识：通过陈述、提问、解释、反馈等方式把知识传递给学生或者学生自己建构知识；（4）组织活动：介绍教学活动的步骤、要求等，宣布活动的开始、结束等，组织学生报告活动的结果，对学生完成活动情况的评价；（5）提供语言输入：教师为学生提供必要的语言输入，如示范、举例、领读、叙事；（6）维持课堂纪律：维持正常课堂教学秩序和课堂纪律，以使教学活动顺利进行。教师话语除了课堂组织功能外，还有重要的语言输入功能，能为学习者提供目标语学习的机会。教师课堂上与学习者的语言交流促使学习者进行有意义的协商，为学习者提供说的机会，使他们通过有意义的语言运用而习得语言。教师的话语同时还是隐性教学的部分，学习者在学习课文内容过程中，耳濡目染地学会教师的语言。

2.6.1 教师课堂话语研究

课堂话语研究是利用语言学的话语分析理论了解教师的教学过程和实际发生的情况。教师听课时一般会把教学过程按步骤记录下来，但这只能看出课堂的总体设计与安排，具体到活动和教学过程中的实际情况，课堂话语的记录可以帮助我们了解教师的语言水平、提问策略、师生互动和课堂评价，通过话语的分析，提高教师教学话语的合理性、科学性和有效性。通常教师课堂话语的研究可以使用“质”和“量”的方式，量化调查看出教师一堂课的话语量，与学生话语之间的比例关系，由此了解本堂课是教师为主导还是学生为中心；也有的是关于教师中英文用语比例，由此了解教师教学语言媒介的使用问题；也可以针对教师评价语数量，由此得出教师评价的优劣。总之，通过录音方式，得出教师在某一方面的话语数量，是用量化的方式进行课堂话语研究。质化的方式则是看教师的话语品质，比如语音、语调、节奏、语速、词汇使用、句法特征、话语错误等等，对于教师专业发展中教师语言使用的准确性和科学性具有重大的意义。具体来说，课堂话语的研究可以从以下一些方面来着手：（1）话语的语音特征：发音、语调、重音、语音连缀。（2）话语的语速：话语的速度、停顿的频率与持续时间等。（3）话语的词汇特征：词汇类型、高频词使用、词汇难度。（4）话语的句法特征：句子的平均长度、句子结构复杂程度、语法正确性、句子类型分布及使用频率等。（5）提问：教师所提问题的类型及使用频率、提问后的等待时间、提问的措辞。（6）解释：教师在什么情况下解释语言知识、解释的方式等。（7）重复：教师对学生话语的重复频率、重复的原因、重复的形式。（8）指令：教师指令的清晰程度和措辞。（9）教师的话语量：教师与学生在课堂中相比的话语量比较。（10）教师中英文比例：教师课堂话语的中英文对比的比例如何。（11）教师话语的内容和功能。

2.6.2 教师课堂话语的特征

2.6.2.1 真实性

真实性是指语言素材必须与现实中使用的语言基本一致，即教材涉及的语言现象应该是真实、地道的语言，而不是假想的语言或编造的语言（程晓堂，2002）。具体来说，真实性指的是场景真实性、语言真实性和内容真实性。场景真实性是指师生课堂交际行为的真实性，符合自然交际的特征，具有真实交际目的，按照真实交际原则进行交际。语言真实性指的是现实生活中的语言，不是编造的、不存在的或者错误的语言。内容真实性是教师反映的是真实生活，或者属于个人的语言。话语的真实性特点实际上是反映交际课堂的话语特点，比如教师尽量使用参考性问题，即开放性问题，让学生能表达真实思想，有机会产出真实语言。教师要针对学生的问题回答给予真实和个性化的评价和反馈；教师在解释、提问和发出指令时，经常需要重新措辞、简化表达并伴随手势语。语言也体现了口语中停顿、重复、犹豫等特点；教师与学生积极建构有意义的协商，鼓励学生为了澄清问题而进行提问和质疑；教师与学生要进行话轮转化，以保证交际的自然进行。

因此教师话语的真实性主要是两个关键：一是符合教师在教学中所创设的场景的语言应用，二是体现课堂中师生交流的交际性特点。如果教师在教学中保持课堂话语的真实性可以有效地促进学生学习的动机，创造语言输出机会使学生有机会内化语言知识，从而逐步形成一定的语言交际能力。当然教学并非真实的语言环境，所以教师就更加需要创设情境，模拟真实场景，并提高自己的语言素质，与学生尽可能地沟通，给学生提供机会使用目标语。在很多中学英语课堂中，教师语言的贫乏、语境的缺失，“知识为中心、教师教学为中心”的现象仍然是较严重的教学问题，因此，提倡教师用语的真实性就更有意义。

案例 1：

T：What' s your name?

S：My name is…

T：How old are you?

S：I' m 11.

T：When is your birthday?

S：It' s May 22.

T：Nice to meet you. Here' s a present for you.（程晓堂，2009）

（该对话是发生在一个班同学之间，没有信息差，即信息交流者没有未知信息，且对话不符合真实场景交流）

案例 2：

T：Hmm…How smelly! What' s it? Let me find out. Oh，It' s an onion.（教师从讲台上拿出一个洋葱并做出难闻状）Do you like onions?

S：Yes.

T：We should eat all kinds of vegetables. They' re all good for us.（程晓堂，2009：60）

（在该对话中，教师的动作肢体语言与语言意义不符）

案例 3：

S：（The phone is ringing）Hello. It' s Yao Ming.

T：（Take the phone）Hello，this is Miss Wang. I' m your fan. What are you doing?

S：I' m watching TV. What about you?

T：I' m talking to you. Thank you. Bye!

Yao：Bye!（程晓堂，2009：69）

（该对话没有体现真实的电话交流，是为对话而对话，没有具体信息）

2.6.2.2 互动性

建构主义理论和社会文化互动理论都提出了互动在课堂学习，尤其是语言课堂学习中的作用。课堂上的互动可分为四种：第一种是以提高课堂参与程度为目的的互动，比如教师对全班学生，问一些与学生实际生活相关度较高的问题，引起互动和带动气氛。第二种是以建构知识为主的互动，比如课堂学习中的两两互动和小组活动等，都是为了学生达到充分练习和互相学习的目的。第三种是以语言输入为目的的互动，即教师对所学习的内容启发、问问题等，以促进学生的思考和语言运用。第四种是以活跃气氛、强化学习效果为主的游戏或表演型课堂活动。以教师为中心的课堂，教师说话占用的时间过多、说话的次数较多、话轮的长度不均衡、给予学生话轮机会较少等因素导致课堂互动的低效。Walsh（2002）指出教师应使用会话式的语言，比如：话轮的均匀、自然分配，尽可能让更多的学生说话；提问应给予足够时间思考；注意启发和拓展学生的回答，而不是急于给予某个答案。由于教师使用话语的方式影响到了学生的互动，所以教师培训应该包含互动性的话语开展的技能学习，以提高课堂互动的几率和效果。

案例1：

T：Did you do your homework yesterday?

S1：Yes，I did.

T：Good. Good boy. Did you do your homework yesterday? Did you，yesterday?

S2：Yes，I did.

T：Did you telephone your friend yesterday?

S3：No. I didn't.

T：Did you watch TV yesterday?

S4：No. I didn't.（程晓堂，2009：74）

（在这个对话中，教师主要是单个对话，并没有引起全班的思考和对话，因此互动性较差）

案例2：

（教师依次叫A，B，C三个学生走上讲台，然后微笑着）

T：Oh，I think A walks fast.

T：（故作思索状）What about B and C?

（学生举手踊跃，教师随机点了两位学生）

S1：B walks faster than A.

S2：C walks the fastest of the three.

T：Are their answers both right?

Ss：Yes!

（此时的真实情境让学生易于理解）

T：Now，make three more similar sentences and say them in your groups. Now，begin！

（学生们在小组内轮流说出自己的句子，其他组员不时地给出一些建议，教师四处巡视，发现有困难的学生及时给予帮助和鼓励）

T：Let' s ask Chen to show his sentences！

（Chen 是教师刚才指导过的那个英语基础较差的学生）

Chen：Tom jumps high. David jumps higher than Tom. Lucy jumps the highest of all.

T：（带着鼓励和赞许）Well done！Let' s clap our hands for him. Congratulations.

T：Can you get some rules from these three sentences？

Ss：...

T：And how to form comparative and superlative forms of adverbs？

Ss：...

T：Now，please try to do the exercises by yourselves first，and then check the answers in small groups. If you have any difficulties，you can discuss with each other.

（学生们先独立完成课本上的相应练习，然后再四人一组交流答案，组长负责此环节）

（屏幕上显示练习答案）

T：Check your answers again. If you still have some trouble，you may ask me for help.

（个别学生询问，教师一一给予答复并再次询问全班学生是否明了所有练习）

T：（故作苦恼地说）Now，I have some questions to ask you. I don' t know if there are any mistakes in these sentences. Can you help me？

（教师换位成学生求助，“小教师们”踊跃发言，改正错句。教师适时鼓励，恰当点拨，学生对该语法的掌握更到位，也更深刻了）（耿杏芬，2008：48－49）

（此案例充分调动大多数的同学，同学们在课堂上积极参与活动）

案例3：

T：Have you been to a zoo? What animals can you see in the zoo?

S1：Tigers，monkeys，bears and...

T：What other animals can you see?

S2：sheep，snakes，birds.

S3：Dogs，ducks.

S4：Lions，dolphins，elephants.

T：What animals do you like best? Why?

S6：I like the fox because it' s very clever.

S7：I like the dolphin because it' s very exciting and it' s very beautiful.

S8：I like cows because I like milk very much.

S9：I like the panda because it only lives in China.

S10：I like the rabbit because it is very nice.

S11：I like the monkey because it' s very interesting.

S12：...

T：Do you think it' s good for the animals to live in the zoo?

S13：No. Because they should live in the forests or mountains.

T：Now let' s go to a zoo to see more animals. Please open your books and turn to page 22. （耿杏芬，2008：22）

（此案例如上，充分调动了许多个体学生积极参与课堂）

2.6.2.3 逻辑性

教师课堂话语具有教育教学目的，一堂课的活动组织始终围绕本节课的教学目标，如果过程中话语偏离了教学目标，并且不能提供给学生恰当的机会学习和思考，话语之间缺乏关联，那么就是出现了逻辑性问题。表现为前后话语不一致，教师所说的话没有根据，教学过程中插入与教学内容和目标不相关的教学活动和设计，或是话语和活动本身表面有点关联，但偏离了重点和主题。教师话语逻辑性的提高可以是对本人录音，并分析自己的课堂话语问题来提高教师语言的简洁、清晰和逻辑性。

案例：

T：How do you like this song? Very well? Kelly，what do you think? Do you like this song? Do you know the name of the singer?

S1：Sorry，I don’t know.

T：It’s OK. Does anybody know the name of the singer?

S2：His name is Robbie Williams.

T：Exactly. Do you know the name of the song?

S2：A Better Man.

T：A Better Man. Oh，my god！Gentleman. A Better Man. Think about it. Well and since he is a singer，and we don’t know much about him，but he is a singer. Hum，Pulling，would you like to be a singer in the future?

S3：No.

T：What would you like to be?

S4：I want to be a scientist.（程晓堂，2009：147－148）

（教师本来是引入该话题关于 singer Williams 的，但话语转向了学生喜欢做的职业，偏离了主题）

2.6.2.4 规范性

由于英语教师都是在非母语环境中习得的，而且在中国广大的农村地区，大量的英语教师的学历和专业水平都存在有待提高的问题，因此英语教师的话语规范性存在较突出的问题。规范性是指教师语言（主要指英文）在语音、语法、句法、词汇、语用，尤其是语用方面存在着问题。通过记录教师课堂语言，可以找到语言使用不规范的范例，而这些语料的收集可以作为教师专业发展的必修内容，从而在设计课堂时，教师能关注到话语的准确和规范。

案例1：

T：Let’s begin our new lesson. Now you know we think with our heads. We see with our eyes. We hear with our ears. But today I don’t feel very well. I didn’t sleep well yesterday. Oh my head hurts. My head hurts. I’ve got a headache. Now pay attention to I’ve got a headache. Oh，now please read after me：headache.

S：headache.（程晓堂，2009：122）

（在解释 headache 时，教师解释为“My head hurts”，这在语言运用上

是错误的。这句话的意思是头部由于外部受伤而疼痛）

案例2：

T：The tortoise has four short legs and a small head. Look！It has a short tail，too.

T：Do you have a tail?

Ss：No，I don't.

T：Who has a tail? Who has a tail?

（No response from students）

T：What animal has a tail?

S1：A monkey has a long tail.

S2：A tortoise has a short tail.（程晓堂，2009：134）

（对学生说"是否有尾巴"不合适，不符合真实场景对话）

案例3：

T：Let's play a guessing game.

I am a girl.

I am the funniest of my friends.

I am the shortest of my friends.

I have shortest hair in my class.

I am the heaviest of my friends.

who am I?

I am a boy.

I am the most outgoing of my friends.

I am the weakest of my friends.

I am the youngest in my class.

I am best at English.

I like Justin Bieber best.

who am I?（笔者所听一所城市中学初中英语课堂案例）

（在生活中表达最高级时，一般使用"one of..."。另外，描述女孩为"I am the heaviest of my friends."以及描述男孩为"I am the weakest of my friends."都不太合适，会伤害到学生的自尊心。教师话语违反了规范性原则）

2. 6. 2. 5 生成性

生成是相对预设而提出的，预设是课前教师对课堂教学内容、步骤和应产生的教学效果的设计和假设。而生成是生长和建构，是课前假设部分以外临时生成的学生话语、教学效果和其他突发事件。新课改提出课堂是师生交往、积极互动、共同发展和动态生成的开放系统，因此，对于课堂中产生的师生对话，如果教师善于处理，并把它利用为有效的学习资源，就是话语的生成性。课堂需要预设，所谓“凡事预则立，不预则废”，如果说不事先预设，课堂是不负责任的，那么忽视生成的课堂也是不负责任的，两者相辅相成，共同构成师生共建的学习体。

案例 1：

T：Do you like this nature reserve? It is called Wolong Nature Reserve. It's for protecting giant pandas. If you are interested in this place and giant pandas, you can get more information from this website. It's www. wwfchina. org. (on the screen)

S1：What is wwfchina?

T：Oh, don't worry. It doesn't matter if you don't know. Let's look at this website. We can find short forms and symbol from it.

S2：What is org?

T：You know they are all short forms. That's enough.

S3：Can you tell me what “www” really means?

T：You've learnt it before, haven't you? (耿杏芬，2008：16)

…

(学生的当堂问题，教师置之不理，不知是教师不知道，还是教师不愿回答)

案例 2：

T：Now let's play a guessing game.

This pet lives in the water. It's easy to take care of. It's quiet and beautiful. But it's boring. What's the pet?

S：乌龟。

T：乌龟？恩……乌龟也是可能的，但乌龟不一定生活在水里。It's goldfish.

（笔者所听一所农村中学初中英语课堂案例）

（教师对于学生超出预设的问题的解答没有做到应有的回应）

2.6.2.6 引导性

引导性是指教师在启发学生和布置学习任务时，课堂话语对学生的引导性。教师应在课堂讲解中尽量开放和发散学生思维，引导学生积极探索、主动提问，发展学生的学习和思维能力。引导性特点与互动性特点较相似，但更加注重学生的思考和探究性学习能力的培养。

案例：

某教师在带领学生学习了万圣节的一系列知识之后，决定对学生最熟悉的国外节日圣诞节做进一步的探究性学习。

T：Do you know Christmas Day?

Ss：Yes.

T：What can you do on Christmas day?

S：We can...；we can...

T：Do you want to know more about it? How can you know more?

S1：I can look for information on the Internet.

S2：I can borrow some books on it from the library.

S3：I can have interviews with our parents, and our friends and our relatives.

S4：...

T：Great! If you don' t know how to study them by yourselves, you can read the following form. It can help you to do this study better.

（T shows the form on the blackboard.）

T：Now let me divide the whole class into groups of five. You can help each other better. Please show us your results in the English class next week when you come back to class.（耿杏芬，2008：23）

（这个案例中，教师对学生的学习通过提问和评价以及任务布置起到了引导性的作用）

2.7 教师提问

2.7.1 提问的功能

提问是一堂课的关键，它能引发思考，打开思维，引导学习，促进互动。一项好的提问策略能积极引导所有学生参与学习过程，鼓励所有学生用心准备答案，给予充足的等待时间让学生进行认知分析，创造机会让学生进行更高层次的思考。问题可以保证学生在学习活动中的参与，通过问题的调节，语言会更加清楚易懂，更加适合学生，对交互活动的开展具有很大的促进作用。提问经常可以作为监控学生的一种手段，对于精力不集中或开小差的学生可提醒其注意力，重新引导其回到课堂活动中。具体来说，提问可以激发、保持学生的学习兴趣；启发学生思维；帮助教师诊断学习过程中学生的问题；帮助教师对细节性问题的解释；激发学生的课堂参与并引起互动；活跃课堂气氛和创设良好的课堂学习文化。

在教学过程中，提问是导入的手段，发挥着引出话题、激发学生兴趣和求知欲、联系学生已知的生活经验和知识、导入未知知识的学习的作用。除此之外，提问在词汇教学中，可以激发想象，习得词汇使用方法。在语法教学中，可以发展学生对语言应用的观察、归纳和推理能力，引起探究学习，促进学生深层次和自主学习活动的开展。在听力和阅读教学中，提问还可以促进学生的理解学习活动，为 pre - listening, while - listening, post - listening，以及 pre - reading, while - reading, post - reading 各阶段设置思考和练习的任务，充分发展学生的听、说、读、写能力和思维能力。

2.7.2 提问的分类

2.7.2.1 按形式分类

提问可以按照所观察的课型对问题种类进行分类。比如，小学课堂对话课，初中课堂的听说模块，可以就教师提的问题进行简单的分类，以分析教师的提问是否使学生最大限度获得操练语言的机会以及多样化表达的练习。这种分类方法主要是观察问题形式：yes/no 问题；选择性问题；wh - 问题；how/why 问题。

一般说来，yes/no 问题是最简单的问题种类，当学生沉默，为了引起全班注意和参与，可以使用这类问题，但通常，此类问题会使得学生可以练习语言的机会较少，而且使用过多，学生在思考方面得不到锻炼，还会有许多学生滥竽充数，所以一堂课好不好，学生有没有学会用新的词汇和句型表达，单个和全体学生有没有得到教师的关注，可以通过教师设计问题的类型看出。

选择性问题比 yes/no 问题给予学生练习语言的机会多一些。但使用过多，也会限制学生的练习和思维表达。一般这类问题可以在提问中未引起学生回答时给予提示，让学生有选择的机会，并用英语表达出来。

wh－问题比前两种问题较复杂一些，学生需要回答的信息多一些，一般属于事实性问题，比如 who，what，which，when，where 等词开头的问句。

how/why 问题是最难的问题种类，需要学习者具有一定的语言能力和思维能力，属于最高层次的问题。

从问题形式来说，具有优质提问的课堂应该充满各形式的问题，让学生广泛参与各种语言学习机会，增加互动，促进学生学习。从问题形式方面观察问题类型，比较适用于对话课，观察目标主要是教师多大程度给予学生机会练习语言。

2.7.2.2 按内容分类

在阅读教学中，可以按问题内容与阅读课文内在的关系来分类。（1）信息性问题。此类问题是考查读者是否读懂文章中的信息，问题一般属于事实性问题，教学中要求学生能够再现事实、事件、地点或名字等内容。通常用“who，what，where，when 等来引导问题。（2）理解性问题。这类问题通常以”why”开头，目的是让读者了解文本的深层内容和探析原因。（3）应用性问题。这类问题要求学生把所学应用到实际生活中。（4）分析性问题。要求学生分析、解释问题。（5）评价性问题。学生要对所读的内容和信息做出自己的观点判断。

2.7.2.3 按答案的伸缩性分类

按答案的伸缩性，问题可以分为封闭性问题和开放性问题（close/open questions），或者是聚合性问题和发散性问题（convergent/divergent questions），展示性问题和参考性问题（display/referential questions）。封闭性问题、聚合性问题、展示性问题属于信息性问题，学生可以根据所听、所读的内容找到标准答案。开放性问题、发散性问题、参考性问题需要学生联系自己的生活、知识、经验和经历，发挥想象来回答，通常没有固定答案。在小学和初中的对话课、听说课中，可以考查教师是否让学生体现自主性，培养学生想象力以及发散思维，给予学生最大机会练习语言。

2.7.2.4 按问题与材料的关系

在阅读课型中，问题的设计应当多样化，有基于课本的问题，还有来自课本字里行间需要读者认真体会的、对课文基本理解清晰之后还应当设计超越和延伸课本之外的问题，以发散学生的思维，练习表达。根据这样的分类，问题可以宏观地分为课文显性问题（text explicit questions），课文隐性问题（text implicit questions），超越课文问题（beyond－the－text questions）。

2.7.2.5 按问题的难度分类

浅层问题侧重记忆和信息再现，学生能从文中直接找到答案，属于 low - level 或者 medium level 难度的问题。深层问题超出记忆和事实性信息的范围，要求读者进行更复杂的、抽象的思维，能对材料进行分析、综合、评价，并且具有相对较高的解决问题的能力。发散性、应用性、参考性问题属于深层问题，要求读者深层思考，并且表达清楚。这类问题就属于 high - level 难度。

2.8 教师评价

教师评价指的是教师对学生的学习表现进行定性或定量的评价。在当前教学领域中，教师所实施的评价方式单一（以学生考试成绩为标准）已成为突出的问题。虽然与应试教育体制有关，教师也抱怨说他们毫无权力和办法改革此现状。但事实上，在实际教学过程中，教师可以灵活地应用多种评价手段来促进学生的学习，最后提高学生的应试成绩。但要做到这一点，教师需要了解评价的功能、类型和策略。

2.8.1 评价的功能

评价最主要的功能是促进学习。教师根据学生的学习表现，在教学中帮助学生克服学习困难，促进其学习进步，在学习中体验成功和乐趣。如果采用传统考试和分数唯一的评价手段，必然导致部分学生面对成绩产生畏惧和退缩，最终失去学习的兴趣和信心。所以，要促进学生的学习和发展，评价的手段必须体现过程性和多样化。

评价的第二个功能是改进教学。根据评价所获得的信息，教师可以诊断学生学习，调整教学方案，改变教学方法，针对不同层次的学生，对考试评价中表现出的难点和问题进行补偿教学或是强化教学。

评价的第三个功能是提供终结性信息。评价最终要提供学生在校学习的学习情况和表现，以便于学校掌握学生的总体情况，向家长报告学生的学习进步，或是向高层次学校或社会推荐人才。

在现实教学中，教师评价都发挥了第二和第三个功能，但在促进学生学习的功能方面，存在着诸多问题，评价不仅没有使学生感受到学习的乐趣，体验到成功，反而损坏了学生的学习积极性，阻碍了学生的学习发展。所以教师首先要意识到评价促进学生学习功能的重要性和当前教学中这个功能的缺失，然后要了解评价的类型和方法，才能使教师评价发挥其核心功能。

2.8.2 评价的类型

2.8.2.1 按评价的功能分类

按评价的功能来分类，评价可以分为诊断性评价、形成性评价、终结性评价、起点评价、教学性评价和正式评价。

诊断性评价是教师为了了解学生的学习基础水平以及学习中的问题而进行的评价，评价的手段方法可以是书面测试、口头测试、问卷或访谈等。它在教学中起到了为教师把脉、确定学生需求、调整教学方案的作用。

形成性评价是课改提倡的评价方式，是为了描述学生进步的整体情况，提供学生反馈来提高学习兴趣与动力，巩固和提高学习成绩的评价。评价的目的只是帮助学生在过程中逐渐进步，评价的方式可以是书面与口语测试、座谈与采访等。

终结性评价是传统的评价方式，长期占据着重要地位，关注的是学生的一次性考试成绩，评价的手段只是书面或口语测试。在中国英语教学中，以语法知识为中心的书面测试作为重要的测试项目，测试成绩作为唯一衡量学生进步的标准，是向社会、学校和家长提供学生学习信息的唯一指标。中国的应试教育就是终结性评价的方法，影响了基础教育对素质教育的诉求以及对创新人才的培养。课改之所以强调形成性评价，就是为了改革这一弊端。

起点评价是教师为了建设良好班集体，对学生的学习基础、性格和情感认知的评价。只有了解了学生的认知情感，才知道教学的起点，因此称为起点评价。起点评价对于教师来说非常关键，是决定教学成败的关键。

教学性评价是指课堂教学评价，是课堂教学过程中教师对学生在课堂活动中的表现实施的评价。教师是课堂中的领导者，为了让学生能主动、积极地学习，与教师和其他同学构成良好的学习共同体，教学评价就成为关键核心的因素。教学性评价还包括教师对自己的教学，教学内容、教学时机、教学进度以及教学效果的评价。

正式评价是教师为了完成上级教学部门交给的教学任务，采用分数、评语和家长座谈来完成的评价。评价的目的是为了向社会、家长以及学校展示任务完成的效果。

2.8.2.2 按评价的结果分类

按评价的结果来分类，评价可以分为以结果为基础的评价、以学业为主的评价、以能力为基础的评价、以常模为基础的评价。

以结果为基础的评价主要是测试学生按规定要学习内容的达标情况，比如能用恰当的格式写便条，描述人物或事件，能给朋友、笔友写信等为内容的测试，就是以结果为基础的评价。

以学业为基础的评价是以学生的知识技能掌握情况为主的测试，是一种整体综合性的评价，是对某一门学科掌握情况的总体测试。它是中学常用的评价方式。

以能力为基础的评价规定了学生应该达到的表现标准，测试超出书面静态的知识，而是看能力的表现。比如口语考试就是以能力为基础的评价，通常这样的考试是看语言应用的能力、交际能力和语言组织的能力。

以常模为基础的评价，常模就是学生的平均水平，参照常模来评价学生的表现。比如，个体是否达到平均水平，评价个体离平均水平的差异就是以常模为参照的评价。

2.8.3 评价的策略

学生不应该是被动接受评价者，因为评价的目的是为了学生的发展，只有让学生加入评价，成为评价主体，才能对自己的学习产生责任感，成为学习的主体。为了能达到这个目标，可以采用多种评价手段。

自我评价。学生可以设定目标、实施的策略、实施后应达到的结果，教师也可以提供自我评估的方法和路径。比如提供一个什么才是优秀的写作者，可以提供一个这样的问题清单：

What a Good Writer Can Do?

I can plan before I write.

I can write about real thing.

I can write stories with a beginning, middle, and an end.

I can ask others to read my work.

I can write in complete sentences.

I can leave spaces between words.

I can put periods at the end of sentences.

I can make my handwriting easy to read.

(Adapted from O' Malley & Pierce, 1996: 40)

同伴评价。让同学互评，可以带动更多的学生参与到学习中，并且能把学习当成自己的责任。既能增加学生学习的责任感和发挥主体性，也能够促进课堂的多方位互动。同伴互评中，教师也可以提供一个评价的标准，或是让学生自己制定标准。比如，对学生的 Presentation 做评价，可以用 2+2 的方法，让学生说出两个优点或两个缺点。或是问两个问题：What do you think your partner did well? What do you think your partner could make better?

合作评价。就是教师应用多种评价手段，比如学生档案、收集、反思、评估、精选学习作品、思考和评价。学生通过建立自己的学习档案，对自己在一个时期内所学的知识和技能有一个全面的了解，对自己的学习成绩也有一个正确的态度和评价。

2.8.4 评价工具

可以是观察、学生学习档案、读书笔记，也可以是座谈、项目的演示等。可以设立评价的标准和量表。比如，以下就是读书笔记范本。

Reading Journal: What do you think, feel, and like?

Name: Date:

Write the number of pages read from your book or the title of the chapter. Write comments on the right side.

How did you feel about the pages you read? Were they exciting or dull? Support your comments with details from the story.

Book Title: ______________________________

Author: ______________________________

学生档案评估样本（Sample Portfolio Assessment: Selection of Portfolio Items）:

The following criteria have been used to determine whether ______ is developing the ability to make relevant selections for his/her portfolio.

Teacher comments

______ Does the item selected meet the defined focus for the portfolio?

______ Does the item selected demonstrate the student' s best effort/work?

______ Is the item dated and inserted in chronological order?

______ Other?

You do a good job of ______________________________

And you can improve ______________________________

Student Comments ______________________________

I plan to improve by ______________________________

2.8.5 评价的原则

评价的原则必须具有公正性、实际性、可行性、信度或可持续性和效度等。评价中注意不要有偏见，要有分级标准。评价中教师还要注意一些道德规范，即保密原则，学生拥有隐私权、知情权和平等权。

除此之外，还有三个原则，其一，教、学和评价是日常课堂评估三个必不可少的环节。通过创设一个常规支持性的教学环境，可以使学生逐步提高能力。其二，评价学生可以从多个维度来评价，通过教师评价、同伴互评和自我评价三个维度，使学生感到自己是一个有价值的主体，而且对自己的学习负有责任。其三，评价更多是转向能力而非知识内容的学习。利用文本的学习发展思维技能，比如概括、综合、批判性思考能力，并把所学应用在情境中或者迁移到别的学习环境中。总之，教学与评价紧密相连，是一个有机整体。两者缺一不可，但应该采取多样化的评价方式才能达到评价的核心功能——促进学生的学习。

2.8.6 教师纠错

2.8.6.1 教师的纠错策略

外语学习是个漫长的过程，在此过程中，学习者在语音、词汇、语法和语用上总是不可避免地犯各种各样的错误。Coder 分析了学习者的语言错误，把错误分成两大类：失误（mistake）和错误（error），认为失误对语言学习过程没有意义，而错误却能说明学习者某阶段的语言发展特点。在应用语言学上，错误分析（Error Analysis）作为一个重要的领域，对错误进行更加详细的分类，并对二语或外语学习者犯错可能的原因进行解释和说明，从而提出对教学有价值的建议。错误分析理论认为，大脑中存在着先天处理语言材料的机制，对目的语的性质做出假设，并检验其正确性。在这个过程中，学习者建立自己的目的语体系，构建一种具有过渡性质的语言知识系统，即中介语（interlanguage）。中介语是指学习者在目的语发展过程中建立的不完善和有瑕疵的语言知识和应用系统，也是外语学习者对目的语的规律所做的不正确的归纳与推论而产生的一个语言系统，它既不是母语，也不是目的语，而是处于本族语和目的语之间的连续体（continuum）。在此连续体中，中介语越临近目的语，学习者的外语水平就越高，错误越少。

2.8.6.2 错误产生的原因

语言学研究者对错误产生的原因有几个流派。比如乔姆斯基的人脑中的语言习得机制（LAD）、塞林格的中介语都是对人类语言学习的一种假设，只是宏观解释了错误产生的原因。Coder 则从多个角度更为全面地把语言错误产生的原因归纳为四个因素：语际干扰、语内干扰、非语言干扰和文化干扰等。语际干扰就是指因学习者母语干扰对目标语学习产生的语音、词汇、语法和交际方面的错误；语内干扰是指学习者掌握的语言知识和规律有限，产生出不符合表达规则的语言表达形式；非语言干扰是心理因素和客观环境造成的，学习者由于粗心大意、心理紧张等环境因素的影响而造成的语言表达失误，即“口误”和“笔误”；文化干扰指学习者对于目标语文化与母语文化差异的了解不充分而导致的语用上的错误。

Taylor 基于 Coder 的研究，提出除了 Coder 的四个因素外，还有第五个因素即诱导因素。Taylor 的诱导因素是指课堂教学的因素，比如教师、教材的因素，课堂不正确的交际语言影响的因素。Taylor 的分析更适合于外语教学错误产生可能的原因。Richards 从语言学习者的阶段性角度，把错误归为发展性错误（developmental error），并在此发展过程中，学习者会由于以下因素产生错误：语言结构的过度概括、对语言规则限制的忽略、应用规则不全面、错误概念的形成等。

Douglas 在语言迁移理论的基础上，把错误的原因大致分为三种：语内迁移、语际迁移和其他各种因素。语内迁移错误是指学习者的目标语掌握不全面而产生的错误；语际迁移错误是由于母语的语言规则与目标语不同而造成的负迁移；其他因素主要包括学习者学习环境、交际策略、文化因素和个人因素。

国内学者英杰、洪洋认为中国外语学习者错误产生的原因有：（1）汉语负迁移，比如语音、句法和文化方面。如学习者的语音带有母语的发音特点；句法方面，由于汉语以语义为中心，意合形散，而英语以句法为中心，意合形合，因此学习者会在句法结构上出错；文化方面表现为跨文化意识薄弱，缺乏使用目的语交际的经验，学习者容易产生语用错误，即不符合目标语文化的表达。（2）语言学习者过度归纳和滥用类比法。（3）词汇混淆，英语学习者由于词汇知识不足导致在拼写、发音、意义、用法等方面混淆相似的词汇和用法等。

显然，国内学者基于对本国外语学习者的研究，错误原因分析对中国外语教学来说更具有借鉴作用。

2.8.6.3 语言错误分类

国内外学者对于错误的分类主要有以下几种：

把错误分为语言外在错误（overt errors）和内在错误（cover errors）。如果句子表面上无语法错误，组织得当，但不符合英文表达，那么就属于内在错误。反之，如果句子表面有明显的语法上的错误，句子结构不合理，它就属于外在的错误。

Coder 把错误分为前系统错误、系统性错误和后系统错误。前系统错误出现在学习者不知道目标语存在相关语言规则的情况下出现；系统性错误是在学习者知道了这个语言规则，只不过它是一个错误的语言规则，因而犯错；后系统错误是指“失误”，表明学习者知道规则却由于不熟练或环境的影响而犯错。

中国学者黄晓玉基于对中国学生的写作错误分析，把中国学生写作错误分为三类：词汇、句法和篇章。词汇方面，学生常犯的是意思错误和词性错误。在句法方面，动词的时态、主谓一致性、名词的单复数、冠词和介词的误用以及形容词的比较级和最高级都是学生的薄弱环节。在语篇方面，学生的最大问题是指称和连接词的使用。

语言错误还可以分为行为错误和能力错误，前者是指偶然疏忽而造成的失误，学生能够自行纠正；而后者是指学习者尚未掌握目的语的语言体系而犯的系统性错误。除此之外，还可以分为整体错误和局部错误。整体错误指影响某个句子总体组织结构的错误，影响句子意义的表达。局部错误就其影响来说只是句子中小范围内的成分的错误，如某一冠词的误用。按用途分，还可以分为口语错误和书面错误。由于口语交际自身的特点，即现时性和交际内容、时间、场合、交际对象的不可预测性，口语的出错率更高和复杂；书面错误由于所给予时间的充分，出错类型较能预测。

Dulay，Burt 和 Krashen 对语言学习错误的分类可以说是面面俱到，包含了不同外语学习者的所有错误。他们按照四个衡量标准来分。（1）按语言范畴分：语音、句法、语素、语义等方面的错误；（2）按表层策略：省略、添加、双标、规则化、错位等错误；（3）按比较：发展性、母语干扰性、模棱两可和其他类型的错误；（4）按交际效果：整体和局部错误。

2.8.6.4 错误的意义

那么，学生的语言错误对于外语教学有什么作用呢？Corder 在《学习者所犯错误的意义》中提出三个方面的意义：对教师来说是诊断作用，比如通过对学生的错误进行系统分析，便可发现学习者的目的语学习已达到了哪个阶段，还需要继续学习什么内容；对研究者来说，错误分析提供了学习者如何学习或习得语言的证据，了解在学习过程中所使用的学习策略和步骤；对学习者本人来说则是一种用来检验其对所学语言达到什么程度的标准。正如 Dulay 和 Burt 所说，“不犯错是学不好语言的”。

错误分析理论认为学习者不是一个被动的接受者，而是不断输入、形成假设、试验和细化（refining）的学习个体。因此，错误是学习者主动参与的、具有创造性的整个语言习得过程中的一个重要过程。学习者从意识不到错误到知道错误，意识到错误但不能改正错误，最后到知道错误并且能改正错误这几个连续发展的阶段，逐渐提高其语言水平。

在 20 世纪 80 年代以前，人们过分强调语言表达的准确性，学生的口语表达能力相对薄弱，到了 90 年代以后，人们又过分强调语言的流利性，鼓励学生开口说，对于学生在表达中所犯的各种错误过于宽容，虽然学生的口语能力明显增强，却在学生语言的可持续发展能力上形成阻碍。桂诗春指出：错误分析是教师常用的一种手段，通过对学习者的错误进行分析能使教师发现学习者语言错误的个性和共性。王初明认为：学习者的语言错误是“一扇心灵的窗户”，透过它我们可以窥视学习心理过程的奥秘，了解学习者的学习策略，探索中介语的发展过程和规律。

2.8.6.5 纠错策略

了解了语言错误的性质和原因，教师应该采取怎样的纠错策略呢？对于不同的学习者，要根据他们对于改错的喜好方式、语言水平以及其性格和学习风格等因素来进行纠错。Brown 在阐述“情感与认知反馈”时形象地把错误比作“交通信号灯”。认为“绿灯”是不需要教师纠正的错误；“黄灯”是学习者自己需要进行调整和修正的错误；而“红灯”是需要教师直接纠正的错误。他强调如果进行认知反馈，即直接指出错误，会导致学习者不敢开口、不敢犯错误；而情感反馈，即宽容学生错误，不加指出，又会导致学习者的错误由于没有得到适当的纠正而继续下去。因此，当需要对学生的错误亮“红灯”，进行否定的认知反馈时，应该伴有积极的情感反馈，采取双向反馈，不打断学生，鼓励学生，同时待学生完成目标语任务后，确保学生明确自己的错误。

对于从事外语教学的教师来说，课堂纠错可以算是最常见的教学活动，尤其是口头的纠错，国内学者胡越竹（2009）根据国外的研究把中国外语课堂的纠错策略分为六种：

（1）直接纠错法（explicit correction）：在学生进行语言操练或回答问题时，教师直接打断学生说话，指出其错误并提供正确形式让学生重述。例如，S：“She like play table tennis.” T：“You need to say, She likes to play table tennis, or She likes playing table tennis.” 如果课堂氛围是和谐、积极学习的氛围，教师可采用这种方法；反之，回答问题的学生或许不愿下次开口，或者其他同学不敢主动回答问题。

（2）重述法（recasts）：重述是指教师对学生语言表达中的错误进行含蓄纠正。教师重复学生说过的句子，并在学生犯错的地方放慢语速，强调更换的词，以达到纠错目的。例如，S：I had fun this weekend, on Saturday night, I goes to movies. T：You had fun this weekend, on Saturday night, you “went to” movies. 该方法以学生的语言表达为基础，对部分成分或词语进行修正，并保持原表达的意思不变，对于纠正学生口语中的语法错误比较有效。

（3）要求澄清法（clarification requests）：当学生说话时发音不清或有错误时，教师可以用“sorry”，“pardon me”，“What do you mean by...?”等语句来引导学生重复刚才的话语，使学生意识到自己可能犯错并自行纠正。例如，S：She has rice cream everyday. T：Rice cream? What do you mean by rice cream? S：Oh，sorry. Ice cream.

（4）引导法（elicitation）：教师用声音或手势启发学生思考并自行纠错。例如，T：“Again. It is a…”（放慢语速）“Sorry，what is “that” in English?”再比如，S：I think he is good than his classmates. T：“He is… than his classmates? S：He is better than…”

（5）强调法（repetition）：与重述法使用的手段相似，重复学生的语句，故意重读或升调或拖长语句中错误的地方，但教师不更正，等待学生注意到自己犯错的地方并改正。这种方法常用于学生的自我纠错，教师不直接指出其错误，可以让学生自己思考，同时保住学生的自尊心。例如，T：“He is（重读此处）been to Beijing?”S：“Oh，sorry，he has been to Beijing.

（6）元语言提示（metalinguistic clues）：教师针对学生错误提供相关的语言知识的信息，如提示某个语法规则。例如，S：There is many students playing basketball on the ground. T：Please pay attention to link verb. S：“There are many students，sorry.”

2.8.6.6 纠错的原则

纠错是一门艺术，教师运用得好，就能促进学生的学习积极性，调动学生的主观能动性；反之，则会打击他们使用语言的信心，或者听之任之，导致学生固定的语言错误用法。错误纠正应根据错误的性质、程度、操练的类型及教学目的灵活处理，同时教师应遵循以下原则：

（1）情感原则。在二语习得过程中，学习者的情感因素在很大程度上决定了外语学习的最终水平，新课程标准中也强调了语言学习的兴趣和自信心培养的重要性。因此，当学生出现错误时，教师要耐心指导，采用多种方法，针对不同学习个体，以保护学习积极性、不伤害学生的自尊心为主进行纠错。比如，成绩好的同学，对英语有浓厚兴趣的同学，可以直接纠错。因为他们更需要教师直接的点拨，以取得更大进步。成绩中等和后进的，教师就需要考虑以鼓励为主，使同学大胆开口，促使其获得成就感，纠错可课后单独进行。

（2）启发原则。新课改强调学生自主探究的能力，纠错以启发学生思考、质疑和探究为原则，就能调动学生的主动性，最终培养学生的自主学习能力。这一点能够在书面纠错，即写作方面可以充分体现。口头纠错有现时性特点，教师可以首先启发学生，如果学生未能答出，教师也不能浪费课堂有限时间，要做及时反馈。

（3）效率原则。教师如果在课堂上频繁纠错会引起学生的反感，使学生产生挫败感，浪费课堂时间，因此要讲究效率。教师纠错应采取灵活多样的纠错技巧，充分发挥学生的主观能动性，对于常规或学生经常犯的错误，多用启发和协商形式，让学生自己意识到并自行更正，提高纠错效率。

（4）差异原则。人们在外语学习中常常遵循语音—词汇—语法的顺序学习外语。通常，学生最先犯的错误是单个词的语音错误，然后在更复杂的交际中出现词汇和语法错误。针对不同的错误，纠错的方式应不同。对于语音错误，教师需要当场更正，以免将来形成错误发音，但也要以不打断说话者为前提。词汇和语法错误可根据其对意义表达影响的大小选择及时或延后更正，不是每错必纠，否则会打击学习者积极性或影响课堂教学时间。在外语教学中，教师还应把握学习者外语习得的先后顺序，按照学生的认识规律，了解学生在每个阶段易犯的错误，对每个阶段采取不同的方式纠错。

充分了解外语学习者的语言学习规律是当好一个外语教师的前提，关于语言学习错误和纠错策略是外语学习规律中的一个重要部分。对于语言学习过程中的错误，只有掌握学习者差异、学习过程、学习难点，才能适时引导，甚至把学生的错误当成学习资源，发挥学生的主体作用，指导学生在更正错误中不断进步。总而言之，新课改理念下的纠错是人本化的、多样的和灵活的纠错，是学生取得语言学习进步的基石。

2.9 师生互动

2.9.1 师生互动的十种形式

历史上外语教学尽管有众多流派，但到今天为止，通用的方法是交际教学法，课改提出的任务型教学法其实也是交际教学法的一个分支流派。在交际教学法中，师生互动是教学的关键，因为交际能力的提高和语言的综合应用能力需要通过课堂上大量的师生互动来完成。换言之，师生互动也就是我们常说的交际活动。根据其功能和目的的不同，可以分为两大类：功能型交际活动和社会互动型交际活动。功能型交际活动是为了完成特定的交际功能，并在特定的语境中使用语言。比如初中英语教材中的问路、写信等。社会互动型交际活动，主要是普通的交流，包括教师与学生之间的对答、教学活动中学生的语言练习等等。

根据交际活动的形式，又可以分为十类互动行为。基本上以三个维度进行：第一个维度是教师对学生；第二个维度是学生对学生；第三个维度是学生对教师。根据此三个维度，还可以细分为十种互动模式。

第一类是教师对全体学生（teacher to students），即教师对全体学生提问和对答。此类交际活动是最为常见的互动模式，因为它比较能迅速调动气氛和使最多的学生参与到教师的教学活动中。但它的弊病是难以检测单个学生的学习情况，便于部分学生滥竽充数，没有真正参与到学习中。

第二类是教师对单个学生（teacher to a student），即教师对单个学生的问答。此类交际活动能充分检验学生的学习程度，并通过个性化评价调动个体的学习积极性。但其弊端是无法保证每个学生能得到机会与教师对话。所以第一类和第二类作为互补是大班教学采用最多的两种互动方式。

第三类是教师对小组多个学生（teacher to a group of students）。这种形式的交际活动主要发生在课堂上教师对不同小组的交流，或课后教师与小组集体交流。比如，写作教学可以实行面批，即教师对一个小组进行当面评价和询问，有利于在节省时间的基础上实施个性化教学。比一对一更加经济省时。

第四类是结对互动（a student to a student—pairwork），在外语教学中，语言的交际训练大部分是靠同学之间的相互练习达到的。所以也是教学活动中常用的练习模式。通常结对活动的交际训练是功能型的交际互动，练习所学习的句型和在模拟情境中对话。

第五类是小组活动（students to students），即小组活动中学生之间的相互对话讨论，也是新课改提倡的外语教学中常用的合作学习的互动模式。它的优点是比起结对活动，扩大了学生交流的面，可以取长补短，互通有无。弊端是难以分组，组长需要有组织能力、带动能力和平等民主思想。但在今天许多学校和班级里，小组活动学习缺乏良好的组织和培训，随机分组，就算分好组了，组长没有领导意识，就不能起到良好作用。

第六类是单个学生对多个学生（a student to students），即一个学生对大班学生或一个学生对小组学生。这类互动在外语课堂上较为常见的是学生汇报，尤其是小组合作学习中最为常用。这种互动方式有利于学生面对更大群体锻炼语言表达能力，培养综合素质。弊端就是学生在有限课堂时间内相应的机会有限。

第七类是小组多个学生对全班学生（a group of students to students），即多个学生，尤其以小组为单位，对全班进行角色扮演或是集体汇报等。这种互动模式主要是检验小组活动的效果。能培养学生的合作竞争意识，但比较花时间，需要教师有较强的能力掌控课堂。

第八类是全班学生对单个学生（students to a student），即单个学生展示之后，全班学生对单个学生进行提问，这样的方式有利于培养不发言学生对发言学生的关注，以及做好听众的习惯。另外也是提高学生的提问能力的互动方式。

第九类是单个学生对教师（a student to the teacher），即单个学生向教师提问，这与教师对单个学生不同，因为发起者是学生。学生主动与教师交流，体现了“以学生为中心”的教学理念。

第十类是多个学生对教师（students to a teacher），即小组对教师展开提问或汇报，这与教师对多个学生不同，是学生自己发起互动，以小组的模式与教师交流。

2.9.2 师生互动实施中的问题

中学英语教学中存在五个问题：

第一，互动形式单一。因为教学内容多，教材活动编写多，课时又紧，尤其是应试的压力，导致教师为了节约时间，互动的方式大多数以教师对全班学生，有时候提问以单个学生的模式，偶尔也会有两两对话练习。但一旦教学内容多而较难完成时，教师就会以传统灌输式地进行教学。这个现象在农村英语课堂中尤为常见。

第二，教师的互动技能有待提高。互动除了以上十种模式，更多的是靠教师的生动而又简洁清晰的语言，尤其加上一定的肢体语言来带动学生参与教学活动。但许多教师更多关注教学内容的讲授，忽视学生的情感兴趣以及自己作为课堂气氛形成的缔造者，没有对自己的语言进行打造和修炼，久而久之，语言贫乏，内容枯燥，即使教师设计多种互动，也很难有较好的互动效果。

第三，教师缺乏互动的有效管理。师生互动时，应考虑“最大参与原则”，即使最大多数的学生参与到活动中。但是因为是大班教学，也很难照顾到全体，那就意味着少数人有机会可以与教师互动时，教师应尽量考虑全体，设计良好的评价活动，让其他同学对参与回答和活动的同学给予及时的评价，使每个学生都觉得自己是活动中的一员，即使不是参与者，也担负着评价的任务和责任。即使不是以评价的方式使更多同学参与，也可以组织小组间的竞争活动，让每个同学为了小组荣誉去争取参与，有时给予建议和支持，这样就能带动全班的参与面，还可以活跃气氛。

第四，教师缺乏激励性的个性评价。走入中学英语课堂，经常能听到的教师的评价语言主要是 Good！Great！Come on！Well done. Take it easy. Have a try，please. You are very clever. 这些评价语言比较普通而针对性不强。好的激励性评价应该具有五个原则：以学生为主体的原则，并且指向学生发展；鼓励原则，不管学生回答得如何，一定不能伤害学生的自尊，以鼓励为主，并指出问题和方向；进步原则，教师应关注到学生的过去和现在，评价针对个体是否有进步或应如何才能取得进步；指导原则，学生虽然会喜欢得到鼓励的评价，但也想知道自己怎样做才会更好，正确的方法是什么，所以教师的评价要带有指导性，才能对学生有益；综合原则，即评价时不仅有语言，还可以伴有表情、肢体语言甚至一定的记录，才可能生动。记录是形成性评价的必要手段。综合性的评价直接指向学生的进步与发展，更加生动、具体和系统。

激励性的评价分为四种。欣赏性的评价语言，如：Your question reminded us. We should not limited to the textbook. Thanks for your explanations. It saves me much time. 描述性评价语言，如：Your exercise is almost right. Moreover it takes a little time. Your role - play attracted me so much. 诊断性评价语言，如：You are perfect if you pay more attention to your pronunciation. Your speech is very good. But can you speak a little slowly? 暗示性激励评价语言，如：Are you willing to come to the blackboard and make a self - introduction? I hope that I have imagination like you! 教师在互动中激励性评价语言的应用是提高课堂参与面和活跃课堂气氛的催化剂。

第五，互动缺乏目标的指向性。新课改以来，强调“以学生为中心”，为了使课堂看上去活跃热闹，教师会设计一些有趣的互动活动，表面看是很热闹，但这些活动未必是针对本堂课的学习目标。比如练习听说，加上了小组写的活动，虽然语言教学提倡整体教学观，即听、说、读、写可以综合训练，但不是每节课都要面面俱到，这样就无法实现一节课的教学目标。再比如，阅读课让学生做很多语法练习，并让学生讲解，表面上是以学生为中心，让学生自己发现问题和讲解问题，但这样做，使得课堂教学目标很散，是学习阅读技巧、突出阅读过程的训练，还是语法探究学习？其实最终一个教学目标都未能完全实现。更有的课堂，满节课都在问学生问题，学生倒是活跃，全班几乎都举手，结对子活动也是热闹非凡，但学生这节课到底要学会什么，互动指向新课的内容有多少，似乎学生在复习前面课文所学。学生本堂课的独立学习，通过练习，一步步掌握的过程很难看到。因此，评价一堂课的互动是否有效，还要针对教材、课型和学生实际情况来看互动是否指向课堂应该达到的目标。并且，每一个互动的环节是下一个互动环节的基础和提升。只有层层深入和练习，学生才能掌握本节课的学习内容。

总之，师生互动作为课堂教学的灵魂，是良好课堂气氛形成的关键。教师不仅应掌握不同类型的互动模式，还应该不断提升自己语言的魅力，关注每个学生，提供个性化的激励性语言，促进学生学习的兴趣和能力。

另外，从学员每次的需求调查中，都提出了他们最难解决的问题：大班教学如何引起互动，提升学生的学习兴趣？其实解决这个问题要从两方面入手，一是提高互动技能；二是了解学生差异，实行差异教学，因材施教。

互动技能的实施有十项：（1）表达热情，教师的热情主要表现在教师饱满的情绪、热爱专业的态度、扎实的专业素质等方面。让学生受到感染而带着轻松、愉悦的心情学习。(2) 表达关怀，教师在教室的走动以贴近学生、善意关心的交流、引用学生的回答、微笑的表情、让学生坐着回答等都可以表达对学生的关怀。让学生更主动投入到学习中。(3) 激励学生。针对个体的称赞、针对群体的称赞、鼓励学生参与教学活动、反馈学习成效等，只要学生参与都能获得不同程度的赞赏，能有效带动学生的参与性。(4) 寻求共鸣。寻求与学生同样的观点，用肢体语言、表情表现出共鸣。(5) 监控管理。眼神交流以监控学生的学习反应，回应学生的疑问眼神和异议表情，总是尊重学生以获得同样的尊重和支持。(6) 提问对话。对话式提问、简单问题寻求支持、角色扮演式提问、连环追问表征内在联系、澄清问题引出答案、用问句形式引导小结、询问其他同学对某答案的评价、暗含答案的引导式追问、用设问句陈述事实、用等待为学生提供思考时间、假设同学的疑问、多种点名方式回答问题。(7) 组织活动。丰富的课堂活动形式也是引起有效互动的方法。以上的十种互动形式都可以应用在教学中，使一堂课的学习形式多样化，提升学生的兴趣。(8) 反馈点评。首先教师应熟练应用四种反馈方式：单向反馈，只针对全班或个体回答，教师做出回应；双向反馈，使个体获取教师和同学的支持和反馈（比如教师针对个体回答问全班“Do you agree?”）；多向反馈，获得更多同学的关注和思考，引起更大范围互动（比如在“Do you agree?”的基础上，引发更多不同的回答）；生成性反馈，教师利用同学的回答和问题，引出更多问题，让学生更深入地思考。(9) 幽默技巧。幽默的表情、正话反说、答非所问、生动语言讽刺社会现象、现代语中夹杂古语、古语中夹杂现代语等，幽默无处不在，只要教师注意学习轻松、生动的表达方式，就能练就幽默语言。(10) 批判性思考问答。鼓励学生提出异议、发现错误、总是质疑社会现象真伪、在文本学习中挖掘作者言外之意，对个性化、创新的回答予以肯定，课堂结尾总是留白让学生产生疑问和学习的热情。

2.10 情境创设

2.10.1 情境创设的类型

情境创设是指在教学过程中，教师创造一定生活背景或是故事背景，引发学生一定的情绪和情感，体验和提升积极情感的教学。外语教学中的情境创设源自于20世纪70年代的情境教学，在外语教学法流派中，暗示法、交际法就是运用了情境教学的原理。

情境创设能引起学生的求知欲、学习兴趣，使学生能在乐中学。从心理学研究的角度来说，情境创设使学生有了快乐、积极的情感体验，会促进认知的效率和深度。从认知的角度来说，人脑分为左右半脑，左半脑控制逻辑思维、理性分析和语言表达，右半脑控制人的想象力、情感体验、创造力等。如果在语言学习中能唤起学生的左右半脑同时发挥功能，就会大大提高学生的学习动机和效果。

情境创设的理论来源于情境认知理论，它诞生于20世纪80年代。Brown等（1989）认为，知识是具有情境性的，它是活动、背景和文化产品的一部分。知识的内化与情境紧密相关，所学知识在情境中得以运用和发展。情境学习观点重视知识的情境性，重视以学习者为中心，使学习者在情境中成为知识意义建构的贡献者。情境认知理论已经成为一种能提供有意义学习和促进知识向真实的生活情境转化的学习理论。因此，需要教学设计者在教学中开发、设计综合的教学情境，如设计适当的情境，以利于学生在背景或模拟背景中通过活动进行知识的意义建构（石文红，2014）。

外语教学的情境教学有十种类型：

第一种是故事情境。教师通过讲故事把学习内容渗透在教学中，使学生对所学内容印象深刻，还能创设说英语、用英语的气氛。比如讲解比较级、最高级的用法，教师可以用《伊索寓言》中狮子与老鼠的故事，或是用学生以及教师自己的故事来呈现比较级和最高级的语法结构。故事情境教学要求教师本身要具有表演力，能夸张或生动地呈现故事内容，同时借用肢体语言、图画、简笔画或其他多媒体手段等。

第二种是问题情境。在外语教学中，进行可以是关于文本阅读，也可以是语法项目的学习，还可以是对学习中的任何问题进行讨论（比如语音、词汇、听说或写作等）。问题情境的创设可以引导学生积极思考，培养学生的学习主动性。布鲁纳认为，学习者在一定的问题情境中，经历对学习材料的亲身体验和发展过程，才是学习者最有价值的东西。教师在创设问题情境时，要首先提出一定的问题，并且激发学生的思维动机，并结合学生的知识能力水平给予适当的帮助和引导。外语教学中的语法教学一直以来是难点和热点，设计问题情境的语法教学其实是归纳式的语法教学，苏联教育家赞可夫说过："凡不是发自内心求知欲和兴趣学来的东西，是很容易忘掉的。"所以要解决语法教学的瓶颈，激发学生探索语言现象、归纳语法规则，设计问题情境是一种非常好的方法。

第三种是生活情境。生活化情境教学强调教学与学生实际生活相连，激发学生学习的兴趣，只要教师能有效地感染学生，学生就能主动地应用到语到实际生活中。比如，当课文讲到体育运动时，就可以谈论学校的运动会，班上同学所参加的运动项目，这样就可以把英语应用到实际生活中，自然而然形成良好的课堂气氛。新课改强调体验学习，教学应该结合学生已知的知识和生活经验，创设生活情境其实对于教师来说最容易，也最能引起好的教学效果。

第四种是角色扮演情境。角色扮演指的是针对课文学习，教师或学生扮演生活中的角色，达到了学习语言的目的，又能增加课堂的趣味性。新课改提出三维目标，重视过程与方法目标，强调关注学生的学习过程，而学生的学习过程分为学习前活动、学习中活动和学习后活动。学习前活动就可以分配学生角色扮演来导入课文学习。学习后活动的角色扮演则是语言的产出活动。教师也可以担任一个角色来扮演，但是对教师的要求较高。如果教师的表演不能调动学生的参与，则为无效的教学活动，所以只有精心设计，才能使角色扮演达到其应有的效果。

第五种是激励情境。激励情境的外语教学要求教师本身具有积极上进的心态。与学生共同学习和进步，并且善于发现学生的闪光点，带动和激励学生一起上进。比如，课堂上教师与学生练习说一些较难的语音连缀现象。“师不必强于弟子”，有时候教师的示弱，还能激励学生努力学习，或者教师对本学科的热爱，表现在课堂上就是激励情境。

第六种是幽默情境。教师的幽默感可以调节课堂气氛，几乎所有学生喜欢有幽默感的教师。所以教师可以在平时多收集幽默笑话，尤其跟学习有关的幽默笑话用途更好。比如在英语教学中，当谈论到文化差异时，就可以讲一些幽默笑话，或课堂导入或教授单词时，利用图片或教师的肢体语言，创设幽默情境，学生在快乐中学习，会更加记住所学内容。

第七种是民主情境。教师在教学中需要学生积极主动的参与，发表观点，打开思维，形成探究性的课堂教学。为此，教师应创设一种“百家争鸣”的情境，通过鼓励和表扬所有带有自己观点的同学，会极大地带动更多的同学沉浸在这种民主氛围中，促进课堂学习效果。教师不是把自己当成权威，而是同学中的一份子，这样的民主情境会使学生的主体性得到发挥，有利于培养学习自主性。

第八种是激情情境。外语学习涉及大量枯燥的练习，激情是外语学习的开门石。要创设激情情境，使同学们产生说外语、用外语的激情，教师本身要有这种激情，学生才会被吸引，才会有极大的热情投入到学习中。

第九种是暗示情境。暗示情境是一种隐性的情境，教师没有特意创设任何情境，但却能通过言传身教，比如教师使用课堂英语，并且语言生动，伴有表情和肢体语言的应用，能起到暗示学生专心听讲和由听而产生说的意愿的作用。

第十种是阅读情境。这类情境是在课堂设计中安排阅读环节，尤其是课文阅读，让学生跟着教师每天都有阅读的内容，形成一种能刺激和调动学生阅读欲望的情境。

这种方法要求教师本身热爱阅读，传授阅读技巧，规划每天的阅读量，并留出课内或课外时间创设阅读的情境。中学生很容易受到同伴的影响，能够投入到阅读中。

2. 10. 2 中学英语教学中情境应用现状

中学英语教学中的情境创设有五大问题：

（1）情境创设意识缺失。教师教到一定阶段，就会失去教学的热情，再加上学校氛围的影响，教师备课简单，按照某种固定的模式上课。为了应试，传统地讲解语法知识点的翻译教学法比较突出和常见。甚至听说练习还不充分，就已经开始讲解语法和做题。教学中的情境创设成为空白，课堂里只是枯燥地读单词、课文，讲语法、学习语法。

（2）情境创设方法贫乏。很多教师都会经历各种级别的教学比赛，教学比赛中优秀选手会设计有趣的情境，教师们互相学习后，也会应用到自己的教学中。但是由于模仿、照搬，或者平时正常上课中，很少研究情境创设的方法，因此所创设的情境较为贫乏，缺少新意和丰富性。

（3）情境创设技能欠缺。教师培训中懂得了情境创设的重要性后，开始尝试创设情境，有时候会有非常好的情境设计，可是由于教师本身缺乏基本的教师技能，所以没有达到预期的效果。这也是教师培训学习中要练习提高的基本技能。

（4）情境创设与课堂目标分离。教师为了达到活跃课堂气氛的效果，往往单纯注意到活动本身的有趣性，却未关注活动可能花费的时间和与目标的关联度。比如，在一堂听说课中，为了复习过去所学单词，教师让全班各组到黑板上写有关职业的单词，然后看哪个组写出的单词最多，利用学生所写的单词来作为教学资源，复习和扩展词汇，但实际的效果是学生秩序很混乱地完成了这个步骤，占用了六七分钟课堂时间。同学们写完之后，教师又带读所有单词，这个步骤化了三四分钟。在完成之后，教师让学生做听力练习，以上 10 分钟的活动并未针对听力中的生词，所以不仅耗时还未达到听前的有效准备。

（5）情境与课堂活动之间缺少衔接。教师在设计情境的时候，虽然考虑到教学活动的课堂目标针对性，但创设情境的前一个活动与后一个教学活动不关联。比如，在七年级下册 Unit 7 的教学中，教师为了呈现 2b 部分的阅读课文，导入活动是用电脑上自己的一封邮件，内容是教师自己被邀请到海南，这课文中两封信的内容极为相似，都是说明要去的地方、天气如何、自己在做什么。本来这个活动有趣味性，但教师呈现和解释之后，也没有上下衔接就进入到学习单词的环节，给人看了之后，本来是觉得好奇，但接下来的步骤却让人不得要领。这表明教师只是为了完成导入活动，而未思考导入活动目的，尤其是导入与其他教学活动的关联。

那么情境创设在哪些教学环节应用呢？在外语教学中，比如3P教学过程，可以在复习环节、导入环节、呈现环节、练习环节以及产出环节中应用。如果是任务型教学，那么任务前活动、任务中活动和任务后活动都可以创设情境，使情境和任务形成一个逻辑关联的链条，即情境链、任务链，以使语言能够在模拟的环境中得到学习和应用，增强学生的学习动机和学习效率。

根据以上所分析的问题，情境创设要起到很好的教学效果，应该在教师培训中培养意识、训练能力和实践应用，逐步提高情境设计和实施的教学技能。

2.11 课堂文化

2.11.1 课堂文化的理解

课堂文化是指教师与学生在课堂教学过程中创造的课堂风气、课堂规则、心理环境、价值观念、思维方式与行为方式的总和。良好的课堂文化是在科学的教育、教学观下，教师与学生共同营造出的民主、开放、合作、探究的学习氛围。在此氛围中，学生具有良好的积极学习情感、思维品质和行为习惯。

以上对课堂文化的定义可以浓缩为四个核心元素：课堂习俗、学习氛围、民主气息和师生信念。(1) 课堂习俗是教师和学生共同建立的学习常规，比如课前的预习和检查、上课时的一些纪律和常规活动，比如听写、作业的布置、收集、检查，学生能共同遵守，并习惯于这些活动。整个课堂能流畅进行。教师和学生的互相理解和尊重都较为明显，这样的课堂习俗是构成良好课堂文化的前提。(2) 学习氛围是学生学习的状态，大多数学生是否愿意学习，主动配合和提问，师生有一个共同要达到的目标。班级中同学是否有集体荣誉感，除了个体学生有明确的个人应达到的目标，班级也有集体的方向。这样的学习氛围是构成课堂文化的核心。(3) 民主气息的营造主要是看教师的民主观念和行为，比如教师是否能以学生为中心，在学习过程中能关注学生的思想、个性特点，启发学生思考，并能充分体现学生价值，学生找到自我的价值和体验到进步，一种民主的氛围就能逐步形成。具体的做法是教师对学生不同答案的尊重、理解，对某一种班级现象、社会现象的讨论、分析，多给学生思考发言的机会，多提问一些发散性的问题，学生在思考中获得快乐，在思考和发言中找到自我，在教师的引导中寻求到自我发展的路径，民主气息一旦形成，能促进学生的学习责任感，发展学生的自主学习能力。(4) 师生信念是指教师和学生对学科学习所持有的共同的思想、应该有的学习方法和学科思维。要做到这一点，教师本身应具有对本学科的热爱，对于本学科的原理、前沿和实践应用都有一定的了解，所以课堂教学中不仅仅只是教学科知识，更是教学生体验学科的本质、用途和思维，只有让学生体验了这些，才能使学生产生学习的动机和兴趣。而这些如果成为师生共同信守的信念，一种和谐的课堂文化才能形成。

良好的课堂文化是有效课堂教学的土壤，是教学活动得以顺利开展的基础，也是课堂活力的源泉。它包含教学文化、教室文化、班级文化、纪律文化、人际关系，这个文化系统犹如一个生态系统，每个元素都在系统中发挥作用，共同构成课堂文化。班级文化和纪律文化共同形成良好的师生、学生之间的人际关系，教室文化是辅助班级文化的物质手段。形成良好的班风能让学生自觉遵守课堂规则，为教学的顺利展开奠定了坚实的基础，同时要维持良好的班风或者班级文化、纪律文化和人际关系，教学文化是这个课堂文化生态群的核心。

教学文化中包含了教师的教育、教学理念和手段，以及学科教学的原理、方法和技巧。因此课堂文化的缔造者是教师。教师在不知不觉中进行文化建构过程中，宏观理念应该是“以学生发展为中心”，并在教学中尊重每个学生，不歧视差生或学困生，尊重学生的观点，实现学生利益的最大化。教师中观层面的本学科的教学理念和方法，若是以知识为中心，则是记忆性课堂（以学习、模仿、复制和记忆为主）、接受性课堂（以听讲、回答问题和按要求做完作业的被动学习为主）和包办式课堂（以教师讲解、安排为主）；如果以学生能力发展为中心，则是思维课堂（发散、建构为主）、发现课堂（以感悟、体验和经历为主）和独立学习课堂（以自主、合作学习为主）。教师微观层面的文化建构则是教师本人的信念、经历、语言能力、人格魅力等自身的影响力。教师的这些隐形因素构成了课堂文化的最内部核心，使学生或者喜欢本学科和这个教师，或者厌恶本学科，也不喜欢这个教师。换言之，教师缔造的课堂文化最理想的结果是：学生喜欢本学科，喜欢这个教师，更喜欢这个教师的为人。

总之，当我们观察一堂课的课堂文化时，可以看学生是否有好的习惯，如事先预习、专心听课、记笔记、积极思考和回答问题。这说明教师重视养成教育，帮助学生形成良好的态度和习惯。其次我们可以看教师的课堂是否是思维课堂，即培养学生的思维能力，尊重个体学生的观点，学生也表现为大胆、开放、积极发言。最后还要看结对活动或小组活动中同学之间的对话，以及教师对学生的评价，这主要是看班级人际关系，教师对学生的关注了解度和鼓励程度等。良好的学习习惯 + 民主课堂 + 人际和谐就会是理想的课堂文化，是教学取得成功的基石。

2.11.2 中学英语教学中的课堂文化问题

中学英语教学中，良好课堂文化的建构有几个方面的问题：

第一，忽视学习习惯养成的教育。学习习惯指的是独立预习、听课、思考、问问题、记笔记，以及学习本学科应有的学习方法等。学习习惯不是一朝一夕就能培养出来的，还跟学生的长远理想、价值观相联系。没有学习动机的孩子是很难有积极态度自觉形成良好的学习习惯的。所以在培养学习习惯的过程中，既需要教师在平时的课堂上耐心指导和监督，更需要教师掌握每一个孩子的情况，对其进行积极人生观教育，并不断发现其闪光点，鼓励其积极学习和进步。从学习动机、兴趣上努力培养，再从方法上形成习惯，良好学习习惯的养成是课堂文化建设的第一步。

第二，班级和纪律文化的建设。如果没有一定的措施和办法，孩子没有奖惩措施的监督，也很难用说服教育来让学生自觉遵守纪律的。所以班级要成为一个整体，要使成员感觉到是其中一个成员，大家共同遵守纪律，履行义务。教师要相信，教师一个人的力量是无法影响一个整体的，但一个整体的理想，同伴的力量会带动个体进步。所以即使任课教师不是班主任，也应该与班主任达到一致，与其他学科的教师共同建设班级文化和纪律文化。这些规则一旦形成，一节课的课堂文化就会体现较好的班风，促进教学成功地开展。但许多教师认为自己作为任课教师是不管什么纪律和班风的，没有与班主任和其他学科教师形成合力。而这一点又恰恰是课堂文化的重要基础。

第三，教师的教育观念陈旧，缺乏民主的教育思想。传统的教育都是“以教师为中心”，教师安排所有的教学活动，预设和引导学生回答出统一的答案，课堂中缺乏学生的独立思考和独立表达，在教育学生过程中，缺乏尊重学生，以学生发展为教育重心的教育理念，由于应试教育的影响，教学中包办太多，未给予学生民主、开放的空间，就很难培养学生的学习主动性和独立性。因此，教师应思考每堂课给予学生多少自主时间，多少空间思考，才能建立良好的思维探索课堂，教师感受到的是学习的课堂，是一种有积极学习情志的课堂，也是教师感到最愉悦、最能教学相长的课堂。

第四，教师对本学科教学原理和教学方法认识没有跟上时代。知识在不断地进步，教师守住原来所学，而学生却跟着时代在改变，学科本质的探索的进步，就是为处于这个时代的学生准备将来，但是教师却没有跟上学科进步的脚步，更没有使用时代要求的新的教学方法，所以传统的“以教师为中心”的教学方法，必然是与这个时代不相配的。新理念和方法更注重学生的学习过程，注重思维发展和学习能力培养，为学生将来应对学习型社会做准备。这些新理念和方法也是新课程改革提出的理念和方法，如果能得到有效实施，民主、好学的课堂文化就能得到建立。

第五，教师对学生发展欠缺应有的心理学和教育学常识。教师过去也曾学过基本的教育学、心理学常识，但是比较浅显，也没有针对学生案例来学习，尤其心理学、教育学知识也在不断进步，孩子早熟的情况也较为普遍，教师如果不在个人知识发展上多扩展和钻研心理学、教育学知识，会在管理学生方面出现很多难题。农村教师的情况最为突出，留守儿童是中国城市化发展的新现象，如何理解留守儿童，并帮助他们建立自信，形成良好的学习动机和兴趣是农村教师要思考和实践的重要问题。

以上五个方面都涉及了教师专业发展的内容，对于建设良好的课堂文化，跟教师知识观念更新有着极大的关系，只有重视教师学习，形成教师专业发展的群体氛围，良好的课堂文化会伴随着教师教育、教学理念和方法的提升而得到改善。

3. 问题的解决

3.1 教师话语

教师话语是指教师的课堂话语，因为话语的互动性特征，教师话语的记录和研究包含了教师的独白和师生的对话。研究教师话语是培养教师技能非常有效的方法。培训中采用微格教学把学员的简短教学片段录像之后，让学员自己转录自己课堂上的所有话语和与学生的对话，然后在转录的文字中看教师话语的问题。通常教师自己会发现自身的很多问题，比如，语音、语调和流利度问题，语言错误问题，肢体语言问题，启发诱导的方式等问题，比培训者或其他同行告知学员本人更直接和有效。因此，微格教学自我研究教师话语是一种值得提倡的培训手段。

微格教学起源于美国 20 世纪 60 年代斯坦福大学，80 年代传入中国。微格教学就是以少数学生为对象（学生扮演），只上一节课的一部分，通过学生自己和监督者记录和反复观看，客观评价教学中的问题。经过反馈和改进之后，学生再次模拟上课。微格教学的“微”代表微型小巧，“格”代表教学技能的规范化、具体化。

在课堂话语技能的学习过程中，培训者和学员都认为微格教学很有效。以下是培训中培训者收集的例子。

教师一：Just now, we have reviewed some of the…the words about subjects. For example, er…Chinese, math, and now…er… I want to know…what do you think of these subjects…er…for example…（语言连贯性太差，有时一个句子要中断或重复多次）

自我反思：没有用英语思考的习惯，每说一个句子都要思考用哪个词或句子比较好，思路断断续续；口语中语法正确性问题；评价语单一，没有激情；急需提升英语专业素质和表达能力。(流利性问题)

教师二：…OK, who can? Come on! Don't be shy, just try.（说这句话时，我没有用鼓励的眼神看着学生，还没说完便直接转身去写板书，这一点可以改进）…Come here and write down the dates or the activities.（说这句话时我也没有面对学生，可以用鼓励手段鼓励学生积极上台）

自我反思：课堂话语贫乏（多次重复OK, who can? 评价语太少）。今后的教学中，丰富自己的课堂话语成了首要任务，在教学中我应该多用一些话语鼓励学生；语速太快，这可能跟自己的性格有关，面对初中生，我应该适当调整自己的节奏，兼顾全体学生。自己的体态语也不太合理，与学生的眼神交流较少，对学生的关注度也不够，互动设计不自然。(肢体语言问题)

教师三：T:…but we have no ping - pong ball, so li hong, do you have a ping - pong ball? Do you have a basket - ball? Do you have a baseball? Do you have a soccer ball? (先点名，后提问，对一个同学重复问太多问题)

自我反思：教学中很多地方都是先点名，再问问题，使许多同学失去了参与教学的机会；教态不自然，情绪低落，表情不丰富，肢体语言过少；教学环节之间的衔接用语过少；提问的评价方式很单一。(提问技巧问题)

教师四：T: OK, class begins. Good afternoon, everyone. Are you happy today?

Ss: Yes.

T: OK. I'm happy, too. OK.

(没有衔接语，就开始进入了下面的教学环节)

T: What's this? OK, 好, in Unit 5 we have learned the word "have". Now let's make conversations use the word "have".（教师呈现图片）

T: Do you have apples?

Ss: Yes, I have. / No, I don't.

(没有衔接语，就进入另一个环节)

T: OK, 好。In this Unit we have talked about "likes and dislikes". Now let's make some conversations, use these food in pairs, OK? Two minutes, begin!

（学生两两练习）

T：OK，好！You two…Very good，thank you…

（仍然没有衔接语，就进入听力环节）

T：OK，now we' ll do some listening. OK，1b，please listen carefully，please be ready.

自我反思：口头禅 OK 用得太多；教学环节没有用语言来衔接，语言比较零碎。（衔接语问题）

教师五：T：Oh，I always forgot，forget my things. I don' t I can' t find them.（语法错误，语言不流利）…

T：Could you please him，OK?（应该说 Could you help him，please?）

T：What is the third thing he is find? He is finding.（语法错误，应该说 What is the third thing he finds.）

T：OK，and er…how about number five? Anybody know?（应该说 anybody knows?）

自我反思：短短 5 分钟内说了 11 次"OK"，而且"oh/er"也说了好几次，有几处还出现语法错误，重复的话语也有点多，整个课堂组织的话语不是很流畅，这是今后必须加强的。（语法错误性问题）

教师六：T：Hi，everybody，it' s a nice day，isn' t it? Now，last class I study new class and words about clothes. After the class，what do mean? Let' s look at the blackboard，what' s this?（过于紧张，句子词与词之间停顿语气词较多，两个至三个词，不能连成一句完整句子）

T：Very good. 好！Do you want to know its price? Now I am a shop keeper. I want to show you these clothes prices. Here is a big sale and the price is very cheap. Now，let' s look at the price. And the sweater is only about 21 yuan.（中间出现中文"好"这个语气词，不应该在英文内容中出现。罗列商品作介绍时应该说完再写价格，注意停顿，确认学生是否听清再写）

T：×××，please stand here. Look at the boy. He is a handsome boy. If he wears the clothes，do you think he is a handsome boy，maybe you should try to buy these clothes from me? OK，can I help you? What do you need? Yeah，you want to know these prices?（教师可面带表情，演示性应强一些，注意启发性）

T：It' about 15 yuan. If you take these pants，you can go to the movies with your girl friend? Please take it, money. Thank you. Bye - bye.（没处理好付钱环节，应该先假设好，并安排好场景，会更真实）

自我反思：应加强口语的流利度，课前对情境创设多考虑细节，提高课堂表现力以提高课堂教学效果。(语言表现力问题)

经过几轮课堂话语的微格教学，学员提高了对课堂话语功能、重要性的认识，更加精心备课和练习自己的课堂口语。

在训练教师话语技能时，可以使用以下观测量表，学员自评或互评可以以此为标准。

表 7 - 1　量表一：课堂交往技能

观察要素	等级量化				
	优	良	中	差	结论与建议
教态仪表					
眼神交流					
面部表情					
肢体语言					
教室走动					
课堂控制					
语言表达					
互动技能					
简笔画或多媒体应用					

表 7 - 2　量表二：英语语言素质

观察要素	评价等级				
	优	良	中	差	结论与建议
语　音					
语　调					
节　奏					
语流语感					
感染力					

表 7－3　量表三：课堂话语

A. 话语特征

观察要素	评价等级				
	优	良	中	差	结论与建议
规范性					
引导性					
互动性					
逻辑性					
生动性					

B. 话语量

话语量	恰当性描述
中英文比例	
师生话语量比例	

3.2 教师提问

教师提问应该合理有效，能辅助课堂教学和促进学生的深度学习。教师提问必须具有以下几个原则：

（1）问题的适切性原则。教师的问题设计必须符合学生的思维、情感和语言水平，只有这样，才能给学生安全的语言环境，让学生畅所欲言，促进学生的学习。同时提问具有若干功能，比如引导学生思考、激发学生学习兴趣、培养学生的思维能力，如果问题偏难或偏易，都会导致提问的低效。

（2）提问的全面性原则。教师在课堂中容易被单一类学生牵着鼻子走——积极学生、中等生或后进生。提问应照顾到大多数，让每个学生都能参与，因此问题设计应该多样化、序列化，提问的方式也应该是集体、单个交叉，让全体学生一步步掌握学习内容，也让后进生、中等生、优等生有机会表达和展示。

（3）问题的发散性原则。问题设计应该考虑发挥学生的主动性、个体性，让学生不仅能重复和回答课文的问题，还能思考和应用在实际生活中。尤其是学生个体的思考能被教师肯定，可以极大地促进学生的学习兴趣、自主性。

有效提问的 15 要（Orstein，1995：178－179）：

(1) 提问刺激性问题;
(2) 提问适合学生能力的问题;
(3) 提问与学生有关的问题;
(4) 提问序列行问题;
(5) 注意问题长度和难度的变化;
(6) 提问的语言要清楚、简单;
(7) 鼓励学生之间进行问答;
(8) 给学生留足够的准备时间;
(9) 追问不准确的答案;
(10) 追问正确的答案;
(11) 既提问主动的学生也提问不主动的学生;
(12) 提问不守纪律的学生;
(13) 提问前准备 5 ~6 个关键性问题;
(14) 将课堂教学的目的和总结以问题的方式写出;
(15) 提问时注意自己位置的变化。

培训中,让学员以某篇阅读课文为例(也可以是听说或写作课型),看学员的问题设计是否具备以上原则,问题设计和提问方式都有何优缺点,或是值得改进的地方。经过这一主题的培训,学员的提问技能会有显著的提高。

表 7 - 4　量表四:教师提问

A. 对话课问题量表

问题种类	问题的频次	提问的方式(集体频次)	提问的方式(个体频次)	提问给予的时间(平均时间)	提问给予的反馈(话语或肢体语言)
yes/no 型					
wh - 型					

B. 阅读课问题量表

问题的频次	问题的种类					提问的方式	
	形式 AB	内容 ABCDE	自由 AB	文本 AB	难度 ABC	单个学生	集体
问题 1							
问题 2							
……							

注：

问题的形式：A. yes/no 型　B. wh－型

问题的内容：A. 信息型　B. 理解型　C. 应用型　D. 分析型　E. 评价型

问题的自由度：A. 聚合　B. 发散

问题的文本性：A. 显性　B. 隐性

问题的难度：A. 高　B. 中　C. 低

3.3 教师评价

教师评价行为要具有鼓励性、诊断性和启发性，还要体现多样化、个性化的特点。为了让学员体验如何评价、如何组织语言，培训中通过评课的锻炼（每次学员的微格教学或课堂上演练教学片断都有学员互评的环节），培训者引导学员学习观察每个人的特质和优势，从好的方面和不足的方面进行评价，同时修炼自己的语言，使评价具有鼓励性质，同时又能使学生了解到自己的不足，并明确进步的方向。至于评价的多样化，则通过培训者的课堂组织形式，让学员经历教师主评、学员小组互评、学员两两互评、师生同评的方式以及适当的奖励应用，以活跃课堂教学氛围，促进学生的学习动机。

表 7－5　量表五：课堂评价

A. 评价语

评　价	特征描述（记录教师的评价语言和评价行为）
课堂评价语	
课堂评价行为	
结论与建议	

B. 纠错

	学生犯错	学生错误 1	学生错误 2
教师的纠错行为	1. 接纳（微笑，偏肯定性语气）		
	2. 中性（指令）		
	3. 换其他学生回答		
	4. 教师自己指正		
	5. 由学生评价		
	6. 由同伴补充完善（合作学习时）		
	7. 忽视或视而不见……		
结论与建议			

3.4 教师纠错

教师的纠错行为的练习，可以在每次的模拟课堂中，让学员说出不同的错误答案，或者在写作教学演练中，学生作文故意包含了错误的句子，让学员课堂观察时分别记录每次纠错的方式，并讨论纠错的最佳方式，熟练上文纠错策略提到的六种口头纠错，以及学会让学生互相发现笔头上的错误。学员在研修期间，课堂观察的其中一个项目就是教师纠错行为，这样可以从优秀课堂学习纠错的有效方式。

3.5 师生互动

师生互动是教师技能的重要训练科目，这项技能与提问技能相关联，但训练的方式比较有效的是采用课堂游戏的组织、句型操练活动以及口语交际活动的开展来训练。游戏的组织涉及教师的解释能力和表现能力，是互动技能的关键，包括游戏期间如何让学生广泛参与也是游戏组织成功与否的重要环节。所以教会学员组织游戏的同时，也训练了教师的互动技能。

表 7-6 量表六：师生互动

师生互动方式	教师 VS. 全班学生	教师 VS. 小组学生	教师 VS. 单个学生	结对活动	小组活动	单个 VS. 多个学生	单个学生 VS. 教师
次数统计							
结论与建议							

3.6 课堂目标

课堂目标的设定是关系到整堂课是否有效的出发点和终点。每次培训开始，培训者收集学员写的教案，几乎都存在目标单一、太空泛的问题，甚至很多学员把教材内容当成目标。为了确保教师能真正实施有效教学，培训中要培养学员的目标意识，让学员基于教材的理解，练习设计课本某些单元和课时的教学目标，同时观看优秀课堂视频材料和存在问题的视频材料，分解视频中每个教学活动，让学员讨论这些教学活动设计的目标，观摩课堂也把目标观测作为一个维度，从五个元素进行观察：具体性、可测量性、可达成性、现实性、时间限制性，即目标的 smart 原则。这样就可以克服农村中学英语教学中课堂设计的随意和低效。

表 7-7 量表七：课堂目标

具体 (specific)	可测量 (measureable)	可达成 (attainable)	现实性 (realistic)	时间限制 (time - bound)

3.7 课堂活动

课堂活动的设计及组织技能要放在不同课型中来训练，比如，听说课的课堂活动、阅读课的课堂活动、写作课的课堂活动等。先介绍课改提倡的各种教学模式，然后让学员尝试这些模式的开展，在每一种课型中，学习前（pre - learning）活动的组织，学习中（while - learning）活动的组织，以及学习后（post - learning）活动的组织等分解来练习。学员通过教学片段的尝试以及学员的评课讨论，学会各种丰富的教学活动设计和实施，同时理解活动组织的五个核心原则：目标针对性、衔接性、层次性、互动性、效率性。

表 7 – 8　量表八：课堂活动设计

观察要素	特征描述	结论与建议
目标针对性		
衔接和过渡		
层次逻辑		
互动性和参与性		
活动组织效率		
课堂活动设计评价等级	优、良、中、差	

3.8 课堂结构

课堂结构的训练也是在课型框架下进行的，比如听说课、阅读课、语法课、写作课的活动安排时间，重难点设计、活动的完整性、课堂目标的完成情况是否恰当都是衡量一节课的课堂结构标准。培训中对这个话题的引入是通过观看视频，引导学生对每种课型应该有的课堂结构进行讨论、学习，进入真实课堂，也把这一项目作为观测的主题，逐步加强学员对课堂设计原理的理解。

表 7 – 9　量表九：课堂结构

观察要素	特征描述	结论与建议
课型是否清晰		
目标定位是否合理		
时间安排是否恰当		
重点难点是否突出		
课堂结构评价等级	优、良、中、差	

3.9 情境创设

情境创设的练习根据上文所提到的十种教学情境，培训者通过视频或者示范，引导学员探讨情境创设的方法、所需的技能。然后基于教材，通过集体备课，最大程度地训练学员创设每一课的情境，练习设计十种教学情境，并做片段演示、小组讨论评价。逐步发展教师创设情境的能力。

表 7－10　量表十：情境创设

观察要素	特征描述	结论与建议
创设情境频率		
情境的类型		
情境的趣味性		
情境的恰当性		
情境链衔接		

3.10 课堂文化

课堂文化是教学过程有效性最关键也是最抽象的训练项目。培训者可以通过对两个差异较大的教师的课堂视频、课堂话语进行分析讨论，由此展现课堂文化的几个可观测的元素：课堂习俗、学习氛围、民主气息和师生信念。培训者还需要把它们细化成量表的形式，便于观测和评价。

表 7－11　量表十一：课堂文化

观察要素	特征描述	结论与建议
学生说话机会	多或少以及机会均等否?	
学生说话自由度	学生的多种答案是否得以鼓励?	
学生思考空间	学生是否得以思考和展现个人观点?	
学生参与性	学生是否积极参与思考和学习?	
教师亲和度与开放度	教师的态度和话语是否具有鼓励和启发性?	
教师的课堂控制与导向	课堂是否得到有效管理和导向课堂学习目标?	
课堂文化等级	优、良、中、差	

总之，教学过程的有效性其实是基于一定的教学理念，通过教学技能的训练，把教学过程设计和实施出来，用量表在培训中演示、讨论、评价，学员在参与中不断提升自身的教学技能，并且对于自己的不足有了深刻体会，教师专业发展有了明确的方向。

3.11 有效教学的研究

3.11.1 教学目标

布鲁姆指出："有效教学，始于期望达到的目标。"目标设置过于空泛和模糊，将课程总目标当作某一课时的教学目标，在具体教学中无法真正体现；将教学内容等同于语言知识目标，过分纠缠于教材内容的机械性操练，难以实现多维度的教学目标；教学目标设计关注多元目标，但目标的定位过于笼统、面面俱到，抓不住重点；教学目标虚设，教师在教学过程中难以检测、观察教学目标是否达成。

3.11.2 教材整合

潘正凯（2013）认为有效教学离不开教材的整合，在教材的使用上，存在着"教教材""用教材教""不用教材教"三种教材使用取向。创造性地使用教材就是秉承"用教材教"的理念，力图克服机械、枯燥的教材讲授的弊病，同时又力求避免完全自行开发教材所带来的主观随意性，在对课程目标、学生需求、教材体系进行深入分析的基础上，根据本土教学条件和环境来调整教材，旨在实现教学内容与教学方式的优化。教材整合则为对教材的文本内容进行合理的取舍、增加、替换，对教材设计的言语活动进行拓展、调换、重新设计，对教学方法进行调整等一系列教学决策过程，旨在优化教材使用、提高教学实效。有效地整合教材，第一，可以整体把握英语课程标准，比如理念、目标、内容、方法和评价，才能够保证教材整合不至于失去方向和理论基础。第二，整体包含教材结构和体系，确保使用教材的层次性和整体性。第三，了解语言学习的基本规律，二语习得界对语言习得过程的基本要素和环节积累了大量有价值的研究成果，这些信息有助于提高教材整合的实效性。第四，准确定位师生的教学需求，促进学生的有效学习和教师整合可能的范围和程度。第五，整合的系统化设计。整合包括教材分析、学情分析、教材整合的目标与策略、对整合的评价等要素，以便提高整合的规范化、理性化、有效性水平，形成一套满足本土教学需要的情境化"教材"，并在反复使用中不断反思和改进。

3.11.3 思维品质

黄远振等（2014）认为英语教学中应该学思结合，从认知原理上看，学习外语有三个好处：一是有助于把思维对象与一套新的概念范畴和语言对应起来，掌握一套与母语不同的概念系统；二是有利于形成产生言语行为的语言个性，理解言语作品的语言能力与生成新知识的心智能力；三是可以学习一种思维方式。认为思维能力包含逻辑性思维、批判性思维和创造性思维。逻辑性思维包括分析、综合、分类、比较、归纳、演绎、抽象和概括。批判性思维包括判断、推理、质疑、解释、求同、辨异、评价、预测。创造性思维包括纵横思维、联想、想象、隐喻、通感、模仿和创生。三种思维的发展流程是：从逻辑思维开始，继而引申批判性思维，并以创造性思维结束。

3.11.4 图式积累

李春玲（2013）认为听力和阅读前需要学生激活图式，以促进听和读过程的顺利进行。图式是大脑为了便于信息储存和处理，而将新事物与已有的知识、经历有机地组织起来的一种知识表征形式，是相互关联的知识构成的完整的信息系统。当人们遇到新事物时，只有把新事物和已有的图式相联系才能达到理解的目的。图式分为三类：语言图式，比如语音、词汇、语法和习惯用法等方面的语言知识；内容图式，指的是语言的意义和文化背景知识，是读者对文章涉及主题的熟悉程度；形式图式，是读者对文章体裁的了解程度，涉及文章行为及谋篇、结构等知识。因此，教师平时应该帮助学生储备丰富而充足的图式结构。

3.11.5 支架教学

陶春霞（2013）认为传统写作教学往往偏重于结果而忽视过程指导，重视内容而轻视语言指导，重视语法准确而忽视语篇构建。写作中应搭建足够的支架，发展学生的写作认知和能力。比如为写作搭建情境支架、内容支架、语言支架、结构支架。

3.11.6 课堂氛围

有效教学包含良好的课堂氛围，课堂氛围是指在课堂中师生之间和学生之间围绕教学目标展开教与学活动而形成的某种占优势的综合心理状态。有的课堂以教师独白为主，气氛压抑；有的课堂小组活动缺失，气氛压抑；有的课堂教学环节过多，气氛紧张；有的课堂教学内容枯燥，气氛散漫（李恺，范洪亚，2014）。创设良好的课堂氛围需要教师综合教学素养和课堂实施能力。

3.11.7 课堂评价

课堂评价存在问题，比如评价以外部激励为特征的课堂管理手段，评价与主要学习内容和学习过程没有联系，教师仍然是评价的主要实施者，评价内容不具有个人意义（赵春生，2013）。

有效教学的研究包罗万象，从教学理念到教材把握，从教学技能到个人素养等等，都决定了学生是否爱学、乐学，最终养成良好学习兴趣与习惯。因此，教师在教育和教学过程中，应随着时代和学生的改变而不断探索，寻求更佳的教学方式，促进有效教学和高效课堂。

结　语

有效教学和高效课堂是中学教师永久探索的主题，但要做到高效课堂，就得关注课堂的方方面面，教师还应不断提高自己的课堂教学技能以及个人魅力，保持学习和更新教育教学理念，才能与时俱进，实现有效教学和高效课堂。

参考文献：

[1] 阿瑟，韦尔娜，贝格曼．课堂观察、参与和反思［M］．北京：教育科学出版社，2009.

[2] Brown，D. Principles of Language Learning and Use：Exploring Error Analysis［M］. Beijing：Foreign Language Teaching and Research Press，2001.

[3] Brown，H. D. Cognitive and Affective Characteristics of Good Language Learners［M］. London：Oxford University Press，1997.

[4] Coder. The Significance of Learner' s Errors［J］. International Review of Applied Linguistics，1967，5（1 –4）：161 –170.

[5] Dulay H，Burt M，Krashen S. Language Two［M］. Oxford：Oxford University Press，1982.

[6] 古德，布罗菲．透视课堂［M］．北京：中国轻工业出版社，2002.

[7] 古德，布罗菲．透视课堂［M］．北京：中国轻工业出版社，2009.

[8] M. 希尔曼．积极学习：101 种中有效教学策略［M］．上海：华东师范大学出版社，2005.

[9] 迈尔．怎样上课才最棒：优质课堂教学的十项特征［M］．上海：华东师范大学出版社，2010.

[10] 莫里森，罗斯，肯普．设计有效教学［M］．北京：中国轻工业出版社，2007.

［11］Peter W. Aleasian. 课堂评估：理论与实践［M］. 上海：华东师范大学出版社，2007.

［12］Richard，J. C. & T. S. Rodgers. Approaches and Methods in Language Teaching［M］. Cambridge：Cambridge University Press，1985.

［13］沃尔什，萨特斯. 优质提问教学法：让每个学生都参与其中［M］. 北京：中国轻工业出版社，1986.

［14］陈大伟. 有效研修［M］. 大连：辽宁师范大学出版社，2006.

［15］陈大伟. 观课议课与课程建设［M］. 上海：华东师范大学出版社，2011.

［16］陈旭远，贺成立. 备课问题诊断与解决［M］. 长春：东北师范大学出版社，2008.

［17］陈瑶. 课堂观察指导［M］. 北京：教师科学出版社，2002.

［18］程晓堂，英语教师课堂话语分析［M］. 上海：上海教育出版社，2009.

［19］崔允漷. 有效教学［M］. 上海：华东师范大学出版社，2009.

［20］傅利. 英语作为外语的课堂问答话语语用研究［M］. 北京：科学出版社，2008.

［21］高慎英. 有效课堂教学的新思路：20 世纪 80 年代以来西方学校教学变革研究［M］. 济南：山东教育出版社，2011.

［22］耿杏芬. 初中英语课堂教学问题诊断与教学技能应用［M］. 北京：世界图书出版社，2008.

［23］胡越竹. 课堂纠错：教师行为与学生需求的对比分析［J］. 外语教学理论与实践，2009，(1)：49－51.

［24］黄晓玉. 中国学生英语写作错误分析及其教学启示［J］. 语文学刊，2008，(8)：106－113.

［25］黄远振，兰春寿，黄睿. 为思而教：英语教育价值取向及实施策略［J］. 中学外语教与学，2014，(7).

［26］桂诗春. 心理语言学［M］. 上海：上海外语教育出版社，1985.

［27］顾志跃. 如何评课［M］. 上海：华东师范大学出版社. 2009.

［28］李春玲. 图式理论在高考英语听力测试中的应用［J］. 中小学英语教学与研究，2013，(11)：69－72.

［29］李丹丽. 英语课堂话语分析与“支架”式教学［M］. 武汉：武汉大学出版社，2012.

[30] 李晶．有效教师 [M]．大连：辽宁师范大学出版社，2006.

[31] 李恺，范洪亚．例谈高中英语课堂氛围的不和谐现象及其对策 [J]．中小学外语教学，2014，(6)：14－19.

[32] 李淑华．更有效的评价细节 [M]．重庆：西南师范大学出版社，2008.

[33] 刘旭．新课程理念下的课堂教学：听课　说课　上课 [M]．成都：四川教育出版社，2006.

[34] 刘炜．英语课堂语篇教学中的教师启动问答教学法研究 [M]．北京：世界图书出版社，2011.

[35] 林高明．有效课堂观察：顿悟的艺术 [M]．福州：福建教育出版社，2008.

[36] 林高明．课堂观察：小学语文 [M]．南京：江苏教育出版社，2012.

[37] 吕晓雅，肖克义．高中英语课堂提问中的问题及对策 [J]．中小学外语教学，2013，(12)：38－41.

[38] 卢敏．国内外语言教学中错误分析理论研究综述 [J]．合肥学院学报，2010，27 (3)．

[39] 罗少茜．英语课堂教学形成性评价研究 [M]．北京：外语教学与研究出版社，2003.

[40] 欧阳芬，赵卫国．农村课堂教学诊断 [M]．长春：吉林大学出版，2006.

[41] 潘正凯．教材整合：创造性使用英语教材的有效策略 [J]．中小学英语教学与研究，2013，(6)：51－54.

[42] 任美琴．中学英语有效教学的一种实践模型 [M]．宁波：宁波出版社，2012.

[43] 石文红．基于情境认知理论的初中英语语法教学设计 [J]．英语教师，2013，(9)：28－31.

[44] 陶春霞．精心搭建支架，提升初中英语写作教学的有效性 [J]．中小学英语教学与研究，2013，(11)：63－68.

[45] 王初明．应用心理语言学 [M]．长沙：湖南教育出版社，1990.

[46] 王鉴．课堂研究概论 [M]．北京：人民教育出版社，2007.

[47] 王陆，张敏霞．课堂观察方法与技术 [M]．北京：北京师范大学出版社，2012.

[48] 王颖．英语教学中反馈研究：理论与实践 [M]．济南：山东师范大学出版

社，2012.

［49］王玉强．深度教学：建构优质高效课堂的方法［M］．上海：华东师范大学出版社，2012.

［50］吴江林，林荣凑，俞小平．课堂观察LICC模式：课例集［M］．上海：华东师范大学出版社，2013.

［51］吴亚萍，王芳．备课的变革［M］．北京：教育科学出版社，2007.

［52］韦津利．课堂观察任务：语言教师与培训者资源手册［M］．北京：外语教学与研究出版社，2011.

［53］夏雪梅．以学习为中心的课堂观察［M］．北京：教育科学出版社，2012.

［54］肖君，方萍．课堂教学的100个关键问题［M］．南京：南京大学出版社，2012.

［55］熊川武．反思性教学［M］．上海：华东师范大学出版社，1999.

［56］徐丽华．小学课堂观察［M］．北京：高等教育出版社，2013.

［57］严育洪．问诊课堂：教学望问切［M］．北京：首都师范大学出版社，2008.

［58］严育洪．课堂坐标：教学设计的走向［M］．北京：首都师范大学出版社，2008.

［59］杨向东，崔允漷．课堂评价：促进学生的学习和发展［M］．上海：华东师范大学出版社，2012.

［60］余文森．有效备课·上课·听课·评课［M］．福州：福建教育出版社，2008.

［61］英杰，洪洋．试论错误分析在外语教学中的应用［J］．外语学刊，2006，(6)：94－96.

［62］张德禄，刘茹山．语篇连贯与衔接理论的发展及应用［M］．上海：上海外语教育出版社，2007.

［63］张强，邱筠．中学英语教师教学体态语的误用分析［J］．教学实践与探究，2012，14（6）：39－43.

［64］张小萌．板书在阅读教学中大有作为：从一次教学观摩研讨会谈起［J］．中小学英语教学与研究，2013，(7)：4－7.

［65］张文质，陈海滨．今天我们怎样评课［M］．重庆：西南师范大学出版社，2011.

[66] 赵春生，如何实施基于学习内容的课堂评价 [J]. 中小学英语教学与研究，2013，(9)：64－67.

[67] 赵国忠. 评课最需要什么 [M]. 南京：南京大学出版社，2010.

[68] 郑金洲. 课堂教学的50个细节：一个专业研究者的听课杂技 [M]. 福州：福建教育出版社，2007.

[69] 周彬. 叩问课堂 [M]. 上海：华东师范大学出版社，2007.

[70] 北京高校青年教师教学基本功比赛评价体系与案例研究课题组. 课堂观教学技能与评价 [M]. 北京：高等教育出版社，2011.

[71] 沪浙两地英语课例研究项目组. 听诊英语课堂：教学改革的范例 [M]. 北京：教育科学出版社，2009.

第八章　跨文化意识培养

☞问题八：新课标提出培养学生的跨文化意识和能力，但中学教师往往为了实现应试的要求，对文化教学并不重视，那么如何实现中学生的跨文化能力培养目标呢?

走进任何一所中学，教师困惑的话题之一就是课时不够，因为几乎所有学校都要抓学生考试成绩，所以课堂上主要是对教材内容和语法进行讲解，能重视学生口语交流能力的学校和老师已经很少，至于能理解跨文化意识和能力的教师，并把其贯彻实施到课堂的就更少了。教师认为课堂上要抓听、说、读、写，还要抓应试，拓展文化知识部分就不太可能了。但实际上，课堂教学中这部分的缺失主要是教师这部分知识和能力的欠缺，掌握的跨文化知识越少，关于如何培养跨文化能力的方法策略也就越欠缺，教学中常常把听、说、读、写技能的培养孤立分开，文化意识的拓展当作是另一项教学内容，其实跨文化知识和能力的培养可以渗透到听、说、读、写的综合技能训练中，这需要教师吃透教材，加深加宽本身的学科知识。至于走入少数民族地区，教师要取得良好的教学效果，其不仅要懂得英语国家的文化，还要懂得少数民族地区的文化习俗，在理解学生民族背景的同时，要把民族学生的文化融入教学中，引起学生的共鸣，由此产生兴趣，才能有效地促进民族学生的学习动机。在此意义上说，多元文化语境中培养跨文化意识其实更为重要，并且具备有利条件实施。培训中设计了跨文化教学的课程，受到很多学员的欢迎，他们意识到自己这方面的缺失。以下来自民族地区的学员对跨文化意识和能力做了讨论和概述。

1. 问题的调查

在新课程标准中，对学生跨文化交际意识的培养成为目标之一。《英语课程标准》提出要培养学生的跨文化交际意识，发展跨文化交际能力。“英语教学应有利于学生理解外国文化，加深对祖国文化的理解，进而拓展文化视野，形成跨文化交际意识和初步的跨文化交际能力。”Kim 对跨文化交际能力界定为：跨文化交际能力是个体所具有的内在能力，能够处理跨文化交际中的关键问题，如文化差异、文化陌生感、本文化群体内部的态度以及随之而来的心理压力等。

但是，每个人对跨文化交际能力的理解有所不同。问卷第 19 题就是为了了解教师对于跨文化交际能力是如何理解的，以及这些内容是否会运用到实际教学中。对 2014 年 85 名国培学员做了调查，问卷针对跨文化交际能力的题目为：“您认为什么是跨文化交际能力？您是否在教学中渗透跨文化意识和能力培养？为什么？”通过他们的回答笔者发现教师们对跨文化交际的理解不够全面，关注的只是其中的一方面或几方面，有的甚至误解了跨文化交际的含义。他们对跨文化交际能力的理解可大致分为四类：了解西方文化及其与中国文化的差异（41 人，占 48%）；与不同文化的人进行交际的能力（23 人，占 27%）；不太了解（13 人，占 15%）；跨学科的能力（8 人，占 9%）。

1.1 了解西方文化及其与中国文化的差异

案例 1：指自身文化与他文化有冲突时愿意从别人立场思考并有贴近他文化的愿望。我在平时的教学中比较注重这种意识和能力的培养，但最多能做到让学生有此意识而能力还不具备。因为英语学习过程中的英语素养对英语兴趣极其重要，而兴趣则是任何学习中最好的老师。

案例 2：跨文化交际能力就是在英语学习过程中渗透一些地理、历史、人文等各方面的知识。我在教学中渗透跨文化意识和能力的培养，因为我们在学习人家的语言，当然要了解人家的文化知识背景。

案例 3：因为现在英语已经成为全世界通用的语言，我们的孩子需要通过学习英语来了解西方国家的各种文化。在教学中我会渗透跨文化意识和能力的培养，因为这一方面让孩子们多多了解世界各国尤其是西方发达国家，而且也让课堂增添了色彩。

案例4：跨文化交际能力，就是在了解他国文化的基础上，本着相互尊重文化习俗的精神与之平等交往。我在教学中渗透跨文化意识和能力培养，挖掘教材资源，比较中西文化的异同。

1.2 与不同文化的人进行交际的能力

案例1：我认为跨文化交际能力就是不同地区的人的交际能力。在班内，有来自不同村、不同户的学生，这些都是一些小的跨文化。班内的凝聚力全靠学生。来自不同地方的学生，他们文化的相互包容与交融十分重要，所以上课之前我一般会先了解学生的个人信息，大致掌握他们自身所携带的文化，然后再施以技巧使他们彼此间产生一种认同与信任。

案例2：跨文化交际能力就是具有不同的文化背景、人文风俗、不同地域文化的一种交流。在教学中有时会渗透一些跨文化意识的培养，来拓宽学生的知识面。

案例3：跨文化交际能力，我认为应是对不同国家语言的学习，且能学以致用，能与他人进行语言交际的一种能力。我在教学中曾渗透过文化差异及培养学生的交际能力，因为我认为让学生了解不同国家的文化很有必要。

案例4：跨文化交际能力是指不同文化背景的人之间的符合文化习俗的交际能力。在教学中，我还是注意渗透文化意识和能力的培养。因为英语学习不仅仅是学习英语知识和语法，在运用中文化意识和能力同样重要。

1.3 不太了解

案例1：我想主要是听说能力的提高吧。有在教学中灌输这种意识，让学生爱上这门课不仅是自己的努力，但至少要让学生知道这门学科的重要性和实用性。外界信息闭塞的情况下能有多少人会爱上英语呢?

案例 2：我不是很清楚。在教学中，我会讲到英美的文化，因为学别人的东西就要懂别人的情况。

案例 3：我对跨文化交际不是很理解。在教学中有渗透但很少。自己认为对这方面的理解不够明了。

案例 4：不明白，不清楚我做过没有。

1.4 跨学科的能力

案例 1：跨文化交际能力就是用所学学科的知识来思考或者解决某一学科的问题。比如说英语中的某一个问题，可用语文、数学、历史、生物的角度去想象。我在教学中注意培养这种能力，培养学生多角度、多方位思考问题。

案例 2：跨文化交际能力应该是不同学科之间的交际、互用。在教学中渗透跨文化意识是有，在能力培养上没有进行培养，因为所教学生多为农村学生，对外界知识了解甚少。

案例 3：跨文化交际能力是指不同学科、不同领域文化的整合及理解。在平时的教学过程中如有涉及此领域的单词、短语和短文，我会通过多媒体让学生来了解。因为这能开阔学生的眼界、开拓视野，掌握更多的知识。

案例 4：我认为跨文化交际能力是指不仅仅是英语这一学科，而是所有学科之间的交流。

结　论

教师对跨文化能力的理解大多数是等同于中西文化差异，对于更深一层次的理解较为欠缺，尤其缺少对其重要性和功能的认识，所以教学中没有形成常规和系统的教学。

2. 问题的分析

长期受应试教育的影响，中学英语教师关注语言知识的教学，注重学生的应试成绩。语言中所蕴含的文化知识，以及外语教育的一大功能，即通过中西方文化学习和比较培养中学生的跨文化意识和交际能力在很多英语课堂中是缺失的。这主要是因为教师缺乏对跨文化交际能力的理解，由于不重视，对于课本中蕴含的文化知识没有进行有效的挖掘和渗透，也就很难培养学生的跨文化交际能力。因此，中学英语的跨文化教学要得到实施，首先要理解新课程标准对跨文化教学的要求，提高教师的文化知识和文化内涵，重视跨文化教学，采用多种文化教学方法，才能实现中学生跨文化交际能力培养的目标。

2.1 新课标与跨文化交际能力

新课标对中学英语的跨文化教学提出了三个方面的能力：文化知识、文化理解和跨文化交际。从初中英语新课标对文化内容的五级标准中可以看出，基础的文化交际知识在初中的英语教学中是比较丰富的。比如：了解英语交际中常用的体态语，如手势、表情；恰当使用英语中的称谓语、问候语和告别语；了解、区别英语中不同性别常用的名字和亲昵的称呼；了解英语国家的饮食习俗；对别人的赞扬、请求、致歉等做出恰当的反应；用恰当的方式表达赞扬、请求等意义；初步了解英语国家的地理位置、气候特点、历史等；了解英语国家的人际交往习俗；了解世界上主要的文娱和体育活动；了解世界上主要的节假日及庆祝方式；关注中外文化异同，加深对中国文化的理解；能初步用英语介绍祖国的主要节日和典型的文化习俗。从以上内容不难看出，初中英语的跨文化教学主要聚焦在基础文化知识本身，还没有达到跨文化交际的层次。那么什么才是跨文化交际呢？

文秋芳提出跨文化交际能力包括三部分：对文化差异的敏感性、对文化差异的宽容性、处理文化差异的灵活性。也有研究者提出良好的跨文化能力是指：对别人表达尊重和积极态度；对别人表达看法是以一种描述和非评价性的方式；能辨认个人所持知识观点的个别性特点；能换位思考和理解他人；能在不同的情景下灵活地进行交际；能在讨论中及时根据他人的需要和愿望进行话轮的转变；对于所处新的和不确定的环境不轻易表现不适或不愉快。

根据对跨文化交际能力的这一理解，新课标的高中英语跨文化目标其实是在初中基础上加强了跨文化深层知识的了解，培养文化的敏感性、宽容性，初步形成中学生今后面临文化差异带来冲突时应有的灵活性。例如，课标是这样陈述的：（1）初步了解英语语言与英语国家文化的关系（例如词汇的文化背景）——这是语言内部的文化知识，属于课标中的文化理解；（2）在使用英语的过程中，能发现隐含在语言中的对他国文化的态度（例如文化崇拜或文化歧视）——这一点应该是文化差异的敏感性；（3）对英语和英语国家的人民及其文化传统有比较客观和公平的认识——这是文化差异的宽容性；（4）理解英语国家最突出的文化特色——这是更核心的文化知识，形成更进一步的文化理解；（5）初步了解主要英语国家重要文化现象的渊源——跨文化深层知识，是形成文化敏感和宽容性的基础；（6）初步了解英语国家文化在日常生活和人们价值观中的体现——跨文化深层知识，形成中学生在未来国际交流中处理文化差异的灵活性。

通过以上初高中英语新课程的文化目标比较，可以看出课标对跨文化交际能力的要求是从文化知识逐渐过渡到更深层文化价值观的理解，最后初步形成跨文化交际能力，为中学生今后的国际交流做好准备，同时对于中学生人格素养的培养、思维的灵活性发展起到了重要作用。但是据笔者的了解，大多数英语课堂并没有真正把这一目标渗透在中学英语教学中。究其原因，跟教师本身跨文化交际能力欠缺有关，再加上缺乏到本族语国家的语言体验，因此，中学英语的跨文化教学是一个薄弱环节。要解决它，首先从教师开始，建立教师的跨文化意识，只有教师具备了跨文化能力，才能培养学生的这一能力。那么教师的跨文化意识怎样建立？笔者认为应从文化知识开始，尤其是先从核心的中西方文化差异的了解入手，建立宏观的文化知识体系，才能根据教材的内容细节渗透中学生的跨文化能力培养。

2.2 中西方文化的核心差异

深层地理解中西方文化差异要从宏观和广义的层面上先看文化是什么，世界上有哪些文化模式以及中西方价值观，才能真正理解这些差异，打开思维，为形成跨文化交际能力做好准备。

第一，什么是文化？文化包含哪些元素？文化是人类社会历史进程中精神和物质文明的总和。它包含了八大元素：语言、宗教、价值观态度、教育、社会机构、技术、政治和法律。美国跨文化交际研究专家 Robinson 把文化的元素分为三大类：第一大类是文化产物，包括文学、民间故事、艺术、音乐等；第二类是文化信仰，有观念、价值观和制度；第三类是行为文化，比如风俗、习俗、穿衣、食物和休闲时光。根据课标五级标准，初中的文化教学内容主要是行为文化。高中包含更多的文化理念和文化产物，比如诗歌文学等。文化具有五个特点：第一，文化可以习得，即通过代代相传或是学校教育可以习得；第二，文化的各个方面是相互关联的，比如观念文化决定了行为文化，而它们又形成了文化产物；第三，文化是隐形和潜移默化的，文化外在的表现是文化产物和文化行为，而起到核心决定作用的是观念文化，这部分恰恰是隐形和迁移默化的；第四，文化是动态和不断变化的，文化并非静止不动的，在历史进程中不断发生改变；第五，文化是以本民族为中心或者民族本位的，基本上每个民族都会以自己本民族文化为荣，潜意识中以自己文化为标准。

第二，世界上的文化模式有哪些？根据 Hofstede 对文化模式的研究，可以从以下几个方面来看文化模式：

第一种模式是个体主义（individualism）和集体主义（collectivism）模式。个体主义指的是西方社会对个体价值观念的判断标准。它源于 17 世纪的英国哲学家约翰洛克，他指出每个个体都是区别于其他个体的独特个体，并且每个人的价值、权力和义务产生于个人。个体主义表现为个人的主动性、独立性，自我表现和个人隐私的保护。在个体主义社会，强调个人的成功、主权和自由。除此之外，要求平等，物质至上，相信科技发展征服自然，崇尚进步与变化，强调工作与休闲并重，认为竞争是使个体进步的催化剂。个体主义的国家主要是英美为首的英语国家以及北欧国家。集体主义则更多强调集体的观点、需要和目标。社会标准和习俗由集体决定而非个体。大家共同持有统一的观点而非区分于集体的个人观点，集体的事业更为重要，所以每个个体应该为集体而努力，并与他人合作。集体主义的国家主要是东亚、南亚和南美洲等国家，比如中国、巴基斯坦、秘鲁、哥伦比亚。

第二种模式是强交际环境和弱交际环境（high context culture and low context culture）模式。在强交际环境的文化中，人们较多依靠蕴含在社会文化环境和情景中的隐性信息，强调人际关系的和谐，中庸和沉默被认为是有用的交际法则。东方社会尤其是中国就是代表。在弱交际观的社会，侧重用言语本身的力量来交际，倾向于直言不讳，比如美国人就被看作是说话过于武断和具有野心。因此在事业发展过程中，强交际观的社会强调人际关系而不仅仅是工作效率，弱交际观社会则强调工作能力和效率而非其他。

第三种模式是高权力距离（high power distance）和低权力距离（low powerdistance）模式。高权力距离国家崇尚权力和权威，认为人是有出身和地位差距的，这种观念或显性或隐性地存在于社会文化中，比如印度、巴西、新加坡、希腊、委内瑞拉、墨西哥、菲律宾和中国等。低权力距离国家则崇尚平等，有权力地位的人也尽量显现平等和民主，比如澳大利亚、芬兰、丹麦等北欧国家以及以色列。

第四种模式是高风险承担（high risk - taking）和低风险承担（low risk - taking）模式。高风险承担模式主要是指西方国家对于生活中的不确定因素的接受，认为习以为常。喜欢生活和工作中的变动，喜欢接受挑战和竞争。低风险承担是指人们尽量避免不确定因素，建立更正规的原则，更加能忍受的观点和行为，寻求一致性，相信权威和专业判断。这类社会的人一般对于生活中出现的不确定因素会表现为压力和焦虑，会想尽一切办法避免。这种社会更加强调机构和制度。中国、日本和南美国家等就是低风险承担国家。

第五种模式是男性倾向（patriarchy）和女性倾向（femiline）社会模式。男性倾向社会更强调男性的野心抱负、成就、金钱、地位，以及不同性别应当承担的角色。爱尔兰、菲律宾、希腊、南非、日本、阿拉伯许多国家表现为此特点。女性倾向社会强调男女地位的平等，虽然也认为生产、照顾家庭和护理等行业适合女性，但也不反对男女性可以从事任何职业。美国和中国的女性更能体现这一平等性。但男性倾向在整个世界中的特点还是很突出。

第三，价值观体系有哪些差异？以上文化模式说明了中西方的宏观差异，要进一步了解中西方文化，可以从文化中的核心——价值观体系来看。概括地说，中西方价值观体系的差异主要是从四个方面来分析：宇宙观、世界观、人生观和人性观。

其一，宇宙观的天人合一还是天人相分。中国自古以来，人们在各个生活侧面都力求与自然统一，达到顺其自然，以变己适应环境。在此思想影响下，中国人的思维模式、言语观都倾向于求整体、求笼统、求综合和知觉上重直觉。西方人不同，从古至今倾向于把宇宙分成两个截然不同的世界，天人相分，二者对立。人与自然，物质与精神，社会与自然等，一切二分对立（二元论）。崇尚不屈不挠地征服自然，改造自我。由于二元对立论，西方人对待事物习惯分析的思想方式和重逻辑的思维模式，以求精确的言语观。

其二，世界观求变还是求稳思想。美国文化中求变的思想尤为突出。比如美国人爱独辟蹊径，冲破传统，即使变化会带来破坏，也把它看作是创造性的破坏。再比如，美国人喜欢工作和生活地域的流动性，总是从一地迁往另一地。其求变的核心思想就是"无物不变"，变化永无停顿。而中国文化强调"万变不离其宗""祖宗之法不可变"，统一和稳定是历朝历代的头等大事。人们习惯于一派和平景象，相安无事、知足常乐，习惯稳定观念。因此从求变与求稳的思想倾向来看，中国人喜静，修身养性，静处体悟；而西方人喜动，不断探索和追求创新。

其三，人生观方面是做人还是做事倾向。中国人自古强调道德教育，做好人，仁义礼智信的君子为人生准则。讲究做人甚于做事。而西方人从希腊文明开始，就企图征服自然、战胜自然，争取个性解放，做事和有所成就成为他们的人生价值取向。

其四，人性观方面是性本善还是性本恶。中国儒家孔孟的性本善思想影响了人们的思维和生活，认为人们要从善性出发，固守其善良本性就可以，所以安于现状、安分守己、知足者长乐。孔子主张“克己复礼”是要期望善的本性复归，所以影响到了中国人思维中重视过去和向后看的时间取向。而西方人的“原罪论”是以原罪为起点，为了变为好人，要超越现在，所以西方人是未来取向，因为回归是无用的。所以中国人尊重祖先和过去，敬老尊师，重经验，重年龄。西方人因为不能回到过去的“原罪”，所以重视和相信未来，很少崇拜祖宗、尊老敬师，年龄和经验也未必值得敬仰，不相信命运，靠自身努力实现近期规划。就时间观念来说，也由于中国的农业文化，时间观念和节奏要慢，寒暑交替，四季循环，思维和时间观念是环形的。而西方人是线型的时间观，总是有时间的“紧缺”意识，把时间切割为分秒，做事精确、遵守时间。

2.3 中学英语跨文化交际能力的培养

中学教师基于对中西方文化差异的理解后，应从三个方面把英语教学中的文化目标渗透在教学中。

2.3.1 文化重要性意识的建立

中学英语教学过度关注语言知识的学习，新课标虽然提出跨文化能力的培养，但却很少人探索钻研它是怎样的能力及其重要性，所以要先树立文化教学重要性意识。从语言与文化的关系来说，社会语言学、语用学都有大量的研究表明语言与文化的共生融合关系，语言的学习是离不开文化的学习和体验的，也是维持学生学习兴趣和掌握一门语言的必要内容。中考、高考题中也有考核文化知识和语用能力的部分。从长远来看，对于培养学生人格和国际交往能力，跨文化教学更是英语教学必须包含的部分。

2.3.2 采用多种跨文化教学方法

要培养跨文化能力，就不能把文化知识看作能力，虽然知识是能力的基础。能力要经过体验和实践才能真正获得。所以基于中学英语的文化内容，笔者认为可以有以下几种教学方法实施文化教学：（1）体演法。就是把初中课本上所学习的行为文化通过表演的方式亲自体验中西方文化的差异。（2）视听法。网络资源的丰富可以提供相应的电影和视频材料，就某一个文化知识点有丰富的声像展示，强化了文化知识的学习和内化。(3) 阅读法。除了课本，可以让学生读一些包含中西方文化差异的文章，然后可以进行课堂汇报或展演。(4) 故事法。教师通过自己的亲身体验，生动描述自己的体验。(5) 图片讨论法，通过图片的展示，让学生讨论揭示其中的文化差异。

2.3.3 基于本土的文化响应教学法

文化响应教学法是美国华盛顿大学教育学教授吉内娃·盖伊（Geneva Gay）出版《文化响应教学》一书中提出的理念，是针对美国少数族裔的教育。由于中国缺少英语文化语境，跨文化交际能力可以基于其他文化基础上，所以也可以就多元文化地区实行文化响应教学法，即通过了解少数民族地区的文化，在教学中响应学生的本土和本民族文化，以助学生形成民族自尊心和自信心，建立文化之间的联系。并且学会思考文化间的异同，欣赏和了解文化的多样性。如果一个班存在多种少数民族，教师可以引导学生共同探索少数民族文化的异同以及与英语文化之间的异同。如果没有少数民族的多样性，也可以引导学生探索所处区域的本土文化与其他地方文化的异同。总之，只要能培养学生的文化意识和跨文化能力，建立本土文化与其他文化的连接，就是值得实践的文化教学法。这样的教学法还有利于少数民族文化的传承和发扬，提高少数民族学生的学习动机。

跨文化意识和能力培养是在教学中逐渐渗透的，它并不与应试有矛盾，相反是促进教学效果、提高学生学习兴趣的有效途径。

3. 问题的解决

教师培训中，将会对教师进行三方面的文化教学。(1) 文化知识：针对教师文化知识的贫乏，对文化的内涵进行学习；(2) 文化体验：培训中开展活动，让教师体验目标语文化，加深对文化知识的学习；(3) 文化教学：学习如何在教学中培养中学生的跨文化意识与能力。

3.1 文化知识

文化就是人类文明，即人类发展的成果，比如：历史、社会机构、艺术、建筑、文学、哲学等。通常称为大“C”。文化还可以是日常生活中的习俗、传统和生活实践，这部分文化内容称为小“C”。无论是大“C”还是小“C”，都是以一个国家或者民族来命名和归类的。

文化也可以仅仅指其普通含义，是价值观、态度和行为。文化的普通含义主要是用于研究跨文化交际的，用来区分不同的文化交往问题。文化也可以进一步指跨文化能力，即理解、参与他国文化的能力，成功地与他国文化进行交流沟通的能力。

文化还指一个社会群体或社区区别于其他社会群体和社区的文化，并且为了获得控制力和影响力而不断进行互动，出现内部者和外部者、有特权和无特权等一系列互动和斗争的结果。

文化是人们赖以生存的土壤，人们借此而成长，并形成一定的价值观、信仰和生活实践活动。文化同时也是不断演变的种族心理特征，尽管人类有许多的共性特征，但也会根据文化的不同而有不同的心理感受和特点。

教师一定要充分了解文化的学习，其实是一个人对人性的理解过程，对不同文化反映出的共性和差异的人性都有助于个体对世界的理解，其实是促进世界和平的必要途径。所以作为语言教师，要有文化的敏感性，善于不断学习各种文化，不是会用目标语交际就可以称职地作为一名教师，更重要的是深刻地了解目的语文化、本民族本地区文化以及学生的文化，学会用不同的文化视角来思考和分析问题。因此，关于文化是什么，教师还应了解西方的核心文化是哪些。

西方的核心文化价值观的学习可以从三个途径来学习。第一，英美国家的历史文化风俗，只有了解了国家民族的发展历史，才能理解当今社会表现出的文化特色。第二，圣经故事和希腊故事，宗教和民间传说是理解文化价值观的另一个关键部分，来自古代，渗透在政治、经济、教育和民间的日常生活中。所以是非常有趣和值得学习的文化常识。第三，哲学、文学教育以及科学领域的名人名家，他们的思想和著作也是作为中学英语教师应该掌握的人文知识。缺少了这些知识，理解文化只能停留在表浅，无法深入到其精神实质。

3.2 文化体验

培训中可以把 Moran 对文化体验这一概念的描述应用在教学中。文化体验的第一个层次是先让学员“knowing about”，即从图片、实物、活动和观点陈述来理解文化差异的问题。初步建立异域文化、本民族文化以及自己的联系，了解世界上不同国家民族，包括同一国家不同文化差异的存在，对文化多样性产生兴趣和逐渐形成欣赏性的包容。

文化体验的第二个层次是“knowing how”，即文化行为，比如不同文化行为特点、肢体语言、眼神交流、身体距离和不同场景的交际习俗。在学习语言过程中，设计交际活动、角色扮演以体验文化习俗。中学课本中涉及的文化都可以作为学员体验性的活动，在语言上的要求适当再高一些。

文化体验的第三个层次是“knowing why”，即文化价值观，比如中国人和西方人的不同思维特点、职业价值观、生活价值观等，以及背后的历史、宗教和文化习俗原因。在网络上有很多视频资源，它们很好地解释了中西方文化的差异，教师需适当扩展自己的文化知识、宗教甚至哲学知识，就能很好地解释产生这些差异的原因，初步培养学生对文化差异的理性分析能力。

文化体验的第四个层次是“knowing oneself”，即了解自己。跨文化的学习最主要是教会学生在了解世界的过程中审视自己，包含自己对待生活、学习的情感、态度、喜好和价值观，在差异中，在讨论和体验的方式中澄清对自己的了解，正确看待自己的长处和短处，包容差异，学会欣赏和共处。这个层次即为跨文化意识，当意识内化和转化为一种习惯和思维时，就形成了跨文化能力。

以上四个层次的跨文化学习应用的是体验性学习方法，是以活动、小组讨论、文化角色扮演的形式开展的，在此过程中，文化的五个元素也包含在内：文化产品（生活中收集异域文化图片、视频及实物等）、文化行为（用电影、故事和角色扮演方式体验）、文化社区（把来自不同区域的学员组成不同小组建立文化社区小组，以突出地域文化）、文化观念（从学员文化观念差异到中西方文化差异）、文化个体（经历了几个层次的学习后，帮助个体形成不同个体观）。

3.3 文化教学研究

Brown 和 Mcveigh 根据多年文化教学的实践经验，提出多种文化教学活动，能适用于中学课堂的活动可以归纳为五类：第一类是开启意识活动，即关于了解文化定义和内涵的活动。比如教师可以通过自己经历的故事、人们对生活中现象的不同看法、文化学习对一个人认知和思维的影响等指出隐藏的文化，使学员感到文化的趣味性和重要性，同时意识到自己的文化教学的缺失。第二类是肢体语言活动，从不同国家的肢体语言来理解其中所包含的文化。比如交谈中的肢体语言、社交场合的服饰、交往距离等。这一类活动可以通过交际故事和角色扮演来呈现和讨论。第三类是身份认同活动。这类活动通过激发学习者对事物的观点讨论，让学习者了解自己的身份、男女性别差异与身份认同差异、自己在生活中的多种角色、认识到不同文化有不同身份认同、区分个人主义和集体主义的身份认同差异、少数民族与汉族身份认同差异等。第四类是多元文化的理解和欣赏能力。比如课本中有很多涉及多种文化内容的课文，尤其是节日文化、服饰文化、建筑文化、信仰文化等，让学员讨论其背后的原因，以及多种文化并存对社会所带来的影响。第五类为文化冲突问题解决活动。列举多种文化冲突案例，同学们讨论，并分析出原因和解决方案。第六类是回归到中英文语言差异，主要从文字本身，如不同场合社交英语的应用，以及汉英修辞和语篇差异。

跨文化交际意识和能力的培养，首先在于教师文化知识和案例的学习与收集，其次在于教学中有意识的渗透，并把培养学生分析解决问题的思考能力放在中心位置上，尽量避免把跨文化能力培养变成文化知识的灌输，这样就失去了文化教学的意义，学生不能体会到它的乐趣，也不能真正学会什么是跨文化能力。

对于少数民族地区，目前国内的教师教育课程并未开设学习少数民族语言和文化的课程，再加上少数民族地区汉族教师居多，更是加剧了教学的难度，教师既不懂学生的文化和语言，也没有培养学生的跨文化能力，更没有利用民族地区跨文化意识能力培养的条件，即利用学生的多元文化与西方文化对比，提高学生学习外语的积极性和兴趣。因此，如何利用少数民族地区的多元文化特点来培养学生的跨文化能力就成为一个有意义的探索的课题。

裴荣荣、姚宝梁（2013）通过对比美国《密歇根州外语课程标准》和我国义务教育的课程标准，认为我们可以学习该标准对文化内容描述的丰富、具体和层次性。比如课标对文化中所包含的历史事件、历史人物、政府组织、日常需求、消遣活动、课程和学校日常制度和活动、经济制度、谋生和赚钱的方式等都做了具体的描述，并且把学生的学习分为初级、中级和高级层次，文化学习的目标从识别、解释到分析对比，逐步加深学习的内容和思维层次。作者认为，我国的义务教育英语课程标准可以加强针对性和目标性，丰富文化内容，并进行课程整合，才能有效地实施文化教学和跨文化能力的培养。

邓亚庆等（2014：4）通过分析新西兰中小学外语课程目标体系，对文化知识体系的重点进行了分析和描述：从学习语言的最开始阶段起，就帮助学生将语言同社会和文化背景联系起来；通过对特定语言国家世界观的探索，将其与本国的世界观相对比，发展学生的跨文化交际能力；让学生通过对自己和他人的身份认同，发展学习动机和能力；发展学生对目标语国家人们的说话方式以及思考和行动方式的理解能力；鼓励学生在语言和文化间做出明确比较和联系的能力；使学生学会鉴别和欣赏目标语言的文化和艺术。作者认为新西兰的目标重视学生的执行和展示能力，注重文化教学，并通过此来激发学习和应用语言的动机。

曹伦华、吴江（2013）认为目前中学跨文化意识培养存在的问题有：教师对跨文化教学的重视不够，学生缺乏正确的跨文化交际意识，课程辅助活动流于形式。跨文化交际意识培养的途径可以从教师队伍建设和学校课程开设两个层面进行。从教师队伍建设方面来说，可以组织本校外籍教师对教师定期进行培训，选送教师到目的语国家进行一段时间的全浸入式培训，举办跨文化教学研讨会。从学校层面来说，创办小语种教学班级、引进先进的国际课程、开设丰富的英语辅助课程、营造目的语文化场、挖掘教材中的跨文化元素，引导学生关注外国文学作品的文化内涵。

李永达（2015）认为跨文化教育不能脱离语言能力。巢泽强（2013）认为跨文化教学应具有5个原则：相关性原则、阶段性原则、渗透性原则、对比性原则、交际性原则。作者以初中英语为例，提出几个有效的策略：结合教材，适时渗透利用；整合教材，有效融入；归纳比较，了解差异；创设情境，体验文化；利用图片，传递文化。

结　语

中学生跨文化意识和能力的培养取决于教师的文化素养，教师文化常识丰富，有不同文化的体验，认识到跨文化能力的重要性，就能在教学中渗透跨文化意识，使课堂更加丰富有趣，调动学生学习英语的兴趣，逐步实现中学生跨文化能力培养的目标。

参考文献：

［1］Brown，H. D.，Wintergerst，A. C.，McVeigh，J. 教学点津：跨文化交际教学实用方法［M］. 北京：清华大学出版社，2013.

［2］Kramash，C. 语言教学的环境与文化［M］. 上海：上海外语教育出版社，2002.

［3］兰道尔夫，索恩. 社会文化理论与第二语言发展的起源［M］. 上海：上海外语教育出版社，2012.

［4］McVeigh，J. & Wintergerst，A. C. Tips for Teaching Culture：Practical Approaches to Intercultural Communication［M］. 北京：清华大学出版社，2013.

［5］Moran，P. R. 文化教学：实践的观念［M］. 北京：外语教学与研究出版社，圣智学习出版公司，2013.

［6］Samovar，L. A.，Porter，R. E. & Stefanni，L. A. 跨文化交际［M］. 北京：外语教学与研究出版社，2000.

［7］Snow，D. 跨文化交际技巧：如何跟西方人打交道［M］. 上海：上海教育出版社，2013.

[8] 曹伦华，吴江．外语教学中跨文化交际意识的培养［J］．中小学外语教学，2013，(12)：22 -26.

[9] 巢泽强．试探初中英语文化意识培养的有效策略［J］．中小学英语教学与研究，2013，(8)：30 -34.

[10] 邓亚庆，裴荣荣，姚宝梁．新西兰中小学外语课程标准目标体系的分析及启示［J］．中小学英语教学与研究，2014，(7)：2 -6.

[11] 顾力行，戴晓东．跨文化适应（一）：理论探索与实证研究［M］．上海：上海外语教育出版社，2012.

[12] 何维湘，Jamison，Antoniou & Whitman. 跨文化交际技巧［M］．广州：中山大学出版社，2004.

[13] 李永大．英语教学和文化相结合的问题［J］．中学外语教与学，2015，(1)：3 -8.

[14] 胡文仲．跨文化交际学概论［M］．北京：外语教学与研究出版社，2003.

[15] 黄丽燕．中学英语文化教学与评价：基于《英语课程标准》的思考［J］．中学外语教学，2012，(7)：4 -7.

[16] 贾玉新．跨文化交际学［M］．上海：上海外语教育出版社，2003.

[17] 莫兰．文化教学：实践的观念［M］．北京：外语教学与研究出版社，2004.

[18] 裴荣荣，姚宝梁．美国《密歇根州外语课程标准》中的文化教学内容及其启示［J］．中小学英语教学与研究，2013，(12)：2 -5.

[19] 邱丽芳，官福凤．新课程背景下中学英语教学如何培养学生的跨文化交际能力［J］．中学外语教与学，2010，(1)：15 -17.

[20] 杨晓钰．英语文化背景［M］．成都：四川教育出版社，2009.

[21] 张德禄，张国．英语文体学教程［M］．北京：高等教育出版社，2008.

[22] 周义．中西文化比较［M］．北京：人民教育出版社，2004.

[23] 朱家科．大学英语教学中的文化教学［M］．武汉：华中科技大学出版社，2009.

第九章　中学生的情感管理与学习兴趣提升

☞问题九：中学生为什么厌学和不喜欢学习英语？教师如何有效地与中学生沟通并促进中学生的学习兴趣？

笔者主持了四年国培计划初中英语置换脱产研修班工作，每次要求教师填写教学中最困惑的问题时，“学生厌学”“如何提升中学生英语学习兴趣”的问题总是排在首位。学院派去顶岗实习的一个年级同学所做的调查报告中，每年大约有三分之一的同学是针对学生厌学、提升学生兴趣的主题做调查，可见这一问题对他们的困扰。因此，可以说中学生兴趣的提升和对中学生情感的把握是决定教师教学是否成功的核心。但由于教师缺乏对青少年心理特点、学习心理机制的了解，以为教学质量要提高，主要靠钻研教材、教法和考试，而非其他。其实，教学的基本保障是教师与学生通畅地沟通，从而鼓励和指导学生。同时针对学生差异，给予有针对的个性化教学。管理学生，使学生形成良好的班风、学风，通过集体的带动，使学生养成良好的学习习惯和方法。教师对于自己的角色太局限于如何教书，而不重视如何管理，导致教学中顾此失彼，只要学生没有形成自主学习的能力，教学效果就不会太好。所以，应该说教师培训的一个重要内容，就是帮助教师学会运用心理学知识了解学生，更好地与学生沟通；还应教会教学管理知识和技能，更好地管理班级；了解社会学知识，理解学生的社会背景和特性，以更好地帮助学生克服社会对其的不良影响。教师今天的角色不再只是“传道授业者”，还是心理咨询者与班级管理者。

1. 问题的调查

2014 年对 85 名国培学员的问卷调查中，主要是对中学教师关于中学生管理的难题做了调查，以下是调查结果，数字代表的是提及该难题的中学教师人数，有的教师问卷中提到的难题很多，同时提到了以下多个问题。

中学生管理的难题是：厌学（32 人）、逆反心理（29 人）、优差生教学（20 人）、不听老师讲课（9 人）、单词不记（8 人）、大班教学（5 人）、品德较差、双差生管理、不开口说英语、不交作业、扰乱课堂秩序（4 人）、谈恋爱（4 人）、注意力不集中、师生距离、课堂纪律（4 人）、两级分化（3 人）、缺乏和谐师生关系（3 人）、学生懒惰（3 人）、学生不会自主学习（2 人）、不好学（2 人）、没有人生目标（2 人）、单亲学生的心理辅导（2 人）、顾及更多学生、违纪现象难以沟通管理（3 人）、跟老师发生冲突、家长不配合（3 人）、学生吸毒、学生辍学严重（2 人）、不听家长的话（3 人）、阅读难、缺乏吃苦精神（2 人）、课业负担、学生理解能力差、打瞌睡逃学、不听课任老师的、谈话无效果、书面表达困难、迷恋网络（2 人）、不影响他人但不听老师的、不懂礼貌不服从管教、家长过分溺爱学生、调皮学生的管理（2 人）、日常习惯培养（玩手机、谈恋爱、宿舍内违规行为）；矛盾：严则逆，爱则弛（2 人）。

教师也提到一些管理办法：沟通（31 人），倾心交谈（12 人），爱心（11 人），多鼓励发奖品（10 人），引导（9 人），与家长联系（8 人），严师益友（8 人），尊重学生（7 人），少打骂，有耐心（6 人），适时对学生进行鼓励、家访，课堂上严格要求学生（5 人），思想上进行教育，与学生找共同点，亲学生和严学生（4 人），以身作则举生活中的典型案例教育学生，言传身教（4 人），把学生当作自己朋友，刻苦、和学生一起做运动（3 人），初次见面严格要求学生（3 人），书信、QQ（2 人），责任心（2 人），对学生责罚分明（2 人），学会包容理解（2 人），培养自主学习的良好学习习惯（2 人），找双差生亮点进行表扬，当朋友看待，养成良好的学习及生活习惯，情感教育，个别谈话帮助制定个人的学习目标，传播新思想，学生觉得有用，结合社会各职业强调学英语的重要性，合理的规章制度，有效的活动，诚心交谈解决问题，小组合作，兵教兵和教师讲疑难点，布置周记了解学生状况，得力的班委（2 人），给学生提意见、提想法的机会，让学生又爱又怕，让学生自我管理和多鼓励，向校领导反映听从他们意见，学生家长会议（2 人），让好、中、差学生家长写信给孩子、老师写信给同学，树立学生自信心，软硬兼施、规则明确化，建立良好师生关系，情感教育，与学生共同解决实际困难，课后辅导（2 人）。

从以上问题的回答，可以看出有些教师有一定的经验和处理办法，但经过进一步访谈后，大多数教师还是觉得较难处理学生厌学问题和叛逆心理，尤其是年轻教师，年长的教师也表示自己评价管理的效果不佳，并且存在许多困惑。这其实是关于中学生的认知心理特点认识不到位导致的。

2. 问题的分析

2.1 中学生的认知特点

学生认知水平一方面指的是学生当下的知识水平，有时高于教材内容，教师就应该对教材有所拓展，有时低于教材内容，教师就应该根据学生水平在教学中有所补充，并降低教材难度。学生的认知水平另一方面指的是学生的学习风格差异、多元智能差异、男女生差异和学能差异。学习风格是指学习者个性化的学习方式。学习风格的分类有多种方式，以下从不同角度讨论学习风格的分类。

从认知风格来说，有场独立型和场依赖型，场独立型是较为独立的学习者，不仅对学习有自己的认识和信念，而且善于独立地管理自己的学习，这类学习者同时还不易受周围环境影响和其他人影响，坚持自己的学习方式。场依赖型与场独立型的学习者恰恰相反，需要教师和周围环境、其他同学的监督、影响和推进。有分析型和整体型。分析型的学习者更能细致地分析学习项目，敏感地关注到问题的关键，但同时容易局限于细节的理解而忽略较宏观和整体的把握。整体型的学习者把握事物的整体较迅速，但容易忽略局部，有时还有可能忽视问题的关键。还有审慎型和冲动型。审慎型学习者善于思考，并延迟说出答案，直到很确定和等其他人说出答案，才发表自己的观点。冲动型与之相反，获得信息的反馈较快，也能及时提出自己的见解。

从感官角度来分类学习者，可以分为：（1）视觉型学习者：喜欢视觉信号。例如，他们喜欢读材料胜过听材料，因为只有这样他们才能弄得更明白、记得更清楚，而且他们喜欢看教材胜过听讲解。（2）听觉型学习者：在听材料时学得较好，也记得较好。因此，他们喜欢教师口头教授，而且他们记忆听过的材料比记忆读过的材料更容易得多。（3）动觉型学习者：喜欢在做中学或体验学习。比起书面材料或者口头说明，他们更喜欢表演示范。如果他们能积极参与到任务当中，加入表演、绘画或手工制作，那么他们会学得更好。

从性格角度来分，第一类：内向型学习者和外向型学习者。内向型学习者更能静心阅读和思考，而外向型学习者通常善于表达和交际。内向型的人倾向于将心理活动的能量指向个人的内心世界，而不表露在外，不太主动与人交流思想、沟通情感，喜欢独立学习，认为在集体中学习会相互干扰，浪费时间，即使课堂上学习内容有疑问也很少求人帮助；擅长自己独立思考，特别对细节问题研究得较为透彻；他们意志坚定，善于制订计划，并能严格执行计划；学习行为很少受外界因素的变化而变化，也很少受情绪的左右，因而表现出持续的一贯性。他们的不足是不善于与他人交流讨论，因而思维的广度受到限制，以至于许多该了解掌握的东西也不能掌握；他们过于细腻、拘谨，经常为不必要的细节而煞费苦心，白白浪费时间和精力；与外向型学习者相比，学习的自信心不足，常伴有自卑感而焦虑不安，甚至害怕学习。因此，内向型学习者需要学会与他人交流，倾听他人的意见，在注意细节的同时要善于把握事物的整体，从而提高学习成绩，增强学习信心。外向型的人倾向于将心理活动指向于外部的人和事，善于与人交流沟通，喜欢在群体的环境中进行集体学习，以相互激励、相互帮助；他们性格开朗，情感外露，爱说什么就说什么而毫无顾忌，因此善于发表意见，即使与教师的意见不一致也是如此，能把课堂上没有弄懂的问题毫不介意地提出来请教老师或其他同学；他们好胜、自信，敢于藐视困难，即使一时受挫，也不会却步沮丧；另外，他们反应灵活，易接受新事物新知识。外向型的缺点是难以进行独立学习，若要他们一个人待在屋子里学习，则会烦躁不安，不能集中注意力；他们的学习行为受外部因素和个人情绪的左右，稳定性较差；缺乏计划性，大多数学生不制订学习计划，即使制订了，也很难付诸实践；他们反应快速灵活，但容易出错，考试时因粗心而失去的分数较多，缺乏对问题深究的态度和坚持如一。因此，外向型的学习者应形成认真仔细的态度，学习制订严谨的计划，并按计划行事，形成良好的学习习惯很重要。第二类：模糊宽容型学习者和模糊不可忍受型学习者。模糊宽容型学习者能对学习内容出现的模糊性宽容和跳过，以阅读和涉略更多，而模糊不可忍受型的学习者容易钻牛角尖，必须搞清楚所有问题才能过渡到别的问题。第三类：左脑型和右脑型学习者，表现为智能兴趣倾向不同。左脑型学习者爱用语言、逻辑方式处理信息，很少使用直觉，对细节问题特别敏感，做事有计划，自觉性、责任心强。右脑型学习者易于接受新东西，空间概念较强，想象力丰富，善于把握整体，喜欢灵活的规则和活动，需要自律训练。

从性别差异来分，男女生学习风格因为思维差异而不同。男生较爱探索事物，思考问题较能深入到事物的本质，揭露事物现象之间的关系及根本原因，发现事物的一般规律，故思维的深刻程度较高；女生喜欢依赖直观形象的材料进行思维，满足于运用现成的知识解决问题而不善于深入分析事物并揭示其规律，显现为成见所束缚，虽然细节上有较高的灵活性，但比较容易循规蹈矩，追求正确和标准。

男女生在记忆风格上的差异表现在识记、保持和回忆三个过程中。女生对感知过的事物的形象较为清晰、准确，形象记忆较为突出。书本、课堂或生活中呈现的事物的形象，往往会在她们脑际反复回旋，经久不衰。因此，女生的情感体验比男生深刻得多。与女生相比，男生的逻辑记忆相对较好。他们对自然科学领域中的原理、公式、定理、定律以及它们之间内在的逻辑练习的记忆比较顺利，记忆速度较快，准确性较高，且保持较为持久，这一特点决定男生更善于学习逻辑性强、抽象程度较高的内容，且效果好。从识记过程来说，女生的无意识记忆略占优势，而男生的意义识记稍优于女生。由于女生机械识记优于男生，在外语、历史、地理等无须很多理解就能记住的科目学习成绩优于男生。而男生擅长分析思考，在理解所学内容意义的基础上进行记忆，善于将所学内容与客观现实和已有知识经验联系起来，概括出学习内容的主要思想，如在复述课文时，他们一般不像女生逐字逐句背诵，而是将主要意思复述出来。记忆公式和定律也比较重视其推导过程及变式，所以学习材料的意义在男生记忆中保持的时间比女生长，且运用的灵活性也较女生为高。

我国心理学家叶一舵通过研究发现中小学生记忆意义材料和无意义材料都反映出一个共同趋势。小学三年级以前，男女差异显著，女生的记忆能力明显优于男生，整个小学阶段，女生也优于男生。三年级到八年级，男女差异不明显。八年级后差异增大，从八年级到高中二年级，有意义材料的记忆为男生优于女生，而无意义材料的记忆则女生优于男生。

以上的差异是认知方面带有先天或前期形成的特点，而后天形成的学习者认知差异还有学习信念和学习策略。这两者都是在学习英语过程中逐步形成的。

学习信念是教师和学生对所学习内容所持的观点和想法，比如如何掌握一门语言，如何学习词汇、语法和其他等。对任何一个学科学习方法的观念等都可以称为学习信念。教师的学习信念是基于自己的学习经验，学生的学习信念很受早期教师的影响，但由于年龄小，学习经验尚浅，处于不断变化中。教师只有使学生的学习信念和自己一致，才能获得学生对自己和教学方法的认同，以促进教学的有效性。学生的学习信念包含对词汇、语法和语音的学习信念，对语言技能部分的听说、读写的学习信念，由于这些信念不同，导致学生所选择的学习策略和学习效果也就不同。

学习策略是指学习者判定学习内容及其方法的能力。具体地说，哪些内容该学习，哪些内容不需要学习，如何对所选择的内容进行分类以方便学习，何时重复要学习的内容，如何记忆学习内容等等，都是学习策略的具体表现。新课改提倡课堂上教师对学习策略的渗透，“如何学”和“自主学”应成为教师课堂设计贯穿始终的重要核心。

（1）元认知策略。事先组织活动：事先对学习活动做出总的计划。指示性注意：事先对学习任务的某个方面予以重点关注。选择性注意：决定对有助于学习的语言输入或情景中的具体部分予以特别注意。自我管理：尽量安排合适的学习条件。事先准备：为即将布置的语言学习任务计划和练习某些必要的语言项目。自我监控：自己边讲话边检查表现情况。延误性输出：有意推迟说话以便边听边学习。自我评价：按照自设的标准自我检查做得如何。自我强化：自己奖励自己的行为。发现问题：学会辨认学习任务中最重要的内容。元认知策略的核心特点就是有选择、有监控和有管理。

（2）认知策略。重复：默默地或大声地模仿他人的话。查阅：通过用诸如字典等手段使用语言材料。指示性身体反应：通过身体行为对新信息做出反应，例如对听话人的命令做出行为反应。翻译：以第一语言为基础来理解和表达第二语言。分组：通过发现那些带有共同性特征的内容来组织学习。记笔记：把文本的主要内容用笔记下来。演绎：有意识地运用第二语言里的各种规则。再组合：把那些小块的、有意义的单元内容组合成新的整体。图式化：把信息转换成可视性形式以加强记忆。声音表征：在脑子里记住某个声音或某几个声音的顺序。关键词：使用记忆关键词的技巧，比如通过在第一语言里寻找一个相似的词来学习第二语言里的新单词。语境化：把新的信息放在一个有意义的语言顺序里去学习和理解。联想：把新学的内容与其他已学的概念联系起来。迁移：通过已经学得的知识来帮助语言学习。推理：通过已有的信息推断意思。疑问：请求老师解释、帮助等。归纳：对接收到的信息做出归纳。排练：为即将实施的任务复习语言知识内容。

（3）社会情感策略。社会策略是指学习者为了跟其他学习者和本族语者交流而采取的行为，分为询问问题、和别人合作、同情别人。情感策略指的是降低焦虑程度，鼓励自己，有意识了解和控制自己的情感。

Naiman（1978）认为好学生经常使用六种语言策略：（1）找到适合自己的学习风格；（2）学习要投入；（3）了解学语言既要学系统的语言知识，也要学习用这些知识进行交际；（4）不断提高语言水平；（5）把外语当作一个独立的系统来学；（6）注意二语学习的特殊要求。

Rubin 和 Thompson（1982）的研究也列举了“好的语言学生”的若干特征，包括：（1）善于发现适合自己的方法，然后锲而不舍；（2）自觉整理语言知识；（3）学习中有创造力，能够找到语感并不断练习使用所学的语言和词汇；（4）课内外都使用所学的语言；（5）碰到困难，乐于求索，不屈不挠；（6）博闻强识；（7）有错则改，去错求进；（8）善于运用母语帮助二语习得；（9）善于用语境提示理解问题；（10）善于推测；（11）整体学习语言，善于用套语格式超越语言能力；（12）善于使用会话技巧；（13）善于使用表达技巧克服困难；（14）善于学习不同风格的口头和书面用语，以适于不同场景。

国内学者文秋芳也指出成功的学习者全都是使用策略的能手，认为国内外对成功学习者（善学者）的研究结果都证明了成功者的共性特征：（1）成功者关注语言的形式，多用参考书获得相关的语言知识，对语言新知识比较敏感，善于从错误中学习；（2）成功者也关注语言的意义，从上下文中猜测意义，并设法表达自己的意思；（3）成功者通常积极参与一切可能对语言学习有益的活动，甚至自己创造学习语言的机会，例如自己对自己说外语，或是边听别人说外语边重复等；（4）成功者通常对自己的学习过程具有较高的意识程度，能主动反思、计划和调控自己的学习；（5）成功者能灵活、恰当地使用策略。

具体到语言学习的策略有知识学习和技能学习的策略。

词汇学习策略：（1）把英语发音与母语发音相联系；（2）用词的部分意思记忆；（3）注意词的构造；（4）把单词与某个主题相联系；（5）把单词图式化；（6）把单词情境化；（7）在头脑中创造此单词的图像；（8）把单词与身体活动相联系；（9）与母语关键词联系；（10）反复读和写单词；（11）在口语和写作中使用生词。

语法学习策略：（1）学习语法书；（2）做语法练习题；（3）学习课文中的语法及问老师；（4）语感培养策略（朗读、背诵、听说、多读英文）。

听力学习策略：（1）扩展词汇，以提高对听的内容最大限度的理解；（2）广泛阅读，以积累文化背景知识；（3）提高语法知识，以增进对听力内容的理解；（4）与本族语者多交流，以快速提高听力；（5）多听英语电台，如 BBC，VOA 及看英文电影；（6）多做听力练习，如听抄练习；（7）朗读和模仿标准语音和语调；（8）培养用英语思维的习惯。

口语提高策略：（1）认识口语学习的三要素：流利、准确、恰当；（2）寻找同伴、地方（英语角等）练习口语；（3）自己练习描述事物、思想或进行汉语与英语口译的对照练习；（4）英语短文或小说的阅读；（5）大声朗读；（6）语言结构的重复练习；（7）听译法，如三人一组，一人说汉语，一人说英语，一人翻译；（8）三分钟口语作文；（9）故事复述练习；（10）记忆英语短语、小句的用法；（11）培养英语思维：用英语解释，理解英语，使用英英词典，听力训练或短期创设只能说英语的环境；（12）老师的指导。

阅读提高策略。长期提高策略：（1）扩展词汇；（2）学习阅读技巧；（3）多读英文读物；（4）多做阅读测试题；（5）多读书，扩大背景知识。具体任务策略：Hosenfeld（1981）提出了20种阅读策略：（1）记住上文的意思；（2）跳过不熟悉的词；（3）通过上下文理解句子与段落；（4）识别单词的语法类别；（5）评估已作的猜测；（6）读标题；（7）即使不能理解上文，继续阅读；（8）识别同根词；（9）联系已知的知识；（10）分析不认识的词：（11）为寻求文章的意思而读；（12）为理解意思而不是单词而阅读；（13）使用一切机会识别单词意思；（14）利用插图；（15）利用注释；（16）利用注释词表；（17）适当地查词；（18）跳过不重要的词；（19）根据所预想的结论继续阅读；（20）利用各种上下文线索。

写作提高策略：（1）背诵课文，积累素材；（2）用多种方式表达一种意思；（3）用英语写日记；（4）写作前准备一些好的词汇、句子；（5）结交英语笔友。

学生认知水平的差异，决定了教师对一堂课设计的出发点和必要的方法手段。但掌握学生的认知水平状况还不够，还需要进一步了解学生的智能差异。

从多元智能差异来分，加德纳把人类智能分为八种：语言智能、数学逻辑智能、视觉空间智能、音乐智能、身体运动智能、人际关系智能、自我认识智能和自然智能。语言智能指的是运用语言达到各种目的的能力：辩论、说服、讲故事、写诗、作文及教学，这类人的言语表达、欣赏语言深层内涵的能力较强，一般作家、诗人、记者、演说家、新闻播音员就具有此方面智能。数学逻辑智能的人强调理性，善于发现模型，建立因果关系，进行可控的实验及排序。他们通常以概念和问题为中心进行思考，并且喜欢把观点付诸实验，科学家、数学家、会计师、工程师和电脑程序设计都显示出很强的数学逻辑智能。空间视觉智能有很强的观察、创造、再现图片和影像的能力。具有视觉空间智能的人甚至对细微的视觉细节都有非常敏锐的洞察力，能够知觉到外在和内在的图像，能够将文字、感想转换为心理图像，能创造和解释图形信息。具有视觉空间智能的人长于形象思考，并有敏锐的定位感和方位感。音乐智能的人有创造曲调和节奏的能力，也包括理解、欣赏和评价音乐，对于各种非语言的声音和日常噪音的节奏很敏感。作曲家、指挥家、乐师、音乐评论家、制造乐器者和善于领悟音乐的听众就是具有这方面智能的人。身体运动智能与身体的自身状况及个体对其身体的操纵有关。具有身体运动智能的人一般能相对容易地操作外物并进行精确的身体运动。他们的触觉发展好，善于支配自己身体。运动员、舞蹈家、外科医生和手艺人都是这方面的例证。具有人际关系智能的人善于与他人合作，并且对人们的情绪、态度及愿望的细微变化都很敏感，能有效地理解别人和与人交往。成功的教师、社会工作者、演员或政治家往往具备这方面的能力。自我认识智能是指能了解自己的感受和情感状态的能力，建立在自我知觉能力基础上，善于计划和导引自己的人生。他们注重内心感受，能形成现实的目标和自我概念。神学家、心理学家和哲学家就是具有高度自我认识智能的人。具有自然智能的人能够与动物、植物等自然界以及岩石、星云等自然物和谐相处。自然智能的人大多喜欢户外活动并倾向于关注生态环境中的规律、特征或反常现象。还能对规律进行总结、归纳和分类。具有这方面才能的人比如植物学家、生态学家和庭园设计师。加德纳还提出人的智能不仅仅局限于这几种智能，并且每种智能下还有次级智能。比如音乐智能就有作曲和演奏方面的分类。每个人也会同时具备一种以上的智能，但多数人只能在一至两种智能上表现出色。教师在设计课堂时应该了解学生的智能倾向，目标、活动与方法要有针对性、多元性和开放性，让每个学生都能发挥特长，体验成功。

从学能差异来看，每一种多元智能都存在能力差异倾向，总体上可以分为掌握型、人际型、理解型和自我表达型。比如以语言智能为例，掌握型学能的学习者善于运用语言描述事件及顺序，如记者、技术性的撰稿人、行政人员、合约起草者，他们写一篇文章、编一份杂志、制订一个计划、完成一段新闻广播、描述一个复杂的过程与事物较为擅长。人际型学能的学习者擅长运用语言，建立信任及和睦的关系。如销售员、咨询师、牧师、治疗师，他们长于写信、发表演讲、组织访问、给一位虚拟人物或朋友以建议。理解型学能的学习者能有逻辑地辩论并运用修辞，适合于担任律师、教授、演说家和哲学家，在处理个案、做一个决策并进行论证、发展一种理论、解释一个文本和介绍一件艺术品等方面具有较高的才能。自我表达型学能的学习者能运用隐喻及富有意味的语言，适于做编剧、诗人、小说家、广告撰稿人，长于制订一套导演计划，编一个故事，制作一个广告宣传。

再以数学逻辑智能为例，掌握型学能的学习者长于用数字计算、描述和证明，适合于做会计师、记账员、统计学家，在做预算、收集和分析统计数据、预测一种趋势等方面有潜能。人际型学能的学习者能将数学应用到个人与日常生活中，适合做商人和管家，善于权衡一个决定的分量、预测一种趋势、做一次健康普查、做一份家用的预算。理解型学能的学习者拥有运用数序概念推测、确立证法及应用数学和资料进行证明的能力，他们在此类方面表现出非凡的能力：形成一个公式、调查一个主题或问题、设计一个电脑程序、分析一种两难的情境、写一段文字解释一个概念、建立一个矩阵、做一个实验、调式一个电脑程序等。自我表达型学能的学习者对数学的规律、对称、逻辑与美感具有敏锐性，长于在设计和模仿中解决问题。可以成为作曲家、工程发明者、设计师、量化问题的解决者。他们的能力表现在：发明一个游戏、画出一张蓝图、制定一份时间表、把一种概念用到现实生活中、用数学名词解释一种美学趋势等。

当然就每个学科来说，学能还可以细分，比如语言学习，尤其是从外语学习的学能来看，语言掌握的学能还可以细分。比如语音习得的学能，对于语音、语调、音高的细微变化和情感特质有区分和模仿的较高能力；语法分析学能，能敏感地注意到语言中的语法现象并归纳总结；归纳学习的学能，对语言学习的规律总结、灵活学习方法的掌握等具有较强的分析应用能力；机械学习的学能，对语言中的词汇、语法规则、范文的学习和背诵记忆能力较强。

2.2 中学生的情感特点

学生的情感因素很多，比如动机、兴趣、态度、抑制、文化认同等。

动机是一个人从事某种行为以达到一定目的的原动力。动机分为内在动机和外在动机。内在动机是学习者对某一学习领域或学习内容和任务产生浓厚兴趣。包括好奇心、求知欲、知识成就感、对学习活动本身的兴趣等。外在动机则来自于外界影响，比如获得奖励或避免惩罚。通常内在动机持续的时间更长，是学习获得成功的重要前提。在外语学习中，Gardner 和 Lambert（1972）把动机分为综合型动机和工具型动机，与内在和外在动机相似，综合型动机指的是学习者对目的语有特殊兴趣，期望更好地同目的语文化有更密切的接触，与目的语社团的成员进行交际。工具型动机指的是为了考试、某一职位或是提高社会地位产生的学习动机。

此外，按照学习目的，学习动机可以分为：功利型（类似于外在动机）；实用型，为解决问题而学习；竞争型，喜欢挑战和刺激，为了优于他人而学习；学问型，喜欢研究和探索各门学科；速成型，寻求捷径的学习动机；听课型，是被动学习者；放弃型，已经放弃学习，是教师最难克服的难题。

在实际教学中，学生由于各种各样的原因而缺失学习动机，据笔者调查有如下的动机缺失类型：（1）接受型的学生（即听课型，没有学习主动性和自觉性）；（2）受挫的学生，由于学习中的挫折，产生害怕失败的情绪；（3）畏难的学生，也是因为学习的难度和挫折，而有畏难情绪；（4）随性不稳定的学生，对于学习和自己的目标不清晰的学生，很容易受周围环境的影响；（5）彻底放弃的学生；（6）压力大而不想学的学生，有的学生被父母严格要求，或是本身学习压力大而不想学习；（7）在外面学、课堂上不屑于参与的学生，有的学生有条件在外面学习，在课堂上因此表现为不以为然；（8）学生群体因素，由于班风、校风，学生不爱学习。（9）青春期逆反和情感的萌动，青春期的敏感和分心都会导致学生的学习动机不强。

动机的缺失通常是由于家长、社会和教师几方面因素导致的。例如家长对孩子的期望值过高或过低，过高会给孩子带来压力，实现不了家长期望而厌学甚至放弃。过低会使孩子在学习上放松，长期处于松散状态后，学习一落千丈，因此而难以维持学习的动机。被家长放弃是很多农村家庭的状况，孩子因为没有得到良好的指引，学习成绩长期处于劣势，家长被迫无奈而放弃，或是家长本身不重视孩子的教育，认为自己过去读书不好，学生也不会好，因此而放弃孩子的教育，让孩子在学校待着，能待多久就多久。离异家庭是导致学生失去学习动机的另一个原因，情感上的受挫和不安、同学的歧视、自卑心等都会导致学生的学习动机丧失。中国的城市化发展使很多农民丧失土地，很多农民工把孩子留在家乡老人身边，致使大量的留守儿童缺失父爱和母爱，生活习惯和交际能力差，缺少关心和群体交往，这也是孩子厌学的原因。另外，有的家庭由于经济条件好，生活安逸，从而导致孩子的学习动机低下。除此之外，社会上的“读书无用论”是另外一股暗流，致使家长和孩子对学习的态度是被动和放任的。

综上所述，农村地区的学生动机缺失与家庭和社会有极大的关联，教师的课堂引导作用虽然重要，但却很艰难。教师本身也存在着对待学生不公正的现象，在学生调皮和成绩较差时讽刺挖苦学生，导致学生的学习兴趣和积极性降低。有的时候，教师不知不觉对优生的态度、表情、信任的语气，使其他学生感到了教师的不公平，不能“亲其师”，就不能“信其道”。所以教师了解学生差异和尊重差异是获取学生尊重的前提。教师本人的性格、知识与能力以及不断更新的教育教学水平都是激发学生学习动机的关键。

兴趣是一个人持续对某事物的热情。兴趣来源于教师的引导、促进。学生往往由于对学科的好奇心而产生最初的兴趣，但逐渐冷淡和感觉枯燥，这主要是因为教师在教学中的常规和单一手段等因素，最关键的是没有充分引导学生实践并取得成就，所以很容易没有成就体验的学习会使学生逐渐失去兴趣。

态度指个人对事物或人的一种评价性反应。积极乐观、开放的态度就容易渡过学习难关，善于向别人学习，接受别人的意见。消极悲观、封闭的态度很难对学习产生持续动机或是对任何事物的热情和兴趣。新课改中的情感态度价值观目标指的是教师在教学中对学生的持续积极情感渗透，所以中学生良好学习生活态度的形成要靠教师本身的人格和素质来影响、改变。

文化认同指的是学生对课程内容所包含的价值观思想的理解和认同，也指教和学的方式所蕴含的文化元素的认同，比如外语教学中的西方文化理解，新课改中合作学习、探究学习、自主学习文化的适应和认可等。如果对教材中的文化价值观不认同、不理解，并认为与实际生活相隔太远，可能会对本学科失去兴趣。而对于课改提倡的以学生为中心、合作学习、探究学习等，如果学生没有经历过这样的学习方式，就会出现难以适应的状况。但这一切关键在于教师的引导，让学生的生活体验与学习相连接，就能使学生产生文化认同，进而才会对课程的学习产生兴趣和动机。

2.3 中学生的心理特点

人在12～18岁的主要任务是建立自我的同一性。自我是人格中一个相当有力、独立的部分，其作用是建立人的自我认同感和满足人控制外部环境的需要。人的稳定的人格素质是建立并保持自我认同感，它是一个复杂的内部状态，包括了个体感、唯一感、完整感以及过去与未来的连续性。很多人在一生中都有一段时期不能确定自己是谁，不能确定自己的价值或自己生活的方向。通常出现在青春期，有时出现在中年时期。James Marcia 提出了同一性身份（identity status）的概念，是指个体在同一性发展的过程中所处的位置。他认为，个体一方面在寻求职业和个人价值观的多种选择，一方面履行承诺，即个体决定遵循某种同一性发展途径，并为了获得该同一性付出更大的努力。探索与承诺的不同组合产生了四种同一性身份。同一性的探求会经历以下几种阶段：（1）同一性弥散（identity diffusion）：个体还没有探索各种有意义的选择，也没有做出承诺。许多青少年都属于弥散的同一性身份。他们还没开始探索各种职业选择和个人价值观。（2）同一性排斥（identity foreclosure）：个体还没有充分探索各种选择之前就做出同一性的承诺。如父母的意愿是成为医生等。（3）同一性延缓（identity moratorium）：个体正在探索各种选择，但还没有做出承诺。如考虑文理科，大学生考虑选修课等。（4）同一性获得（identity acquisition）个体已经探索了各种选择并已做出了承诺。例如，个体通过长时间研究各种职业，最终决定全身心地投入某种职业。

这个时期的少年要努力地整合自己的各种知识、经验，积极思考，形成对自己的深入理解和认同。自我的同一性包括有关自我的动机、能力、信念和性格等的一贯经验和概念。因此青春期少年心理上需要有效关注和支持。一方面，正处于与父母、家庭渐行渐远的青春期，独立意识和自我意识日益增强，迫切希望摆脱父母的严格控制，获得父母对其独立人格和选择意愿的充分尊重。另一方面，缺乏自我监控能力、问题解决能力和正确的自我认识。但受传统教育思想和教育方式的影响，教师对学生出现的适应问题形成了一些习惯性的看法，不利于学生心理人格的成长。比如，（1）重视外在原因，忽视内在原因及作用机制。家庭、班级、同伴对学生的心理适应状况的影响，中学生已发展出的个性特点、认知方式、内在特点及个人的需要等未得到充分重视。教师应当用整体论的观点看待学生，了解内外因的相互作用才能促进学生的发展。（2）重视外攻性行为，忽视内攻性问题行为。Wickman 提出外攻性问题和内攻性问题，外功性问题指违规犯过行为、敌意抗拒行为，包括打架、骂人、偷摸、逃学、离家出走、撒谎、挑衅、反抗、不合作、欺负弱小、毁坏公物等。与对待他人有关，是缺少控制的结果。内攻性行为指自卑、自贬、畏缩、悲观、孤僻、不开朗、不合群、消极顺从等社会退缩行为。与对待自我有关，是过度控制的结果。教师通常重视外攻性问题，忽视人格问题，关注学生暴露出来的行为问题，而对行为背后掩藏的人格弱点较为大意。后者是问题的内因，意义更为重大。

处于青春期的青少年，心理上的成人感与半成熟感现状之间的矛盾，心理断乳与希望在精神上得到父母支持和保护的矛盾，心理闭锁性与需要理解、交流的矛盾，要求独立自主与依赖之间的矛盾，自以为是与常常出现自卑感之间的矛盾等，自以为已经成人，要求具有和成年人相当的社会地位和决策权，反对从属地位，更反对权威式的干涉。开始对自然世界、社会生活、人际交往等问题进行思考，并且形成自己的看法，但由于他们发展水平的局限，其观念具有幼稚性，表现出主观、片面和绝对性，不理解父母和教师的想法，更反对长辈们强加给他们的观念。由于生理发展速度超过心理发展，身心发展不平衡，在缺乏准备的条件下，面对许多矛盾和困惑，常常处于焦虑的情绪中。在这种背景下遇到不满和不平之事，容易出现突发式的情绪失控，就会与家长和教师产生冲突。

青春期大致还有可能出现以下极端的负面情感。忧郁：持久的心境低落状态。狭隘：斤斤计较，心胸太狭隘，不能容纳他人，也不理解他人。对小事耿耿于怀，爱钻牛角尖。嫉妒：忧虑、愤怒和怨恨他人优于自己的一种复合情绪。恐怖：对某一特定物体、人际交往或处境产生异乎寻常的恐惧或紧张不安。残暴：青少年对他人或对自己的一种伤害行为。敏感：神经过敏、多疑。自卑：消极的自我评价或自我意识，看不到自己的长处或优势。这些负面情感只是暂时的，随着年龄的增加，认知和情感逐步成熟，很多负面情感会逐步转化，处理不当，也有恶化的情况。因此教师对于中学生情感的把握要基于心理学对青少年的心理分析，这样才能理解和处理中学生青春期出现的问题。

从社会发展角度，政治上的“民主化”、经济上的“市场化”、文化上的“多样化”、大众传媒的“丰富化”正成为社会变迁和发展的基本方向。所以学生自主意识增加，容易把教师的教育批评与侵权相混淆。从教育事业的角度，师生关系越来越平等，教师“权威”地位开始松动，学生主体意识提升，教师家长式的作风造成了学生的反抗。所以教师应该倾听心声，表达同感，助其了解自己的感受和情绪。提供心理支持，引导其从不满和对抗中走出来，觉察自己的问题。带领其直接面对自己的问题，挑战自己的畏惧心理，学习放眼未来、规划未来。帮助青少年了解自己的身心发展规律，同时教师要懂得青春期孩子的苦恼与挣扎，多从学习、生活等方面关心他们。学生有时不是真的和教师作对，而是受成长过程中的苦恼与情绪的左右，又不知如何解决造成的。这需要教师的关怀与耐心。冲突刚好是师生成长的好机会。处于青春期的中学生带有情绪化，经常以反抗的形式来表达自己的不满与愿望，作为成年人的教师要善于听出他们情绪化的语言之外的含义。对学生的苦恼表示理解；帮助学生区分自己的苦恼和对教师情绪的关系；重新看待教师，更客观地评价自己的老师。冲突使问题表面化了，有效解决冲突可以促进师生关系。

留守儿童是青少年问题的一大难题。隔代抚养的孩子会遇到各种问题，普遍的问题是生活自立能力不足、交往技能缺乏、耐挫性差、比较被动。留守儿童处理策略：（1）自信训练：自立练习、助人练习、自我暗示练习。（2）行为训练：做事中寻找孩子的积极方面，帮助孩子发现他是如何做到积极的，鼓励孩子多做那些促进他成就的事情。（3）团体训练，在现实的环境里学习如何与人合作。（4）学习上的帮助。（5）鼓励留守孩子多结交同龄人朋友，搭建强大的“支持系统”，孩子对自己的评价大多数依据他人对自己的评价，特别是同龄人的态度会在很大程度上影响孩子的情绪行为。鼓励其他孩子陪伴他们走过人生的困难时期。

了解青少年的心理情感还可以看其人格发展。心理学上对人格发展的分析可以分为几个流派。

精神分析流派　主要代表人物是弗洛伊德，他最主要的贡献是对人的意识的描述，把人的意识分为意识、前意识和无意识，内心想法位于无意识当中，无意识无法带进意识当中，除非在特定的情境中，但无意识的东西决定了许多日常行为，理解无意识行为是精神分析流派的核心思想。他认为人存在着“本我”“自我”和“超我”。本我是出生时的人格，遵循自私原则，与满足个人欲望有关，个人本位，并且采取的是快乐原则，不受物理环境和社会文化约束。儿童在 2 岁时，逐渐与社会互动之后，形成了自我，遵循现实原则，考虑情境现实性的方式进行。自我的工作是把本我控制在无意识中。自我能在意识、前意识和无意识各部分之间自由活动。儿童大约 5 岁时，人格结构中的自我开始形成，超我代表社会的特别是父母的价值和标准。本我、自我、超我相互补充、相互对立，三者的斗争永不停止。

弗洛伊德认为人在面对压抑时，会自然运用防御机制，比如压抑（有意识地回避威胁自己的东西）、升华（把潜在的攻击行为转化为运动，诸如拳击、橄榄球等为社会所接受的行为）、替代（把情绪转移到他人和物体上）、拒绝（拒绝接受事实的存在，是防御的极端形式，有时外在的形式是撒谎）、反应生成（按照无意识欲望相反方向行动，以躲开可怕的念头和欲望）、理智化（用理智的方法检查我们的意念，不造成任何焦虑）、投射（把无意识冲动归为别人的）。这些心理现象的概念有助于教师解释儿童的异常行为。

精神分析流派的另一个代表人物是艾瑞克森，他把人的情感发展分为八个阶段：

基本信任对不信任（0～1）：当婴儿出生后，是否得到充分的照顾、关心和抚爱，基本需要是否获得满足，他们的哭声是否得到注意，使他们形成今后对人的信任和不信任。是人格形成的第一个转折点。

自主性对羞愧和怀疑（1～3）：儿童这个阶段产生了自主意识，他们感到有能力，是独立的，开始有了强烈的个人操纵感。如果父母或者照顾人对他们过度保护，没有让他们自主探索，就不能获得个人控制感和对外界施加影响的认识，儿童容易产生羞怯和怀疑的感情。他们对自己感到不确定，依赖于他人。

主动性对内疚（3～6）：儿童逐渐与他人交往，必须学会怎样与其他人一起玩、一起做事，怎样解决不可避免的冲突。通过寻找游戏玩伴，学习怎样组织一个游戏和参加其他社会性活动，他们的主动性得到了发展。如果这方面未能得到很好发展的儿童，这个阶段会产生内疚感和退缩，可能会缺乏目的感，并在社会交往或其他场合很少表现出主动性。

勤奋对自卑（6～12）：儿童进入小学，不可避免地要与同龄儿童进行竞争，在学习成绩、体育比赛中等。他们的竞争意识不断增强，有成功体验的就会形成勤奋感，以及对自己力量和能力的信任感。反之，就会形成自卑感和对自己能力的低评价。

自我认同感对角色混乱（12 以上）：这是人生发展的另一个重要的转折期，青少年要回答“我是谁”的问题。他们会积极参与一个群体，参与活动，决定自己的信仰和价值观。通常这个时期的青少年会感到角色混乱，对自己和人生充满了不确定和期盼。在诸多不确定、混乱和不和谐中，认为自己成长独立了，充满好奇心，喜欢体验各种事物和经历，渴望获得对自己事务的决定权，却又处于父母的庇护下，通常会产生各种叛逆的思想和行为。是教育者面对的较难的阶段。

亲密对孤独（17 以上）：亲密关系的发展成为最根本、最重要的，年轻人开始寻求一种特殊的关系，亲密感使人获得情感上的陪伴和满足，否则就落入孤独。通常这种亲密感发展到最后是婚姻和家庭。

繁衍对停滞（中年）：进入中年，父母对孩子的教育丰富了他们的生活，促进了情感的成熟。没有子女的人如果与年轻人在一起，也会感到这种生活的丰富，比如担任志愿者或者照料兄弟姐妹等，没有形成这种繁衍感的成年人，随着年龄增长，会表现为一种空虚感和对人生目标的怀疑。

自我整合对失望（老年）：进入老年阶段，走向死亡成为必然，以满足的心情回忆往事，就能获得完善感，以失望的心情回忆往事，就会悲伤、失望，对人表现出厌恶和轻蔑。

弗洛伊德和艾瑞克森的理论对于中学教师分析青少年的人格特征和行为表现有较好的借鉴指导作用，能分析青少年问题存在的原因，更好地了解中学生心理和情感，做到有效交流和沟通。

特质流派　古希腊人把人分为四类：多血质（快乐型）、抑郁质（不快乐型）、胆汁质（易怒型）、黏液质（淡漠型）。特质流派的心理学家把人格特质中的核心和基本特质提炼出来，一般人格特征就会在这些特质的连续体上任何一个点。研究人格特质的心理学家早期有奥尔波特、莫雷，后期有卡特尔的十六个人格特质和马克瑞与科斯特的大五人格因素，对中学生的人格分析有较大的帮助。

卡特尔的十六个根源特质：

乐群性：外向与热心，对冷漠与刻薄

聪慧性：聪明与抽象、思考能力强，对愚钝与抽象思考能力强

稳定性：沉静与情绪稳定，对不稳定与易激惹

恃强性：武断与好斗，对温顺与随和

兴奋性：热情与活泼，对冷静与严肃

有恒性：自觉与道德，对玩世不恭与漠视规则

敢为性：胆大与冒险，对退缩与犹豫

敏感性：富于幻想与敏感，对讲求实际与自恃其力

怀疑性：怀疑与警觉，对信赖与接纳

幻想性：想象与心不在焉，对现实与脚踏实地

世故性：老练与精明，对坦率与朴实

忧虑性：不安与焦虑，对自信与满足

实验性：思想自由与求新，对保守与传统

独立性：自立与足智多谋，对依赖群体与遵从

自律性：受约束与强迫，对任性和松懈

紧张性：紧迫感与紧张，对无拘束与沉着镇定

马克瑞与科斯特的大五人格因素：

神经质：烦恼对平静
不安全感对安全感
自怜对自我满意

外向性：好交际对不好交际
爱娱乐对严肃
感情丰富对含蓄

求新性：富于想象对务实
寻求变化对遵守惯例
自主对顺从
随和性、热心对无情
信赖对怀疑
乐于助人对不合作

尽责性：有序对无序
谨慎细心对粗心大意
自律对意志薄弱

另外一种人格特质的分类为A型和B型，而基本特质有三个：第一，A型者更有竞争性，更能为成功而努力奋斗；第二，A型者有时间紧迫感，认为时间宝贵，不能浪费；第三，A型者在对待挫折情境时更容易产生攻击性和敌意。相对于A型的另一端是B型，同时A型人格容易患心血管疾病。

特质流派的心理学家还对成就动机、归因、情绪进行研究，这些因素的差异对学习者的学习成绩也起到了重要作用。比如归因这一因素，归因有三个维度：稳定性、控制点、可控性。

表9－1　归因的三个维度

稳定性	稳定归因	不稳定归因
	协调能力好	运气好
	数学天赋差	感冒了

续　表

控制点	内部归因	外部归因
	特别努力	测验容易
	缺乏技巧	竞争激烈
可控性	可控归因	不可控归因
	高动机	家里有钱
	练习不足	国家经济萧条

根据国内外研究，归因的训练有助于中学生客观地分析自己和学习成绩。除此之外，社交焦虑、情绪的情感性、乐观主义与悲观主义人格等都影响到了学生的学业成绩。

生物学流派　生物流派的心理学家认为人格特点受生物学特性的影响要比受父母教育行为的影响大，即父母或家族遗传对人格的形成更重要。代表人物之一艾瑞克把受父母遗传较重要的维度分为三个：内向与外向、神经质、精神质。首先外向的皮质唤醒水平较低、需要寻求高唤醒的社会行为，所以，外向的人努力避免无聊。内向的人皮质唤醒水平高，所以倾向于选择僻静的、无刺激的环境，以使自己的皮质唤醒水平不会变得很高。神经质这一维度较高的人情绪不稳定或情绪化。反之则稳定而很少情绪失控。精神质高分的人表现为以自我为中心，冷漠、不关心他人，缺乏同情心。反之，则随和，易于与他人相处。这三个维度表现为气质和人格受遗传影响很大。了解生物学流派心理学家，对我们分析人格有帮助，比如要知道一个人，可以先了解其父母和祖父母，从遗传角度分析人格。

人本主义心理学　人本主义心理学的主要代表人物是心理学家罗杰斯，他曾说过："好的人生，是一种过程，而不是一种状态；它是一个方向，而不是终点。"人的本性就是要努力做到因满足于个人生活而保持乐观态度。他把达到这一目标的人称为心理和谐的人。他们与其他人相比，不太屈从于社会期待的角色要求，相反，在进行重要的生活决定比如选择职业和生活方式时，似乎更遵从自己的兴趣、价值观和需要。

另一个代表人物是马斯洛，他的需求分析对于了解个体成长具有重大意义。他认为人的需要分为匮乏需要和成长需要。匮乏需要是人物质或精神上最基本的需要，比如生理需要或者渴望受到人尊重的精神需要。人在某些需要匮乏时是不快乐、人格不完善的。马斯洛认为这些需要可以分层次，比如生理需要、安全需要为最基本需要，之后就是归属和爱的需要、自尊需要和自我实现需要。马斯洛认为，极少数人可以达到自我实现的状态，在这种状态下，他们的潜能得以完全发挥，大多数人都会朝着这个方向努力，但是否实现，采取的方式都是无法预测的。

人本主义心理学的贡献是强调人心理和谐发展，以人为本，实现自我。人本主义心理学对于教育有较大的指导作用，教师的功能就是帮助学生实现自我。

行为主义和社会学习流派　最早提出行为主义心理学的是美国心理学家华生，他认为精神和思维的研究者并不是正统的科学研究，观察到的事物才是合理的，所以要研究的应该是外显的行为。华生称自己为激进行为主义，另一个重要的代表人物斯金纳不否认思维和内在过程的存在，只是多大程度可以观察到那些可以解释我们行为的内在原因。斯金纳以及苏联的巴普洛夫通过实验提出条件反射对人的行为的影响。所以在人的行为的发展过程中，通过强化（奖励或者惩罚）可以塑造、泛化和分化。塑造是通过强化行为来培养一种行为习惯，泛化是已经形成的某种行为可以迁移，分化则是对某种类似行为的无鼓励，而使人区别对待人或物。洛特提出预测行为的公式：行为潜能 = 期望 + 强化值。解释了青少年更易受同伴影响。

班杜拉在行为主义理论中加入了认知成分。他提出相互决定论，认为行为由内部力量和外部力量共同决定，奖励和惩罚属于外因，信念、思维、期望属于内因，这一系统中的内因和外因成分相互影响。班杜拉还提出了自我效能感，认为效能期望比结果期望更能预测人的行为。在行为主义心理学研究中，习得性无助和控制点是两个重要概念。习得性无助指人们在最初不受控制的情境中获得了无助感，那么在以后的情境中还不能从这种关系中摆脱出来。控制点理论认为，人处于极端外控和内控之间的连续体中任何一点，内控者更能表现出较强的稳定情绪和积极的心理状态。大量的研究还表明，控制点与幸福感有关。

认知心理学流派　乔治凯利是认知心理学流派的创始者，他认为人们对事物的认识取决于人头脑中的图式，即人先前的知识、经历和体验，这些图式会影响人们对事物的不同看法和情感，或者产生移情，或者产生压抑，或者产生愉快的情感等。

认知心理学流派的代表人物还有皮亚杰、布鲁纳和维果茨基。

以上的心理学流派可以很好地解释中学生已经形成的人格特点、生活和学习习惯、文化价值观的来源，可以帮助教师有效地针对个体差异进行管理沟通。

综上所述，农村学生厌学主要是教师对学生的认知、情感和心理的了解不够，管理过于简单化和统一化，社会环境和家庭环境的复杂化更加导致了中学生厌学现象严重，所以教师只有转换角色，充当真正的引导者、心理咨询者和有效的管理者才能解决这一难题。

2.4 班级管理

2.4.1 班级管理

管理的含义是负责某项工作使其顺利进行。也是保管和料理、照管并约束（人或动物）的意思。在拉丁语中，管理的意思就是“手”，即处置方式，后来引申为“控制和指使”“使人服从”“小心处理”及“执行任务以达目标”。管理有五种作用：计划、组织、指挥、协调、控制。

韦伯认为，为了实现组织目标，要把组织中的全部活动分解为各种基本的业务，以分配给组织中的每名成员。要求用权责合一的等级原则把各类成员组织起来，形成一个指挥体系或者阶层体系。社会系统理论认为社会各组织都是一个由相互进行协作的个人组成。包括三个要素：协作的意愿、共同的目标和信息的联系。

课堂管理就是建立和维持课堂群体，以达成教育目标的历程（约翰逊，1990）；是为了实现教育目标而处理或指导课堂活动特别涉及的问题，如纪律、民主方式、教学资料、环境布置及学生社会关系（古德，1973）。课堂管理是指一套旨在促使学生合作和参与课堂活动的教师行为活动，其范围包括物理环境的创设、课堂秩序的建立和维持、学生问题行为的处理、学生责任感的培养和学习的指导。是教师或教师和学生共同地处理课堂中的人、事、物等因素，使教室成为最适合学习的环境，以易于达成教学目标的活动。是为使学生能在学校与班级中愉快地学习，并拥有各种快乐的团体生活而将人、事、物等各项要件加以整顿，以协作教师开展各种活动的一种经营方法。是教师管理教学情境、掌握并指导学生学习行为、控制教学过程、以达成教学目标的技术和艺术。是教师或师生遵循一定的准则，适当而有效地处理课堂中的人、事、物等业务，以发挥教学效果、达成教育目标的历程。

课堂管理的三大功能：助长功能，形成积极良好的课堂学习环境，激励学生的参与精神，激发学生潜能的释放。至弱功能，不良的管理方式可以激化课堂教学中的冲突和矛盾，破坏正常的教学秩序，从而给教学活动造成消极影响，妨碍教学任务的顺利完成。维持功能，通过一定的管理手段，较持久地维持课堂教学的基本秩序，形成比较稳定的教学环境。

课堂管理的方法：（1）教师的自我管理：师德，比如爱生、自重（自尊自爱、严于律己、为人师表、以身立教）、向善（同情、团结、支持他人）；教态，比如沉稳、老练、亲切和自然；教言，比如清晰、准确、连贯和幽默；教技，比如全面、多样、灵活和巧妙，还可以运用目光示意法、动作暗示法、表情导航法、情感感染法、人际调距法。（2）教师的课堂运作能力，比如教师的洞悉、兼顾、把握分段教学环节的顺利过渡、课堂节奏的处理、课堂段落的管理。（3）使全班学生始终参与学习活动，如可以通过声音控制、眼神和表情控制、停顿、变换教学媒体、变换活动方式让学生在课堂保持注意力。同时尽量创设生动活泼、多样化的教学情境。（4）责罚学生时避免微波效应。（5）教师对学生的管理，学生行为的解析、课堂纪律的维护、自律意识的培养；教育和管理的结果是形成人的自我教育和管理意识，使人成为“自治”的人。（6）教师对课堂环境的管理：有物理环境管理、课堂的心理环境管理；课堂气氛有支持型气氛、防卫型气氛、对立型气氛、课堂的外部管理。（7）正确处理和对待外界环境因素。

影响课堂管理的因素有五个：教学设计的质量（目标、方法、时间），教师的领导作风（民主、专制、自由放任），班级规模，定型的期望，班集体的性质。管理者通常有四种风格：力量型——雷厉风行、行事果断，有领导才能和组织协调能力，但刚愎自用，不聆听意见。行动型——直来直去、大大咧咧、为人热情，但情绪化。行动迅速，跳跃性思维，不按逻辑出牌，不善于约束自己，并且时间管理差。自己本身不能做到，管理的难点是管理自己。完美型——理智、认真，讲究条理，逻辑思维强，做事要求高。抓细节、落实细节好。不善于表扬，批评指责多。亲力亲为，事无巨细，下属容易出现盲从或依赖。和平型——待人温和，和下属关系好，下属很容易跟你讨价还价，太容易被商量和讲条件。

优秀的管理者应具备以下能力：解决问题、实现目标、执行任务、控制情绪、沟通、谈判、班级管理、团队及个体。良好的领导者通常认为权利不等于威信、把握好与学生关系、软（人）硬（制度）尺度把握、工作和友情分开、制度建立、树立威信（正气、立场，覆盖群体）、激励学生和给予适当压力、克服惰性。

2.4.2 课堂纪律

课堂纪律有四种方式：教师促成的纪律、集体促成的纪律、自我促成的纪律、任务促成的纪律。影响纪律实施的原因：学生的性别特征、学生的人格因素、学生的注意对课堂纪律的影响、教师上课时潜在的影响、教师注意的分配、课堂内部环境的影响。建设良好的课堂纪律，应实行人文管理，让学生有尊严地学习，增强内心对愉快、自信和幸福的追求；培植学生的归属感、责任心和集体荣誉感；教会学生选择；改善课程，改善教学。课堂纪律管理的心理特点：强制阶段（0～6岁）、强化阶段（6～9岁）、遵从集体阶段（9～16岁）、服从法律和权威阶段（16岁至成年）、民主平等阶段（成年）。课堂纪律管理的策略：注重课堂纪律的前期管理；将一般要求变为课堂程序和常规；及时巩固课堂管理制度（认真监控，及时恰当地处理违纪行为）；

灵活运用奖惩手段；降低课堂焦虑水平；注意中性行为的中介作用；多采取积极的引导；实行行为矫正，开展心理辅导；调整课堂座位规则要明确；以正面引导为主，多用积极的语言；规则既要有针对学生的，也要有针对教师的，以体现师生关系的平等。规则要有弹性、要适量，让学生参与规则的制定，执行规则坚决、果断、公平、连贯、灵活。

2.4.3 课堂问题行为分类

智力活动问题行为：学业不良、逃学、厌学、抄袭；情感问题行为：敏感、多虑、多疑、害怕、烦躁不安；人格问题行为：性格孤僻、粗暴、性情反复无常、退缩、反社会行为、责任丧失、品德不良行为；青春期问题行为：异性交往恐惧、性心理障碍、青春期自闭症和青春期逆反心理；习惯性问题行为；人际交往障碍。为了解决学生问题，了解管理沟通理论对促进中学生管理有帮助。

2.4.4 管理沟通理论

"经济人"假设（早期传统的认识）：认为人是以一种呵护理性的、精打细算的方式行事，人的行为是由经济因素推动和激发的，个人在组织中处于被动、受控制的地位。管理者激励下属的主要手段是"胡萝卜加大棒"。

"社会人"假设（初期人际关系论）：认为人是受社会需要所激励的，集体伙伴的社会力量比上级主管的控制力量更加重要，领导者应该体贴下属，通过培养组织成员的归属感来调动人的积极性。

"自我实现人"的假设（后期人际关系论）：认为人是自我激励、自我指导和自我控制的，人们要求提高和发展自己，期望获取个人的成功。企业应当把人当作宝贵的资源来看待，通过提供富有挑战性的工作来使人的个性不断成熟并体验到工作的内在激励。

"复杂人"假设（20 世纪 60 至 70 年代）：体现权变思想的人性观。认为人是千差万别的，不同的人，以及人在不同的场合，会表现出不同的动机和需要。管理者对人激励的措施和领导方式也应该力图灵活多样，因人、因问题、因环境而异。

"文化人"假设：指数经济条件下的人性观。认为人需要依靠本身高度的主体性与自觉精神，不断学习，持续进步，超越自我，在推动企业持续发展的同时，获得个人激励与满足。管理者为员工提供长期稳定的岗位与全方位培训，构建和谐平等的上下关系，通过集思广益为员工提供充分发挥潜能的机会。

高效团队的管理原则：（1）利益整合原则，即把个人需要、团队需要和工作需要三者结合；（2）工作内在激励原则，尽力挖掘工作内在的核心激励因素；（3）公平原则，公平评价和奖惩；（4）物质奖励与精神奖励相结合的原则；（5）鼓励创新的容错原则；（6）有风险但鼓励发挥个人自主创造性；（7）积极激励为主的原则。

团队总体沟通技巧：营造良好的沟通氛围、积极倾听、有效诉说（适应倾听者的特点、适应沟通情境、明确沟通目的、明确提出最核心的观点、开场白要设法激起倾听者足够的兴趣、用充实的论据支持观点、简短清晰地总结主要观点和事实）。通常规则制定要经过五个阶段：成立阶段、震荡阶段、稳定阶段、高产阶段、调整阶段。

团队沟通决策的步骤：找出共同的希望目标；发现真正问题；收集正确信息；把所有问题摆上桌面；列出问题的选择方案；找出解决方案（杜慕群，2009）。

冲突处理原则与策略：原则一：将冲突引导到就事论事的具体事实上；原则二：准备好多重解决方案；原则三：创造出共同追求的目标；原则四：多运用幽默感；原则五：平衡彼此的权利结构；原则六：不要强迫达成共识。采用的策略主要是营造竞争与合作的氛围，冲突时采用回避、迁就、折中的策略。

具体解决冲突的原则可以是“LEAPS”法则：listen，empathize，ask，paraphrase，summarize（沈远平，2009）。或称为“五步曲”：（1）以倾听态度进行背景询问。（2）告知来龙去脉，让对方知道自己的处境、立场、难处。（3）针对对方的需要考量，提出双方都可以接受的要求。（4）提供两种务实方案供对方选择，通常是合作或不合作。（5）当机立断，进退适宜地采取行动。

或者按照以上法则，这样解决冲突：（1）将双方冲突的问题，通过谈判转移到共同寻求解决冲突的方案上，以合作的态度取得双赢。（2）针对双方冲突的主张，先彼此尊重对方立场，缓和极端情绪，再转移到部分同意的妥协平衡上，争取部分应得的利益。（3）采取缓和式用词，多用清楚词句和尊重态度的理性化策略。（4）先肯定对方、再解释我方立场的迂回策略。尽量使对方发泄情绪，不予反击或激化的回避策略。（5）承认自己部分错误，寻求对方谅解，以求速解冲突的退让策略。

影响管理的16个定律可以借鉴到班级管理：（1）80/20时间哲学，80/20效率法则，用80%的时间处理20%最重要的事件；（2）木桶定律，找出最短的板加长；（3）帕金森定律，权力危机导致人才危机；（4）华盛顿合作定律，用力方向决定结果；（5）破窗理论，标准是一点点崩溃，第一时间“补窗”；（6）路径依赖；（7）马太效应，选择一个方向发挥到极致；（8）光环效应，避开光环看本质，利用“光环效应”打造品牌；（9）手表定律，一次只定一个目标，放权给中层；（10）皮格马力翁效应，肯定你的员工，让员工放手去做；（11）头羊效应，为团队树立一只

“领头羊”，对“头羊”角色的新认识；（12）彼得原理，让正确的人做正确的事；（13）蘑菇定律，“好玉”要先打磨；（14）奥卡姆剃刀法则，向高效能的管理者看齐；（15）章鱼效应，让章鱼搅和死水，章鱼并非越多越好；（16）酒与污水定律，揪出捣乱的驴子，增强集体的抵抗力（王宇，2005）。

2. 4. 5 大班教学的方法

大班教学目前是中国很多学校的实际状况，学习如何进行有效的大班教学，可以极大地提高教学效率。

大班教学原则一是多样化的教学方法。丰富多样的教学方法和活动的设计能够在大班级中吸引学生的注意力，有效地促进全班学生的参与。比如让学生朗读、教师主讲、小组讨论、游戏活动等，围绕教学目标和内容，教师可以不断变换教学方式方法，调动安静的学生和控制管理好整个班级。

大班教学原则二是课堂节奏。教师应根据学生的接受度、认知水平、教学活动等确定课堂节奏。比如，从教学节奏来说，机械操练应节奏快一些，讨论思考的活动应节奏慢一些，复习的节奏要快一点，而新授课则应慢一些。对于程度好的学生，可以加快课堂容量和节奏，程度较差的学生要重复教学内容和放慢节奏。总之，课堂节奏的快慢差异有助于管理大班级学生，提高学生参与度。

大班教学原则三是兴趣。教师在设计活动时应与学生的生活经验和兴趣关联，尽量调动学生的好奇心和学习兴趣，并且不断变换活动的方式，以吸引最大多数的学生参与课堂。在保持学生兴趣方面，教师还应不断提升自己的语言和个人素质，教师本身的人格魅力才是吸引学生的关键。

大班教学原则四是合作。大班教学需要组织学生参与各种小组和结对活动，这样所有学生都有机会参与讨论发言、交流分享、互通有无。比如小组讨论、扮演角色、两人对话、同伴互评、合作写作、分组阅读、共同完成海报或者项目等活动都可以用来促进学生参与学习。

大班教学原则五是个体化。个体化就是设计的活动能使个体有机会展示自己的才能潜力。比如，教师建立学生个体的档案、学生个体所做的海报、自我学习中心、写书评或读后感、个人的词典、自己做的网页等。教师在这些活动中可以发现不同的个体，通过针对性和个体化的评价，促进学生个体的学习。

大班教学原则六是个性化（个别化）。与个体化不同的是，个性化的原则主张教师在课堂上要促进学生的思考，并形成自己的观点，充分显示个性特征。比如，设计写读后感或写信给编辑、学生汇报展示自己的梦想、调查自己喜欢的职业、编写事物的广告、讨论自己敬佩的人。这些活动都能让学生发表自己的观点和突出个性化特征。

大班教学原则七是开放性的选择。学生的回答应体现开放原则，这样才能促进学生参与的积极性，另外给予学生可以选择的作业、答案、练习、问题等，可以提升学生参与的主动性。比如，给学生句子开头，让学生自己完成句子；给学生一系列的问题，让学生自己选择要回答的问题；头脑风暴；写出一个单词的不同定义或解释；设计开放性问题。

大班教学原则八是建立课堂常规。建立课堂常规能节省时间，提高课堂效率。比如点名的方式、检查作业的方式、分组的方式、课堂活动转换的方式等等，让学生熟悉之后，可以使教学流畅，提升效率。

大班教学原则九是扩大参与面。点名和让学生参与的方式应该变换花样，比如不仅仅点举手的同学，同时注意害羞的学生，并让此类学生有准备，点学生名时不要按照顺序，可以抽学号、随意点学生名字、按照单双数、按照所穿衣服颜色等，使同学的注意力始终保持，并能积极参与到课堂中。

大班教学原则十是提问。设计良好的问题，能极大地调动学生的好奇心和兴趣，并且能使教师在课堂上教学相长。同时允许学生提问和打断，可以使课堂生成内容丰富，促进学生参与学习的动机。

大班教学原则十一是尽量记住学生名字。随着课堂活动的丰富开展，学生逐渐有机会展现自己，教师也相应地让同学之间不断熟悉彼此，同时教师自己也能更多地记住学生的姓名。当学生感受到自己被教师注意到和记住姓名，能有效地促进学生参与课堂活动的动机。

3. 问题的解决

教师培训中关于中学生的心理情感管理可以从三方面开展。首先，应树立和发展教师本身的健康心理。开展心理学课，问卷调查，让教师自己了解自身的心理人格特点。介绍马斯洛和艾瑞克森的心理学理论，比如，马斯洛的心理需求层次中（生理需要、安全需要、归属感需要、自尊需要、自我价值实现需要）所说的归属感、自我价值实现，对于教师来说，多大程度上实现了心理意义上的归属感，还有多大空间可以实现自我价值，阻碍其实现的主客观原因是什么？可以如何克服？艾瑞克森的理论对于理解孩子性格形成的原因，教师中年时期不可避免的负担，以及老年时期的心理需求，对于解读自己的性格和规划自己的职业发展，有一定的作用。通过学习马斯洛和艾瑞克森的理论，教师在培训中开始反思自己以及自己的学生，从而对心理学的学习有了兴趣，这对进一步学习心理学（自学或者向老师学习）打下基础。其次，发展心理咨询师的技能。引进心理咨询师这一概念，新课程改革之后，教师角色更新已经成为教师在教学中获得成功的基础，通过呈现青少年心理问题的案例，培训者引导教师讨论青少年问题的原因和解决方案，由此树立教师心理咨询师的意识，并把其纳入自己专业化发展的一部分。最后，培养情感教育的意识和教学策略。教师应树立自己教书育人的责任，情感的教育是教学取得成功的基石。培养学生关心、尊重他人以及良好的行为习惯是教师的职责。很多教师主要把责任放在教学管理上，注意学生的外显性行为，但学生内在的心理情感没有得到重视和疏导，因此，在没有解决学生本质问题前，用管理的手段来约束学生，有时就不能凑效。那么应该采取怎样的教学策略来教育学生呢?

第一，树立集体荣誉感，让学生找到归属感。班集体建设过程中，应建立共同的目标，与学生共同建构可能执行的班规、奖惩有度，竞争良性发展，就能够初步用集体的力量来带动其他学生。集体荣誉感的形成来源于与全校其他班级的良性竞争，班规的遵守，让每个学生能用规范的行为要求自己，久而久之，学生的良好习惯和行为就能养成。

第二，教育契机的把握。作为教师在设计教学和进行教学过程中，注意课文中包含的人文知识，随时可以把一些良好的价值观渗透在教学中，这也体现了教育的三维目标：知识与技能、过程与方法、情感态度价值观。除此之外，课堂外的把握同样重要，因为往往课堂内观察到问题后，并不能在课堂上及时处理，应该在课后通过谈心、相处，让学生信任教师的基础上，教师把握好契机来适时教育学生。

第三，建立学生的情感心理档案。有的学生积极向上，但会有一些行为习惯上的小问题，有的学生从学习到生活上都有问题，或者有的学生情感上正经历迷茫和困惑等，总之，教师应该有档案记录，找机会一一处理这些学生的问题，引导学生对学科学习保持正确的态度，对自己的人生目标清晰定位，对自己的优缺点也有较好的了解和把握。

总之，教师培训中，情感心理的理论和管理策略应作为相关课程内容来抓，因为学生的情感心理其实是学生的学习动力基础，要提高教学效果，先从学生的情感方面把握，这样才真正体现教育的育人目标，也从本质上解决学生的学习兴趣问题。

结 语

中学生厌学的原因很多，分别来自社会、家庭、学校、学生群体、教师等方面。教师作为影响学生学习动机的重要因素，应该提升对中学生情感心理的认识和把握能力，学习心理学知识，发展有效沟通能力，并能够建设良好的班集体，使学生在良好的班级氛围中快乐学习，提升学习动机，克服厌学思想，逐步培养对英语学科的学习兴趣。

参考文献：

[1] 杜慕群．管理沟通［M］．北京：清华大学出版社，2009.

[2] 梁盛辉．教师如何成为学生的心理专家［M］．吉林：吉林大学出版社，2010.

[3] 雷厉．中小学生心理行为问题的干预［M］．北京：首都师范大学出版社，2010.

[4] 刘晓伟．情感教育：塑造更完整的人生［M］．上海：华东师范大学出版社，2007.

[5] 刘坚新．教师兵法［M］．北京：中国轻工业出版社，2011.

[6] 沈远平，沈宏宇．管理沟通：基于案例分析的学习［M］．济南：济南大学出版社，2009.

[7] 张向葵．青少年心理问题研究［M］．长春：东北师范大学出版社，2007.

[8] 朱晓蔓．情感教育论纲［M］．北京：人民出版社，2008.

[9] 王宇．影响管理的16个定律［M］．北京：中国轻工业出版社，2005.

[10] 钟日祥．教师转化后进生的9大技巧［M］．吉林：吉林大学出版社，2010.

[11] Burger，J. M. 人格心理学［M］．北京：中国轻工业出版社，2008.

[12] Gill，V. 你必须面对的10种学生［M］．北京：轻工业出版社，2009.

第十章　教师专业发展的有效途径

☞问题十：新课程改革的实施关键在于教师的专业素质，但恰恰专业发展总是滞后于课程改革的需要，那么如何进行有效的教师专业发展？

新课程标准中明确提出了教师要不断提高专业化水平，与新课程同步发展。标准中提到：教师要形成开放的教学和研究的工作方式，经常开展教师间的合作与研究，共同反思，相互支持，相互学习，共同提高业务素质。教师必须具备终身学习的意识与能力，努力适应社会发展对教师专业化能力提出的新要求。为了适应社会、经济和科技的发展提出的新挑战，教师要不断提高业务水平，善于调整自己的知识结构和扩大知识面；要根据教学目标和本地区的条件以及学生的需求，积极而有创造性地探索促进学生全面发展的行之有效的教学方法，努力使自己成为具有创新精神的研究型教师。但无论走入城市还是乡村学校，教师开展的专业发展活动非常有限，首先，团队的合作研究几乎很少能开展。其次，教研活动主要只是备课和日常的行政活动，就算是专家讲座，也只是听一听，并未形成理念和付诸行动。最后，就个体的专业学习和提高来说，也非常随意，甚至常年也不会读一本跟教学有关的书籍。以下是 2014 年国培学员的专业发展状况，基于调查，提出了解决教师专业发展的有效路径和方法。

1. 问题的调查

2014 年对 85 名学员做了调查，问卷的第 15 题是关于调查参加国培计划的农村教师在教学和教师专业发展方面的问题，其内容为“您最期望解决您教学或者教师专业发展中的什么问题？请一一列出。”从问题来看，问的是教师们期望解决的问题，实际上也就是教师们在教学和教师专业发展过程中存在的问题。对他们现存问题的调查和研究有助于培训者看到急需解决的现实问题，并为他们提供相应的培训和解决办法，这是非常具有现实意义的做法。

在回收问卷的回答中，绝大部分的教师希望解决的是教学方法及自我提升方面的问题，部分教师在学生兴趣的激发和保持方面不知道如何是好，仍有一些教师关注的是学生成绩的提高问题，还有一些教师不知道该如何提高教学的有效性，只有极少数几个教师提到如何做科研的问题。我们把这些教师期望解决的问题分为以下六类：教学方法及能力提升（46 人，占 54%）；学生学习兴趣的激发与保持（17 人，占 20%）；成绩的提高（8 人，占 9%）；课堂有效性的提高（7 人，占 8%）；科学研究（4 人，占 5%）；经费、设备等客观条件（3 人，占 4%）。

1.1 教学方法及能力提升

此类教师认为他们在词汇、阅读、写作、语音等教学方法方面、教学设计和组织方面、多媒体技术方面和自我技能提升方面存在着许多问题，他们期望能在此次培训中解决这些问题。

案例 1：我期望本次培训我能学会：制作课件；如何解决学生不记单词的问题；如何教写作；如何教阅读理解；如何激发学生学习英语的兴趣；如何创设情境；如何导入课文等。

案例 2：写作教学问题；阅读教学问题；语法教学问题。也希望通过这次培训能够提高自己的语音和口语运用方面的能力。

案例 3：如何提高学生的学习兴趣；如何针对不同学生进行分层教学；对学生的学习策略做出指导和纠正；如何引导“问题学生”。

案例 4：我想解决职称问题；提升教学技能。

1.2 学生学习兴趣的激发与保持

这部分教师认为农村学生与英语的距离相差较远，所以导致有的学生对学习英语没什么兴趣甚至产生厌学情绪，他们不知道该如何有效地激发学生学习英语的兴趣并保持下去。

案例 1：在教学中，我感到困惑的是：关于提高学生英语学习兴趣的培养问题；怎样设计教学活动中的语法教学；对于厌学的学生我该怎么办；提高学生的学习成绩，向教学课堂要质量。

案例 2：学生对英语学习的兴趣如何更好地激发？英语老师与学生之间的学科矛盾大于其他学科，如何缓解及改善？

案例 3：如何提高学生的学习兴趣；如何督促学生积极学习；如何管理学生；如何提高教学成绩。

案例 4：农村初中英语教学质量不高，很多学生学习积极性也不高，如何有效地激发和培养学生的学习兴趣。

1.3 成绩的提高

这部分教师更加关注的是学生学习成绩的提高，他们觉得如何提高学生成绩是他们的难点，他们在问卷中提到期望学到提高学生成绩的“高招”。

案例 1：我最期望我在教学中解决如何驾驭好课堂及提高学生成绩的问题。

案例 2：教学中我特别注重提高学生的口语表达能力，但是英语考试成绩不理想。提高教学成绩和搞科研。

案例 3：如何提高学生的成绩。

案例 4：自己的教学付出和学生成绩的反差。

1.4 课堂有效性的提高

这部分教师认为教学内容多但教学时间有限，学生学无所用，因此，虽然他们付出了很大的努力但仍觉得课堂教学的有效性得不到提高，他们想解决这方面的问题。

案例 1：我最期望解决的是：教学内容与教学时间的问题。教学内容多，教学时间少，如何做到“有效课堂”？

案例 2：如何创设情境；如何提高课堂效率。

案例 3：我对农村英语教学的发展前景很担忧。身为一名英语教师，没让学生学有所用，我很惭愧。也许不是我一个人的事，但这个科目让师生都无奈，不得不教。

案例4：我希望能够在教学中多探讨高效课堂问题，能够在短短的40分钟课堂中向课堂要成绩、要效率，而不是做无用功。

1.5 科学研究

本次调查中只有4名教师提到了想要在科学研究方面有所提升。在绝大部分教师中存在着这样一个久而未决的问题：没办法在教学与研究两者之间找到联系和平衡点。多数教师认为研究是大学教师和研究者的事，与他们无关，他们负责的只是教学。况且，教学任务已经很重了，哪还有时间和精力做研究。实际上，这是一个很大的误区。科学研究是教师专业发展过程中重要的一环。

案例1：希望解决写英语论文的问题。

案例2：阅读教学、词汇教学、写作教学以及如何进行科研或课题研究。

案例3：教师论文和科研工作。

案例4：能找到自己的一个专题学术研究。

1.6 经费、设备等客观条件

案例1：经费问题。有很多时候想印资料给学生，但由于经费问题而终止。

案例2：条件（多媒体）近三分之二教室没有。

结　论

大部分教师对于教师专业发展的需求集中在两个方面，一是教法培训，一是口语培训，认为自己的教学改进跟不上，很大程度是专业知识能力跟不上所导致。所以教师培训对于口语培训方面应给予高度重视。

2. 问题的分析

根据调查，教师专业发展存在着知识能力结构问题和外部环境支持问题。这两个问题得不到解决，教师培训和教师自己个人的学习成长都会受到阻碍，效果甚微。知识能力结构主要是指教师的英语知识、教育教学知识和英语语言能力、教育教学管理能力。

2.1 知识能力结构限制

知识结构问题体现在教师的知识老化，结构单一，对于当今教育改革的核心是什么、新课程标准的重点内容有什么、英语教育的目标是什么这些问题还不是太清晰。主要原因是教师的培训短暂，不成体系也不成常规，就算是曾经经过课标培训、教材培训，也都是断断续续，知识体系不连贯。所以培训并没有起到应有的效果。能力结构问题集中表现在英语教师的语言能力方面，根据笔者最近的调查，教师不能按培训的理念上课的主要原因是教师自己在课堂上不能自如地使用英语。很多教师并非英语专业毕业，或者中途改为英语教师，很多还是函授学历。专业基础不扎实，语音口语能力欠缺，是当今农村英语教师教学能力提高的瓶颈。

2.1.1 知识结构

（1）学科专业知识。它包括的不仅仅只是学科实体知识，即具体的概念、规则，比如英语语音、词汇、语法、语篇、语义、语用、听力、口语、阅读、写作、语言测试、语言文化、二语习得等知识，还包含了本领域的理论研究、研究范式等。教师不仅欠缺学科实体知识，还欠缺本学科的理论研究知识，所以不能站在学科更高的高度来传授知识，不利于培养学生对学科的内在本质和功能的认识，更不利于培养学生的批判性思维与研究、创造能力。对于本学科理论和研究知识的欠缺，使教师在教研活动中表现为学术术语的匮乏，对学科前沿了解的空白，研究意识的淡漠。在此种情况下，教学都是经验主义，沿袭过去的教学经验和做法，缺少应有的探索和创新。

（2）学科教学法知识。教师通常了解目前正在流行的教学法，对于学科教学法历史所知甚少，尤其是对于每一种教学法背后的理论依据一无所知。经常知其一，不知其二。这种不完整的学科教学知识体系导致教学方法单一，说课、评课只会宣读教案、评细枝末节，缺乏理论素养。对于学科教学法的最新研究，教师们也很少关注。教师们闭门造车，做知识搬运工，教学法的复制员，知道与外面学校的差距，却不知差距是什么、为什么。把差距归因于生源和教学条件，殊不知教师本身专业发展的滞后才是最关键的原因。教师因为不具备应有的学科教学法理论知识，在教学中看不到自己，走不出传统，备受束缚，失去教学创新的自由。

（3）教育学知识。这一层次的知识是教育理念的问题，而且需要不断更新。当今基础教育改革所倡导的理念是以一系列教育哲学和理论以及国外的教育改革实践作为依据的，教师教育理论知识的匮乏和缺少更新，必然会遭遇教学困境，教育、教学效果不满意。于是教师的困惑带来了一系列束缚，解放不了自己，身心疲惫。

（4）心理学知识。教育的实质是学生的全面成长，心理学知识或者儿童和青少年发展的知识可以帮助教师诊断学生问题，对症下药，当学生知识、技能的学习能够自觉、主动，教师就获得了解放。我们许多教师经常工作了一整天，批改了一大堆作业，认为该做的已经全部做了，可是却不知道为什么，并没有感到收获的快乐。因为教学没有和学生的情感心理匹配，没有激发学生的学习兴趣和自主性，所以看不到学生的真正进步和成长。教书匠充其量是知识的搬运工，作为教育者不只是知识传授那么简单，所以很多教师得不到教育带给人应有的快乐，反而因工作的烦琐而失去了对职业的热情。

（5）教育发展知识。教师长期每日局限于烦琐的教学工作，两耳不闻天下教育事。对于教育发展没有宏观和全面的认识，尤其是世界上各个国家的教育改革，我们国家实行教育改革的历史、背景和目的等等，俱不关心。没有这些信息的了解，作为教育者的教师失去了话语权，虽然作为教育者的身份，却与内部同行和外界其他行业者的交谈中处于弱势群体，失去话语权，也就失去了教师工作的能动性。

（6）科学研究能力。教育面对的是人，教学对象和教育时代的不同，意味着教育现象的复杂多变，只有通过研究教育对象甚至教师自己，才可能找出适合的教育路子，实现教育目标。但是当前教师的研究意识淡薄，研究能力欠缺，教师要变为教育的主人，难以实现。

（7）其他学科知识。由于教育环境的复杂，教育对象是社会的人，因此要理解和把握教育现象离不开多种学科知识的综合，比如哲学、社会学、人类学、教育与心理学等等。具有广博知识的教师通常对于教育有自己的见解和创新，有优秀的师德，取得瞩目的教育成绩。全国许多优秀教师比如魏书生、窦桂梅等的成长经历就说明了这一点。他们实现了创造潜能的同时，也真正实现了知识与能力赋予人的自由感，感受到作为教育者的幸福。

2.1.2 能力结构

（1）语言交际技能。即运用语言（包括英语和母语）进行语言交流所需的知识和技能，与学生进行课堂交流活动时教师话语的各种调整策略，简练、停顿、强调等技能与经验。

（2）教学设计技能。根据英语课程标准和学生的实际需要将教学内容设计成课堂学习形式所需的知识、技术和经验，从而设定相应的教学目标、活动和评价等。

(3) 教学实施技能。好的教学设计还要靠良好的教学技能支撑，才能使设计达到应有的效果，比如提问技能、互动技能、反馈技能等。

(4) 课堂管理技能。教师进行课堂教学、班级管理与学习评价所需的知识、技术和经验，组织和调动学生参与课堂活动与交流的方式及有效实施的具体策略与手段，对课堂活动时间、速度、程序的管理策略。根据学习任务的需要和活动的性质进行学生的组合、任务结果的呈现与评价等工作所需的策略和手段。

(5) 课堂决策技能。教师在自我监控课堂教学、发现或解决各种问题时所进行的决策或调整时所需要的知识、技能与经验。

2.2 外部环境限制

教师生存的状况并不理想，缺少良好的外部环境的支持。

2.2.1 规范太多、负担太重

学术型教育管理者的缺失，制定太多规范。学术型的教育管理者是指懂得教育规律和能开展科研的管理者。在一些学校，教育管理者往往是出身于某一学科的教师，对于教育规律、各门学科的教学规律以及对教育管理的科学知之甚少，对于科学研究更是意识淡薄。在实施教学管理时，片面追求规范化。认为教学规范就是所有学科的统一标准化，然后根据上级教育主管部门的要求，或学校行政班子自己商量、制定出的许多教学规章制度。而这些规章制度限制了“教学自由”，违背了教学活动的规律。在众多的束缚之下，教师就是搬运工、教书匠，失去主观创造的能动性。

2.2.2 开放型学校文化的缺失，教师负担加重

赵中建把学校文化分为开放型、使令型、松散型和封闭型。在开放型的学校，校长和教师之间互相尊重，校长经常倾听教师的意见，适时并经常给予教师赞扬，学校的氛围是合作、团结、自由和开放的，教师在这样的学校里自由的空间度较大，人文环境也较为宽松、和谐。使令型的学校是以学校领导为中心的，对教师的控制较强，教师负担重。学校的氛围是严肃、紧张、冷漠和缺少人文关怀的。松散型的学校缺乏有序和规范，校长与教师都只为完成任务，缺少尊重、沟通和交流。封闭型的学校针对应考、上级给予的任务，校长发布命令，加重教师负担。学校氛围缺乏学习、研究和合作，教师被动接受指令，疲于应付。教师缺少提高、进修机会，学校也很少与外界沟通。教师在缺少开放性的学校文化中受到太多不合理的约束，因而教学任务负担重，为任务而活，为教书而活，教师个体的生命意义不能体现，教师因此缺乏应有的职业幸福感。

2.2.3 专业知识匮乏，传统教学主导

片面、单一的教育、教学理论视野束缚了教师对学科教育价值的全面认识和把握。导致教师把知识的传授看作是教育的唯一目标和价值，把教学简单化和机械化，缺乏对教育价值独立的思考和对教学方法的整合。在这样的机械重复化过程中，教师的创造潜能受到束缚，个性特征受到约束，使教师工作失去了应有的个性自由。

传统教学背景下，教师形成的工作方式限制了教师在教学上的创新与发展。教学传统束缚了教师个人的思想和声音，教师的教学自由因此丧失，但由于教师习惯了这种工作方式，认为这就是教育工作，虽然感到不幸福和常有倦怠感，却从没有深思过是自己的创造潜能被压抑、教学自由被限制的原因所造成。正是由于教师狭隘的理论视野，缺乏创新的工作传统习惯使教师在工作中没有充分体现个人的意志和人格特点，精神上是不自由的。

根据大量关于教师职业幸福感的调查，教师职业幸福感的缺失是当今教师群体的普遍特征，教师作为“人类灵魂的工程师”，职业的光辉并未带给大多数教师幸福。究其原因，主要是教师的社会、经济地位衰微，工作环境不确定，角色定位的混乱和较低的自我效能感造成的。在这些复杂的原因中，国家正在逐步改善教师的社会、经济地位，而工作环境的不确定、角色定位混乱、较低的自我效能感是由于在教育改革的大环境下，教师的自身发展没有跟上而造成的。尤其是教师的自我潜能没有实现，没有体会到实现教育的价值和意义所带来的幸福感，因而缺失了成就感和产生较低的自我效能。要克服这一切现状，实现教师幸福，就必须引导教师走上争取自由与解放之路，这包括工作环境中的自由即教学与教研的自由，以及心理环境的自由即精神与人格的自由。实现它们的途径是课程意识的开发和文化权势的占有。

2.3 教师专业发展的可能——教师自由的实现

教师自由的实现可以通过两条途径：一是教师课程意识和能力的开发，在理解和创造性重构课程的基础上，由于自身意识水平的提升，从而达到人的自由与解放。一是通过占有文化和人本权势，进而获得在行业内的话语权和影响力，因而得到自由。两条途径相辅相成，是教师成长为专家及教育者的必由之路。

2.3.1 教师课程意识与能力的开发

从课程研究的发展历史来看，课程经历了三个价值取向：技术取向、实践取向和解放取向（张华，2005）。技术取向以美国著名教育家、课程理论专家、评价理论专家泰勒为主要代表，认为课程开发过程是一种理性化、科学化的过程，倡导某种普适

性程序或划一式模式。这种技术取向和整齐划一忽视了各区域和学校的特殊性，导致教师和学生失去了课程实施的主体性。

随后，泰勒的学生美国著名课程论专家施瓦布和教育家布鲁纳共同领导了课程改革的第二种价值取向——实践取向，课程的实践价值观提倡教师和学生是课程的主体和创造者，而课程环境是由多元的元素构成的，除了教师、学生与教材外，还有物质的、心理的、社会的、文化的元素，共同构成一个动态、有机的“生态系统”，课程的开发要通过实施者审议，实践理论的方式有三种：实践、准实践和折中的方式。与泰勒的技术取向相比，施瓦布的实践取向的课程观注重了教育的主体性和特殊性以及理论投入实践的方法和艺术，可是忽视了教师作为课程的实施者的反思和创造性。

课程研究的另一范式或价值观的转换是以美国另一位著名课程理论家派纳为核心，提出“解放取向”的课程观。解放观是基于更加综合的学科如哲学、社会学、现象学、存在主义、精神分析理论而提出的。它倡导教师个人通过概念重建，理解、开发和实施课程，“反思式的实践”是课程得以有效实施的方法和关键。正是由于教师的反思、自我重构和创造性地开发、实施课程，教师的个体自我意识得以提升，存在经验得以发展，同时通过批判，继承和推动课程发展。在这一过程中，教师体验了个体生命存在的意义，实现了解放和自由。

因此，从课程研究的技术取向到实践取向，最后到解放取向，教育越来越关注生命质量和个体存在的意义，教师只有建立课程意识，自觉开发课程，反思教育实践，把自己从技术型、经验型的教师，发展为反思型、创造型的专家教师，才能实现个体生命价值，走出教材、走出经验，实现解放和自由。

2.3.2 教师的人本与文化权势的占有

空想家德萨米曾说：“人的自由就是要实现他权力以内的东西。”权力越大，所实现的自由度就越高。这里所说的自由是指影响、控制和支配。人们为获得权力，就必须掌握一定的资源，尚文化把权力资源称为权势，并把不同来源的权势划分为物质、人本和文化权势。物质权势即物质财富、经济实力。人本权势指的是人力资源，包含两方面的含义：一是人格魅力；一是人气。文化权势是指拥有文化资源。它主要是指知识、技能、信仰（尚文化，2009）。教师的权力获得主要是通过占有人本权势和文化权势。

首先人本权势是教师的德性和自身的魅力构成的，当对学生产生极大的影响力，同时对教师群体也具有辐射力作用时，就产生了人气，这样的教师就具有人本权势，影响力越大，人本权势就越强。这种影响力和支配力是隐性的权力，教师从中获得了人格、意志和精神的自由。我们自古即有“德高望重”之说，更有尧、舜、禹禅让帝制的美谈，这些都是指道德与人格的魅力所产生的影响和支配力。因此，我们说，教师人格魅力、职业道德和职业精神的建立促使其掌握人本权势，是取得教师权力和自由的重要环节。

教师权力的获得最基础的是取得文化权势。文化权势放之国际，它指的是一个国家、民族的政治、经济和社会的文化综合实力，是增加国家权势的重要力量。它的效应一方面通过扩散其文化和吸引力为国家带来实际利益，另一方面亦为国家实施其他权力提供理据和价值观标准。文化权势放之教师群体，则是提高自身教育、教学知识水平与能力，成为教育、教学、教研真正的主人，发挥创造潜力，主动参与课程改革，争取对教育、教学和教育改革的控制权和支配权，当产生影响力时，教师获得了文化的权势，摆脱了束缚，实施了支配权力。这种权力的发挥和实施也是隐性的，是教师的软实力所产生的隐权力。这种权力的产生使教师得到了自由。

通过自由的获取来达到教师的幸福感是最长久的教师专业发展之路，因此帮助教师成为教学的引领者，继而形成不断探索的教学习惯，可以消除教师由于工作压力所带来的倦怠感，最终实现从教师个体到教师群体持久的教师专业发展，推进教育改革与发展。

3. 问题的解决

目前国家通过教师培训大力强调教师的专业发展，但培训效果并不令人满意，很多教师因为返岗后缺乏专业支持，再加上应试的压力，很少把所学真正应用到教学中，改变教学。但教师专业知识陈旧，手段单一，教学技能落后又是不容忽视的现状。那么如何解决目前教师专业发展的瓶颈呢?

3.1 培训者的知识观改变

培训者在设置课程中，仍然是“以知识为中心”，大量的知识输入，其实并不能保证教师能吸收和应用到以后的教学中。培训后的实际效果通常都是教师一开始尝试进行教学改革，之后又放弃回归传统。对于中小学教师来说，知识要分层次学习和练习，才能达到一定的效果。也就是说，培训者应该是建构主义的知识观，在传授知识的过程中，要随时结合教师的教学情境和现状，把能转化的知识梳理出来，重点练习应用这部分知识的技巧。把较难转化的知识拿出来，让老师们讨论其实现的可能性。知识和技能必须得到有机统一，实施可能性必须与教学实际情境配合一致，才能使教师的教学知识真正得到提高。

但培训课程内容还是面太广，很多教学问题是不能通过一次培训就得到有效提高的。教师的认知过程是螺旋形的，在实践中逐步内化和提高。所以真正的有效的培训应该是不间断的，每一个时期有一个主题，解决教学中的一个或者两个问题。并且能得到专家的后续支持。

在以往的培训中，笔者还注意到，真正有效的培训内容主要是体验式的培训，比如训练小组合作学习，学员通过经历小组学习，才真正明白其作用、可能出现的问题和可能使用的有效手段来管理实施小组合作学习。在众多的培训内容中，学员经历越多越久的方式（比如小组合作学习），就越能记住它，并能应用到教学实践中。

因此，培训者首先要改变知识观，不能求全求大，而是注重实用性和可操作性的教学理念与相应的技术，每次一个主题，学员有很多机会经历它、练习它，最后应用它到实际教学中。每一次经历和练习，一定要伴随着反思。每一次反思都要提出可能遭遇到的问题以及解决问题的方法，直到把这个问题揉透，还要对学员返岗后进行进一步指导，比如网上讨论和实地观课磨课等，才有可能把培训所学应用到教学中。

3.2 教师知识结构的改变

教师知识结构存在着断层，有的以前就没有系统地学过教学法；有的是非英语专业毕业的，本学科知识极为欠缺；有的延续几十年来的传统教学方法（翻译法），无论课程标准提倡什么，教材编写理念是什么，以前的教材培训中学过什么，对于教师来说，统统没有起到任何作用。英语教学知识停留在几十年前，就算有了一点新的理念，也会被周围的环境和同事同化了。也有的学校实施了新课改的一些方法，但比较片面、极端，教师知其然，不知其所以然。新教学方法的知识理论是缺失的，只知道去实施，不知道为什么。所以教师专业发展一定要学历再教育，尽管做不到建构主义的知识学习，但对教师的知识框架建立很有帮助。如果普通教师要等待国培、省培的培训学习机会，那是要等很长时间的，因此，教师每几年进行知识更新，在岗位上接受培训和考核，有助于教师群体的大范围提高。

但只通过行政手段来提高教师的知识还不够，学校应该创设读书氛围，成立读书研讨会，奖励各领域热爱读书和通过读书进行专业成长的教师。毕竟教师的成长还是主要靠个人。

建立中学大学的学习共同体或者社区活动，大学教师与中学教师可以结伴互助，既能实现大学教师的社会服务功能，又能使中学教师在读书方面得到指导。只有教师的知识结构得到提高，教学方面才能获得理论框架，并在框架内实施自主发展。

3.3 教学热点问题的探讨

应该开设教学热点问题论坛，以地区为主，联合大学研究教学的教师，开展地区教学热点讨论，把学术会议延伸到中小学，让中小学教师在此氛围下成长为“研究型”的教师。另外，教师之所以困惑很多，不知道解决的办法，主要是不关注国内或者省内的教学研究现状，所以一个学校或者教师本人应该长期订阅一些好的期刊，有助于对自己教学问题的思考和解决。

对于英语教师来说，受限的还有英语语言素质和能力，所以定期让教师参加英语夏令营也是提升教师英语能力的方法。

3.4 教师专业发展研究

3.4.1 教师信念

信念是知识、经历、经验在人头脑中的反映和组合，具有指导一个人行为的功能（Sigel，1985）。因此，要研究和促进教师的教学行为，应该从教师信念开始。教师信念，广义来说是决定教师教学态度和风格的教育理念，狭义来说是指教师一切和教学行为有关的信念，包括对课程、教学和学生的认识，以及对自己所处的教学环境的社会文化特征的理解（Freeman，1986；Pajare，1992；Borg，2001；Lacorte，2005）。教师信念在教师教育中作为促进教师发展的重要因素得到越来越多研究者的关注（Nespor，1987；Pajare，1992；Richards，1998；Woods，1996；Tedick，2005）。在此领域中与教师信念较相似的有教师态度（attitudes）、教师观念（perception）、教师认知（cognition）、意识形态（ideologies）、视角（perspectives）等。教师信念的改变是教育和教学改革取得成功的关键。

教师信念的研究起源于20世纪80年代，Freeman（2002）认为教师的精神生活（teacher’s mental lives）是长期被忽视的影响教师教学知识和技能形成的重要因素。Freeman还把对教师教学的研究分为三个阶段，第一个阶段是70年代中期以前，教师培训主要内容是对教学内容的熟悉和教学法的掌握。直至第二个阶段80至90年代，教师的精神生活才受到重视，认为教师内在的思想和信念才是决定教学行为的关键。至于第三个阶段90年代以后是对教师精神生活研究的巩固阶段，出现了大量关于教师信念的实证研究。Borg（2003）把Freeman所说的教师精神世界称为教师的认知（teacher cognition），包含了教师关于教学、学生、课程、教育机构制度的信念以及自己教学中的知识、设想、观点和态度。Borg尤其强调了教师的教学决策来自于教师个体复杂、现实和基于教学环境而产生的教学知识、思想和信念，因此是教师教学行为不同的根源。

教师信念在教师教育中的重要作用被研究者们广泛认可。Nespor（1987）认为信念对于知识的内化和吸收起到了情感上和评估上的过滤功能，因此决定了教师教育的效果。Richards（1998）在论述构成教师知识系统的六个方面的知识时，即教学理论、教学技巧、交际技巧、专业领域知识、教学决策和教学环境知识，提出教学信念对这些知识和技能的学习起到了过滤作用，真正决定教师内化了多少知识，并最终应用到实际的课堂教学中。Woods（1996）研究了 8 名教师的教学决策和课堂行为，认为教师的课堂教学行为的产生是三个主要元素交流互动的结果：教学计划—对教学情景的理解—教学活动，而导致这三个元素循环互动的内因是教师的信念系统，它来自教师个人的学习经历，早期教师培训中的教学实践，后期语言学习和教学经历等。因此，促进教师的发展和改变必然伴随着教师信念的发展与变化。也有的研究者 Tedick（2005）把教师信念纳入教师知识体系中，和教师知识与经历、教师态度、身份认同、价值伦理观一同组成了教师教育中的知识体系（teacher knowledge system）。Tedick 还指出现今的教师教育没有充分重视教师在培训之前和作为学习者时就已经形成的知识体系，尤其是信念形成之后是相对稳固的，它的改变并不容易，因此 Tedick 呼吁应加强对教师学习者（pre - service teachers，师范学生）的知识系统发展的长时研究。

国外关于教师信念的实证研究非常丰富。比如：（1）关于有经验的和新手教师的教学信念研究（Kagan & Tippins，1992；Gatbonton，2000）。Kagan & Tippins 发现有经验的教师对于教学中出现的困境或问题更加敏感。Gatbonton 通过对 7 个有经验的教师的课堂进行观察研究，总结了课堂教学中六项重要的教师知识和信念：处理语言知识项目、重视学生课堂参与贡献、决定教学内容、促使教学过程流畅、建立课堂支持和监督学生进步。（2）关于语法教学信念的研究（Borg，1998，1999；Schulz，2001etc.）。Borg（1998）采用课堂观察方法，对研究对象进行观察前访谈、观察和观察后访谈的循环研究，研究结果表明教师关于语法教学的信念是教师整个教学系统、教育和职业经历、具体教学环境之间的互动结果。Schulz 对美国和哥伦比亚的教师和学生做了关于语法教学信念的研究，发现哥伦比亚的教师和学生对待语法教学更加趋于传统。（3）关于交际教学法的教学信念（Hiep，2007；Nazari，2007）。研究者们发现大多数教师对交际教学法持有肯定的信念，但根据教学环境的不同和教师个人经历、经验的不同而有不同的诠释和实施方法。（4）有的是追踪教师信念的发展变化（Peacock，2001；Mattheoudakis，2006）。Peacock 对香港大学师范生关于语言学习的信念作了三年的长时研究，发现师范生所持有的信念相对稳定，尤其是对学习有消极影响的信念不容易改变。Mattheoudakis 与 Peacok 的研究很相像，也是用的定量方法对希腊某学校师范生的信念作了三年长时研究，研究表明，师范生的信念改变不大，教师教育课程对他们的效果甚微。(5) 有的是研究早期形成的教学信念对培训中教师学习者的影响（Knowles & Holt - Reynolds，1991；Bramald, Hardman & Leat，1995)。研究者们发现培训前的教师学习者（师范生）已经持有对教学的信念，并且受其学习经历的影响，教师教育和培训应关注他们已然形成的信念，才能提高培训和教育效果。(6) 还有的是研究信念是否与教学行为一致（Breen, et al.，2001；Basturkmen, et al.，2004)。Breen 和 Basturkmen 发现教师信念未必与课堂行为一致，通常是受特定课堂教学环境的影响和制约而不一致。国内对教师信念的研究大多数是论述教师信念的特征以及教学决策、行为之间的关系（张莲，2005；朱华章，2003），也有对大学教师教学信念的研究（楼荷英，寮菲，2005；郑新民，蒋群英，2005；谢芳等，2006)。国内大多数信念研究主要还是基于大学教师的教学信念研究，尤其是优秀教师的个案分析，对于基础教育的教师或师范生的信念研究较少，而国外恰恰相反，无论是从研究对象的基础性，还是教师信念的多个层面，以及研究方法和手段都有丰富的研究成果和经验。

Pajares 认为学校内部的信念包括以下方面：一是学习者学习的信念；二是关于教学的信念；三是关于学科的信念；四是关于学习教学（专业发展）的信念；五是关于自我和教学角色的信念。

生态文化理论的教师信念研究教师所处的社会环境，比如课堂、学校、家庭、国家、社会等，认为教师信念与日常课堂教学和社会环境存在着互动关系，即教师的信念产生于教师实践和教师的生存环境，受制于其所处环境中的价值观和文化，同时影响、指导教师的实践活动，在此过程中，教师在教学实践中进行的反思和积累的经验又可以改变教师已有的信念。生态理论的研究框架关注教师信念产生的文化、社会、国家等大环境和课堂中的具体教学情境。朱旭东（2013）指出，教师信念的组成部分是洋葱圈，外层包括关于教育的信念、关于问责制和教改、关于课堂和教学、关于青少年及其文化背景、关于教育政策、关于学生等，中间是教师在实践中产生的身份认同和教学效能感。

生态文化理论框架中关于教师信念的研究关注以下问题：知识观，教师对于自己应该具备什么样的知识，如何在工作和生活中获取是不相同的；能力观，同样的，教师应该具备什么样的能力，教师的认识各有不同，并受限于区域特点认识；自主观，不同的学校环境，教师自身的专业发展状况也是不同的；环境观，教师对于应具备什么样环境才能具有对自身发展有支持性的认识和信念（朱旭东，2013）。

研究教师信念的方法主要有三种：第一，通过调查问卷广泛获取在职教师和职前教师关于某方面的教学信念；第二，使用人种志或者民族志的叙事研究手法深入教师信念及其相关教学实践；第三，使用传记体反思或者用案例研究教师的发展和改变。

3.4.2 教师情感

教师情感研究有三个方面：教师个人内在的工作生活态度的情感研究；教师处于社会文化情境下的情感研究；教师在教学、教研和学习过程中的情感研究。教师的情感对于教师专业发展具有动力作用、强化作用、调节作用。教师情感对教师工作和未来职业发展发挥着重要作用。国外的研究很多是关于教师的情感是如何促进有效教学的。申继亮（1995）认为，教师的情感对教学监控能力有影响，负面的情感会降低对课堂教学和学生学习的敏感性。

3.4.3 教师知识

教师知识结构有不同的分类。比如引用和借鉴最多的是舒尔曼的分类：学科知识、一般教学知识、课程知识、学科教学知识、学生及其学习特点的知识、教育情境的知识、教育目的及价值的知识；泰默的分类：课程知识、学生知识、教学知识、评价知识；玛卡斯的分类：学科教学目的的知识、学生理解学科的知识、学科教学媒体的知识、学科教学过程的知识；格罗斯曼的分类：学科知识、学习者和学习的知识、一般教学法知识、课程知识、情境知识、自我知识；伯利纳的分类：学科内容知识、学科教学法知识、一般教学法知识；考尔德黑德的分类：学科知识、机智性知识、个人实践知识、个案知识、理论性知识、隐喻和映像；斯腾伯格的分类：内容知识、教学法知识、实践知识。国内学者林崇德（2005）把教师的知识结构分为本体性知识、文化知识、实践知识和条件性知识。

国内关于教师知识的研究比较多，比如有功能取向的教师知识结构研究、学科取向的教师知识结构研究、实践取向的教师知识结构研究、复合型取向的教师知识研究。影响教师知识的因素通常有三个方面：第一是教师过去的经后，例如受教育的经历、生活形态、家庭因素、朋友及信仰等。第二是教师目前的教学状况，例如课程内容、教学设备、外界环境、社区文化、行政上的各种措施、学生和同事状况等因素的影响。第三是实际教学活动、学习环境和评价活动。

3.4.4 教师能力

道格拉斯·米勒提出十种教师个人素质能力：开放的思想、敏感、能移情、客观公正、真诚、积极关注、交流技能、有安全感、信用、勇气。教学中重要的能力或技能：思考和计划能力、导入能力、质疑能力、探究能力、鼓励能力和学习能力。

罗伯特·雷利等通过对学生的调查研究得出好教师的15条标准：真诚、有耐心、灵活、有控制力、关心帮助人、高期望、善待学生、公平公正、一致、尊重学生个性、热情、理解、有计划和组织、有幽默感、知识渊博。

道恩·哈马克提出杰出教师必备的特征：灵活、移情力、个人感觉、实验态度、提问技巧、学科知识渊博、确定的测验程序、帮助学生、欣赏学生和随和。

吉尔等对核心专业能力构成提出：创设清晰且移情的学习环境的能力、促进学生积极参与的能力、迎合学生学习需要的能力、帮助学生认定学习结果的能力、努力进行自我发展的能力（朱旭东，2013：100－101）。

国内关于教师能力的构成是：（1）基本认识能力：观察力、注意力、记忆力、想象力、思维力；（2）系统学习能力：自我能力、专业能力、信息资料的加工利用能力、外语能力；（3）调控与交往能力：行为与心理的调控能力、人际交往能力；（4）教育教学能力：组织管理能力——教学内容的组织加工能力、课堂教学的组织实施能力、教育管理能力，表达能力——语言及非语言表达能力、书面表达能力、板书表达能力、情感表达能力、现代教育技术运用能力（靳莹等，2000）。申继亮等（2000）认为教师的三维能力有教学认知能力、教学操作能力和教学监控能力。

美国的国际培训、绩效、教学标准委员会提出教师能力标准：

（1）专业基础：有效地交流沟通，更新和提高自己的专业知识和技能，遵守已有的道德规范和法律条文，树立和维护职业荣誉。

（2）计划与准备：设计教学方法和教学内容、教学准备。

（3）教学方法与策略：激发并维持学习者的学习动机和学习投入，表现出有效的表达技巧，表现出有效的促学技巧，表现出有效的提问技能，提供阐释和反馈，促进知识和技能的巩固，促进知识与技能的迁移，使用媒体和技术来加强学习，改进绩效。

（4）评估与评价：评估学习与绩效、评价教学效果。

（5）教学管理：管理促进学习与改进绩效的环境，使当地使用技术管理教学过程。

徐建平、张厚粲（2006）认为教师胜任力包括鉴别性胜任力和基准性胜任力。鉴别性胜任力包括有提升的动力、自我控制、挑战与支持、自我评估、责任感、专业知识与技能、自信心、效率感、理解他人、情绪觉察能力、概念性思考。基准性胜任力包括组织管理能力、宽容性、热情、分析性思维、正直与诚实、团队协作、沟通技能、稳定的情绪、创造性、反思能力、尊敬他人。

3.4.5 教师学习

教师学习主要指的是在职教师的专业发展，包括学习的内容和方式，学习之后教师的知识和能力、信念和态度的转变。对教师学习的研究，主要是针对何种方式才是有效的教师学习方式，怎样才能真正改变教师观念、态度、教学行为。成人学习的原则是基于兴趣和需要的，并以生活为中心，生活场景为基本单位；经验是成人学习的重要资源；成人有强烈的自我引导学习的需要；成人的个别差异随着年龄而增大。建构主义的情境认知理论、社会文化理论是作为教师学习的理论基础，研究的领域是以群体为基础的教师合作学习（比如教学沙龙、博客群、教学伙伴、课题组、读书会）、促进教师学习的环境、教学反思的提高、情境—协作—会话—意义建构教师学习方式（教学录像、提供真实的教学案例、学习者自行设计教学）、采用信息通信技术的学习等。

3.4.6 教师反思

加拿大教育家范梅南（2014）认为教师的反思有三个水平层次：（1）技术合理性水平（technical rationality），主要是对事件进行非理论性的观察与反思，或者关注的焦点是预先设定的目的，并不关注目的是否合理，是反思的最低水平（empirical - analytic paradigm）；（2）实用行动水平，能够对理论进行整合，所观察到的教学事件中的问题，经常是基于个人的直觉经验和先验知识，不一定能客观进行描述，是反思的第二层次（hermeneutic - phenomenological paradigm）；（3）批判反思水平（critical reflection），能够整合道德与伦理标准、专业知识理论。在这一阶段，教师能批判地、不带个人偏见地关注对学生发展、对什么是有益的知识和社会环境做出价值判断。

斯巴克斯 - 兰格（1989）把教师的反思水平分为七个水平。水平一：没有描述性的语言，对事件不会解释；水平二：用简单的话对教学事件进行描述；水平三：用教育学的术语给事件贴上标签；水平四：用传统的、具有个人偏好的语言对教学事件做解释；水平五：用似乎合理的教育规律或理论解释；水平六：做解释时考虑到各种背景因素；水平七：进行解释时考虑到了道德、伦理和政治等方面的因素（朱旭东，2013：193）。

罗斯（1989）对教师在反思实践过程中的策略进行了如下的总结和概括：一是教师对自己要做什么、为什么做和如何做首先要进行思考；二是教师要力图寻找教育教学其他的方式；三是教师要保持开放的头脑；四是教师要比较和对比预设的框架和实践结果之间的差异；五是教师要寻找教育实践中支配自己实践的理论框架、理论基础和内在原理；六是教师要从不同的视角来看待问题；七是教师要经常设问“如果……该怎么办?”八是教师要询问其他教师的教育思想和观点；九是对于教育教学模式的使用，只有当适用于某种形式时，才使用规定性模式；十是教师要对教育教学的结果进行反思；十一是教师要对教育教学方案的实施进行先期的假设；十二是教师要通过教育教学的实践来综合地检验；十三是教师要寻找、识别和解决问题。

关于反思能力的培养有两个维度：一个是社会学维度，即反思的内容和范围，如社会环境、师生关系等；一个是心理学维度，即思维的习惯和品质，如不同视角观察和分析问题。在反思过程中，可以把教学情境分为四个场，由小到大分别是：教与学的过程、教材的选择和使用、构成教学基础的国家政策和意志、教学的复杂多样的社会背景。反思质量的高低是看反思者非盲目地服从，并且能从多维度视角分析问题和运用证据进行专业判断。

朱旭东（2013）认为做出的反思可以分为五个模式：技术性反思（标准、专家和特定目的为指导）、行动中和行动后反思（教师根据教学情境和经验做出决策、判断，是教师的实践知识来源）、缜密性反思模式（从各种角度和视野思考）、人格性反思（叙事方法发出自己的声音以及倾听他人声音）、批判性反思（在技术性和实践性知识基础上，发展解放性知识，即对假说、倾向、价值观以及行为产生的结果进行反思）。教师反思的方法有：写反思日记、进行反思对话、实施微格教学、创建档案袋、开展行动研究。

3.4.7 教师合作

利特尔（1990）根据合作文化所出现的场合不同，将教师合作模式分为四类：谈论日常教学、集体备课、教材或教学方法开发、观课评课、同事间交流方法心得、师徒制学习等。沃克曼（2003）是从教师之间的合作形式来对教师合作模式做出说明，认为教师合作模式主要包括以下几种形式：讨论、互助、分享、协同分工。马玉宾指出，新课程改革背景中的教师合作模式主要有：组内同事间合作、组外师徒合作、集体备课、校级课题研究。

哈格里夫斯的教师合作模式有人为合作与自然合作。人为合作表现为行政性和强迫性，时间和空间具有可预测，合作通常是一种接受性、扭曲的合作。自然合作则是自发性、自愿性、发展取向性、时间和空间不可预测。是理想的教师文化模式和发展方向。

李洪修（2005）的教师合作模式有三种：“中心辐射型”合作（有一个人是中心，集体备课和评课）、“圆桌型”合作（没有中心人物，大家围坐在一起）、“直线型”合作（层层帮助）。

李广平（2005）认为教师合作发展有六种方式：专业对话、同伴临床督导、同伴教学辅导、合作课程开发、合作行动研究、虚拟共同体合作。

邓涛（2008）把影响教师专业合作的因素总结为三个：个性因素（专业态度、价值观念、对合作意义的认识、情感认可）、任务因素（工作压力、对情感的要求、工作特性、工作自主权和参与度）、环境因素（管理支持、同事支持、教师合作支持计划）。

刘振怀（2004）总结了教师合作的技巧：团结合作、对同事要一视同仁、倾听对方谈话、言行一致、承诺谨慎、幽默感、微笑和赞扬、善解人意、分享劳动成果。

教师合作的理论是社会学领域的符合互动理论、社会互依理论、建构主义理论、学习型组织理论。

符号互动理论认为，心灵、自我和社会是不可分离的结构，人际交往是符号之间互动的过程。在此过程中，语言是心灵和自我形成的主要机制；心灵是社会过程的内化；行为是个体在行动过程中自己设计实施的；个体的行为受他对情境的定义的影响；个体在社会互动中进行身份的协商。

社会互依理论的主张是：人的行为与行为环境密切相关，人要想获得成功，群体的力量要比个人努力更能实现愿望，因此，在群体中，成员之间产生相互依赖、形成互助合作，个人目标和群体目标有机统一，能有效促进个体和群体的专业发展。个人主义和以竞争为主的成员关系不利于实现群体共同的专业发展。

建构主义的学习表现为：学习者自主学习和探究，而不是被动地接受外部灌输；在建构的学习过程中，基于学习者本身的经验和知识，对新知识进行解释、建构和运用。学习是以旧知识为基础、目标为导向、以问题为中心的，也可以是诊断学习或者反思学习，最终培养学习者解决问题的能力。维果茨基认为，人类的学习首先是一种发生于人与人之间的社会性互动活动，然后才是一种个体内部的思维活动，学习的本质就是人与人之间的交往，是对话活动，是知识内化过程中的社会协商。

学习型组织理论的主张：一是系统思考的理论方法；二是自我超越，学习如何提高自己的能力，实现自己选择的目标和愿景；三是心智模式，是学员较稳定的思维模式、假设和成见；四是共同愿景，是组织成员所共同持有的愿望和目标；五是团队学习，是成员实现共同目标能力的过程（彼得，圣吉，2008）。

3.4.8 教师领导力

Katzenmeyer 和 Moller（2001）将教师领导者概括为三个主要方面：成为学生与其他教师的领导者，能不断探索教学，是课程专家；日常事务的领导者，在行动研究中担任领导和任务布置者等角色；制定决策或合作过程中的领导者。哈里斯（2007）认为教师有四个角色：第一角色关注把学校发展理念转化为个人的课堂实践，这是教师作为领导者的主要责任；第二角色参与学校发展，教师感觉到一种主人翁感，可以帮助其他教师，与同事一起工作，共同致力于发展；第三是资源角色，如果需要，他们可以提供额外的资源支持；第四是重要的教师领导角色，即促进个体间紧密的人际关系。格尔克（2007）认为教师应该有六种角色：持续改进自身的课堂教学、组织和领导学校教育教学实践的反思、提供课程开发的知识、参与学校内部决策、为同事提供在职培训、参与教师绩效评估。

教师领导并不是指现任的职位，是教师行使的领导力。它的本质特征是教师的专业知识和专业能力的体现，是与同事互动过程中的影响力的体现。吴金瑜和戴绚（2008）在其文章中将教师领导力定义为：教师通过自身高尚的教师品德、先进的教育思想与行为方式，并通过师生间、同事间的互动，影响学生、同事、自身乃至学校发展的能力。吴颖民（2008）认为：教师领导力强调一种过程，是把教师的“领导作用”放在引导和协调组织成员完成组织目标的过程中来认识的，它是一种非强制性的影响力。

教师领导的关注根源于20世纪80年代美国学校的教育改革，学校力求激发教师的主人翁意识，希望他们通过不断提升自己专业水平来提高教学水平，使他们所学习的理论能有效地应用到教学实践中。教师领导通过教学领导、道德领导、转换领导、平行领导来实现，使教师在学校管理活动和教学学习活动中居于核心地位。教师领导的研究经历了四个阶段：第一阶段研究教师在正式职务中作为管理者角色的领导力（如教研组长等），人们强调教师领导是改善学校系统运作的效率及效力的出发点，并不重视教师的专业指导技能；第二阶段中教师领导扩大到了课程领导、同事和新教师发展的指导等，教师领导者的专业指导技能受到了充分的重视；第三阶段教师领导者被看作是学校文化重建过程中的中心，教师领导的意义扩大了，学校全体教师都应发展领导力，共同创建新的学校文化，教育变革才能实现；第四阶段的领导力包含了变革型教师领导，是具有批判反思能力、课程能力、革新能力的教师领导力。

哈里斯（2007）通过实地调研，对教师领导力没有实现的原因做了分析：学校领导对任务、职责和角色划分不明确，使得许多教师不愿主动承担领导者的角色；校长和学校管理者缺乏与教职工之间良好的沟通；教师工作繁忙，缺乏可自己支配的时间；教师效能感不高，认为他们缺乏专业知识和能力去承担领导者的角色；学校缺少学习型文化，没有形成共同的愿景和合作的文化氛围。

朱旭东（2013）认为，教师领导力的潜能要得到最大限度的发挥，学校需要满足十个方面的条件：（1）支持领导力的文化氛围；（2）强有力的领导；（3）鼓励相互探究和反思；（4）不断采用新的方式以促进教师的专业发展；（5）协同合作，努力促进学校改进；（6）教师高度地参与到学校管理和决策制定中；（7）具有丰富的信息；（8）具有集体的创造力；（9）能够共享好的教学经验；（10）教职员工的努力能够获得赏识和回报。

3.4.9 教师生涯

富勒（1969）认为教师生涯可以分为：（1）教学前关注阶段，此阶段对教师职业只是停留在想象中，对任教教师常抱有观察、批判的态度；（2）关注生存阶段，这一阶段关注的是生存问题，如班级管理、教学内容熟练程度和上级督导者的评价；（3）关注教学情境阶段，关注特定的教学情境下如何完成教学任务，关注自己的表现，而不是学生的学习；（4）关注学生阶段，开始真正关注学生，关注学生的学习差异和进行个别关注。通常新手教师要经历社会化过程，他们主要关注如何适应群体，建立良好的同事关系。关注教学内容有七个方面：教学的质量如何，如保持教学成绩；与学生的关系如何，学生是否接受教师和教学方式；课堂纪律与控制如何，课堂教学是否流畅；给同事和家长留下的印象如何；是否成为学校的一部分，很好地融入群体；能生存和取得成功；自己作为老师是否具有效能感和信心。很多学者认为富勒所说的各个阶段的内容，并没有先后秩序之分。

费斯勒（2005）经过大量的文献研究和实证调查，认为教师生涯应有八个阶段：（1）职前期：即师范生阶段。（2）职初期：努力融合于学校和集体中，并让学生、同事、行政人员和家长接受，如何处理相关事务的方式，不断挣扎于现实与理想间产生的冲突。（3）能力建构期：理解新教材和使用恰当的教学策略，接受新观念并愿意参加学习与培训。（4）热情与成长期：逐渐形成工作胜任感，热爱工作，通过与学生的互动，不断寻求新方法丰富教学，对工作有了一定的成就感。（5）职业挫折期：形成一定的倦怠感，认为工作环境不能自我实现，或者觉得压力大，或者采取回避方式，得过且过。（6）职业稳定期：工作较被动和一成不变，关起门来教学，不愿主动承担任何职责和角色。（7）职业消退期：对未来不再持有积极的期望和理想，教学依照经验，很难接受新观念和新教法；（8）职业离岗期：教师平稳教学，度过最后一段时期，等待退休。

研究职业生涯有助于预测和干扰教师的发展周期，有效预防教师的教学不适和负面情感，促进教师良性的专业发展。

3.4.10 教学失误

欧阳芬（2006）等认为农村英语课堂存在诸多问题，比如教师主导过多，学生主体作用偏失的问题；教材使用不当的问题；备课的问题（忽视教学的起点、照本宣科、注重教而不重学）；教学情境创设的问题（缺失教学情境）；低效或者无效提问的问题；课堂活动组织的问题（小组合作、自主合作、课堂表演中存在问题）；无效教学整合的问题（与生活整合、与现代技术整合、学科整合）；教学即时评价（错误评价、无效评价、廉价评价、简单确定性评价）。欧阳芬提出解决策略就是进行教学诊断，一般由研究人员、校长、资深教师担当“诊断者”，一个人或者多个人，课内或课外，一节或者多节。通过诊断，寻找教学不足。可以遵循目标控制原理、系统评价原理、优选决策原理、反馈评价原理。诊断人员应先学习教育教学理论、指导教师反思的习惯、使用录音或者录像设备。观察学生的学习行为，比如参与状态、交往状态、思维状态、情绪状态、生成状态；课堂学习气氛、学生的面部表情，比如目光观察、面部表情观察、形体动作观察；教学效果，比如对提问的反应、对课堂练习和作业的反应、对教师讲解的反应。

李冲锋认为中学教学存在十大类100项失误：

一是教学语言失误：普通话不标准；表达不流畅；语速不当；言语指向不明；用语前后不一；教学口误；有口头禅；以物喻人。

二是教学设计失误：唯教参教案是从；教学设计重心后移；教材分析不到位；学情分析缺失；学情分析不准；教学目标过多；教学目标界定宽泛；教学目标不具可测性；教学目标形同虚设；混淆教学重点和难点；教学环节缺乏联系；教学评价设计缺失。

三是教学内容失误：应有内容缺失；教学容量失当；内容偏离目标；内容存在错误；内容组织混乱；问题答案唯一；大搞题海战术；布置大量作业；生成性资源流失。

四是教学方法失误：方法内容不契合；教学方法单一；教学形象性差；情感体验不当；忽视学习过程；忽视学生经验；强化训练不够；迁移训练不够；实验操作不够；教学评价失误。

五是教学提问失误：问题设计随意；缺乏主问题；问题类型单一；解答不合适；一次发问太多；问题指向不明；提问后立即叫答；发现有人举手立即叫答；叫答机会不均等；错误的听答姿态；学生回答后即评价；草率作答；结问不到位。

六是教学板书失误：对着黑板讲；说板不一；板书时机不当；板了不用；板书随

意；连续板书；边板边擦；没有板书；板于一隅；板书无个性；用手擦黑板；写字太慢；不做调整；字有问题。

七是多媒体运用失误：呈现速度太快；讲与呈严重脱节；虚设多媒体运用；内容华丽分散注意力。

八是教学态势失误：面无表情地上课；缺乏目光的交流；凌乱的教学手势；站位存在偏好；教室走动偏好；用身体遮挡黑板；摇来晃去的身体；用食指点学生；演示动作变形。

九是教学管理失误：滥用表演；不许犯错；有错不纠；先松后紧；打断学生发言；不准学生插嘴；叫不出或叫错学生的姓名；情绪出现失控；讽刺挖苦学生；把学生赶出教室；罚抄罚写；体罚学生；课堂承诺；教室布置失当。

十是教学时间失误：提前上下课；上课迟到；时间分配不当；缺乏时间限制；浪费教学时间；反馈不及时；下课拖堂。

Bailey，Curtis 和 Nunan（2004）认为一个好教师应该要持续地思考、实验，并在实践中提升自己的整个观念，也就是持续的专业发展。发展的策略是：（1）自我意识和自我观察——这是基本立脚点。（2）反思教学：迅速反思（当场自觉的反思）、整理（认真思考即时反思）、反观（事件过去后的某个事件非正式的思考）、研究（持续一段时间的更为系统化的思考）、重构（根据众所接受的理论在较长的一段时间对某一现象的思考）。（3）教学日志，积累教学基本数据的一种途径，是可以进行数据分析的第一步。（4）利用案例，教学中的几种案例——原始情况记录、个人自述、案例研究、教学案例材料、案例汇编、问题与对策。（5）转换角色，再次经历学习外语，体会学生的疾苦。（6）录像带，反观自我。（7）行动研究：发现问题、初步思考、确定行动研究的方法、策略、实施步骤、写出最后结果、制订下一轮计划。（8）同伴观摩。（9）合作教学。（10）教辅指导。（11）教学档案夹：教师个人的教学理念、所教课程的重点与难点描述及教学目标、教学观摩记录、教学日志、教学录像、学生反馈、学生作业样本、课堂教学材料、教学笔记、教学研讨会记录等。

3.4.11 教师培养

沈建民（2009）认为，教师的专业发展应培养课程意识，其中包含了目标意识、资源意识、过程意识和评价意识。周广强（2008）认为教师专业能力的培养应该具有以下几个方面：学习和自我发展能力（基本认知能力、系统学习能力、社会环境适应能力、身心保健及调适能力、自我监控及管理能力、职业生涯规划与设计能力、教育科研能力、知识更新及创造能力）、教学情境创设能力、探究教学能力、组织合作学习能力、课程资源开发能力、教师反思能力、教学评价能力。陈忠良（2007）认为教师培训中应培养教育科研技能、班级管理技能、教学设计技能、课堂教学技能、课堂调控技能、教学评价技能、教育激励技能、交往沟通技能、急难应对技能。

叶澜：一个教师写一辈子教案不一定能成为名师，如果一个教师写三年的教学反思，就有可能成为名师。朱永新：我开一个保险公司，投保条件是：教师每日三省吾身，写千字文一篇，一天所见、所闻、所读、所思无不可入文。理赔方式是：如投保方10年后未能跻身名师之列，公司愿以一赔十。美国教育心理学家波斯纳提出教师的成长公式：成长=经验+反思。因此，教师的培养离不开反思能力的培养。

蒲大勇（2013）认为，对于管理者来说，反思能力的培养可以是立足校本教研、追求专业理想、关注教育现象、静思教育行为、经营智慧管理。对于教师来说反思能力的培养可以是诊断教学事件、切磋教学技艺、利用微格教学、建构有效经验、开发课程资源。

进行反思教学是教师应有的能力。埃拜等人认为，反思性教学主要有四个本质特征：一是主动关心目的与结果以及手段和工具效率；二是把探究和使用技能与思想开放性、责任性、执着性等构成的态度结合起来；三是采取循环和螺旋上升的过程，在这个过程中，教师不断控制、评价并修正自己的实践；四是以教师的判断为基础，信息部分源于自我反思，部分源于教育训练中的顿悟。与此同时，教师要有六种反思和探究技能：经验技能、分析技能、评价技能、策略技能、实践技能、交往技能（熊川武，1999：100－101）。

3.4.12 教学倦怠

Maslach认为职业倦怠是指那些需要连续不断地做重复性工作，或者在经历长期压力下的一种行为反应，主要体现在三个维度：压力成分、人际互动和自我评价，分别表现为情感衰竭、非人性化、低个人成就感（效能感）。情感衰竭指个体工作热情的丧失，它代表了职业倦怠的压力成分。非人性化指个体以一种消极、冷漠、麻木不仁的态度对待工作对象和他人，将工作对象视为无生命的，代表了职业倦怠的人际互动成分。低个人成就感是指个体感觉到自己工作成绩和能力下降，它代表了职业倦怠的自我评价成分。工作疲劳在态度和行为上消极变化的过程，可分为三个阶段：第一阶段为个体所感受到的资源和需求的不平衡，即感受压力阶段；第二阶段为情绪紧张、疲劳，即疲劳阶段；第三阶段是随后产生的一系列态度和行为的改变（如以疏离、机械的方式对待工作对象），即防御型应对阶段。职业倦怠是一般个体所经验的、一种与工作有关的持续、消极的心理状态，它主要以疲倦、淡漠为基本特征。这一心理状况是逐渐形成的，通常在很长一段时间不被个体所觉知。

职业倦怠的理论依据有三个：资源保存理论、社会交换理论、存在主义理论。资源保存理论主要从工作需求和资源的角度来理解职业倦怠现象，认为个体在工作中持有一种获得或保存自身资源的基本动机。如果个人的基本工作资源和工作需求无法得到满足，也得不到预期的回报，就会产生压力和职业倦怠。社会交换理论认为个体倾向于对自己工作中的付出和回报进行比较，如果付出与回报不成正比，就会使个体产生职业倦怠。交换是工作者与工作对象、工作者与单位组织以及工作者与同事之间的交换水平。存在主义理论认为对意义价值的追寻是人的基本动机力量。在当代社会，工作已成为人们获得人生价值的主要途径，如果个体在生活和工作中难以寻求到价值，便会导致职业倦怠。职业倦怠的根本原因在于个体追寻存在意义上的失败。

影响教师职业倦怠也有一些个性因素，比如人格特点、工作期望、工作与学习态度、自我概念、自尊和自信、自我效能（工作任务自我效能、人际关系效能）、人生价值观。环境因素是导致职业倦怠的重要因素，比如工作超负荷、角色冲突和角色模糊、学生问题行为、参与决定和自主权、学校文化、社会支持、工作需求、工作资源和工作控制、付出与回报不成比例。

改善职业倦怠的方式有两种。第一种是学校文化建立策略：通过改善学校管理和建立良好氛围、减少工作量和改善工作环境、提高教师的工作能力、提高教师的应对能力；第二种是个体专业发展策略：通过学习改变工作形式、发展预防性的应对技能、学会自我分析、利用社会资源、读书学习、增强身体健康。

3.4.13 教师赋权增能

教师赋权增能研究源自20世纪80年代，并成为教师专业发展领域的重要理论。研究内容主要有四个维度。第一，赋权增能的结构维度。肖特（1999）认为有六个维度：参与决策、教师影响力、教师地位、教师自主权、专业发展机会、教师自我效能。第二，知识基础维度。教师专业知识的提升是保证教师赋权增能的关键。第三，个体内在因素维度。提高教师工作满意度、教师自我效能感、教师自我参与决策等来赋权增能。第四，外部环境维度。比如与校长关系、学校生态环境关系、学校改革关系。教师的赋权增能在个人方面，促使教师有机会发挥其潜力，有机会学习新能力，提升其知识与技能；在环境方面，使个人拥有权力，个人不但享有自主权与选择权，也能够参与决策；在结果方面，教师逐步形成责任感、集体感，以及建立互动合作关系，促进民主参与（王丽云，潘慧玲，2000）。朱旭东（2013）认为，教师的赋权增能可以通过行动研究、中小学伙伴协作、校长的领导风格的调整来促进。

3. 4. 14 教师身份认同

“身份”是对“我是谁”的基本回答，认同则包含了两个不同方面的概念内涵：个体的差异和群体的同一。身份认同就是对“我是谁”“我为什么属于这个群体”“我从哪里来”“我要到哪里去”的确认与建构过程。教师身份认同既包括基于教师自身的实践经验和个人背景的专业个体（个体自我），也包括外在社会对教师的期望（社会自我），二者交织在一起。

教师角色与教师认同有所不同。绕从满（2007）等认为传统的教师角色主要是四种：“蜡烛”（春蚕到死丝方尽，蜡炬成灰始泪干——牺牲自己，照亮别人）、“工程师”（人类灵魂的工程师，学生心灵的塑造者）、“园丁”（教师是园丁，强调儿童成长规律和教师的培育作用）、“一桶水”（教师要给学生一碗水，自己要有一桶水——强调教师知识的量）。田慧生、李如密（1996）认为教师的角色应该是：人类文化的传递者、灵魂塑造者、学生心理的保健者、学习者和学者、人际关系的艺术家、教学的领导者和管理者。

教师角色要求教师履行作为一位教师所应具备的职责功能，它关注的是教师的“知”和“行”；而教师认同则更为个性化，它表明一个教师怎样确定和感知作为教师的自己，它关注的是教师的期望和价值观。教师认同是一个动态的、社会协商的过程，不是固定不变的。

吴刚平、李茂森（2014）认为教师存在着认同危机，表明教师存在着价值认同的危机、自我意义和群体归属的危机、螺旋式发展并意味着自我意识觉醒。危机表现为：教师个体性的丧失、方向感的模糊和偏离、教师教学个性与创作性的缺乏、日常教学实践的去意义化。根源来自教师实践本身带来的不确定性，以及缺乏反思的操作性实践、课程改革执行者与解释者之间的冲突，教师话语的批判性缺失。通常影响教师身份认同的因素有三个层面：国家教育政策，课程改革与教师已有的教学实践之间的矛盾，教学过程与成效的不稳定感，教师工作负荷的增加，学校领导缺乏对教师的动机、效能感、工作满意感和有效性等方面的关注。中观层面的学校组织文化，比如严重的科层组织文化等。哈格瑞夫斯分析了不同性质的教师文化：个人主义文化、分化的文化、合作的文化以及硬造的合作。学校制度、习俗、教学习性构成了不同的教师文化，深刻地影响着教师自我身份认同。微观层面的教师个体因素，教师个人的背景经历、实践性知识、情绪因素以及教育价值观念。

表 10－1 Stout（2001）的教师认同取向

	个人认同	人际认同	集体认同
认知的	作为一个独特的人的自我概念认知	相对于他人的自尊的知觉	在群体内成员方面的集体自我认知
情感的	积极的情感与群体进行互动	积极的自尊、信任、与他人相处的舒适程度	在利益最大化与不利最小化方面的管理
行为的	基于自我兴趣的行动；相对于他人而言，寻求积极的个人结果	为他人利益服务的行为以及表现的质量水平	在群体自我利益方面的行动、专业发展
社会的	关于自我和他人的认识、自我的人格感	与他人互动的频率和质量、人与人之间的共同联系	与他人沟通的频率与质量、共同的群体承诺

3.4.15 教师文化

教师文化是指教师共享的信仰和知识，教师文化潜藏于教师共享的与工作相关的信仰以及知识当中；教师共同的认识、价值观、行为规范与准则、参与方式与生活习惯，是一种“集体无意识”的存在方式。教师价值观念和行为方式的组合。马云鹏（2001）认为，教师文化是指教师在长期生活中积淀下来的思想观念、行为方式和生活习惯。杨明全（2002）认为，教师文化是学校教师共同的价值体系与行为规范的综合，是学校文化的重要组成部分，它既包括教师团体的信念、价值、态度、习惯以及行为规范，也包括教师之间的关系形态以及集体成员的结合方式、合作方式。日本佐藤学（2003）认为，教师文化是指教师的职业意识与自我意识、专业知识与技能，作为教师的规范意识与价值观，思考、感知和行动的方式等，即教师们所特有的职业文化。赵昌木（2004）认为，教师文化是在学校教师群体中形成的独特的价值观、共同的思想和信念、职业精神和行为准则与规范等。刘万海（2004）认为，教师文化主要包括教师课程意识和观念、关乎课程的知识与技能、价值观念、情绪反应与行为方式等。凌小云（19980 认为，教师文化是教育教学活动中形成与发展的价值观念与行为方式，包括职业道德、角色认同、教育理念、价值取向和情绪反应等。

俞国良（1999）认为，教师文化是指以教师为主体的一种学校精神现象和文化状况。体现为教师形象、教师行为、教师人格、教师权威、教师的体态语言等。

冯生尧、李子建（2002）认为，教师文化可以从教师文化的内容和形式两个方面去解释。内容是指一个特定的教师团体内，或者在更加广泛的教师社区之间，各成员共享的实质性的态度、价值、信念、假设和处事方式；形式是指在该文化范畴内的成员之间典型的相互关系类型和联系方式。

教师文化可以分为：对话型的教师文化、反思型的教师文化、视域融合型的教师文化。教师文化结构内涵主要包含：（1）教师的创造物（教师衣着、微笑、语言、方法、成果、人文方面的创造、待人接物的态度与方式、情绪与表达、关于团队的神话与故事、表示价值观的标语或口号、仪式和典礼、教师的行为方式、教师的习惯、教师与他人的互动等等；（2）教师的价值观：关涉到“什么是对的或错的，什么会起作用或什么不会起作用”的判断，认为“应该怎样”的态度，包括哲学观、教学目标、教师信念、教师情感等；（3）教师信念：教师关于学校整体发展的信念，关于科研的信念，关于自我角色的信念，关于学生的信念，关于课程的信念，关于教学的信念，关于教学方法、教学过程的信念；（4）教师共享基本假设：界定什么是教师要注意的、什么是事情的真谛，对正在发生的事情应该做出什么样的情绪反应以及在各种不同的情境中该采取怎样的行动。它的特点是群体共享的而非个性化的，模式化与整合性的，很难改变，存在于无意识中，隐藏很深，极难改变，不可抗辩，想当然正确。教师文化通常具有内隐性、精神性、多样和多层性、独特性、历史性、群体性、生存性（谢翌、张释元，2012：40）。

谢翌、张释元（2012）认为教师文化的功能有两个。一方面，教师文化是校园整体文化建设的根基，学校文化建设的主体是教师，所以良性教师文化的建立促进了教师的专业发展。另一方面，良性的教师文化还能促进学校的管理效能。教师文化形成的原因有几个方面：社会文化，包含了家庭和社区文化；组织结构，比如学校按照一定的文化标准招聘和选择新教师；学校领导：是教师文化形成的关键核心因素；单位组织：是教师价值取向的重要因素；学校性质和等次地位也是决定教师文化的另一个重要因素；教师个体经验：学生时的体验、师范教育和入职的社会学习和解决问题经验。

3.4.16 校本教研

校本教研可以从三个维度发展：教师个体自主、教师团队助推、学校组织促进。教师个体自主可以是问题解决式学习、实践性学习、批判性阅读学习、自我调节式学习。除此之外，还可以通过反思促进自身的专业发展。比如教学过程中反思、理论学习中反思、交流比较反思、质疑批判反思。教师团队合作可以是同伴合作、合作学习和观摩研讨。同伴合作：指导型的合作学习（校外专家、教研员、学科带头人）对教师的指导；表现型的合作学习（公开课、教学成果展示、读书汇报会等）；研究性的合作学习（专题讨论、课题研究等）。合作学习：指群体的合作。比如头脑风暴法、分享式讨论法、反思对话法。观摩研讨：观课议课、信息交流、经验共享、专题讨论。

促进教师学习可以：将工作问题转化成行动学习；将经验积累转化成经验学习；将被动学习转化成主动学习；将对策思考转化成研究性学习；将个人学习转化成合作学习；将随意学习转化成创新学习（欧阳明，2014：99－102）。

张凤娟（2015）认为影响中学英语教师专业成长的因素有很多：实践共同体、学校环境、英语课程改革等微观、中观、宏观环境因素，以及教师教育与培训、反思性实践和情感动机等个人因素。其中，实践共同体是中学英语教师成长的主要途径之一，情感动机是专业发展的内在动力，包含了积极的专业发展观，持久的学习动机和兴趣，是最重要的因素。

毛彬彬（2013）认为同伴合作可以有效地促进教师的专业发展，在此过程中，要科学分组，发挥老、中、青优势，确定核心人物，组长要具体组织、规划每次活动，使每个组员都有自己的任务，并建立活动档案，记录每个教师的成长历程和思想智慧。

孙晓慧、罗少茜（2014）认为撰写教学日志可以有效地促进教师专业发展，在行动研究中更是能起到发现问题和及时处理问题、调整教学的作用。教学日志一般是指基于教学开展的经常或者有规律的记录，可以是笔记本上的日志，也可以是教师博客。

张虹、王蔷（2014）认为课堂观摩可以评价教师能力，开展教师培训和组织课堂研讨，同时也是开展课堂教学研究的一种数据收集方式。

曾燕文（2014）认为教研活动应根据教师的专业发展阶段，设计教师最近发展区框架下的教研，完善教师自身的学科教学知识体系。

杨利成（2013）认为教研组博客是教师利用互联网博客技术，以文字、多媒体等方式，将自己日常生活感悟、教学心得、教案设计、课堂实录、课件等上传发表的方式。它超越了传统的时空局限，促进了教师个人隐性知识的显性化，并让全组教师可以共享知识和思想。

陈惠娇（2015）认为观课应采用“三阶段”观课议课模式，能有效促进教师自身反思和行为改进。三阶段为确定话题、课堂观察、对话反思。

3.4.17 教师专业发展的研究

戴水姣（2012）通过问卷调查发现，小学英语教师的专业发展总体水平较低，且发展不平衡，年龄、教龄、职称、学历、城乡背景均对教师发展有影响。年龄在35岁以下的优于以上者；教龄在4~20年的优于1~3年教龄的；职称较高者优于暂未定级者；学历在本科以上者优于大专和中专组；城市组优于农村组。杨鲁新（2014）认为，职前英语教师教育本身存在着课程设置和教学方法的问题，所以与基础教育的实际需求有一定脱节，从而影响了师范生专业素质的发展。

崔琳琳（2014）研究了一位新手教师的专业发展，发现新手教师通常面临多层矛盾和困境，因此必须要进行多方位的学习。他们的工作面临“不确定性”和“无边界性”，其主要原因是新手教师往往被赋予和有经验的教师同样繁重的工作负担，既要迎接教学的挑战，同时还要应对班级管理以及人际关系等其他方面的复杂问题，而新手教师缺乏教学机智和社会经验，也没有得到有效的外界支持。因此起到中介作用的新手教师的主体性和外部支持是促进专业发展的重要途径。其次，研修活动、师徒制、课例研究也是促进新手教师学习的重要中介。

刘建、马德凤（2014）认为教研组文化的核心是精神文化，而物质文化、制度文化和行为文化是教研组文化的基础和载体。现代的教研组文化应该表现为一种民主的、积极的、合作的文化。教研组文化熏陶、感染着每个组员，影响着教研组成员对待工作的态度、对待学生的态度、对待同事的态度以及种种教学策略，影响着团体中每个个体的发展与成长。而互慧文化就是让每个主题都得到不同程度的发展，根据其研究，能有效促进教师的专业发展。

常万里（2014）提出一个有效的校本研修模式。在对英语新教材进行研读、讨论如何使用过程中经历了三个阶段。第一阶段：研读教材，发现亮点；第二阶段：开展微课，落实亮点；第三阶段：总结成果，巩固亮点。原则是紧扣“新”字，对新旧教材进行了对比分析；聚焦“一”字，聚焦一个单元一个课型；突出“用”字。

齐小凤（2014）认为我们基础教育阶段的英语课堂存在不少问题，比如填鸭式、应试式、厌教式、陈旧式、母语式。因此，英语教师需要提高本身的学科素养，它应该包含语言知识、语言沟通能力、文化修养；而教学素养包含教学知识（语言学、外语教学理论、教育心理学、课程理论）、教学能力（语言专业技能、语言表达能力、语言师范能力、教学设计能力、课堂教学组织能力、教学评价能力、教育技术应用能力）。

殷志勇（2013）认为教师学习、制度保障、活动推进是教研组建设的三个方面，以教研组为基础，可以组织专题讲座、学术交流、教学比赛、网络教研、沙龙式教研、教学反思、学科文化节等，以最大化促进教师的专业发展。

康红兵（2015）结合英语课程标准和教师专业标准对教师的专业行动能力进行了论述。认为教师专业行动能力包括隐性的专业信念和专业情意因素，显性的专业素养、专业技能因素，两者融合构成专业行动能力，形成专业实践，促进专业成长。

熊建辉、张治国（2013）概述了美国中小学优秀外语教师 14 条专业标准：了解学生，公平待人，了解目标语言，了解目标文化，了解外语习得理论，为学生提供多种学习渠道，了解课程与教学，创造学习环境，开发教学资源，评价、反思专业成长，加强学校、家庭和社区之间的联系，专业发展共同体，提倡外语教育。

张金秀（2013）认为教师培训应该分层进行，根据培训主题和目标设计应体现参训教师不同专业发展阶段的特点，培训需求、培训课程和内容设计应关注参训教师所在教育情境的特殊性，培训方式和培训评价设计应落实教师在培训中的自主性。

结　语

影响教师专业发展的因素较多，因此该领域的研究包罗万象，关注教师发展的个体因素、学校因素和社会因素能有效地推进教师的成长，从教师所处的环境和基础出发，重视与个体相关的核心因素，提供丰富的教师发展路径，从而实现教师真正的专业发展和教育改革的成功。

参考文献：

［1］Bailey，K. M.，Curtis，A. & Nunan D. 追求专业化发展［M］. 北京：外语教学与研究出版社，2004.

［2］Basturkmen，Loewen & Ellis. Teachers' Stated Beliefs about Incidental Focus on Form and their Classroom Practices［J］. Applied Lignuistics，2004，(25/2)：243－272.

［3］Bramald，R. F. Hardman，and D. Leat. Initial teacher trainees and their views of teaching and learning［J］. Teaching and Teacher Education，1995，(11).

［4］Breen，M. P. et al. Making sense of Language Teaching：Teachers' Principles and Classroom Practices［J］. Applied Linguistics，2001，22.

［5］Borg，S. Teachers' Pedagogical Systems and Grammar Teaching：A Qualitative Study［J］. TESOL QUARTERLY，1998，32..

［6］Borg，S. Teachers' theories in grammar teaching［J］. ELT Journal，1999，53.

[7] Borg, S. Teachers' beliefs [J]. ELT Journal, 2001, 55.

[8] Borg, S. Teacher cognition in language teaching: A review of research on what language teachers think, know, believe, and do. [M]. UK: Cambridge University Press, 2003.

[9] Bond, L., Smith, T., Baker W. K. & Hattie, J. A. The certification system of the national board for professional teaching standards: A construct and consequential validity study [R]. Greensboro, NC: Greensboro Center for Educational Research and Evaluation. University of North Carlina at Creensboro, 2000.

[10] Donaghue, H. An instrument to elicit teachers' beliefs and assumptions [J]. ELT Journal, 2003, 57.

[11] Freeman, D. The hidden side of the work: Teacher knowledge and learning to teach: A perspective from north American educational research on teacher education in English language teaching [M]. UK: Cambridge University Press, 2002.

[12] Fuller, F. Concerns of teachers: A developmental conceptualization [J]. American Educational Research journal, 1969, 6 (2): 207-226.

[13] Gatbonton, E. Investigating experienced ESL teachers' pedagogical knowledge [J]. Canadian Modern Language Review, 2000, 56.

[14] Kagan, D. M. Ways of Evaluating Teacher Cognition: Inferences Concerning the Goldilocks Principle [J]. Review of Educational Research, 1990, 60.

[15] Katzenmeyer, M. & Moller, G. Awakening the Sleeping Giant: Helping Teacher Develop as Leaders [M]. ThousandOaks, CA: CorwinPress, 2001.

[16] Kegan, D. M. & Tippins, D. J. How teachers' classroom cases express their pedagogical beliefs [J]. Journal of Teacher Education, 1991, 42.

[17] Kitty, K. Factors affecting teachers' participation in professional learning activities [J]. Teaching and Teacher Education, 2003, 19: 149-170.

[18] Knowles, J. G. & Holt-Reynolds, D. Shaping pedagogies through personal histories in preservice teacher education [J]. Teachers College Record, 1991, 93.

[19] Kral, Thomas. Teacher Development: Making the Right Moves [M]. Washington, D. C: United States Department of State, 1997.

[20] Hargreaves, A. The emotional geographies of teachers' relations with colleagues [J]. International Journal of Educational Research, 2000, 35: 512-523.

[21] Lacorte, M. Teachers' knowledge and experience in the discourse of foreign - language classrooms [J]. Language Teaching research, 2005, (9).

[22] Pajares, M. F. Teachers' Beliefs and Educational Research: Cleaning up a Messy Construct [J]. Review of Educational Research, 1992, 62.

[23] Porter, A. C. & Freeman, D. J. Professional orientations: An essential domain for teacher testing [J]. Journal of Negro Education, 1986, 55.

[24] Ralph, F. & Judith, C. C. 教师职业生涯周期 [M]. 董丽敏, 高耀明等译, 北京: 中国轻工业出版社, 2005.

[25] Richards, J. C. Beyond Training: Perspectives on Language Teacher Education [M]. Cambridge University Press, 1998.

[26] Roth, R. A. Preparing the Reflective Practitioner: Transforming the Apprentice through the Dialetic [J]. Journal of Teacher Education, 1989, 40 (2): 31 - 35.

[27] Short, P. M & Rinehart. The relationship of teacher empowerment and principal leadership orientation [J]. Educational Research Quarterly, 1999, 22 (4): 47.

[28] Schulz, R. A. Cultural Differences in Student and Teacher Perceptions Concerning the Role of Grammar Instruction and Corrective Feedback: USA - Colombia [J]. The Modern Language Journal, 2001, 85.

[29] Sternberg, R. J. & Horvath, J. A. A prototype view of expert teaching [J]. Educational Researcher, 1995, 24 (6): 9 - 17.

[30] Stout, D. M. Teacher identity orientations: Personal, relational, and collective [J]. Qualitative Research Study, 2001, Vol. 3: 1 - 27.

[31] Spada, N. & Lightbown, P. Instruction and the development of questions in L2 classrooms [J]. Studies in Second language Acquisition, 1993, 15.

[32] Tedick, D. J. Second Language Teacher Education: International Perspectives [J]. Lawrencc Erlbaum Associates, Inc. 2005.

[33] Woods, D. Teacher Cognition in Language Teaching: Beliefs, decision - making and classroom practice [M]. Cambrige: Cambridge University Press, 1996.

[34] 彼得, 圣吉. 第五项修炼: 学习型组织的艺术与实务 [M]. 郭进隆译, 上海: 上海三联书店, 2008.

[35] 哈里斯, 缪伊斯. 教师领导力与学校发展 [M]. 许联, 吴合文译, 北京: 北京师范大学出版社, 2007.

[36] 陈忠良．中小学教师专业成长必备技能［M］．杭州：浙江教育出版社，2007.

[37] 陈惠娇．基于教师发展的"三阶段"观课议课模式及其优势［J］．基础英语教育，2015，(3)：68-71.

[38] 崔琳琳．理解教师学习：关于一名新手中学英语教师的叙事探究［J］．基础英语教育，2014，(8)：72-79.

[39] 常万里．新教材新语篇新研修：记一次青年英语教师学科主题研修活动［J］．中小学英语教学与研究，2014，(9)：54-58.

[40] 戴水姣．影响小学英语教师专业发展的因素与对策［J］．基础英语教育，2012，(12)：71-76.

[41] 邓涛．教师专业合作的理论与实践研究［D］．长春：东北师范大学，2008.

[42] 刘建，马德凤．教研组"互慧"文化促进教师专业发展的研究：基于苏北某重点初中英语教研组H老师的叙事研究［J］．中小学外语教学，2014，(3)：8-13.

[43] 康红兵．基础教育阶段英语教师专业行动能力初论：基于英语课程标准和教师专业标准的双重视角［J］．中学外语教与学，2015，(4)：51-54.

[44] 范梅南．教育机智：教育智慧的意蕴［M］．北京：教育科学出版社，2014.

[45] 冯生尧，李子建．教师文化的表现、成因与意义［J］．教育导刊，2002，(4)．

[46] 靳莹，王爱玲．新世纪教师能力体系探析［J］．教育理论与实践，2000，(4)：41.

[47] 李冲锋．中小学课堂教学的30个失误［M］．北京：中国轻工业出版社，2013，(2)．

[48] 李广平．教师间的合作专业发展［J］．外国教育研究，2005，(3)：5-9.

[49] 李洪修．课程变革下小学教师合作有效性的个案研究［D］．长春：东北师范大学，2005.

[50] 连榕．教师专业发展［M］．北京：高等教育出版社，2007.

[51] 凌小云．加强师德建设，重塑教师文化［J］．上海高教研究，1998，(6)．

[52] 刘振怀．教师合作与交流能力的培养与训练［M］．长春：东北师范大学出版社，2004.

[53] 刘万海．从“课程”到“教师”：课程研究域的转向与教师文化重建［C］．基础教育改革的反思与评价：第四次全国课程学术研讨会论文集（下），2004.

[54] 楼荷英，寮菲．大学英语教师的教学信念与教学行为的关系：定性与定量分析研究［J］．外语教学与研究，2005，(4)：32－36.

[55] 马云鹏．课程实施探索：小学数学课程实施的个案研究［M］．长春：东北师范大学出版社，2001.

[56] 马玉宾．新课程背景下教师合作文化的重建：一所小学的个案研究［D］．长春：东北师范大学，2007.

[57] 毛彬彬．初中英语教师同伴合作的实践［J］．中学外语教与学，2013，(8)：43－46.

[58] 欧阳芬，赵卫胜．农村课堂教学诊断［M］．吉林：吉林大学出版社，2006.

[59] 欧阳明．校本教师专业发展的策略［M］．北京：北京师范大学出版集团，2014.

[60] 蒲大勇．修炼专业反思力［M］．上海：华东师范大学出版社，2013.

[61] 齐小凤．英语教师学科素养研究［J］．中小学英语教学与研究，2014，(12)：42－47.

[62] 绕从满，杨秀玉．教师专业发展［M］．长春：东北师范大学出版社，2007.

[63] 申继亮，辛涛．论教师的教学监控能力［J］．北京师范大学学报，1995，(1)．

[64] 申继亮，王凯荣．论教师的教学能力［J］．北京师范大学学报，2000，(1)：69.

[65] 沈建民．教师的课程意识与专业成长［M］．杭州：浙江大学出版社，2009，(2)．

[66] 尚文化．权演论：永恒的社会动力学［M］．广州：中山大学出版社，2009.

[67] 孙晓慧，罗少茜．如何在行动研究中记录和分析教学日志［J］．中小学外语教学，2014，(7)：25－30.

[68] 田慧生，李如密．教学论［M］．石家庄：河北教育出版社，1996.

[69] 王丽云，潘慧玲．教师彰权益能的概念与实施策略［J］．教育研究季刊，2000，(44)：173－199.

[70] 吴刚平，李茂森．教师身份认同研究［M］．北京：北京师范大学出版集团，2014.

[71] 吴金瑜，戴绚．教师领导力及其形成途径［J］．新课程，2008，(6)：60－62.

[72] 吴亮奎．文化变迁中的课程与教学：一个经济发达地区义务教育学校的实地研究［M］．南京：南京师范大学出版社，2013.

[73] 吴颖民．国外对中小学教师领导力问题的研究与启示［J］．比较教育研究，2008，(8)：52－57.

[74] 吴宗杰．外语教师发展的研究范式［J］．外语教学理论与实践，2008，(3)：55－60.

[75] 谢翌，张释元．教师文化论［M］．北京：中国社会科学出版社，2012.

[76] 解芳，王红艳，马永刚．大学英语教师信念研究：优秀外语教师个案研究［J］．山东外语教学，2006，(5)：86－90.

[77] 熊川武．反思性教学［M］．上海：华东师范大学出版社，1999.

[78] 熊建辉，张治国．美国中小学优秀外语教师专业标准及其启示［J］．中小学英语教学与研究，2013，(11)：2－6.

[79] 徐建平，张厚粲．中小学教师胜任力模型：一项行为事件访谈研究［J］．教育研究，2006，(1)：59.

[80] 叶澜，王丹．教师角色与教师发展新探［M］．北京：教育科学出版社，2008.

[81] 殷志勇．教师专业化视野下英语教研组的建设［J］．中小学外语教学，2013，(5)：20－23.

[82] 俞国良．学校文化新论［M］．长沙：湖南教育出版社，1999.

[83] 赵昌木．创建合作教师文化：师徒教师教育模式的运作与实施［J］．教师教育研究，2004，(4)．

[84] 赵书梅．新课程背景下的新教研模式研究：以主题研究为中心的教研活动［J］．中学外语教与学，2013，(6)：55－57.

[85] 张华．课程与教学论［M］．北京：上海教育出版社，2005.

［86］张虹，王蔷．课堂观摩在外语教师行动研究中的应用［J］．中小学外语教学，2014，(5)：32－35.

［87］张凤娟．影响中学英语教师专业成长的因素［J］．基础英语教育，2014，(8)：65－71.

［88］张金秀．专业发展视域下的英语教师分层培训设计［J］．中小学外语教学，2013，(2)：1－5.

［89］张莲．外语教师课堂决策研究：优秀外语教师个案研究［J］．外语教学与研究，2005，(4)：265－270.

［90］朱华章．大学ESL教师的教学法知识研究［J］．外语教学与研究，2003，(3)：215－220.

［91］朱旭东．教师专业发展理论研究［M］．北京：北京师范大学出版集团，2013.

［92］佐藤学．课程与教师［M］．北京：教育科学出版社，2003.

［93］郑新民，蒋群英．大学英语教学改革中"教师信念"问题的研究［J］．外语界，2005，(6)：16－21.

［94］周广强．教师专业能力培养与训练［M］．北京：首都师范大学出版社，2008.

［95］周智忠．新手初中英语教师的专业发展状况调查［J］．山东师范大学外国语学院学报（基础英语教育），2014，(2)：46－50.

［96］曾燕文．基于教师专业发展阶段的教研设计［J］．基础英语教育，2014，(10)：36－41

［97］张凤娟．影响中学英语教师专业成长的因素［J］．中学外语教与学，2015，(1)：39－43.

［98］杨利成．基于教研组博客的英语听评课教研模式［J］．基础英语教育，2013，(6)：60－65.

［99］杨鲁新．职前英语教师教育问题探究［J］．基础英语教育，2014，(8)：57－64.

［100］杨明全．课程改革与学校文化的转型［J］．河南教育，2002，(12)．

后　记

本书虽然微不足道，却是探索七年、写作三年而成。写写停停，不断更新的实践和阅读，让我不断产生新的思路，直至现在，仍然有很多不如意之处，书中一些章节有更新的案例还未一一更换，这是因为写书与学习实践同时进行，只有等此书出版使用之后，再做修订更新。

作为大学教师，科研是提高自身素养和完善教学的必经之路，经常需要平衡工作与科研、家庭与健康的问题，但所幸我拥有领路的恩师和支持我的朋友、家人，才得以开始对我来说真正的科研之路。因为我相信科研应该是具有社会价值的，大量的一线实践和此书的完成，是我科研之路的启航。要感谢所有支持我的恩师、朋友和家人。

首先感谢大力支持我的教师培训工作和帮助我学习成长的云南师范大学副校长原一川老师、成人继续教育学院李辉老师、唐瑛院长和刘应兰老师等协助我出版此书；其次是为我领路的恩师们：云南师范大学刘汉玉老师、段洁云老师、李丽生老师、冯智文老师、杨燕老师等，他们是带我走入大学课堂、教授我教学法、带我写书和鼓舞我的老师。同时感谢云大附中杨丽娟老师和云师大实验中学朗璟老师，她们优秀的语法教学与写作教学案例收录在本书中；感谢研究生何皎娇等协助调查研究、分析数据；感谢我的好友迟燕琼、陈瑶对我的指导帮助，以及一起经历风雨的教师教育团队：熊莺、王蕊蕊、袁刚、赵云芳、张丽娜的支持鼓励；感谢我的家人，无论我有多繁忙，他们都会理解和支持，尤其是我的先生支持我经常连续几天到地州和农村地区进行教师培训和教学问题探索，才能促成本书的完成。最后感谢云南人民出版社冯琰老师耐心的帮助和校对老师的细心校正。

虽浅薄，初尝试，坚定了方向，就会有更多的收获和进步。

侯云洁

于春城初夏